息をのむ
絶景ドライブ

東日本

Best scenic drives in eastern Japan

車だから行ける！絶景を目指す旅！

**四季の旅は絶景の色に染まりながら走る。
深山幽谷も山紫水明も海絶景も思いのままに！**

フロントに海原を望む

竜泊ライン（P170）

三陸道は2021年になって全線開通した。同時に絶景もまた蘇った。海岸線は美しい。地形学的には、日本の陸地の浸食は世界でも非常に進んでいるという。そのためか海岸線は複雑で、内陸も起伏が豊かだ。日本が美しい国といわれるのはそのことに関係しているのかもしれない。風景は見る場所や方向によっても違い、北海道などには広大な風景もあるが、概して山襞は細やかで谷の切れ込みは鋭い。それはきっと日本人の美的感覚にも影響している。深山幽谷であり、山紫水明である。旅が醸す文化といっていい。

伊豆スカイライン（P276）

旅は徒歩にかぎる、とよく言う。人と出会い、細やかな風景を間近に見るには歩くのがいい。こういう旅があるから西行も芭蕉も生まれた。「山路きてなにやらゆかしすみれ草」などの風景が詠まれたのは、歩く旅だからこそだろう。こういう旅情もしみじみと沁みるが、しかし車を走らせて、初めての街や山間や海沿いを縫う旅もまた格別だ。

山岳ドライブを満喫
志賀草津道路(P301)

とりわけ「絶景」を見たいとなると、ふつう徒歩では無理で交通の便も悪いことが多い。海沿いを辿り岬に出ればパノラミックな絶景が出現するが、車がないとアクセスが難しい。果てまで行ってみたい、というのは人の本能だが、車ならさほどの苦労はない。山中の絶景も同じで、全山の紅葉に車もまた赤く黄色く染まりながら走るのは快感だし、桜の散る山道を走る華麗なドライブもいい。

本書は絶景が連続する東日本の「絶景ロード」を巻頭特集にし、テーマごと地域ごとに絶景を目指す旅を提案する。ドライブコースもまた詳しく紹介した。このガイドに沿えば望む絶景が出現する。もちろん、あなたはコースから離れて寄り道したり、日程を変えることは自由だ。オスカー・ワイルドが言っている。「旅とは結婚のようなものだ。間違いはコントロールしようとすることなのだ」と。車ならいつだって自在だろう。

CONTENTS

息をのむ絶景ドライブ 東日本

絶景ロード 東日本BEST15 P8

桜の絶景ドライブ P16

東沢大橋(P91)

紅葉の絶景ドライブ P50

橋を渡る絶景ドライブ P80

1泊2日 温泉+絶景ドライブ P102

秩父公園橋(P98)

北海道・東北 P139

関東 P221

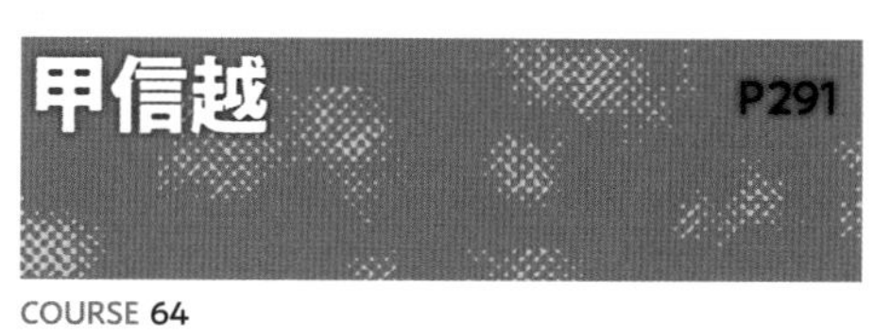

ビーナスライン(P292)

天に続く道(P12・165)

本書のご利用にあたって

●本書中のデータは2023年6～7月現在のものです。道路の通行止めなのど交通状況や料金、営業時間、休業日、メニューや商品の内容などが、諸事情により変更される場合がありますので、ご利用の際は事前にご確認ください。
●本書に紹介した施設、ショップ、レストランなどとの個人的なトラブルに関しましては、当社では一切の責任を負いかねますので、あらかじめご了承ください。
●開館時間、営業時間は実際に利用できる時間を示しています。ラストオーダー(LO)や最終入館の時間が決められている場合は別途表示してあります。
● 各施設の開館・営業時間は、変更される場合がありますので、ご利用の際は公式HPなどで事前にご確認ください。また、新型コロナウイルス感染症予防対策のため従来と異なる場合があり、今後の推移により変更される場合があります。
●休業日に関しては、基本的に定休日のみを記載しており、年末年始の休業は原則として記載していません。特に記載のない場合でもゴールデンウィーク、夏季などに休業することがあります。
●料金は消費税込みの料金を示していますが、変更する場合がありますのでご注意ください。また、入館料などについて特記のない場合は個人で訪れた場合の大人料金のみを示しています。
●交通表記における所要時間、距離は目安としてご利用ください。

■ データの見方

☎電話番号　所 所在地　開 開館／開園／開門時間
営 営業時間　休 定休日　料 料金　P 駐車場

走って走って、疾走するフロントに近づいてくる美景

多彩な道が揃う東日本のなかでも眺望抜群の絶景ロードを厳選。
天に向かうかのようにどこまでも続く一本道、富士山を望み、田園地帯を抜け、
四季の植物が彩る道。魅力あふれる絶景ロードを駆け抜けて、走る喜びに包まれたい。

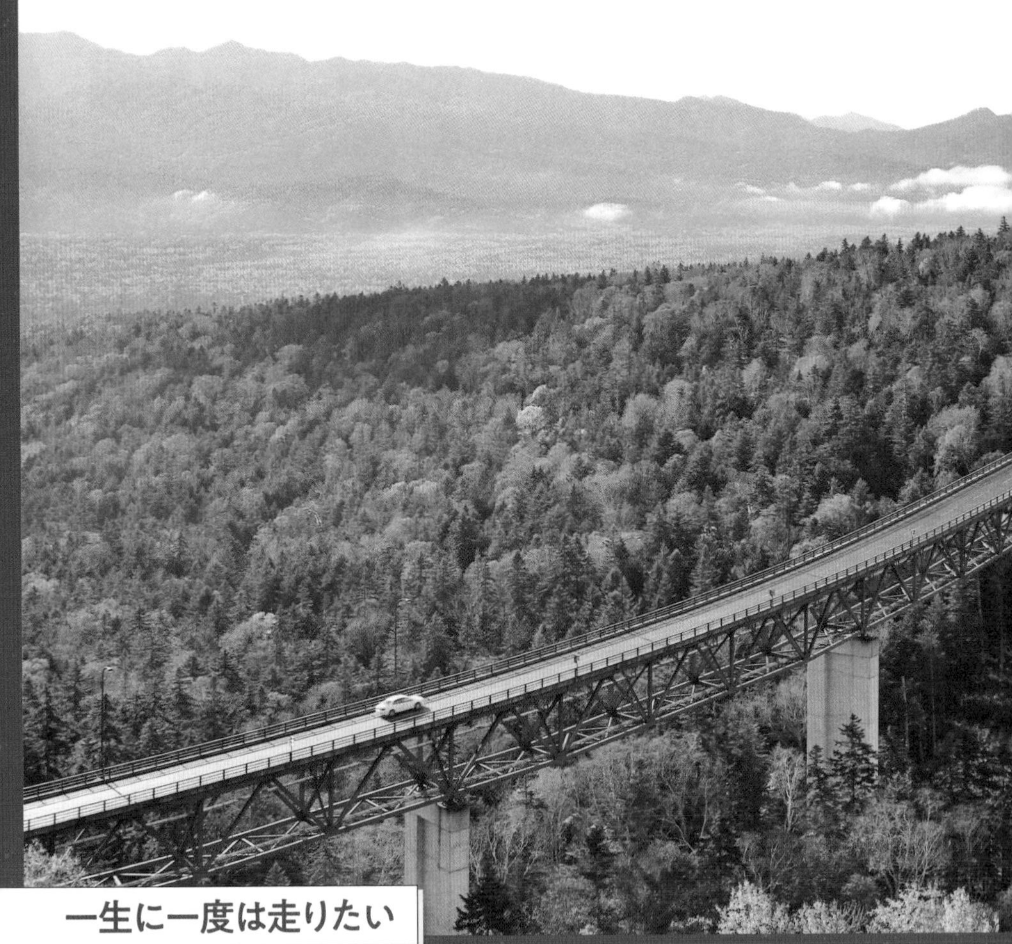

一生に一度は走りたい

絶景ロード 東日本 BEST

The 15 Most Spectacular Roads in East Japan

峠の周囲の樹海が紅葉で黄金色に染まる季節は松見大橋との絶景コラボが楽しめる

北海道の雄大な景色と季節ごとの変化を堪能

15 三国峠

みくにとうげ

北海道上川町～上士幌町

標高1139m、北海道の国道のなかで最も高地にある峠。広大な面積を誇る「大雪山国立公園」に位置する。夏の大樹海や秋の紅葉をはじめ、四季折々の自然の美しさが魅力だ。

➔P84

そびえ立つ羊蹄山へと
まっすぐ延びる国道

相川ビューポイントパーキング

あいかわビューポイントパーキング

北海道喜茂別町

喜茂別町の相川交差点経由で国道276号を西に約2km。左手に見えるパーキングが目当てのビューポイントだ。まっすぐに延びる道路と、延長線上の羊蹄山。迫力ある情景はロードムービーのワンシーンのようだ。

➔P149

眼前の壮大な羊蹄山だけでも絶景だが、そこに一直線に続く道路がドラマチック！

女神に例えられる
蓼科山が名前の由来

ビーナスライン

長野県茅野市～美ヶ原高原

長野の風光明媚な高原を走る観光道路。白樺湖や女神湖などの見どころをはじめ、沿道には観光スポットも多い。日の出や夕日がさらに美しい光景を描き出す。絶景を眺めつつゆっくり巡りたい。

➔P292

茅野市から白樺湖、車山高原、霧ヶ峰、美ヶ原高原まで、全長約88kmの観光ルート

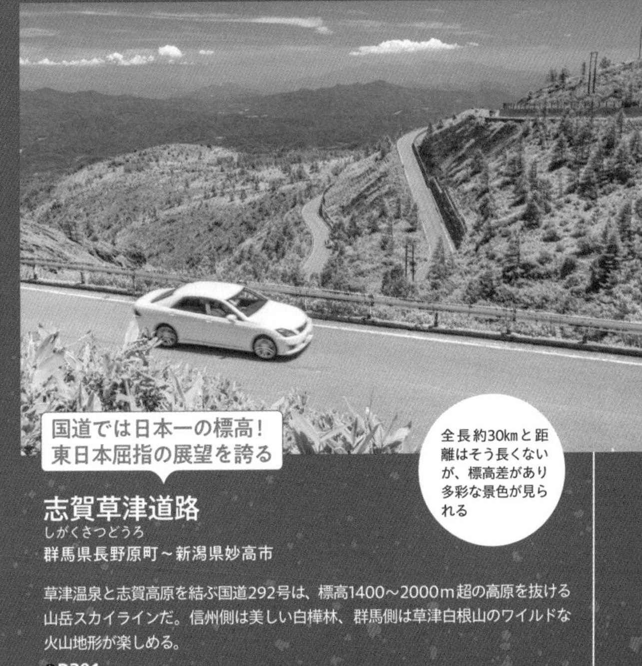

国道では日本一の標高！東日本屈指の展望を誇る

志賀草津道路

しがくさつどうろ

群馬県長野原町～新潟県妙高市

全長約30㎞と距離はそう長くないが、標高差があり多彩な景色が見られる

草津温泉と志賀高原を結ぶ国道292号は、標高1400～2000m超の高原を抜ける山岳スカイラインだ。信州側は美しい白樺林、群馬側は草津白根山のワイルドな火山地形が楽しめる。

➔P301

下りと上り2つの坂でカーブは計48カ所あり「いろは48文字」からこの名称に

紅葉が連なる日光で抜群の眺望を楽しむ

いろは坂

いろはざか

栃木県日光市馬返～中禅寺湖畔

日光市街と中禅寺湖・奥日光を結ぶ観光道路。急坂の連続で標高差は440m。絶景のコースで、日光一の紅葉スポットでもあるため秋のドライブは時間が必要だ。

➔P68

天まで延びるかのような北海道の超絶ロード

天に続く道

てんにつづくみち

北海道斜里町

国道244号から334号の全長約28.1㎞、まっすぐ続く道路は、その先がまるで天へと延びているように見える。周囲には知床の大パノラマが広がり、丘の頂上に近い「名も無き展望台」からはオホーツク海や田園風景が望める。

➔P165

春分の日と秋分の日あたりの年に2回だけ、天の道の延長上に沈む夕日が見られる

桜と菜の花が描き出す
春限定、絵本の世界

桜・菜の花ロード

さくら・なのはなロード

秋田県大潟村

まっすぐ延びる11kmの道路を、春には桜並木が薄桃色に彩り、絵本のような世界を描く。並木の下には菜の花が咲き乱れ、ピンクと黄色の饗宴の美は必見だ。

➔P28・190

例年、4月中旬～5月初旬にかけて「桜と菜の花まつり」が開催される

知床八景にも選ばれる
標高738mからの絶景

見返り峠

みかえりとうげ

北海道羅臼町

斜里町ウトロと羅臼町を結ぶ全長27kmの知床横断道路の最頂部、知床峠を下ったところにある峠。真正面に羅臼岳、眼下に大樹海、晴れた日は遠く根室海峡と国後島の大パノラマが楽しめる。

➔P166

知床横断道路は11月上旬～4月下旬に通行止めとなる。日本一開通期間が短い国道

春は菜の花、夏はマリーゴールドなどの花が沿道を彩り晴れた日は伊豆諸島も望める

富士山や伊豆諸島を
眺めながらドライブ

房総フラワーライン

ぼうそうフラワーライン

千葉県館山市～南房総市和田町

館山市下町の交差点から南房総市和田町を結ぶ全長約46kmの海岸線道路。伊戸から相浜までの約6kmは「日本の道100選」にも認定されている。

➔P265

鳥海広域観光のコア
風光明媚な観光道路

鳥海グリーンライン

ちょうかいグリーンライン

秋田県由利本荘市～にかほ市

鳥海山の裾野に広がる由利地域全体を、鳥海高原の大自然を満喫しながら周遊できる観光道路。花立牧場公園ほか観光スポットが目白押しの地域だ。

➔P194

景色を楽しみながら花立牧場公園から鳥海高原矢島スキー場、ホテル施設などを巡る

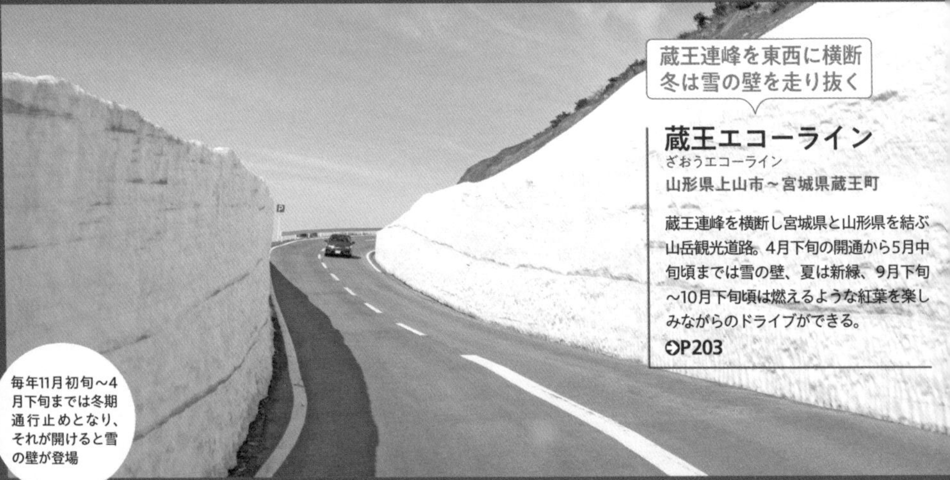

蔵王連峰を東西に横断
冬は雪の壁を走り抜く

蔵王エコーライン

ざおうエコーライン

山形県上山市～宮城県蔵王町

蔵王連峰を横断し宮城県と山形県を結ぶ山岳観光道路。4月下旬の開通から5月中旬頃までは雪の壁、夏は新緑、9月下旬～10月下旬頃は燃えるような紅葉を楽しみながらのドライブができる。

➔P203

毎年11月初旬～4月下旬までは冬期通行止めとなり、それが開けると雪の壁が登場

朝夕で山肌の色が変わり別名「紫峰」と呼ばれる筑波山。パープルラインの名の由来だ

筑波スカイラインと合わせ
筑波パープルラインと呼ぶ

表筑波スカイライン

おもてつくばスカイライン

茨城県つくば市～土浦市

日本百名山のひとつでもある筑波山の南東側から、山頂へのロープウェイ乗り場までを結ぶ道路。眺望に加え、50～100mごとにカーブがある曲がりくねった道にドライブ自体を楽しむ人も多い。

➔P249

紅葉の季節のもみじのトンネルはまさに絶景。例年11月頃には紅葉祭りも開催

富士山を楽しむ
湖畔の絶景コース

湖北ビューライン

こほくビューライン

山梨県富士河口湖町

河口湖と西湖の北岸を走る県道21号は、眺望が楽しめ湖北ビューラインと呼ばれる。湖越しの雄大な富士山の絶景をはじめ、沿道には観光スポットが点在している。

➔P320

晴れていれば「眺瞰台」から北海道が望め、日本海を彩る夕陽は国内有数の絶景

日本海の夕焼けは必見
冬季は閉鎖される曲道

竜泊ライン

たつどまりライン

青森県中泊町小泊～龍飛崎

国道339号の小泊から龍飛崎までの約20㎞は、日本海や十三湖・岩木山などの絶景が続く人気ルート。途中の展望スポット「眺瞰台」からは津軽半島が一望。

➔P170

この道の先の高台から総延長643㎞の北海道遺産認定「格子状防風林」が望める

人気の開陽台展望台への
道として知られるルート

ミルクロード

北海道中標津町

中標津町道北19号の別名で「牛乳を出荷するタンクローリーが走る一直線の道」が由来。なだらかなアップダウンがアクセントで、ドライブするのも楽しい。

➔P160

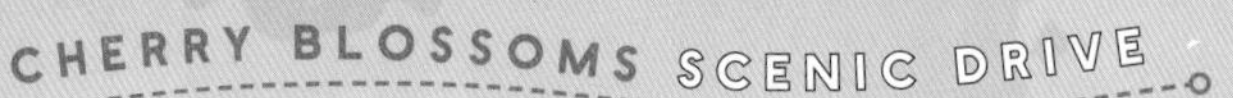

心躍る季節の到来を告げる薄紅色の祝福

桜の絶景ドライブ

日本のシンボルである名峰に彩りを添える桜や城跡に咲き乱れる桜など東日本を彩る桜の名所をたどる旅。古来、春の到来を知らせる花樹として親しまれてきた桜が織りなす、多彩な絶景を追ってみたい。

わに塚のサクラ

富士山に彩りを添える、樹高17m、幹回り3.6m、樹齢300年以上のエドヒガンザクラ。韮崎市の天然記念物に指定されている。

➔P20

COURSE 1

新倉山浅間公園

あらくらやませんげんこうえん

山梨県

日本のシンボル、富士山の麓で桜を巡る春爛漫の絶景ドライブ

富士山と桜、五重塔が描く「ニッポン」の情景が、海外からも称賛される絶景スポット。新倉山浅間公園で浮世絵のような光景に酔いしれたあとは、昔話に登場するようなわに塚のサクラを訪ねる。続いて北上し北杜市の實相寺で、悠久の時を生きてきた山高神代ザクラを拝みたい。境内には、平成20年(2008)にスペースシャトルで宇宙に飛び、帰還後発芽した宇宙桜も植えられている。

DRIVE COURSE

走行距離 約92km

START 中央自動車道・大月IC

20km／国道139号

① 新倉山浅間公園

53km／国道137・20号

② わに塚のサクラ

11km／県道12号

③ 山高神代ザクラ

8km

GOAL 中央自動車道・須玉IC

INFORMATION

ふじよしだ観光振興サービス ☎0555-21-1000

韮崎市観光協会 ☎0551-22-1991

北杜市観光協会 ☎0551-30-7866

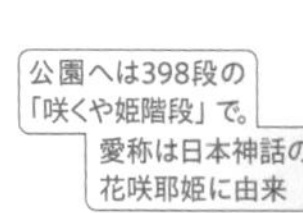

公園へは398段の「咲くや姫階段」で。愛称は日本神話の木花咲耶姫に由来

桜花図鑑

エドヒガンザクラ【江戸彼岸桜】

春の彼岸の頃に咲くことに由来。樹齢1000年以上の老木や大木も見られ樹高30mを超えるものも。華やかさと重厚感を兼ね備える。

桜の見頃 4月初旬～中旬

開花時期は日本の代表的な美の要素の揃い踏みとなる

富士と桜と五重塔の絶景が海外でも評判に

① 新倉山浅間公園

あらくらやませんげんこうえん

新倉山の中腹にある公園で、春には園内で約650本の桜が咲き誇る名所。花と富士山、忠霊塔という五重塔が描く絶景は日本画のような美しさ。周囲にハイキングコースもあり四季を通じて自然が楽しめる。

所山梨県富士吉田市浅間2-4-1 P96台(桜まつり期間は規制あり)

山梨県　新倉山浅間公園

富士山と五重塔との絶景コラボが堪能できる新倉浅間公園の展望デッキ

ここにも注目したい！

桜とグルメが楽しめる新倉山浅間公園桜まつり

例年、4月初旬から中旬にかけ桜の開花時期に合わせて、桜まつりが開催される。園内にキッチンカーが並び、花とともに地元のグルメが楽しめる。

② わに塚のサクラ

わにづかのサクラ

こんもりとした塚に立つ一本桜。推定樹齢約330年、幹回り3.6m、樹高17mのエドヒガンザクラで見事な花を咲かせる。晴れた日は富士山や八ヶ岳を背景にした絶景が望める。

所 山梨県韮崎市神山町北宮地624 P 30台

③ 山高神代ザクラ

やまたかじんだいザクラ

国内最古、最大級の巨木として大正時代に国指定天然記念物第1号となったエドヒガンザクラ。樹高10.3m、幹回りは11.8mもあり「新日本名木百選」にも選定。毎年開花時に神々しいほどの姿を見せる。

所 山梨県北杜市武川町山高2763 P 神代公園周辺駐車場利用

立ち寄り! 道の駅

須玉ICから28km

とよとみ

朝採り野菜や中央市自慢のスイートコーン、甲州富士桜ポークほか、地元の味や限定品が集結。レストランも常設。

☎055-269-3424 所山梨県中央市浅利1010-1 営9:00～18:00 休12～3月の第3月曜(祝日の場合は翌日) P75台

須玉ICから4km

にらさき

地元の新鮮野菜、特産品のワインや果物、おみやげが揃う。軽食コーナーも備え、隣接する「ゆ～ぷるにらさき」では、温泉とプールも利用できる。

☎0551-25-5021 所山梨県韮崎市中田町中条1795 営9:00～17:30 休月曜 P37台

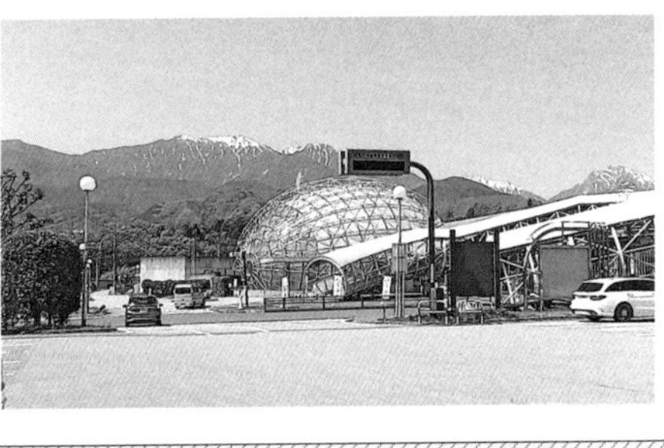

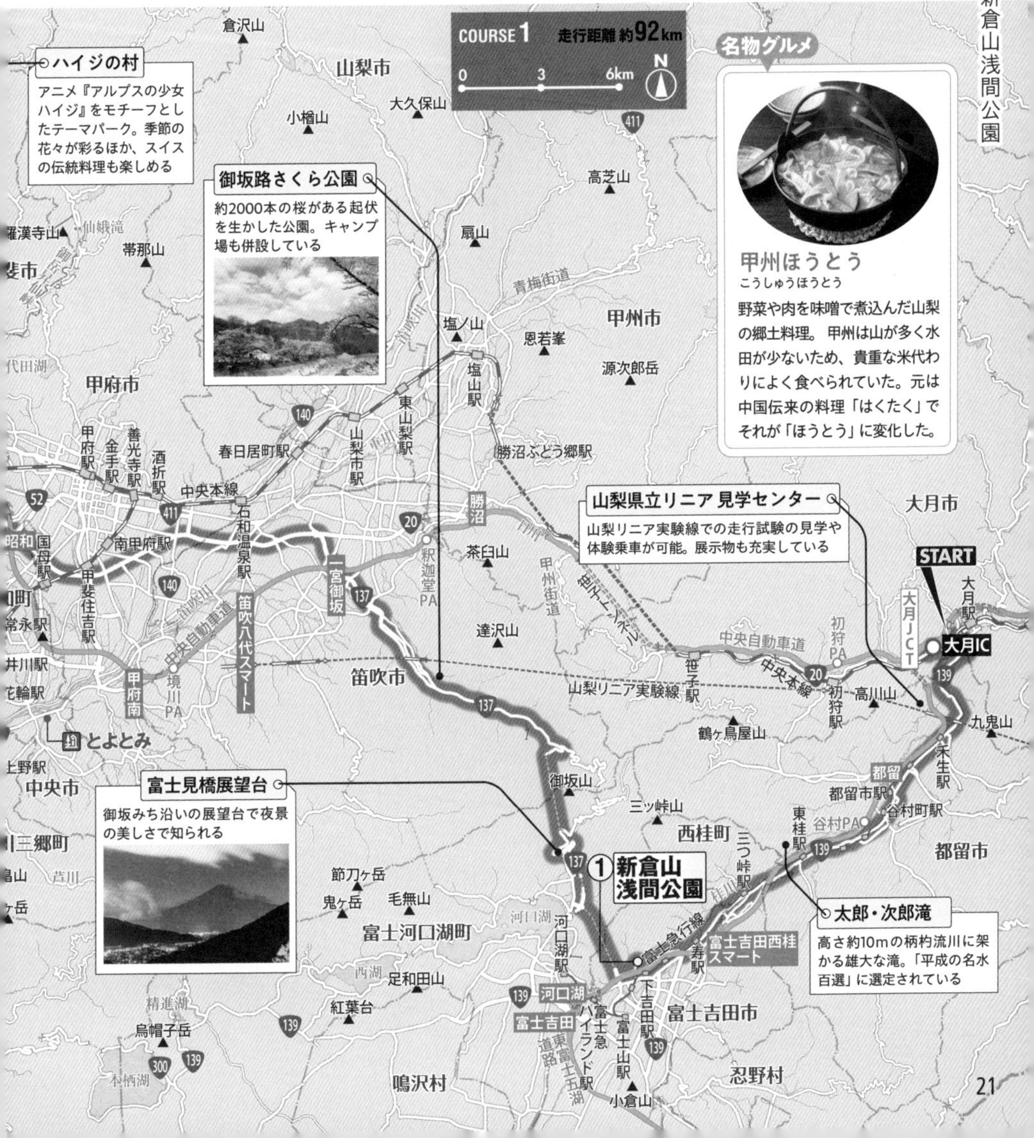

COURSE 1 走行距離 約92km
0 3 6km
N
ハイジの村
アニメ『アルプスの少女ハイジ』をモチーフとしたテーマパーク。季節の花々が彩るほか、スイスの伝統料理も楽しめる
御坂路さくら公園
約2000本の桜がある起伏を生かした公園。キャンプ場も併設している
名物グルメ
甲州ほうとう
こうしゅうほうとう
野菜や肉を味噌で煮込んだ山梨の郷土料理。甲州は山が多く水田が少ないため、貴重な米代わりによく食べられていた。元は中国伝来の料理「はくたく」でそれが「ほうとう」に変化した。
山梨県立リニア見学センター
山梨リニア実験線での走行試験の見学や体験乗車が可能。展示物も充実している
START
大月IC
富士見橋展望台
御坂みち沿いの展望台で夜景の美しさで知られる
1 新倉山浅間公園
太郎・次郎滝
高さ約10mの柄杓流川に架かる雄大な滝。「平成の名水百選」に選定されている
とよとみ
倉沢山
山梨市
大久保山
小楢山
高芝山
扇山
帯那山
甲府市
甲州市
塩ノ山
恩若峯
源次郎岳
塩山駅
東山梨駅
山梨市駅
春日居町駅
勝沼ぶどう郷駅
甲府駅
金手駅
善光寺駅
酒折駅
中央本線
石和温泉駅
南甲府駅
国母駅
甲斐住吉駅
一宮御坂
勝沼
釈迦堂PA
茶臼山
甲州街道
笹子トンネル
達沢山
笛吹八代スマート
笛吹市
甲府南
境川PA
中央自動車道
山梨リニア実験線
笹子駅
初狩PA
初狩駅
大月JCT
大月駅
大月市
高川山
九鬼山
禾生駅
鶴ヶ鳥屋山
都留
都留市駅
谷村PA
谷村町駅
都留市
御坂山
三ッ峠山
西桂町
東桂駅
三つ峠駅
節刀ヶ岳
鬼ヶ岳
毛無山
富士河口湖町
河口湖
河口湖駅
富士急行線
富士吉田西桂スマート
寿駅
西湖
足和田山
精進湖
紅葉台
河口湖
富士吉田
下吉田駅
富士吉田市
富士急ハイランド駅
東富士五湖道路
富士山駅
烏帽子岳
本栖湖
鳴沢村
忍野村
小倉山
中央市
上野駅
常永駅
小井川駅
東花輪駅
市川三郷町
芦川
羅漢寺山
仙娥滝
昭和
代田湖

COURSE 2

日中線しだれ桜並木・桜峠

にっちゅうせんしだれざくらなみき・さくらとうげ

福島県

しだれ桜のトンネルから城跡公園まで裏磐梯を周遊する桜旅

約3㎞に及び桜並木が続く日中線しだれ桜並木から桜峠を彩る桜の園、川沿いに植えられた観音寺川の桜並木、城下町会津の鶴ヶ城に植えられた約1000本ものソメイヨシノなど、裏磐梯の桜を巡る旅。桜の絶景を満喫したら、猪苗代湖に立ち寄ろう。鏡のように透明度の高い湖で湖面に映った磐梯山の姿は壮観。弘法大師や龍神にまつわるいくつかの不思議な伝説が残る。

DRIVE COURSE

走行距離 約101km

START 磐越自動車道・会津若松IC

18km／国道121号

1 日中線しだれ桜並木

18km／国道459号

2 桜峠

31km／国道459号、県道323号

3 観音寺川の桜並木

10km／国道49号

4 猪苗代湖

19km／国道49号

5 鶴ヶ城

5km／国道121号

GOAL 磐越自動車道・会津若松IC

INFORMATION

喜多方観光物産協会 ☎0241-24-5200
裏磐梯観光協会 ☎0241-32-2349
猪苗代観光協会 ☎0242-62-2048

桜花図鑑

オオヤマザクラ【大山桜】

雪や寒さに強く、本州の中部以北に自生する。桜の原種のひとつ。花の色は淡紅色で一重咲き。ヤマザクラよりも大きく色は濃い。

桜の見頃

4月中旬~下旬

同時期には「喜多方さくらまつり」も開催される

降るようなしだれ桜が並木道を薄紅色に染める

1 日中線しだれ桜並木

にっちゅうせんしだれざくらなみき

旧日中線は喜多方駅と熱塩駅を結んでいた路線。跡地の一部を遊歩道として整備した。約3kmにわたるしだれ桜の並木道はピンク色に染まる桜のトンネルさながら。思わずため息がもれるほど美しい。

所福島県喜多方市押切東ほか P1800台※さくらまつり期間中のみ

日中線を走っていたSLと桜のコラボは絶好の撮影スポット

② 桜峠
さくらとうげ

裏磐梯の春は遅い。その代わりゴールデンウイーク前後の開花時期には約3000本ものオオヤマザクラが桜峠を濃いピンク色に染め上げる。白い雪に覆われた飯豊連峰とのコントラストが美しい。

所 福島県北塩原村大塩桜峠
P ラビスパ裏磐梯駐車場利用

飯豊連峰を背後に広がる
見渡す限りの桜の園

桜の見頃
4月中旬~下旬
桜峠では桜並木の中を歩いて観賞できる

③ 観音寺川の桜並木

かんのんじがわのさくらなみき

川桁山麓にある観音寺の北側から流れる観音寺川に沿って、約1㎞にわたり散策路が設けられている。のんびりと川辺を散歩しながら桜見物が楽しめる。桜まつり開催中はライトアップも。

所福島県猪苗代町川桁 P100台

せせらぎを聞きながら川沿いの桜回廊を散策

桜の見頃 4月中旬～下旬

桜まつり期間中は屋台なども出店し、賑わいを見せる

④ 猪苗代湖

いなわしろこ

日本で4番目に大きく深さは約93m。透明度が高く、天然記念物のミズスギゴケが繁茂する。湖面に映る磐梯山の雄姿は壮観だ。夏はウォータースポーツやキャンプ地として、冬は白鳥の飛来地としても知られている。

所福島県猪苗代町･会津若松市･郡山市 P猪苗代湖長浜駐車場利用

ウォータースポーツが盛んな磐梯山を映す鏡面湖

湖の北西岸・長浜では遊覧船などが楽しめ、ファミリーにもおすすめ

立ち寄り! 道の駅

会津若松ICから25㎞

猪苗代

いなわしろ

磐梯山の雄姿を眺望できる道の駅。地場産のそば粉を使った本格的な手打ちそばや県産ブランド豚を使ったソースカツ丼などが食べられる。

☎0242-36-7676 所福島県猪苗代町堅田五百苅1 営9:00～18:00 休無休 P164台

名物グルメ

喜多方ラーメン

きたかたラーメン

札幌、博多と並ぶ日本三大ラーメンのひとつ。醤油味の豚骨スープをベースとするあっさりした味わいが特徴。独特のちぢれ太麺でやわらかな食感。チャーシュー、ネギ、メンマ、ナルトが一般的な具。

⑤ 鶴ヶ城
つるがじょう

別名は若松城。会津藩の政治の中心地であり、戊辰戦争時の激戦地だった。敷地は東京ドーム6個分の広さ。現在天守は再建され、内部は博物館となっており、会津の歴史にふれることができる。

☎0242-27-4005(会津若松観光ビューロー 鶴ヶ城管理事務所)
所 福島県会津若松市追手町1-1
開 8:30～17:00 休 無休 料 天守閣入場券410円 P 360台

桜1000本ライトアップ
会津の歴史を物語る名城

桜の開花時期に「鶴ヶ城さくらまつり」を開催。史跡全体をライトアップ

桜の見頃
4月中旬~下旬
約1000本のソメイヨシノが開花する

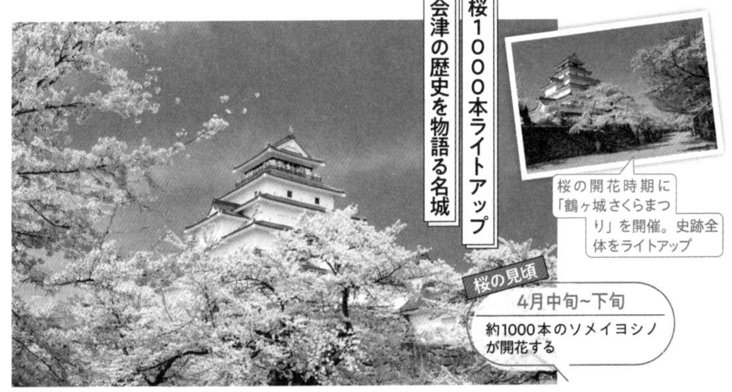

COURSE 2 走行距離 約101km
0 1.5 3km
N
桧原湖
大塩川
中瀬沼
小野川湖
秋元湖
459
② 桜峠
蟻塚山
北塩原村
五色沼
磐梯山ゴールドライン
猫魔ヶ岳
磐梯山
115
猪苗代町
323
磐梯町
東長原駅
磐梯町駅
磐越西線
翁島駅
高森山
猪苗代駅
川桁駅
磐梯河東
七曲山
日橋川
磐梯山PA
会津若松市
49
猪苗代磐梯高原
磐越自動車道
猪苗代
水無山
羽山
猪苗代湖遊覧船乗り場
翁島港
名倉山
関都駅
長瀬川
越後街道
吹屋山
294
銚子ノ口
翁島
④ 猪苗代湖
若松駅
鶴ヶ城
猪苗代湖畔駅

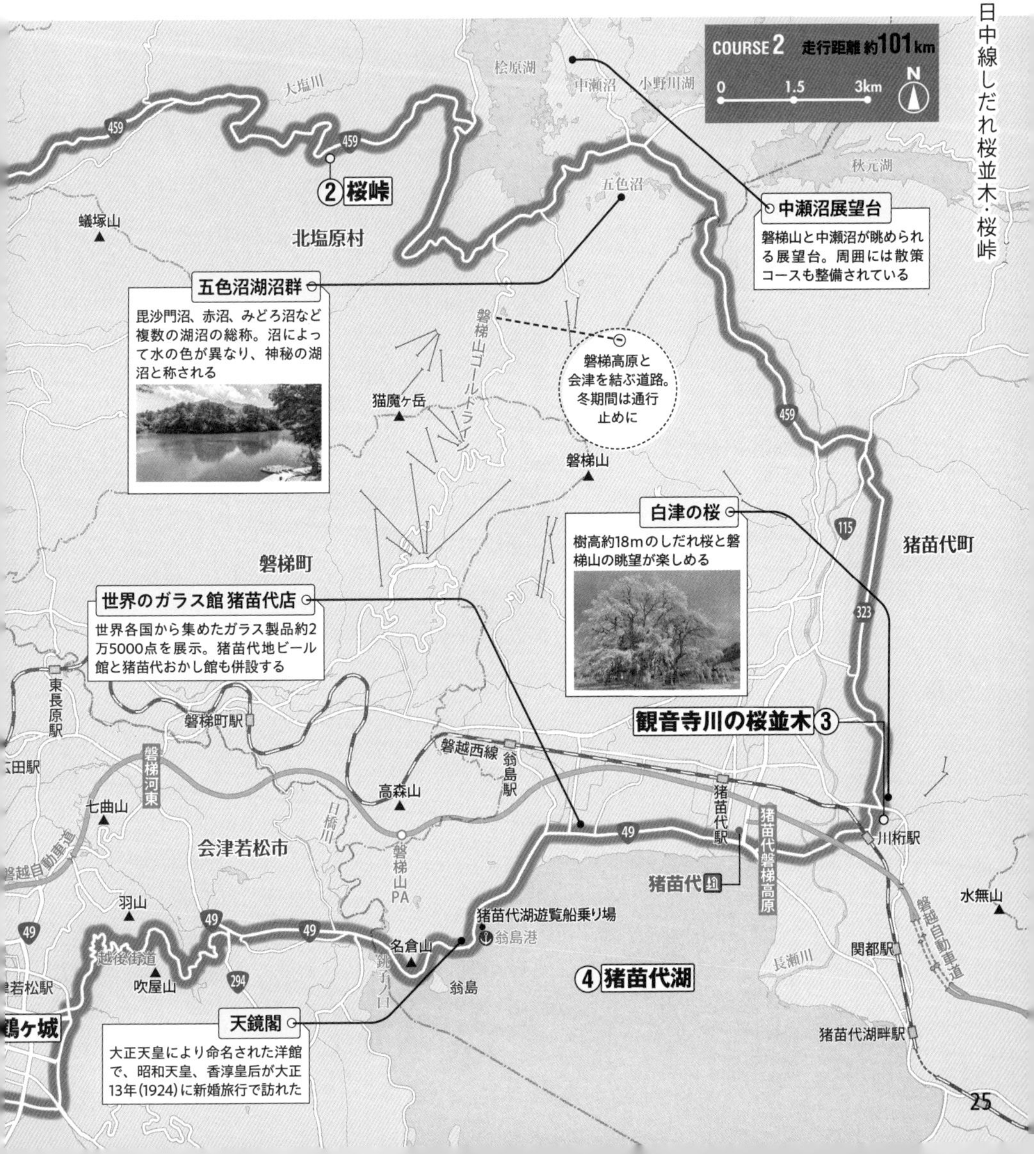

五色沼湖沼群
毘沙門沼、赤沼、みどろ沼など複数の湖沼の総称。沼によって水の色が異なり、神秘の湖沼と称される

中瀬沼展望台
磐梯山と中瀬沼が眺められる展望台。周囲には散策コースも整備されている

磐梯高原と会津を結ぶ道路。冬期間は通行止めに

白津の桜
樹高約18mのしだれ桜と磐梯山の眺望が楽しめる

世界のガラス館 猪苗代店
世界各国から集めたガラス製品約2万5000点を展示。猪苗代地ビール館と猪苗代おかし館も併設する

観音寺川の桜並木 ③

天鏡閣
大正天皇により命名された洋館で、昭和天皇、香淳皇后が大正13年(1924)に新婚旅行で訪れた

COURSE 3

弘前公園

ひろさきこうえん

青森県・秋田県

弘前公園をはじめ、青森・秋田の桜の名所を巡るコース

桜の名所が多い青森と秋田。最大の見どころは弘前城跡に整備された弘前公園だ。数々の遺構が残るなか、約50種2600本ほどの桜が植えられ、「弘前さくらまつり」には会期中、200万もの人が訪れる。さらに世界一の桜並木、秋田に入ってきみまち阪県立自然公園、桜並木と菜の花ロード、日本国花苑などを巡り、東北の桜を堪能。途中、世界遺産の白神山地に足を延ばしてみるのもよい。

濠沿いの桜並木が見事
日本有数の桜祭り

桜の見頃
4月下旬～5月上旬
満開を過ぎると濠一面が花びらで埋めつくされる

DRIVE COURSE

走行距離 約174km

START 東北自動車道・黒石IC

13km

① 弘前公園

17km／県道28号

② 世界一の桜並木

68km／県道28・317号

③ きみまち阪県立自然公園

51km／県道42号

④ 桜・菜の花ロード

18km／県道298号

⑤ 日本国花苑

7km

GOAL 秋田自動車道・五城目八郎潟IC

INFORMATION

岩木山観光協会 ☎0172-83-3000
二ツ井町観光協会 ☎0185-73-5075
大潟村産業振興課 ☎0185-45-3653

桜花図鑑

シダレザクラ【枝垂桜】

弘前公園で最大のものは大正時代に植えられた二の丸の「大枝垂れ」。本丸には「御滝桜」「弘前枝垂れ」「八重紅枝垂れ」などがある。

① 弘前公園

ひろさきこうえん

藩政時代、弘前藩・津軽家の居城跡が公園として整備され、天守や櫓、城門などの遺構が残っている。四季折々、イベントも開催され、特に「弘前さくらまつり」が有名。

☎0172-33-8739(弘前市公園緑地課)
所青森県弘前市下白銀町1 開休料散策自由※本丸・北の郭(入場320円)は4月1日～11月23日9:00～17:00(4月23日～5月5日は7:00～21:00)、弘前城天守は11月24日～3月31日休館 P弘前市立観光館地下駐車場など利用

桜の枝が重なり、ハートが空に浮かぶように見えるスポットがある

↑天守は江戸時代後期に築かれ、東北地方では唯一、今も残る

↑西濠に架けられた春陽橋と濠沿いの桜並木との対比が見事

青森県・秋田県　弘前公園

② 世界一の桜並木

せかいいちのさくらなみき

地元の熱い思いで誕生
約20㎞の桜のトンネル

別名「津軽富士」と呼ばれる岩木山の麓に約20㎞にわたり、6500本ほどのオオヤマザクラによる並木道がある。「世界一の桜並木をつくろう」と地元の人たちの思いで生まれ、40年ほどかけて今の姿に。

所 青森県弘前市百沢～常磐野

P なし

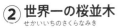

桜の見頃

4月下旬～5月上旬

オオヤマザクラなど。標高差があり開花にズレも

秋田県有数の桜の名所
昭憲皇太后の歌に由来する
桜の見頃
4月下旬
ソメイヨシノなど約1500本が咲き誇る。ライトアップも

③ きみまち阪県立自然公園

きみまちざかけんりつしぜんこうえん

春の桜、秋の紅葉の美しさで知られる県立自然公園。明治天皇と皇后のロマンチックなエピソードから名付けられたことから恋のパワースポットとしても有名で、恋文ポストや恋文神社などがある。

所秋田県能代市二ツ井町小繋中島 P146台

投函すると素敵なハートの消印が押されて届く恋文ポストもある

立ち寄り! 道の駅

黒石ICから38km

津軽白神ビーチにしめや

つがるしらかみ ビーチにしめや

水源の里、ブナの里として知られる西目屋村にあり、地元産の山菜やキノコ、リンゴ、野菜などが揃う。「ビーチ」とはブナのこと。

☎0172-85-2855 所青森県西目屋村田代神田219-1 営9:00～17:00 休無休 P66台

桜の見頃
4月下旬
ソメイヨシノやヤマザクラ、ヤエザクラなど
ピンクと黄色の競演
満開が重なると感動的

④ 桜・菜の花ロード

さくら・なのはなロード

大潟村を走る県道298号沿いの約11kmにわたり、約4000本の桜と菜の花が植えられており、両者の満開時が重なると桜のピンクと菜の花の黄色の鮮やかなコントラストを楽しめる。

所秋田県大潟村地内県道298号沿い
Pなし

⑤ 日本国花苑

にほんこっかえん

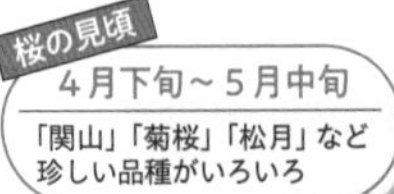

桜の見頃
4月下旬～5月中旬
「関山」「菊桜」「松月」など珍しい品種がいろいろ

全国から集められた桜を2年かけて植樹した学術的にも貴重な公園。また、バラ園やツツジなどの花木園も整備されている。

☎018-874-2088(ふれあいプラザ管理棟) 所秋田県井川町浜井川二階地内 P250台

ここにも、でかけたい！

黒石ICから55km

世界遺産の径 ブナ林散策道

せかいいさんのみち ブナりんさんさくどう

手つかずの自然に出会える

世界自然遺産登録地域内にある散策道。白神山地の自然やブナ林を体験できる散策コースで、約1.5kmと約2kmのコースがある。3つの滝からなり、名勝地として知られる暗門の滝へも気軽に行ける。

☎0172-85-2800(西目屋村産業課商工観光係)
所 青森県西目屋村 P アクアグリーンビレッジANMON駐車場利用

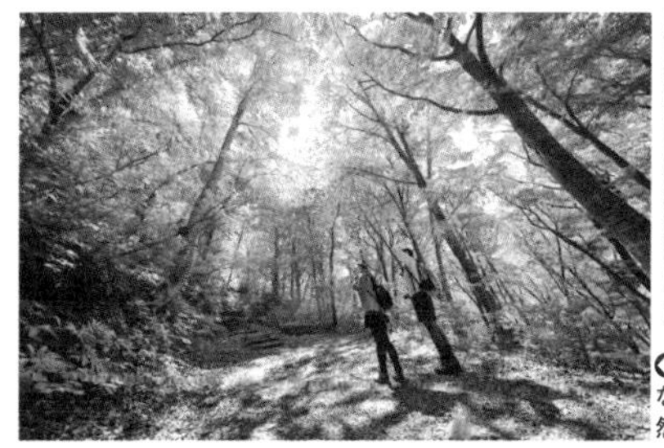

←人の手が加えられていない、昔からのままの自然に出会える

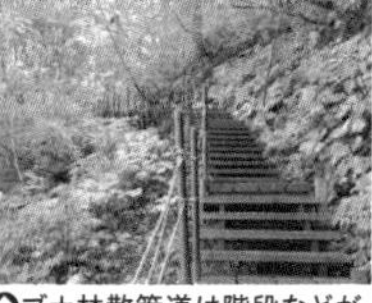

↑ブナ林散策道は階段などが整備されており、歩きやすい

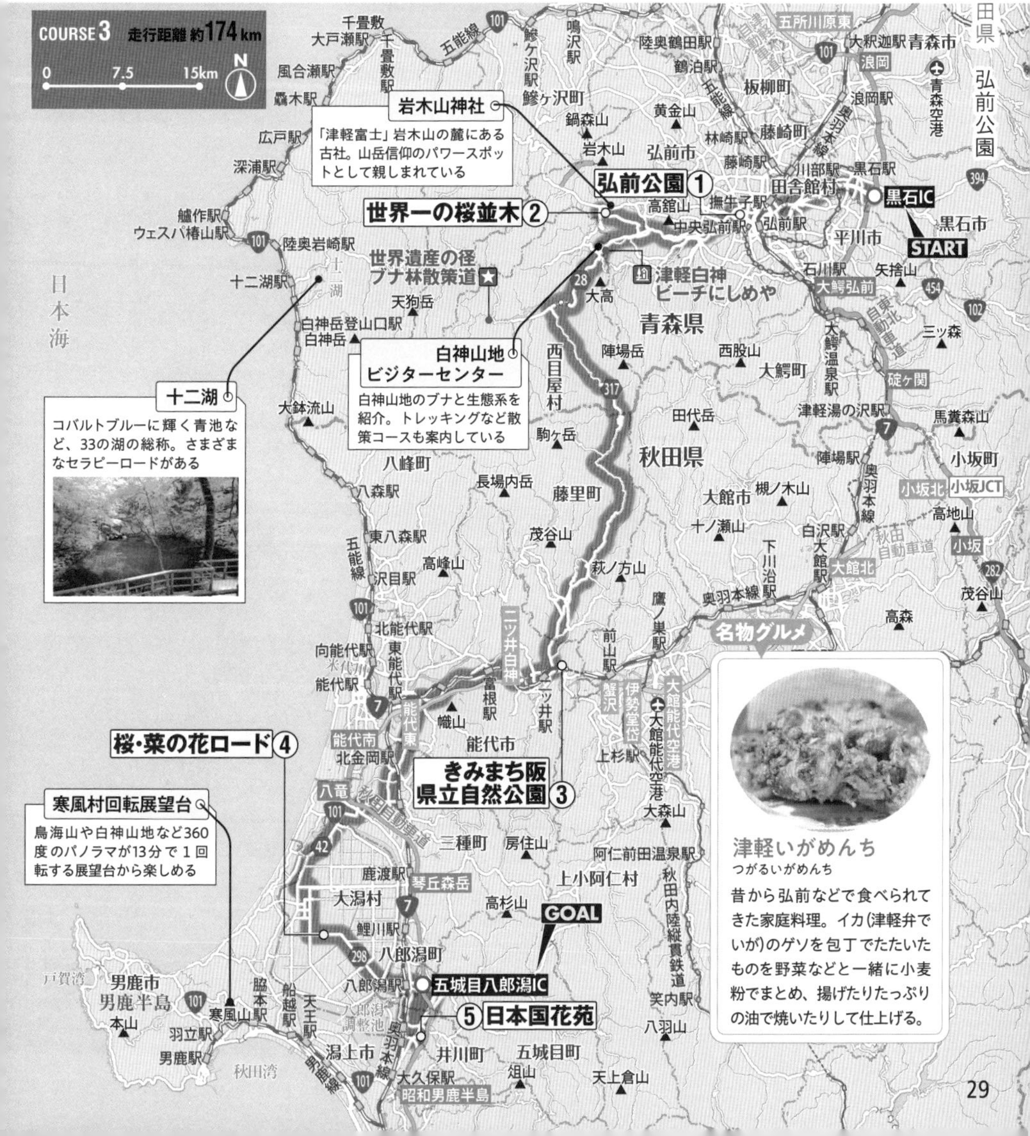

COURSE 3 走行距離 約174km
0 7.5 15km N
岩木山神社
「津軽富士」岩木山の麓にある古社。山岳信仰のパワースポットとして親しまれている
弘前公園①
世界一の桜並木②
世界遺産の径 ブナ林散策道
津軽白神 ビーチにしめや
白神山地 ビジターセンター
白神山地のブナと生態系を紹介。トレッキングなど散策コースも案内している
十二湖
コバルトブルーに輝く青池など、33の湖の総称。さまざまなセラピーロードがある
きみまち阪 県立自然公園③
桜・菜の花ロード④
寒風山回転展望台
鳥海山や白神山地など360度のパノラマが13分で1回転する展望台から楽しめる
⑤日本国花苑
五城目八郎潟IC
GOAL
黒石IC
START
青森市
弘前市
黒石市
平川市
大館市
能代市
男鹿市
潟上市
青森県
秋田県
日本海
秋田湾
戸賀湾
男鹿半島
西目屋村
藤里町
八峰町
大潟村
八郎潟町
五城目町
井川町
三種町
上小阿仁村
小坂町
大鰐町
藤崎町
板柳町
岩木山
白神岳
天狗岳
田代岳
高館山
大森山
本山

名物グルメ

津軽いがめんち

つがるいがめんち

昔から弘前などで食べられてきた家庭料理。イカ(津軽弁でいが)のゲソを包丁でたたいたものを野菜などと一緒に小麦粉でまとめ、揚げたりたっぷりの油で焼いたりして仕上げる。

COURSE 4

角館・田沢湖・小岩井農場

かくのだて・たざわこ・こいわいのうじょう

秋田県・岩手県

清流、名山をバックに咲き誇る北国の桜はいっそう華やか

約2kmに及ぶ桧木内川堤の桜並木や、佐竹北家の2代目妻女輿入れがルーツとなった角館武家屋敷通りの桜、明治時代に新しい産業として始まった小岩井農場で牛たちを夏の日差しから守るために植えられた小岩井農場の一本桜など、それぞれに歴史の記憶を宿す桜を巡る。長い冬を終えた北国の春は華やかで、広い空や名峰、清流、牧草地、武家屋敷の黒板塀など背景も美しい。

DRIVE COURSE

走行距離 約116km

START 秋田自動車道・協和IC

31km／国道341・46号

① 桧木内川堤の桜並木

160m／武家屋敷通り

② 角館武家屋敷通り

20km／国道105号、県道60号

③ 田沢湖

51km／県道60号、国道46、県道212号

④ 小岩井農場の一本桜

14km／県道219号、国道46号

GOAL 東北自動車道・盛岡IC

INFORMATION

仙北市観光情報センター「角館駅前蔵」

☎0187-54-2700

仙北市田沢湖観光情報センター「フォレイク」

☎0187-43-2111

桜花図鑑

ソメイヨシノ【染井吉野】

日本の桜を代表する園芸品種。江戸時代後期に染井村の植木職人により開発された「吉野桜」を起源とし、明治時代後期に改名された。

① 桧木内川堤の桜並木

ひのきないがわづつみのさくらなみき

全長約2kmにわたりソメイヨシノが並ぶ

昭和9年(1934)に上皇陛下の御誕生を記念して植樹された。春になると、青空を映す清流、桧木内川の左岸、およそ2kmにわたってソメイヨシノが咲き誇る様子は圧巻で、国指定の名勝や武家屋敷通りと併せて「日本さくら名所100選」にもなっている。

所秋田県仙北市角館町 P1000台

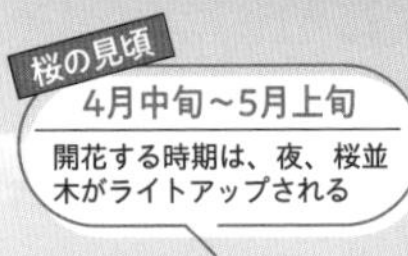

桜の見頃
4月中旬～5月上旬
開花する時期は、夜、桜並木がライトアップされる

一斉に開花した桜の木は互いに向かって枝を伸ばし合い、まるでトンネルのよう

立ち寄り! 道の駅

協和ICから8km

協和

きょうわ

稲庭うどんや協和産はちみつプリンが人気を博す。

☎018-881-6646 所秋田県大仙市協和荒川新田表15-2 営9:00～18:00(冬期は～17:00) 休無休 P121台

秋田県のほぼ中央に位置

② 角館武家屋敷通り

かくのだてぶけやしきどおり

400年前の町づくりと藩政時代の武家屋敷

約400年前、戦や火災などの有事を想定してつくられた町づくりがそのまま、今に残る。春になると、黒板塀が続く武家屋敷通りがしだれ桜で覆われ、町全体が桜色に染まる。

所秋田県仙北市角館町
P1000台(有料)

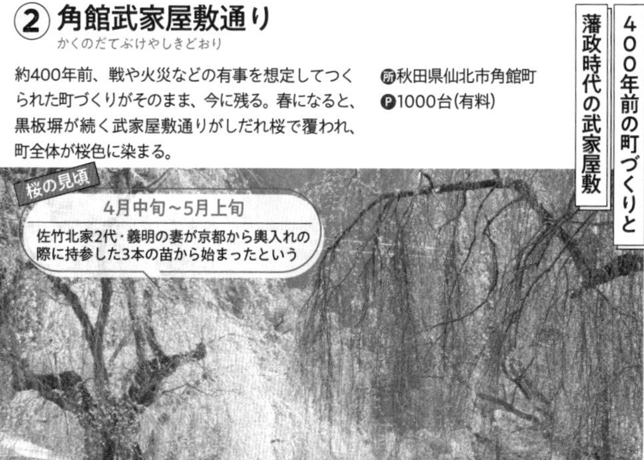

桜の見頃
4月中旬～5月上旬
佐竹北家2代・義明の妻が京都から輿入れの際に持参した3本の苗から始まったという

\ CHECK! /

武家屋敷「石黒家」

ぶけやしき「いしぐろけ」

角館の武家屋敷のなかで、唯一、今も子孫が暮らしている。石黒家では、母屋や蔵、庭など屋敷の一部を公開しており、建物や道具類などが見学できる。

☎0187-55-1496 所秋田県仙北市角館町表町下丁1 営9:00～17:00(12～3月は～16:00 休無休 料500円 Pなし

➡係の方による武士の生活に関するガイドも興味深い

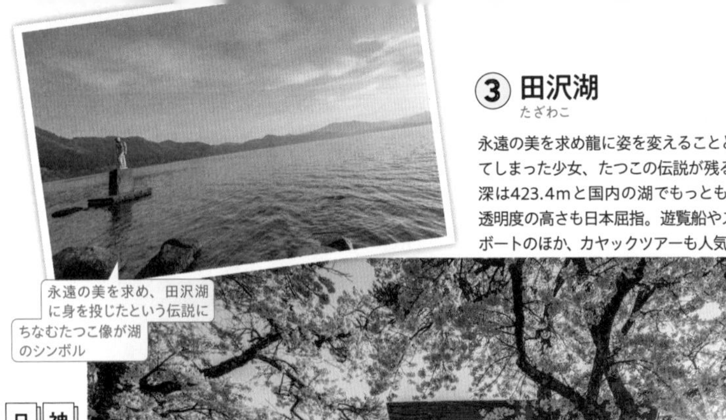

永遠の美を求め、田沢湖に身を投じたという伝説にちなむたつこ像が湖のシンボル

③ 田沢湖
たざわこ

永遠の美を求め龍に姿を変えることとなってしまった少女、たつこの伝説が残る。水深は423.4mと国内の湖でもっとも深く、透明度の高さも日本屈指。遊覧船やスワンボートのほか、カヤックツアーも人気。

所 秋田県仙北市田沢湖
P 260台

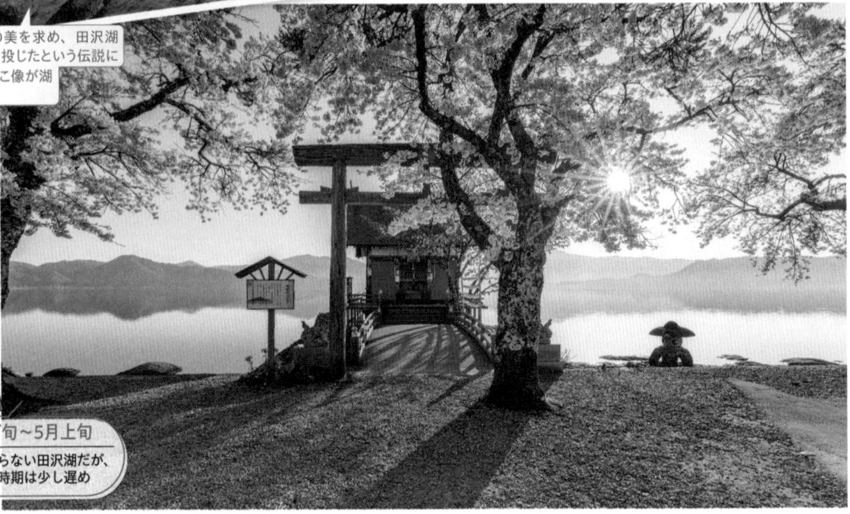

神秘的な青が印象的
日本で最も深い湖

桜の見頃
4月下旬～5月上旬
真冬も凍らない田沢湖だが、桜の開花時期は少し遅め

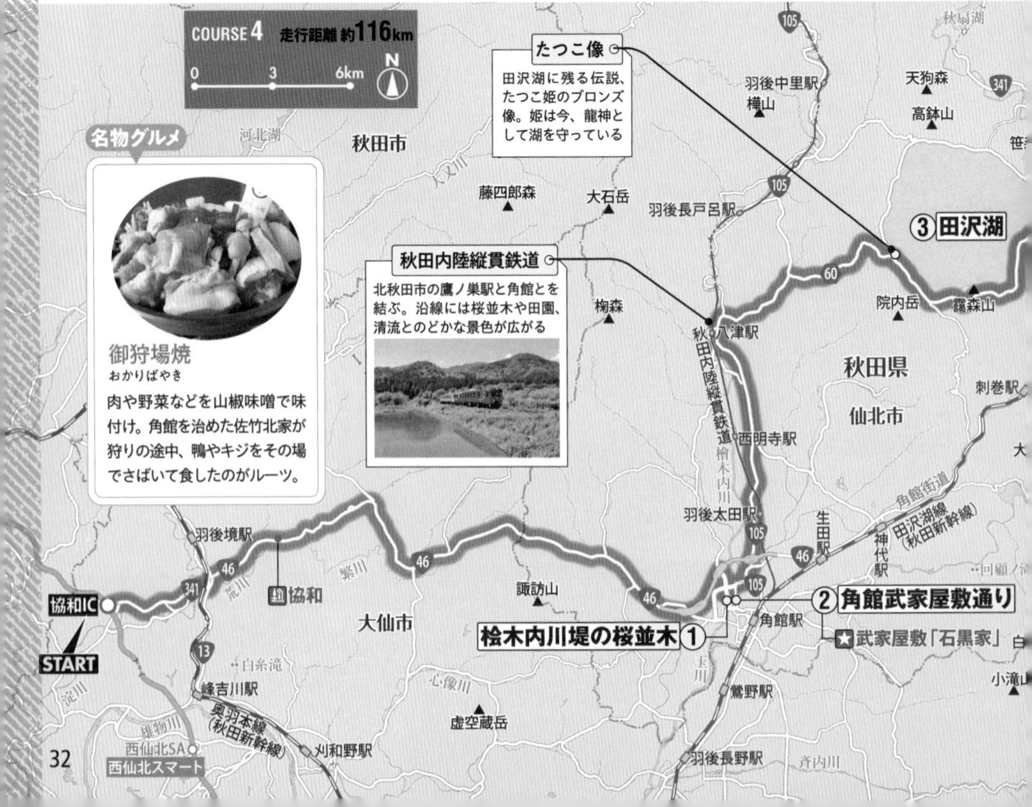

COURSE 4 走行距離 約116km
0 3 6km
N
秋田市
河北潟
藤四郎森
大石岳
羽後長戸呂駅
羽後中里駅
槻山
天狗森
高鉢山
秋扇湖
③田沢湖
院内岳
駒森山
八津駅
梅森
秋田内陸縦貫鉄道
西明寺駅
桧木内川
秋田県
仙北市
刺巻駅
羽後太田駅
角館街道
田沢湖線(秋田新幹線)
生田駅
神代駅
②角館武家屋敷通り
武家屋敷「石黒家」
桧木内川堤の桜並木①
角館駅
羽後境駅
協和
協和IC
START
大仙市
諏訪山
白糸滝
峰吉川駅
奥羽本線(秋田新幹線)
刈和野駅
西仙北SA
西仙北スマート
心像川
虚空蔵岳
鶯野駅
羽後長野駅
斉内川
小滝山

たつこ像
田沢湖に残る伝説、たつこ姫のブロンズ像。姫は今、龍神として湖を守っている

秋田内陸縦貫鉄道
北秋田市の鷹ノ巣駅と角館とを結ぶ。沿線には桜並木や田園、清流とのどかな景色が広がる

名物グルメ

御狩場焼
おかりばやき

肉や野菜などを山椒味噌で味付け。角館を治めた佐竹北家が狩りの途中、鴨やキジをその場でさばいて食したのがルーツ。

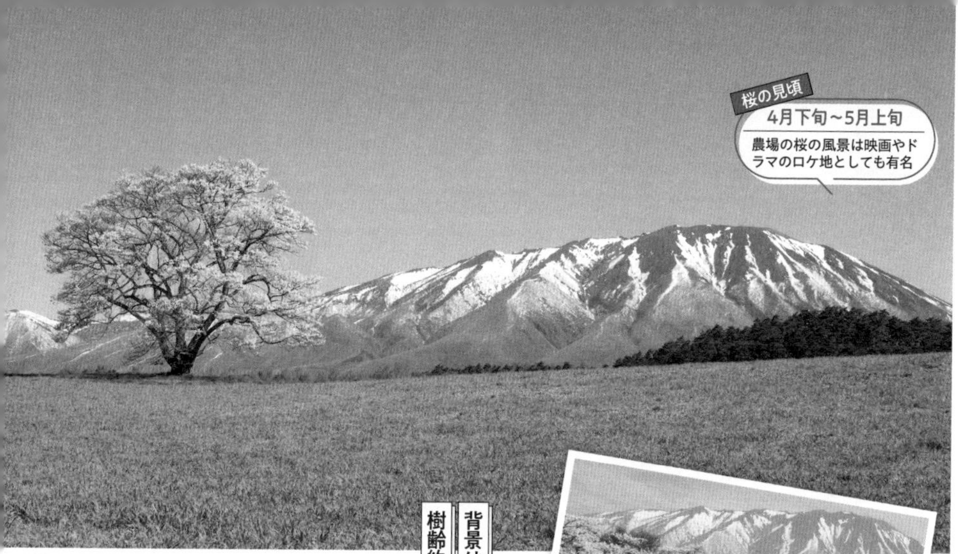

桜の見頃
4月下旬～5月上旬
農場の桜の風景は映画やドラマのロケ地としても有名

背景は雪を冠した岩手山
樹齢約100年のエドヒガン

④ 小岩井農場の一本桜
こいわいのうじょうのいっぽんざくら

明治40年代、放牧地だったというこの場所に牛の日除けを目的に植樹されたという一本桜。地面を覆う草の緑、春のやさしい青空、雪をいただいた岩手山という極上の背景のなかにすっくと立つ姿が印象的だ。

☎019-692-4321（小岩井農場）
所 岩手県雫石町丸谷地 P 20台

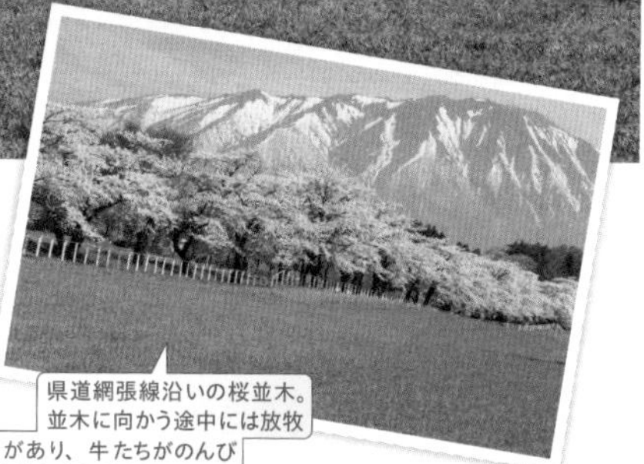

県道網張線沿いの桜並木。並木に向かう途中には放牧地があり、牛たちがのんびりと草を食む姿も見られる

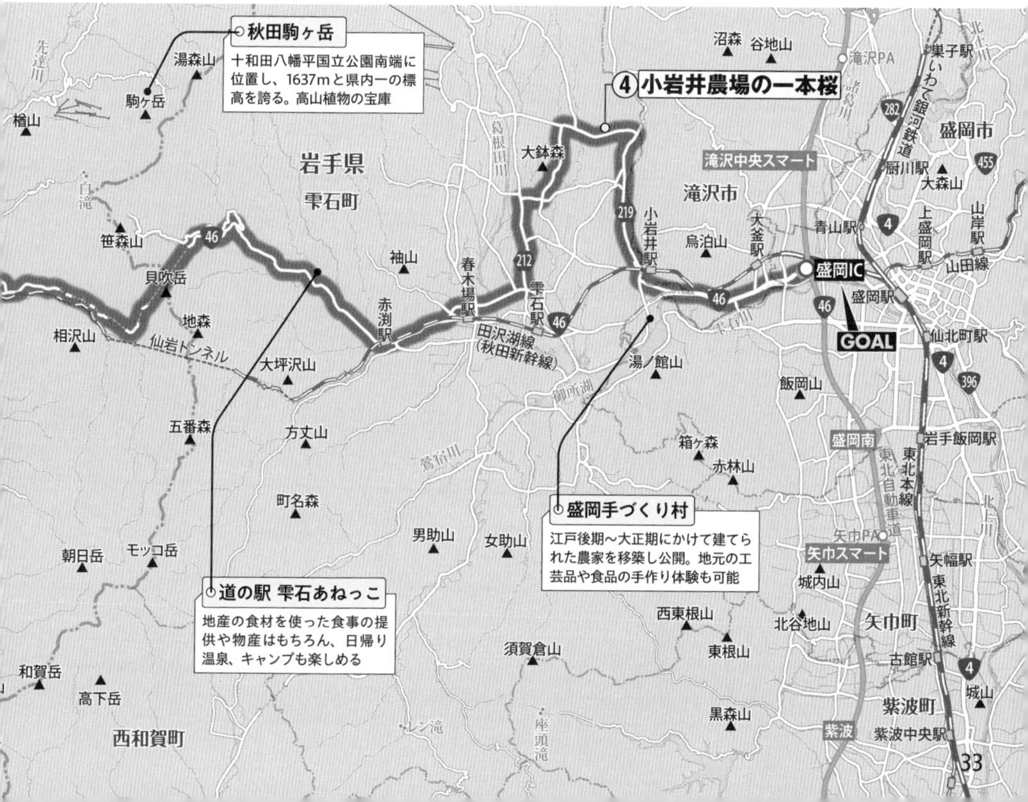

秋田駒ヶ岳
十和田八幡平国立公園南端に位置し、1637mと県内一の標高を誇る。高山植物の宝庫

道の駅 雫石あねっこ
地産の食材を使った食事の提供や物産はもちろん、日帰り温泉、キャンプも楽しめる

盛岡手づくり村
江戸後期～大正期にかけて建てられた農家を移築し公開。地元の工芸品や食品の手作り体験も可能

COURSE 5

花見山・桜坂・三春滝桜

はなみやま・さくらざか・みはるたきざくら

福島県

山や坂、公園を一面のピンクに染める圧巻の風景

花卉農家が丹精込めて育てた花々の山を一般公開してくれる花見山公園や、足湯に浸かりながら花見が楽しめる岳温泉桜坂など、目だけでなく心や体まで癒やしてくれる花の名所がたくさんある。寒冷な土地柄でもあり東京などと比べて開花が遅いので花に合わせた旅のプランが立てやすい。コースのゴール、三春滝桜は国の天然記念物にも指定される名木で、その名のとおり滝のようなフォルムが特徴。

DRIVE COURSE

走行距離 約98km

START 東北自動車道・福島西IC

8km／国道115号

1 花見山公園

31km／国道115・459号

2 岳温泉桜坂

10km／国道459号

3 霞ヶ城公園

41km／県道62・40号、国道459・349号

4 三春滝桜

8km／県道40号、国道288号

GOAL 磐越自動車道・船引三春IC

INFORMATION

福島市観光案内所 ☎024-531-6428
岳温泉観光協会 ☎0243-24-2310
二本松市観光連盟 ☎0243-55-5122
三春まちづくり公社 観光部／みはる観光協会 ☎0247-62-3690

桜花図鑑

ベニシダレザクラ【紅枝垂桜】

エドヒガンザクラの変種で、枝垂れ形の桜のなかで濃い花色が特徴。古くから各地で栽培され平安時代の記録も残る。

花々の向こうに見える山々や街の景色も美しい

1 花見山公園

はなみやまこうえん

吾妻連峰や安達太良連峰、福島市街地を望む花の山。花卉農家の私有地だが、一般公開もされており、毎年多くの観光客が訪れる。写真家の秋山庄太郎氏が生前、幾度となく来訪し「福島に桃源郷あり」と絶賛したという。春には桜のほか、梅やレンギョウ、花桃などが一面に咲き誇る。

所福島県福島市渡利 Pなし(開花シーズンはあぶくま親水公園臨時駐車場利用、環境整備協力金500円)

桜の見頃
3月下旬～4月下旬
桜のほか、レンギョウ、ボケなどが一斉に咲き競う
山頂展望台から山の裏手に向かって下り始めると桜のトンネルに入る
3月下旬にトウカイザクラが咲き始め、次いでソメイヨシノ、花桃と続く

桜と足湯でのんびり
温泉街の桜並木
桜の見頃
4月中旬～下旬
鏡ヶ池公園から桜と安達太良山を併せて見るのも素敵

② 岳温泉桜坂
だけおんせんさくらざか

安達太良山の麓に広がる高原の温泉地、岳温泉。この温泉街のヒマラヤ通りから鏡ヶ池公園に向かう200mほどの坂道に桜のトンネルができる。通りに面して足湯があり、のんびりと足を湯に浸けながらのお花見も楽しめる。

所福島県二本松市岳温泉1-250 P約150台

③ 霞ヶ城公園
かすみがじょうこうえん

霞ヶ城とも呼ばれる二本松城の城址公園。戊辰戦争の激戦地としても知られているが、現在は県立自然公園となっており、春の桜、秋の紅葉と美しい木々を楽しむために大勢の人々が訪れる。日本100名城のひとつ。

所福島県二本松市郭内3 P500台

城跡全体を染める薄紅
桜の総数は約2500本
桜の見頃
4月上旬～中旬
ソメイヨシノを中心にヤマザクラなど約2500本が咲く
遠くから見る公園はピンクの霞がかかったよう。日没後はライトアップに照らされた夜桜も楽しめる

④ 三春滝桜
みはるたきざくら

国内には数えきれないほどの桜が植えられているが、この滝桜は日本三大桜に数えられる。流れる滝のような姿が印象的で、大正11年(1922)には桜の木として初めて国の天然記念物にも指定されている。

所福島県三春町滝桜久保296 P観桜期間のみ滝桜大駐車場利用　※観桜期間のみ観桜料300円

滝桜は、種類としてはエドヒガン系のベニシダレザクラ

桜の見頃
4月上旬～中旬
見頃の時期は18:00～21:00までライトアップされる
推定樹齢は1000年
天然記念物指定の名木

立ち寄り! 道の駅

船引三春ICから19km

ふくしま東和
ふくしまとうわ

農産品販売所のほか、中華料理店が入る。地産食材を使ったオリジナルの手作りジェラートも美味。

☎0243-46-2113 所福島県二本松市太田下田2-3 営9:00～17:00 休無休 P94台

↑地元の人々も買い物に訪れる道の駅

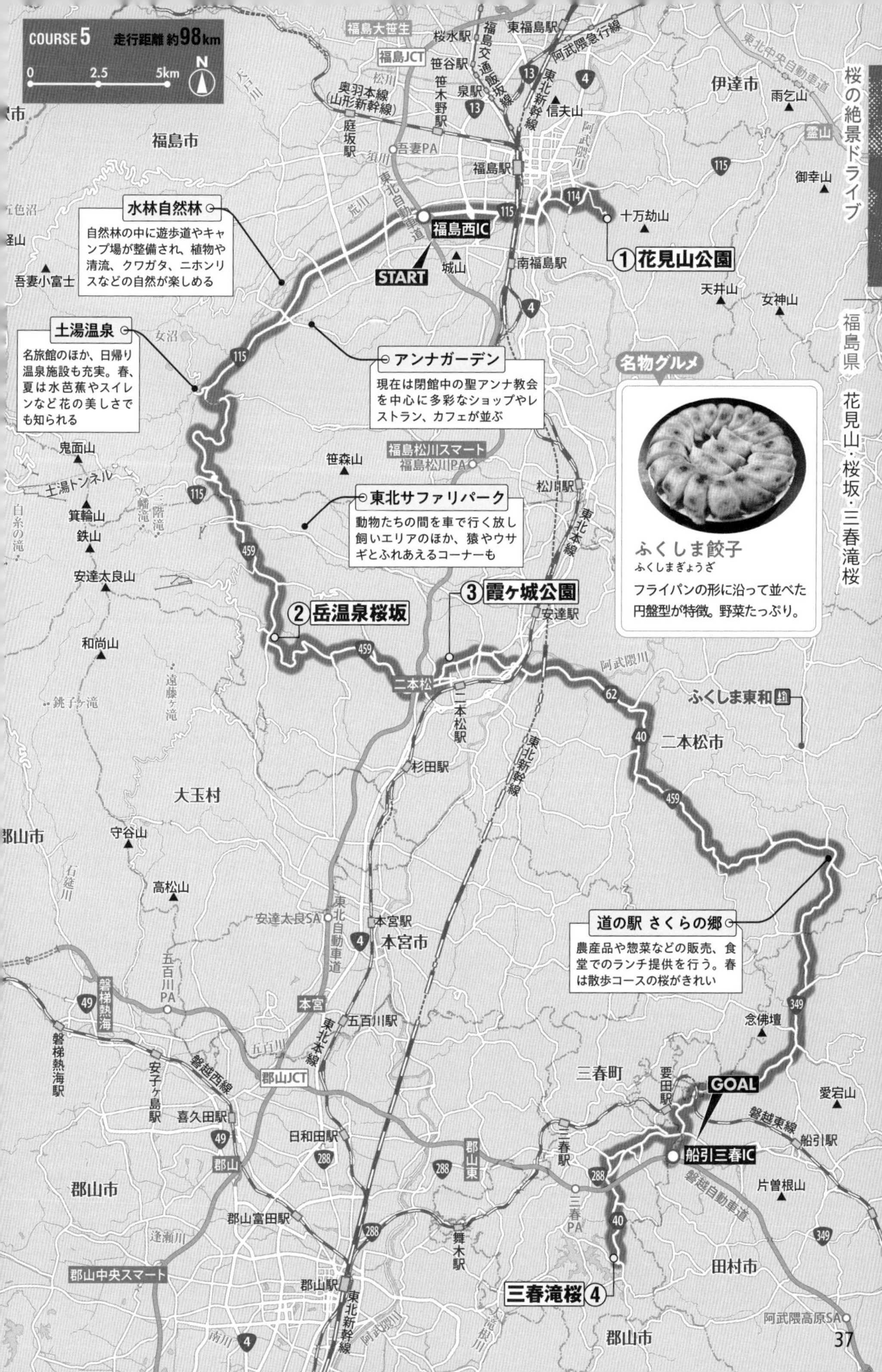

COURSE 5 走行距離 約98km
0 2.5 5km N
福島県 花見山・桜坂・三春滝桜
START
福島西IC
① 花見山公園
十万劫山
水林自然林
自然林の中に遊歩道やキャンプ場が整備され、植物や清流、クワガタ、ニホンリスなどの自然が楽しめる
土湯温泉
名旅館のほか、日帰り温泉施設も充実。春、夏は水芭蕉やスイレンなど花の美しさでも知られる
アンナガーデン
現在は閉館中の聖アンナ教会を中心に多彩なショップやレストラン、カフェが並ぶ
東北サファリパーク
動物たちの間を車で行く放し飼いエリアのほか、猿やウサギとふれあえるコーナーも
② 岳温泉桜坂
③ 霞ヶ城公園
名物グルメ
ふくしま餃子
ふくしまぎょうざ
フライパンの形に沿って並べた円盤型が特徴。野菜たっぷり。
ふくしま東和
道の駅 さくらの郷
農産品や惣菜などの販売、食堂でのランチ提供を行う。春は散歩コースの桜がきれい
GOAL
船引三春IC
三春滝桜 ④
福島市
伊達市
二本松市
大玉村
本宮市
郡山市
三春町
田村市
福島駅
南福島駅
安達駅
二本松駅
杉田駅
本宮駅
五百川駅
郡山駅
三春駅
要田駅
船引駅
福島JCT
郡山JCT
阿武隈高原SA

COURSE 6

白石川堤一目千本桜

しろいしがわづつみひとめせんぼんさくら

宮城県

蔵王連峰の裾野を流れる白石川を彩る、陸奥国随一の千本桜へ

国道４号を走行し、白石川を渡って片倉氏の居城であった白石城と桜を楽しみ、大河原町の白石川堤一目千本桜へ向かう。桜堤を散策しながら観音像の立つ船岡城址公園へ。名物のスロープカーで桜を眺め、仙台市内を目指す。三神峯公園で仙台市内最多の桜を愛で、国道48号を北上。標高130mの天然の要害に築かれ太平洋を望む仙台城跡は、眺望とともに戦国の雄がたどった歴史散策が楽しめる。

DRIVE COURSE

走行距離　約71km

START 東北自動車道・白石IC

7km／国道4号

① 白石城

18km／国道4号

② 白石川堤一目千本桜

1km

③ 船岡城址公園

33km／県道14・31号、国道286号

④ 三神峯公園

5km

⑤ 仙台城跡

7km

GOAL 東北自動車道・仙台宮城IC

INFORMATION

大河原町商工観光課 ☎0224-53-2659
柴田町商工観光課 ☎0224-55-2123
仙台市太白区役所 ☎022-247-1111

桜花図鑑

カワヅザクラ【河津桜】

カンヒザクラとオオシマザクラが自然に交配してできたといわれる。ソメイヨシノなどより色が濃く、花期も長い。

① 白石城

しろいしじょう

伊達政宗の家臣・片倉小十郎の居城跡。市街を見渡す丘陵地に建ち、本丸広場には三階櫓(天守閣)を囲むように200本のソメイヨシノが咲き誇る。天守閣から見下ろす桜風景も壮観。

☎0244-24-3030(白石城管理事務所) 所宮城県白石市益岡町1-16 開9:00～17:00(11～3月は～16:00) 休無休 料400円 P150台

天守閣から展望する圧巻のソメイヨシノ

桜の見頃

4月上旬～中旬

4月上旬から２週間、おおがわら桜まつりを開催する

② 白石川堤一目千本桜

しろいしがわづつみひとめせんぼんさくら

白石川堤に約8kmにわたって、ソメイヨシノ、シロヤマザクラ、八重桜など1200本の桜並木が続く。白石川の清流と青い空、蔵王連峰の残雪が織りなす三層の景色が見どころ。末広歩道橋や韮神堰がビューポイントだ。

所宮城県大河原町金ヶ瀬～柴田町船岡
P周辺駐車場利用

残雪の蔵王連峰を背景に満開の桜堤を散策する

桜の見頃
4月上旬～中旬
4月上旬から下旬まで、白石城桜まつりが開催される

立ち寄り! 道の駅

白石ICから14km

村田
むらた

県道14号沿いの道の駅。そら豆や米など地場産品を中心に朝採れ野菜などが並ぶ。蔵王クリームチーズやそら豆うどんが人気。

☎0224-83-5505 所宮城県村田町村田北塩内41 営9:00～17:00 休無休(レストラン城山は第2・4月曜) P100台

➲蔵の町らしさを感じさせる外観が印象的な道の駅

山頂は白石川堤一目千本桜を見渡すことのできるビュースポット
山頂に観音像がたたずむ桜に覆われた山城跡
桜の見頃
4月上旬～中旬
山頂のビュースポットと桜トンネルを楽しめる

③ 船岡城址公園

ふなおかじょうしこうえん

白石川堤とつながる桜の名所。山全体がおよそ1300本の桜の木々で覆われ、山頂までの桜トンネルを片道3分40秒で走るスロープカーが名物。

所宮城県柴田町船岡館山95-1
P370台

④ 三神峯公園

みかみねこうえん

仙台市街地を望む丘陵地にソメイヨシノ、しだれ桜、ヤエザクラなどおよそ48種類500本の桜が咲く。縄文集落の跡も見どころ。

所宮城県仙台市太白区三神峯1 Pあり

多彩な桜の木々が集まる仙台有数のお花見どころ

満開時期の異なる桜が咲くので、長期間にわたり花見を楽しめる

⑤ 仙台城跡

せんだいじょうあと

青葉城の名で知られる伊達政宗の居城跡。仙台市博物館付近を中心に多くの桜が咲き、史跡と桜の競演も見どころ。

☎022-227-7077(青葉城資料展示館)
所宮城県仙台市青葉区天守台青葉城址 開休料見学自由 P150台

仙台空襲で焼失した大手門脇櫓は、昭和40年(1965)に再建された
桜の見頃
4月中旬～下旬
桜を背景に雄々しい伊達政宗の騎馬像を写真に収めたい
戦国の英雄が築いた古城跡は市内有数のビュースポット

COURSE 6 走行距離 約71km
0 2 4km N
名物グルメ
牛たん
ぎゅうたん
仙台名物の厚切り牛たん焼き。麦飯、テールスープ、浅漬け、南蛮漬けとともに提供する牛たん定食が定番。肉の切り込みやタレの味、漬物など、店ごとのこだわりの味を楽しみたい。
八木山動物公園 フジサキの杜
アフリカ園、猛獣舎などを備える東北では最大級の規模を誇る動物園
磊々峡
らいらいきょう
巨岩や奇石が連なる秋保温泉湯元付近の渓谷。八間厳、時雨滝など見どころも多い
仙台万華鏡美術館
アンティークから現代の作品まで、種類豊富な万華鏡を展示。展示は季節ごとに変更
海の見える丘公園
名取市街地を望む高台の公園で、晴天時には太平洋や金華山の眺望が楽しめる
太陽の村
標高200mの丘陵から蔵王と太平洋の眺望が広がる。園内には約400本の桜が植えられている
仙台城跡 5
三神峯公園 4
白石川堤一目千本桜 2
船岡城址公園 3
白石城 1
仙台宮城IC
GOAL
START
白石IC
宮城県
白石川堤一目千本桜
仙台市
泉区
青葉区
太白区
名取市
岩沼市
村田町
蔵王町
川崎町
柴田町
大河原町
角田市
白石市
亘理町
山元町
仙台駅
長町駅
太子堂駅
南仙台駅
名取駅
館腰駅
岩沼駅
亘理駅
浜吉田駅
船岡駅
東船岡駅
大河原駅
東白石駅
北白川駅
白石駅
白石蔵王駅
岡駅
横倉駅
作並駅
陸前白沢駅
愛子駅
陸前落合駅
葛岡駅
国見駅
東北福祉大前駅
北山駅
北仙台駅
東照宮駅
仙山線
東北新幹線
東北本線
阿武隈急行
常磐自動車道
東北自動車道
山形自動車道
仙台南部道路
仙台西道路
作並街道
陸前浜街道
第二白石トンネル
仙台南
山田
村田JCT
村田
菅生PA
蔵王PA
鳥の海PA
鳥の海スマート
名取中央スマート
仙台空港
岩沼
亘理
村田
権現森
西風蕃山
太白山
猪倉山
愛宕山
羽山
舘山
大萩山
四方山
広瀬川
名取川
碁石川
荒川
白石川
阿武隈川
松川
宮城川崎
457
48
286
31
14
4
6
349
113

COURSE 7

五稜郭公園・オニウシ公園

ごりょうかくこうえん・オニウシこうえん

北海道

北国の歴史を感じる桜の名所や街の桜並木、ダム桜を巡る旅

空が桜で覆われる道は
約800mも続く
桜の見頃
4月下旬～5月中旬
ソメイヨシノのほか、カミイ
ソウシオザクラなどが咲く

北海道でいちばん早く桜が咲く道南ドライブのスタートは、幕末の歴史を感じる史跡で800mのソメイヨシノの並木道がある松前藩戸切地陣屋跡。函館市内に車を進め、星型に桜が咲き誇る五稜郭公園へ向かい、地元の人たちが育てた桜が並ぶ桜が丘通りを散策、コンクリート建造物と桜が珍しい笹流ダムへと走る。国道5号を北上した森町のオニウシ公園では、堀井緋桜、駒見桜を観賞できる。

DRIVE COURSE

走行距離 約97km

START 函館江差自動車道・木古内IC

31km／国道228号

① 松前藩戸切地陣屋跡

15km／国道228号

② 五稜郭公園

2km

③ 桜が丘通り

7km／道道347号

④ 笹流ダム

40km／道道347号、国道5号

⑤ オニウシ公園

2km／国道5号

GOAL 道央自動車道・森IC

INFORMATION

北斗市観光協会 ☎0138-77-5011
函館市観光案内所 ☎0138-23-5440
森観光協会 ☎01374-7-1286

桜花図鑑

エゾヤマザクラ【蝦夷山桜】

濃いピンク色の花びらが特徴の北海道を代表する寒さに強い山の桜で、開花と同時に葉も出てくる品種。道南の桜名所はソメイヨシノも多い。

① 松前藩戸切地陣屋跡

まつまえはんへきりちじんやあと

箱館港の開港に伴い、幕府が松前藩に構築させた陣屋の跡地で国指定文化財。約300本のソメイヨシノは、日露戦争の勝利を祈念して植樹されたといわれており、約800mものトンネルをつくる。陣屋前には八重桜のカミイソウシオザクラやギョイコウなど珍しい桜もあり、ライトアップもある。

所北海道北斗市野崎 P周辺駐車場利用

桜の見頃
4月下旬～5月中旬
ソメイヨシノが中心。しだれ桜やエゾヤマザクラも

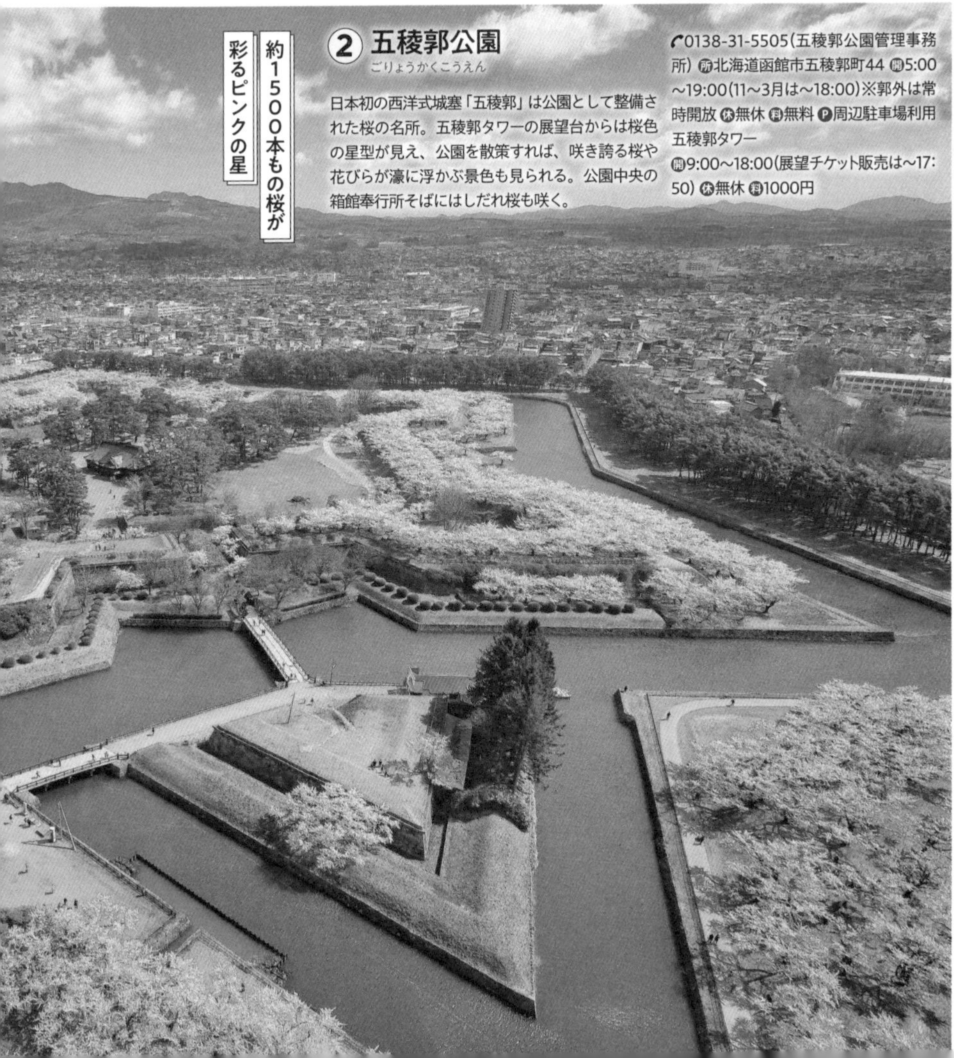

約1500本もの桜が
彩るピンクの星

② 五稜郭公園
ごりょうかくこうえん

日本初の西洋式城塞「五稜郭」は公園として整備された桜の名所。五稜郭タワーの展望台からは桜色の星型が見え、公園を散策すれば、咲き誇る桜や花びらが濠に浮かぶ景色も見られる。公園中央の箱館奉行所そばにはしだれ桜も咲く。

☎0138-31-5505(五稜郭公園管理事務所) 所北海道函館市五稜郭町44 開5:00~19:00(11~3月は~18:00)※郭外は常時開放 休無休 料無料 P周辺駐車場利用

五稜郭タワー
開9:00~18:00(展望チケット販売は~17:50) 休無休 料1000円

③ 桜が丘通り

さくらがおかどおり

のんびり観賞したい
閑静な住宅街の桜並木

沿道の住民が昭和の始めに植栽し、手入れを続けてできた「桜が丘通り」。住宅街である柏木町～松陰町に通る約800mの両脇には約100本の桜が咲き誇る。訪れるときは徒歩で観賞しよう。

所北海道函館市松陰町
Pなし

桜の見頃
4月下旬～5月上旬
100本ほどのソメイヨシノが800mの桜並木になっている

桜の見頃
5月中旬～下旬
前庭広場にはソメイヨシノが植栽されている

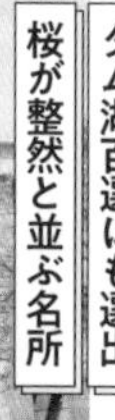

④ 笹流ダム

ささながれダム

ダム湖百選にも選出
桜が整然と並ぶ名所

市民にも親しまれている笹流ダム。ダムの前庭広場は樹木と芝生に覆われており、コンクリート建造物と桜の花とのバランスが珍しい風景だ。函館市内から離れた山のほうにあるので開花は遅め。

☎0138-46-3282(函館市企業局赤川高区浄水場) 所北海道函館市赤川町313 開9:00～17:00 10月1日～11月23日8:30～16:30 休11月24日～4月第3土曜日の前日 料無料 P150台

⑤ オニウシ公園

オニウシこうえん

地域ならではの桜も
観賞できる公園

道の駅 YOU・遊・もりに隣接している公園には、ソメイヨシノや森町の固有種「堀井緋桜」「駒見桜」を含む約500本の桜が植えられている。遠く駒ヶ岳も望める。

所北海道森町上台町326 P100台

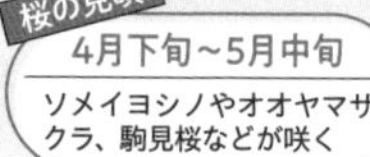

桜の見頃
4月下旬～5月中旬
ソメイヨシノやオオヤマザクラ、駒見桜などが咲く

COURSE 7
走行距離 約97km
0
3
6km
N
⑤オニウシ公園
道の駅 YOU・遊・もり
駒ヶ岳や羊蹄山を望む展望ラウンジを備える国道5号沿いの道の駅
森IC
GOAL
名物グルメ
チャイニーズチキンバーガー
道南だけのグルメレストラン「ラッキーピエロ」のNo.1メニュー。中華味の唐揚げが3個も入ってボリューム満点。単品420円(税抜き)
大沼国定公園
駒ヶ岳の噴火でできた大沼湖、小沼湖や大小の島々を含む周辺一帯が国定公園に指定されている
日暮山 展望台
標高303mの日暮山山頂に位置する展望台。大沼国定公園と駒ヶ岳を一望できる
松前藩戸切地陣屋跡①
茂辺地 北斗星広場
寝台特急「北斗星」の客車2両を保存し展示。客車内に宿泊することもできる
トラピスト修道院
明治29年(1896)創立のカトリック男子修道院。800mのポプラ並木が修道院へと続く
④笹流ダム
③桜が丘通り
五稜郭公園②
函館山展望台
標高334mの函館山山頂にある展望台。函館港と津軽海峡の間に市街が輝く夜景観賞の名所
START
木古内IC
内浦湾
(噴火湾)
函館本線
石谷駅
森駅
東森駅
尾白内駅
掛澗駅
渡島砂原駅
砂崎
松屋崎
渡島沼尻駅
出来澗崎
鹿部駅
鹿部町
西円山
砂原岳
東円山
駒ヶ岳
毛無山
森町
狗神岳
森川山
望月山
駒ヶ岳駅
大沼公園
赤井川駅
三九郎岳
弥五兵衛岳
二股岳
蓴菜沼
円沼
大沼
小沼
大沼公園駅
大沼駅
三角山
檜山
横津岳
七飯町
仁山駅
七飯藤城
七飯岳
鳴川岳
七飯本町
七飯駅
新函館北斗駅
厚沢部町
文月川
戸切地川
大中山駅
七飯大川
函館市
雁皮山
蝦夷松山
蓬揃山
笹流貯水池
北斗中央
北斗追分
桔梗駅
函館
赤川
袴腰山
北斗市
北海道新幹線
七重浜駅
東久根別駅
久根別駅
清川口駅
上磯駅
北斗富川
鏡山
五稜郭駅
日吉
函館港
函館湾
函館空港
函館駅
松倉川
亀田川
茂辺地川
北斗茂辺地
茂辺地駅
丸山
葛登支岬
渡島当別駅
伊勢鉢山
道南いさりび鉄道
函館江差自動車道
釜谷駅
札苅駅
泉沢駅
サラキ岬
立待岬
大鼻岬
黒岩岬
汐泊川
木古内駅
木古内川
古内町
木古内湾
知内町
森越川
重内川
知内川
津軽海峡

COURSE 8

高田城址公園・松ヶ峯

たかだじょうしこうえん・まつがみね

新潟県

雪をいただく山々と桜が競演する雪国ならではの景勝を訪ねる

上信越自動車道から国道18号を経由し、上越市の市街地に広がる高田城址公園へ向かう。「日本さくら名所100選」の多彩な風景を堪能して、北アルプスを眺めながらさらに壮大な景色を求めて松ヶ峯へ。絵画のような景勝と桜のトンネルを走り抜けたあとは、雪が残る津南町・十日町市を通り、コシヒカリの産地で名高い南魚沼市にある銭淵公園へ到着。花見スポットでカフェやマルシェも出店する観桜会も満喫したい。

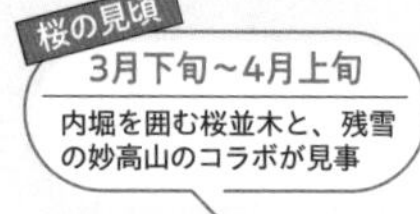

桜の見頃
3月下旬～4月上旬
内堀を囲む桜並木と、残雪の妙高山のコラボが見事

DRIVE COURSE

走行距離　約132km

START　上信越自動車道・上越高田IC

4km

1. 高田城址公園

21km／国道18号

2. 松ヶ峯

95km／国道18号、国道117号、国道253号

3. 銭淵公園

12km／国道291号

GOAL　関越自動車道・塩沢石打IC

INFORMATION

妙高高原観光案内所 ☎0255-86-3911

南魚沼市都市計画課 ☎025-773-6662

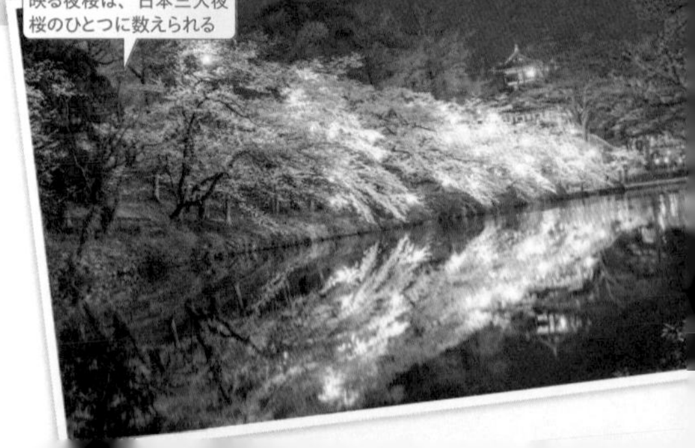

夜は3000個のぼんぼりに照らされ、お堀の水面に映る夜桜は、日本三大夜桜のひとつに数えられる

桜花図鑑

シダレザクラ【しだれ桜】

観賞用に栽培されるエドヒガンザクラの変種で枝が下がるもの、または枝が垂れる桜全般を指すことも。ソメイヨシノより少し早く開花する。

雪山と櫓、夜の水鏡が
巧みに魅せるお城の桜

① 高田城址公園
たかだじょうしこうえん

徳川家康の6男・松平忠輝の居城として築城した高田城の跡に整備された美観の公園。公園全体が新潟県の史跡に指定され、復元された三重櫓や歴史博物館も見どころ。公園周辺を合わせて約4000本の桜が咲く。

☎025-520-5766(上越市都市整備課) 所新潟県上越市本城町44-1 開休料入園自由 P850台

高田城のシンボル三重櫓。桜と黒板張りの櫓のコントラストが美しい

立ち寄り! 道の駅

上越高田ICから9㎞

あらい

新井PA・スマートICに隣接。農産物直売所や鮮魚センター、物産館、飲食店などを併設する。

☎0255-70-1021 所新潟県妙高市猪野山58-1 営休店舗により異なる P703台

国道18号と高速両方でアクセス可能

桜と残雪の山々が映える県内屈指の桜の名所

② 松ヶ峯
まつがみね

松ヶ峯溜池のほとりに咲く桜と背後にそびえる妙高山の残雪が織りなす絶景は、県の景勝100選のひとつ。ゴルフ場を中心に1500本の桜が咲き誇り、絵画のような景色を見に多くの人が訪れる。

☎0255-78-2141(板倉区総合事務所産業グループ) 所 新潟県上越市中郷区江口 P 周辺駐車場利用

桜の見頃
4月中旬～下旬
夜間はライトアップされ、幻想的な桜を楽しめる

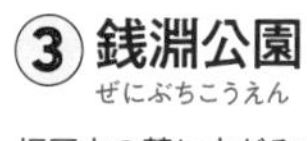

③ 銭淵公園
ぜにぶちこうえん

坂戸山の麓に広がる市民の憩いの場として人気の公園。噴水のある池を囲む日本庭園に、春にはソメイヨシノやしだれ桜など150本以上の桜とともに、芝桜、タムシバ、コブシなども一斉に開花する。ライトアップも必見だ。
所 新潟県南魚沼市 P 周辺駐車場利用

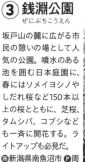

桜の見頃
4月上旬～下旬
ソメイヨシノ、しだれ桜、寒桜が咲き競う

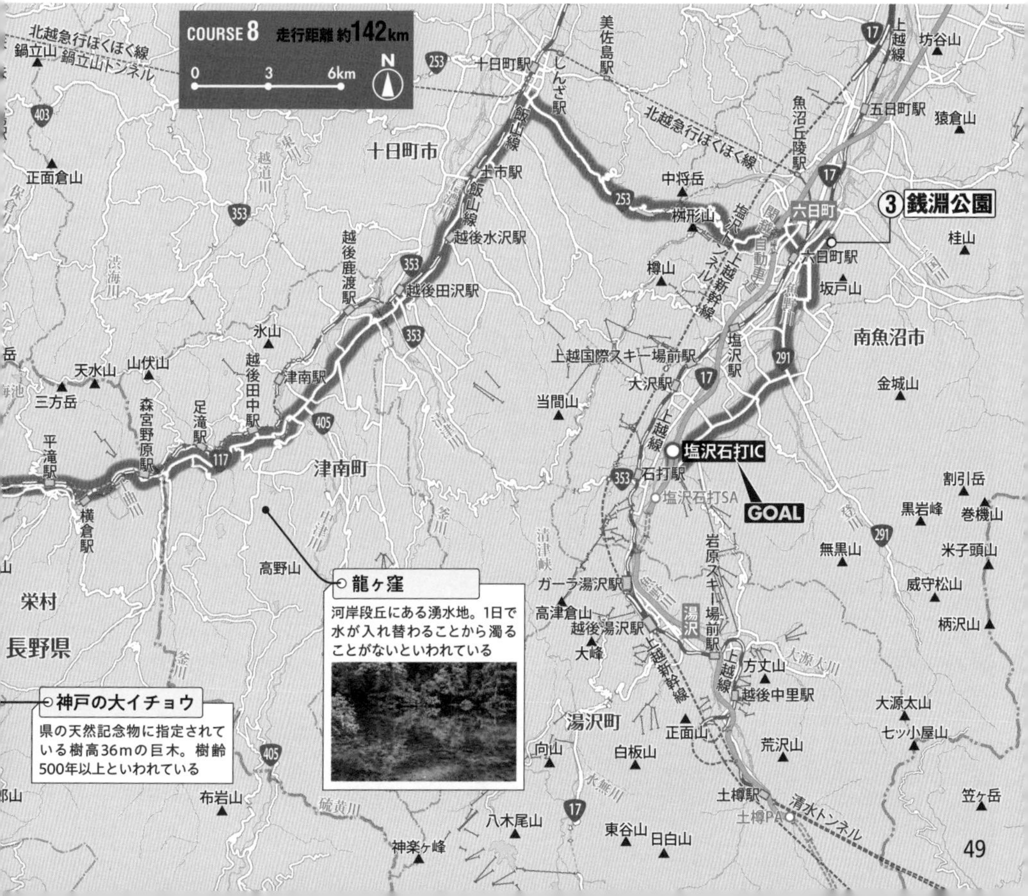

COURSE 8 走行距離 約142km
0 3 6km N

③ 銭淵公園

塩沢石打IC
GOAL

龍ヶ窪
河岸段丘にある湧水地。1日で水が入れ替わることから濁ることがないといわれている

神戸の大イチョウ
県の天然記念物に指定されている樹高36mの巨木。樹齢500年以上といわれている

十日町市
津南町
湯沢町
南魚沼市
栄村
長野県

AUTUMUN COLOURS SCENIC DRIVE

色づく木々の誘惑、彩りの饗宴への招待

紅葉の絶景ドライブ

水辺に映える燃えるような紅葉や渓谷、寺社を染める紅葉など、冬に備えて葉を落とす前、最後の輝きを見せる美しい木々を追いかけて紅葉の名所が連なる東日本を走る。

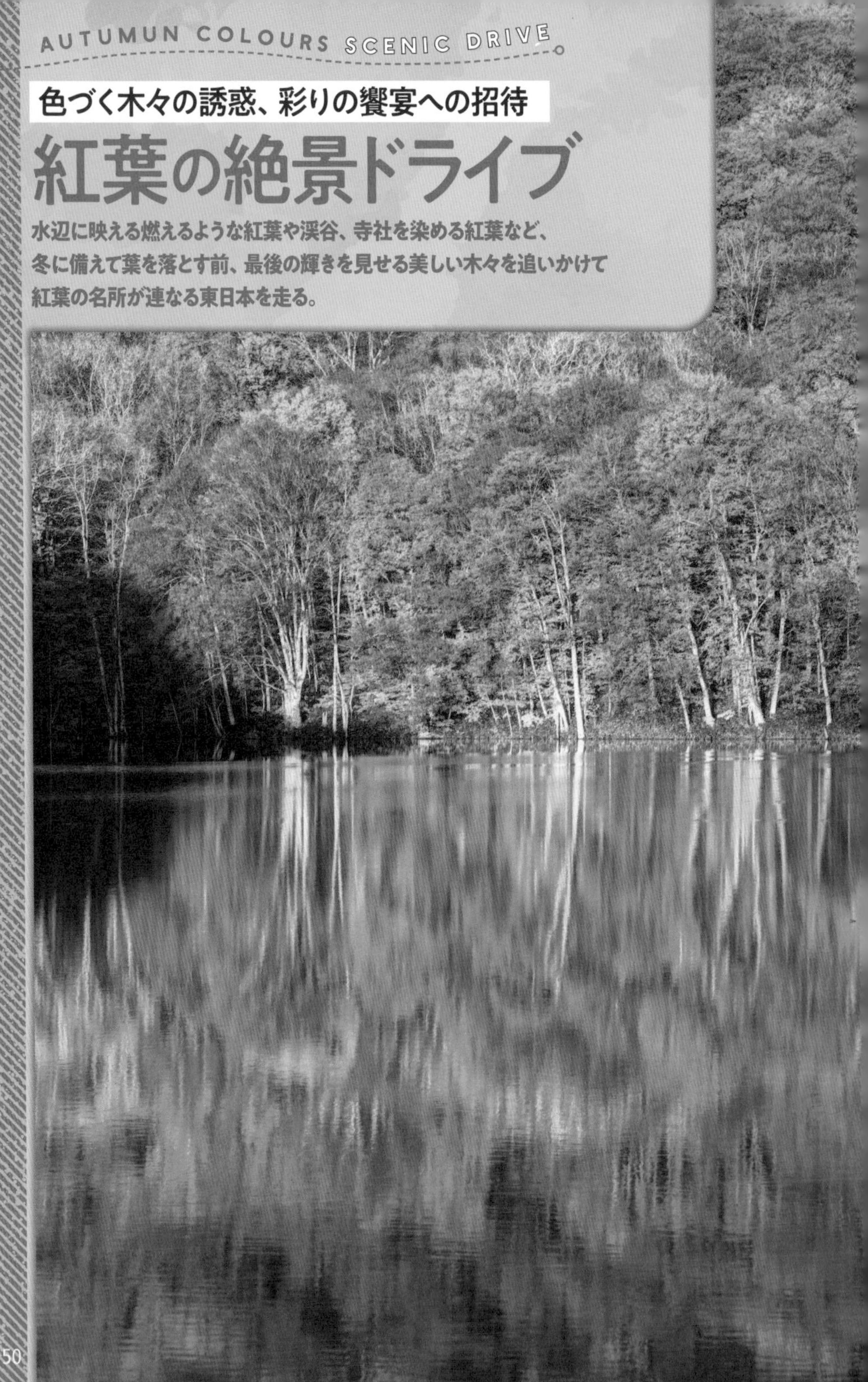

蔦沼

八甲田山の麓にある蔦七沼のうち、最も大きな沼で10月中旬から紅葉が楽しめる。風がない日は、水面が鏡のように木々を映す。

➔P54

COURSE 9

八甲田山・城ヶ倉大橋・蔦沼

はっこうださん・じょうがくらおおはし・つたぬま

青森県

燃えるような山々と雄大な渓谷美、湖沼に映る錦秋の彩り

標高1500m超の山々が連なる八甲田山の紅葉は県内随一の美しさだ。まずは標高差650mの八甲田ロープウェーで山頂公園駅へ。隣接する展望台のウッドデッキから紅葉に照り映える山々を楽しんだあとは八甲田・十和田ゴールドラインを快走。日本最大級のアーチ橋・城ヶ倉大橋からは八甲田連峰の大パノラマが広がる。地獄沼、蔦沼、グダリ沼など、点在する湖沼の彩りを満喫し青森中央ICへ向かう。

DRIVE COURSE

走行距離 約84km

START 青森自動車道・青森中央IC

20km／国道103号

1 八甲田ロープウェー

6km／国道103・394号

2 城ヶ倉大橋

4km／国道394・103号

3 地獄沼

14km／国道103号

4 蔦沼

13km／国道103・394号、県道40号

5 グダリ沼

27km／県道40号・国道7号

GOAL 青森自動車道・青森中央IC

INFORMATION

青森県東青地域県民局地域整備部 ☎017-728-0200
酸ヶ湯温泉 ☎017-738-6400
十和田奥入瀬観光機構 ☎0176-24-3006
青森市観光課 ☎017-734-5153

紅葉図鑑

ブナ【山毛欅・椈】

「森の女王」とも呼ばれる落葉広葉樹。黄金色に染まったブナ林はえもいわれぬ美しさだ。水分たっぷりの土壌は「森のダム」とも呼ばれる。

山麓駅から約10分の空中散歩を楽しもう

1 八甲田ロープウェー

はっこうだロープウェー

山麓駅から山頂駅までの高低差は約650m。約10分の空中散歩が楽しめる。窓の外は一面の紅葉だ。山頂には湿原遊歩道が整備され草紅葉が美しい。

☎017-738-0343 所青森県青森市荒川寒水沢 開9:00～16:20（11月中旬～2月末は～15:40） 休強風時、11月中旬の5日間 料往復2000円 P350台

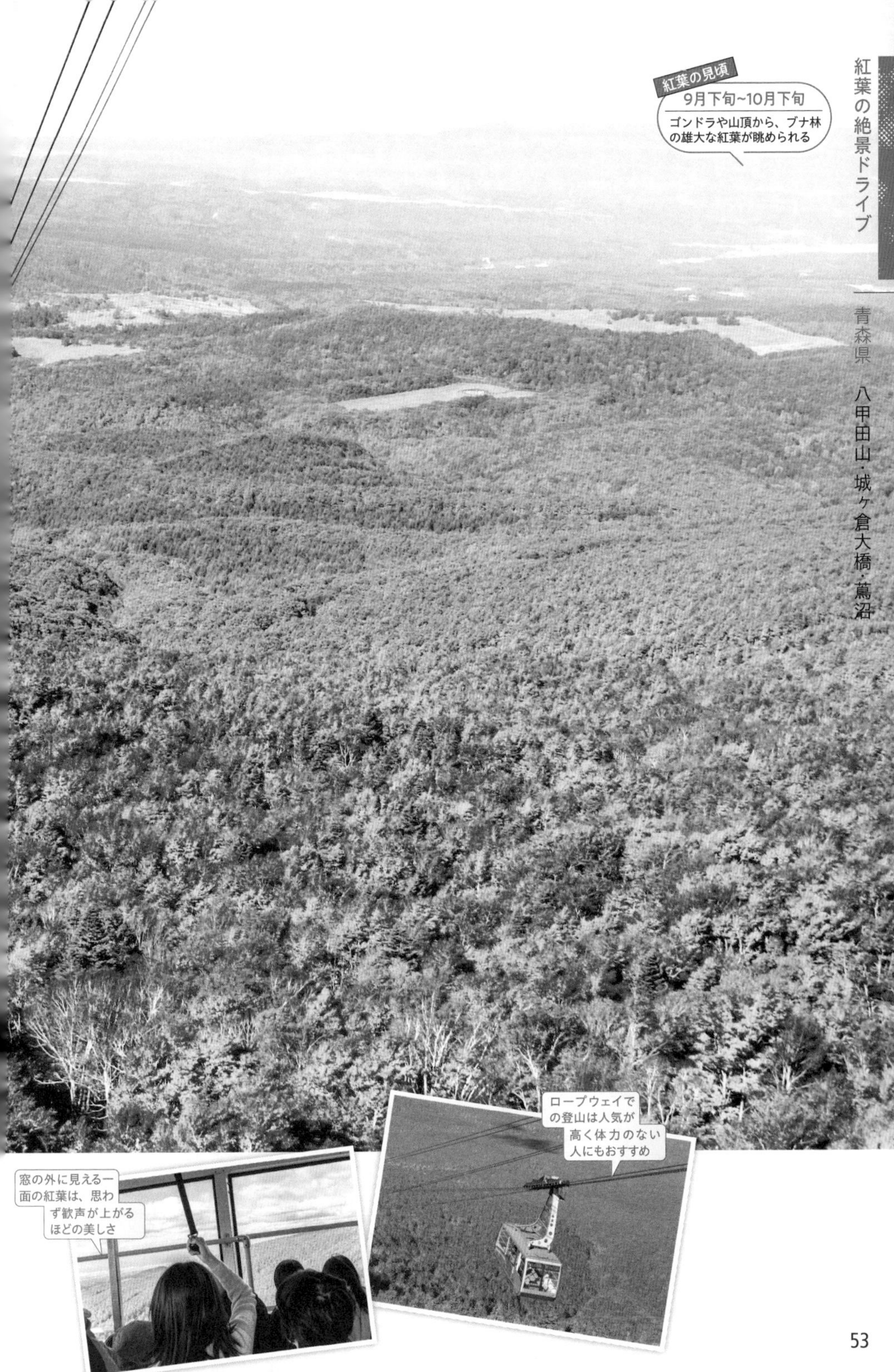
紅葉の見頃
9月下旬~10月下旬
ゴンドラや山頂から、ブナ林の雄大な紅葉が眺められる
窓の外に見える一面の紅葉は、思わず歓声が上がるほどの美しさ
ロープウェイでの登山は人気が高く体力のない人にもおすすめ

日本最大級のアーチ橋
から見るパノラマ絶景

紅葉の見頃
10月中旬~下旬
ブナやナラ、カエデなどの広葉樹が渓谷を染め上げる

橋の上から見る色とりどりの雄大な紅葉は息をのむほどの美しさだ

② 城ヶ倉大橋
じょうがくらおおはし

城ヶ倉渓谷に架かる全長360m、高さ122mという巨大なアーチ型の橋。目もくらむほどの高さから見下ろす渓谷美や、橋から見渡すことのできる360度のパノラマ絶景は圧巻。

所青森県青森市荒川寒水沢1-12
P30台 ※冬期通行止め

白くたちこめる湯気
紅葉に染まる沼は幻想的

紅葉の見頃
10月中旬
湯気がたちこめる噴気孔と赤く染まる沼は地獄さながら

③ 地獄沼
じごくぬま

火口に温泉がたまってできた沼で噴気口からは硫黄を含んだガスがもうもうとたちこめ、90℃以上のお湯が今なお湧き出している。近くには酸ヶ湯温泉もある。

所青森県青森市荒川南荒川山国有林酸ケ湯沢 Pなし

紅葉の見頃
10月中旬～下旬
水面下に別の世界が広がっているかのような美しい光景

色とりどりの山が
澄んだ水面に映り込む

④ 蔦沼
つたぬま

八甲田山系の赤倉岳が数万年前に崩落してできた沼。湖面は水鏡のよう。朝日を浴びて燃えるように赤く染まった山々と、水面に映し出された光景は情感たっぷり。

所青森県十和田市奥瀬 P蔦温泉駐車場利用
※紅葉期は入場制限、および渋滞対策・環境保全のための協力金徴収がある

⑤ グダリ沼

グダリぬま

東八甲田の田代平を潤す神秘の流れ。初夏から秋にかけて清流にたゆたうバイカモが見頃を迎える。紅葉の名所である田代平湿原や睡蓮沼、地獄沼にも近い。

所 青森県青森市駒込 P 5台

紅葉の見頃
10月中旬～下旬
沼と名前がつくが実は清流が穏やかに流れ続けている

バイカモの花咲く清流 湧水が育んだ神秘の湿原

COURSE 9 走行距離 約84km
0 2 4km N
青森中央IC
START & GOAL
青森駅
新青森駅
矢田前駅
東青森駅
小柳駅
筒井駅
青い森鉄道
青森自動車道
みちのく有料道路
東北新幹線
八甲田トンネル
みちのくトンネル
砥取山
薬師山
神堤山
葉抜橋山
檜木森山
栄山
堀子岳
三角岳(黒星岳)
平内町
七戸町
青森市
青森空港
都谷森山
雲谷峠
鉢森山
柴森山
八幡岳
石倉山
田代平
前嶽
田茂萢岳
赤倉岳
井戸岳
大岳
八甲田山
雛岳
小岳
高田大岳
酸ヶ湯温泉
硫黄岳
黒森
十和田市
黒森山
空岱山
櫛ヶ峯(上岳)
駒ヶ峯
乗鞍岳
高峠
平川市
蔦川
石倉山展望駐車場
四季折々、八甲田山の絶景を望む展望スポット
国際芸術センター青森
見えない建築をテーマとした建物で、現代芸術の多様なプログラムを行っている
青森市と十和田湖間を結ぶ八甲田・十和田ゴールドライン
八甲田ロープウェー①
城ヶ倉大橋②
地獄沼③
蔦沼④
⑤グダリ沼
睡蓮沼
秋の紅葉のほか、6月には水芭蕉、7月はスイレンとさまざまな花も見られる

COURSE 10

猊鼻渓・厳美渓・中尊寺

げいびけい・げんびけい・ちゅうそんじ

岩手県

二大渓谷を巡り、浄土の世界を表現した世界遺産を訪ねる

平泉スマートICから県道206号、県道19号を走り、岩手の二大渓谷、猊鼻渓と厳美渓へ。荒々しい岩肌と鮮やかな紅葉のコントラストを楽しんだあとは、県道31号を走り、平泉の世界遺産を巡る。毛越寺では優美な浄土庭園の中心にある池に映る色づいた木々を眺め、風情を感じる。中尊寺は紅葉シーズン限定のライトアップの時間に訪れると、普段とは違った幻想的な雰囲気に包まれる。

そびえ立つ断崖絶壁と季節とともに移りゆく風景

DRIVE COURSE

走行距離 約54km

START 東北自動車道・平泉スマートIC

18km／県道206・19号

① 猊鼻渓

23km／県道19号、国道342号

② 厳美渓

8km／県道31号

③ 毛越寺

2km／県道31・300号

④ 中尊寺

3km／県道300号

GOAL 東北自動車道・平泉前沢IC

INFORMATION

一関市観光協会☎0191-23-2350

① 猊鼻渓

げいびけい

日本百景のひとつに数えられている渓谷。砂鉄川沿いに高さ50mを超える石灰岩の岸壁が約2kmにわたって続く。名物の舟下りでは、船頭が歌う『げいび追分』を聴きながら、四季折々の景色を楽しむことができる。

☎0191-47-2341(げいび観光センター) 所岩手県一関市東山町長坂 開8:30～16:00(季節により異なる) 休荒天時 料舟下り1800円 P200台

紅葉図鑑

モミジ／カエデ【紅葉／楓】

どちらもムクロジ科カエデ属の広葉樹で、植物の分類上は同じである。葉の切れ込みが深いものをモミジ、浅いものをカエデと呼ぶ。

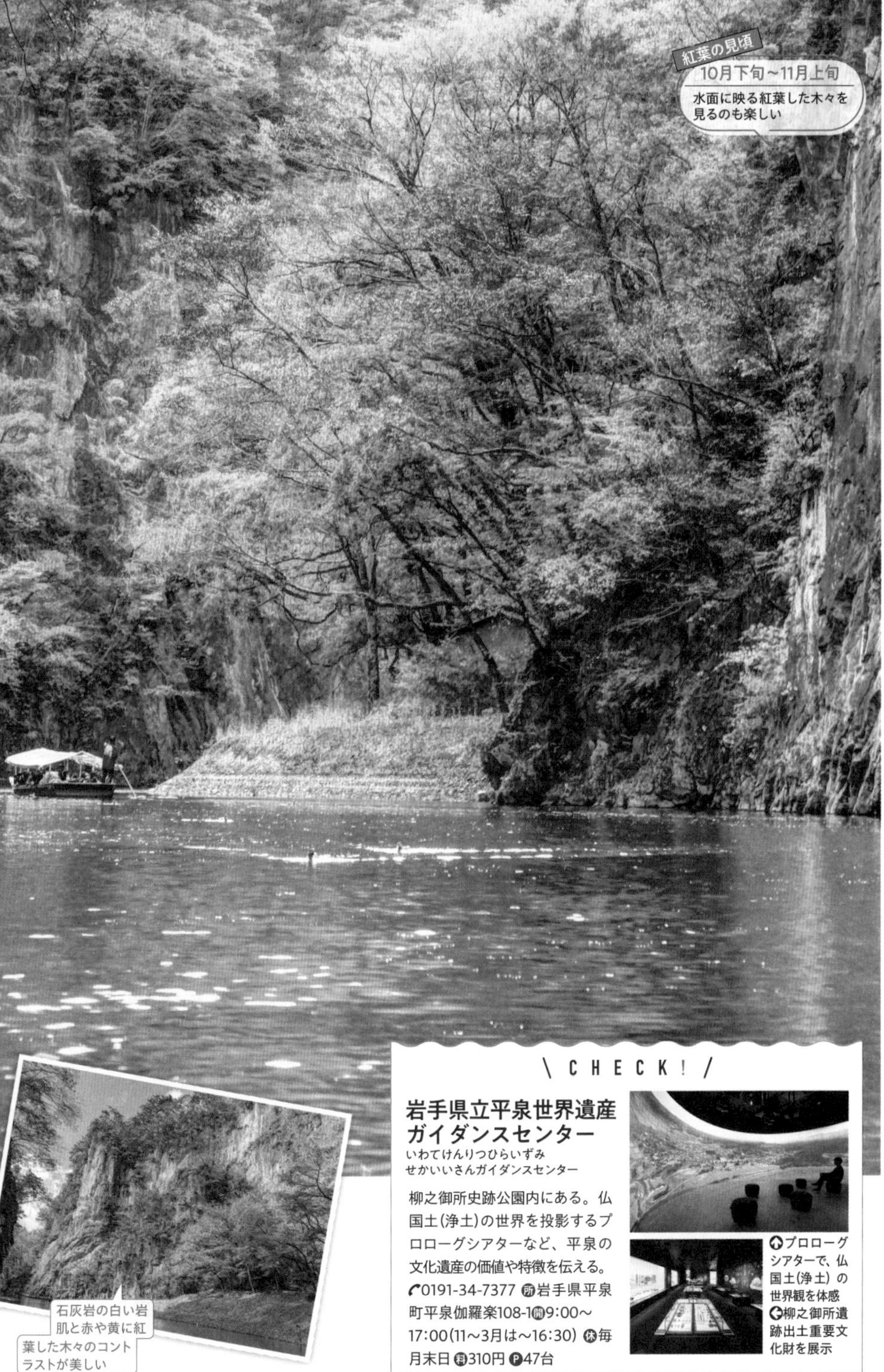

紅葉の見頃
10月下旬～11月上旬
水面に映る紅葉した木々を見るのも楽しい
石灰岩の白い岩肌と赤や黄に紅葉した木々のコントラストが美しい

＼CHECK!／

岩手県立平泉世界遺産ガイダンスセンター

いわてけんりつひらいずみせかいいさんガイダンスセンター

柳之御所史跡公園内にある。仏国土(浄土)の世界を投影するプロローグシアターなど、平泉の文化遺産の価値や特徴を伝える。

☎0191-34-7377 所岩手県平泉町平泉伽羅楽108-1 開9:00～17:00(11～3月は～16:30) 休毎月末日 料310円 P47台

↑プロローグシアターで、仏国土(浄土)の世界観を体感 ←柳之御所遺跡出土重要文化財を展示

紅葉の見頃
10月下旬～11月上旬
エメラルドグリーンの水面に鮮やかな紅葉が映える
四季が彩る渓谷美を眺め散策路を歩く
吊り橋の上流は巨岩など迫力の景観が、下流は深淵など穏やかな風景が広がる
COURSE 10 走行距離 約54km
0 1 2km
N
南股川
金鶏山
中尊寺と毛越寺のほぼ中央に位置する円錐状の山。「平泉を守るため黄金の鶏を埋めた」など数々の伝説を持つ
平泉町
31
厳美渓
厳美渓 2
達谷窟毘沙門堂
約1200年前に征夷大将軍の坂上田村麻呂が建立したと伝わる祈願所。国史跡に指定
久保川
457
6月中旬～7月上旬はあやめ園に約3万株の花菖蒲が咲き誇る
紅葉の見頃
10月下旬～11月中旬
大泉が池に映る紅葉した木々は風情があり美しい
平安時代を偲ばせる優美な浄土庭園

② 厳美渓

げんびけい

磐井川が巨岩を浸食して形成された甌穴や深淵、滝などの渓谷美が約2km続く。春は桜、秋は紅葉など四季折々の自然が渓谷を彩り、名勝・天然記念物にも指定されている。

所岩手県一関市厳美町滝ノ上地内 P50台

③ 毛越寺

もうつうじ

藤原氏2代基衡（もとひら）と3代秀衡（ひでひら）が造営した寺院。往時は中尊寺をしのぐ規模と華麗さを誇ったが、度重なる災禍ですべて焼失。現在は池を中心とした優美な浄土庭園と伽藍遺構が保存されている。

☎0191-46-2331 所岩手県平泉町平泉大沢58

開8:30～17:00(11月5日～3月4日は～16:30)

休無休 料700円 P300台

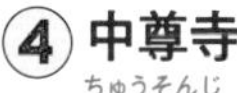

④ 中尊寺
ちゅうそんじ

嘉祥3年(850)に慈覚大師円仁が開山し、その後奥州藤原氏初代・清衡(きよひら)が約20年の歳月をかけ大規模な造営を行った。唯一現存する金色堂は、螺鈿細工や透かし彫りなど当時の工芸技術が生かされている。

☎0191-46-2211 所岩手県平泉町平泉衣関202 開8:30～17:00(11月4日～2月末は～16:30) 休無休 料800円 P455台

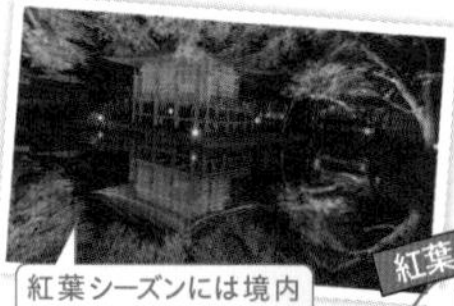

紅葉シーズンには境内をライトアップする紅葉銀河を開催。水鏡に映る弁財天堂も見どころ

山中につくられた まばゆく輝く浄土の世界

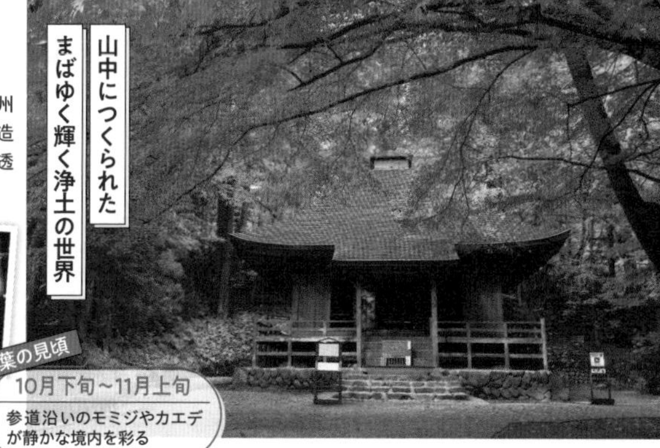

紅葉の見頃
10月下旬～11月上旬
参道沿いのモミジやカエデが静かな境内を彩る

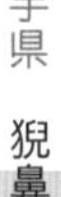

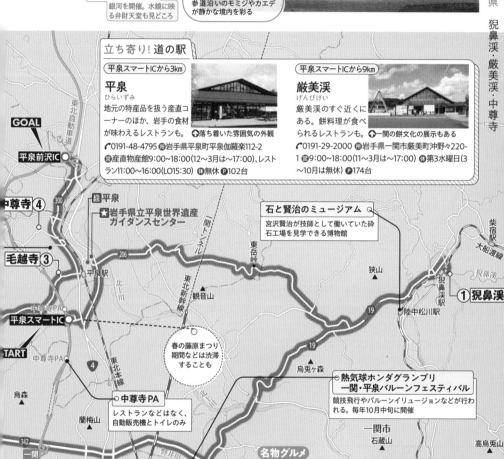

立ち寄り! 道の駅

平泉スマートICから3km

平泉
ひらいずみ

地元の特産品を扱う産直コーナーのほか、岩手の食材が味わえるレストランも。

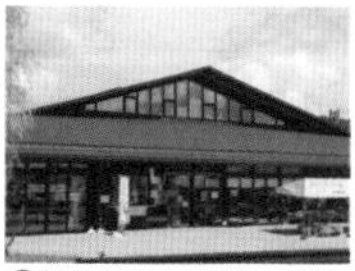

↑落ち着いた雰囲気の外観

☎0191-48-4795 所岩手県平泉町平泉伽羅楽112-2 営産直物産館9:00～18:00(12～3月は～17:00)、レストラン11:00～16:00(LO15:30) 休無休 P102台

平泉スマートICから9km

厳美渓
げんびけい

厳美渓のすぐ近くにある。餅料理が食べられるレストランも。

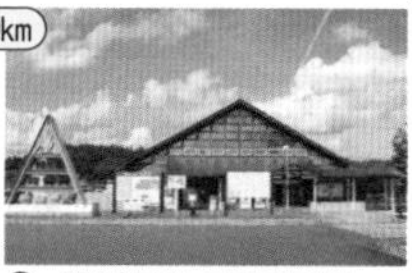

↑一関の餅文化の展示もある

☎0191-29-2000 所岩手県一関市厳美町沖野々220-1 営9:00～18:00(11～3月は～17:00) 休第3水曜日(3～10月は無休) P174台

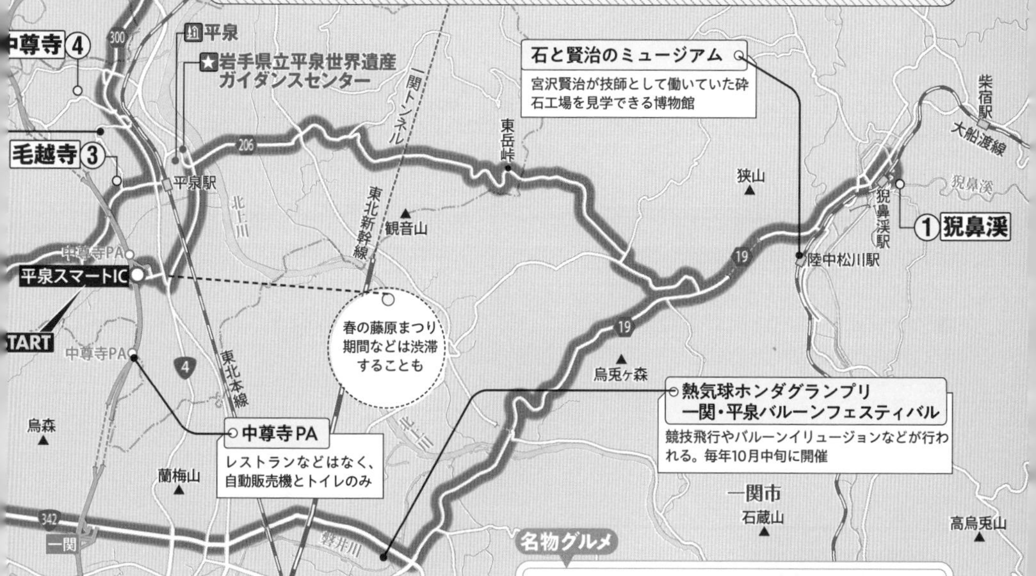

GOAL
平泉前沢IC
東北自動車道
中尊寺 ④
毛越寺 ③
平泉
岩手県立平泉世界遺産ガイダンスセンター
平泉駅
北上川
中尊寺PA
平泉スマートIC
START
一関トンネル
東北新幹線
観音山
東岳峠
石と賢治のミュージアム
宮沢賢治が技師として働いていた砕石工場を見学できる博物館
狭山
柴宿駅
大船渡線
猊鼻渓
猊鼻渓駅
① 猊鼻渓
陸中松川駅
春の藤原まつり期間などは渋滞することも
烏兎ヶ森
熱気球ホンダグランプリ 一関・平泉バルーンフェスティバル
競技飛行やバルーンイリュージョンなどが行われる。毎年10月中旬に開催
東北本線
烏森
中尊寺PA
レストランなどはなく、自動販売機とトイレのみ
蘭梅山
一関
磐井川
一関市
石蔵山
高烏兎山
一ノ関駅
世嬉の一 酒の民俗文化博物館
東北一の大きさを誇る元仕込み蔵を改築してできた博物館
東北自動車道

名物グルメ

餅御膳
もちごぜん

岩手南部では江戸時代から餅食文化が受け継がれており、餅料理の豊富なバリエーションを生かした餅御膳を提供する店も。

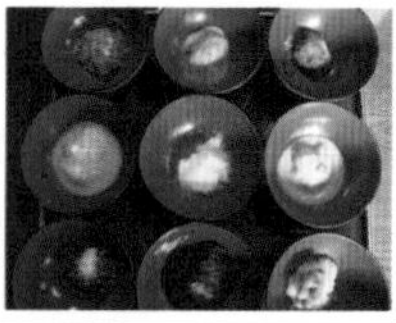

COURSE 11

栗駒山・小安峡・鳴子峡

くりこまやま・おやすきょう・なるこきょう

岩手県・秋田県・宮城県

湯けむりが立ち昇る温泉郷を鮮やかに彩る紅葉を楽しむ

古川ICから国道47号、108号を走り、宮城の大渓谷・鳴子峡へ。鳴子峡レストハウスから見渡すダイナミックな絶景を楽しんだあとは、日本三大霊地のひとつ、川原毛地獄へ。草木が生えない灰色の山肌から蒸気が吹き出す風景はまるで地獄のよう。小安峡で熱湯と蒸気が激しく噴出する景色に圧倒されたら、山肌が赤、黄、緑に彩られ、「神の絨毯」と称される美しい栗駒山を散策しよう。

DRIVE COURSE

走行距離 約219km

START 東北自動車道・古川IC

31km／国道47・108号

1 鳴子峡

53km／国道47・108号、県道310号

2 川原毛地獄

13km／県道310・51号、国道398号

3 小安峡

83km／国道398・457号、県道42号

4 栗駒山

39km／県道42号、国道457号

GOAL 東北自動車道・一関IC

INFORMATION

鳴子温泉観光協会 ☎0229-83-3441
小安峡温泉総合案内所 ☎0183-47-5080
栗原市観光物産協会 ☎0228-25-4166

紅葉図鑑

ナナカマド【七竈】

燃えるように赤く染まる紅葉や果実が美しい、山の紅葉の代表種。風格ある姿は、自然の豊かさと季節の移り変わりを象徴する存在。

1 鳴子峡

なるこきょう

大谷川が浸食した深さ100mに及ぶ大峡谷。例年10月中旬から11月上旬にかけて、赤や黄の美しい紅葉に染まる。鳴子峡レストハウスの見晴台からの眺めは、まさに絶景。春から夏にかけては緑も美しい。

所宮城県大崎市鳴子温泉星沼 休11月下旬～4月下旬 P中山平側駐車場利用

紅葉の時期だけでなく、新緑に包まれた鳴子峡も風情があり美しい

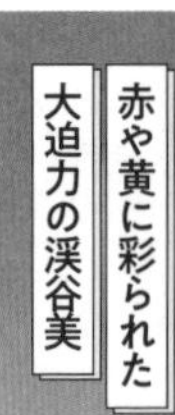

赤や黄に彩られた大迫力の渓谷美

紅葉の見頃 10月中旬～11月上旬

渓谷にかかる橋を望む景色も、橋からの景色も見事

灰白色に覆われた荒涼とした名勝

⇧山肌のいたるところから蒸気が吹き出し、鼻をつく強い硫黄臭が漂う

② 川原毛地獄

かわらげじごく

日本三大霊地のひとつ。大同2年(807)に月窓和尚(げっそうおしょう)が開山したと伝えられ、標高約800mの灰白色の溶岩に覆われた山肌は火山活動の余勢を感じさせる。

☎0183-55-8180(湯沢市観光・ジオパーク推進課) 所秋田県湯沢市高松 休11月上旬～5月上旬 P20台

ここにも、でかけたい!

古川ICから43km

地獄谷遊歩道

じごくだにゆうほどう

大地の息吹を感じる

岩の間から大小さまざまな間歇泉が噴出する全長0.5kmの遊歩道。噴出する温泉は約80℃と高温のためやけどには注意。

☎022-211-2821(宮城県経済商工観光部観光政策課) 所宮城県大崎市鳴子温泉鬼首吹上16 開休冬は積雪に伴い自然閉鎖 料無料 P20台

⇧卵を持ち込めば、指定の場所で自分で温泉卵を作ることもできる

水蒸気と温泉が噴出する湯けむりの渓谷

紅葉の見頃
10月中旬～11月中旬
紅葉と大噴湯の湯けむりのコントラストが美しい

③ 小安峡
おやすきょう

皆瀬川の急流が長い年月をかけて両岸を深く浸食してできたV字谷。秋の紅葉のほか、春は新緑、冬は峡谷に下がる大きなつらら「しがっこ」を楽しむことができる。

所秋田県湯沢市皆瀬新処 P皆瀬観光物産館駐車場利用

④ 栗駒山
くりこまやま

宮城・岩手・秋田の3県にまたがる標高1626mの山。150種もの高山植物が群生する「花の百名山」としても知られている名峰。

所宮城県栗原市栗駒沼倉（いわかがみ平登山口）

P100台

紅葉の見頃
9月中旬～10月中旬
麓から山頂まで一面が紅葉となる「神の絨毯」

立ち寄り！道の駅

古川ICから16km

あ・ら・伊達な道の駅
あ・ら・だてなみちのえき

国道47号沿いにある道の駅。地元産の野菜や妹都市の当別町「ROYCE'」のチョコレートや充実したおみやげが大人気。

☎0229-73-2236 所宮城県大崎市岩出山池月下宮道下4-1 営9:00～18:00（12～3月は～17:00）休無休 P246台

↑屋外店舗ではROYCE'のソフトクリームやスペアリブを販売

赤・黄・緑が織りなす美しいグラデーション

東成瀬村
秋田県
岩手県
奥州市
平泉町
一関市
栗原市
大崎市
宮城県
加美町
色麻町
大衡村
涌谷町
美里町
厳美渓
大自然が彫り出した渓谷と美しい水流。四季折々それぞれの風情が楽しめる名勝
④栗駒山
白糸の滝
高さ45mの岩盤を白糸が綾となり縫うようにして流れ落ちる滝
道の駅 路田里はなやま
特産品を揃える「自然薯の館」を中心とした施設。自然薯を使ったざるそばなどが人気
日本こけし館
鳴子でいちばんのこけしの数を扱う即売所がある。こけしの絵付け体験もできる
潟沼
天候などにより湖面の色が変わるカルデラ湖。湖畔には一周30分の遊歩道がある
やくらいガーデン
広大なガーデンに四季折々の花が咲く。フォトジェニックなスポットも多数ある
名物グルメ
稲庭うどん
いなにわうどん
湯沢市稲庭地方で約350年もの歴史を誇る郷土料理。なめらかな舌ざわりと、つるつるとした喉ごしが特徴。伝統を現在まで受け継ぎ、手作業で作られている。
地獄谷遊歩道
鳴子峡
あ・ら・伊達な道の駅
一関IC
GOAL
古川IC
START
平泉前沢
平泉スマート
中尊寺PA
金成PA
若柳金成
志波姫PA
築館
長者原SA
長者原スマート
三本木PA
三本木スマート
前沢駅
平泉駅
山ノ目駅
一ノ関駅
有壁駅
清水原駅
石越駅
くりこま高原駅
新田駅
鳴子温泉駅
鳴子御殿湯駅
川渡温泉駅
池月駅
上野目駅
有備館駅
岩出山駅
西大崎駅
東大崎駅
西古川駅
塚目駅
古川駅
陸前谷地駅
北浦駅
小牛田駅
上涌谷駅
涌谷駅
松山町駅
東北本線
東北新幹線
陸羽東線
石巻線
東北自動車道
高檜能山
桑原岳
大森山
小滝森
国見山
平ノ松山
狐狼化山
大薊山
雨田森
祭時山
高遠森
三角山
烏帽子山
剣岳
笊森
横根岳
虚空蔵山
大地森
大衣森
立石山
秣森
沼ノ森
枯木立山
揚石山
鳥屋山
三日月山
自鏡山
太平山
三峰
大森
大倉山
御駒山
大土ヶ森
黒森
大土森
名生法山
高寺山

COURSE 12

竜神大吊橋・永源寺・袋田の滝

りゅうじんおおつりばし・えいげんじ・ふくろだのたき

茨城県

高さ100mからの圧巻の景色を眺め、異なる魅力を持つ滝を巡る

日立南太田ICから国内屈指の長さを誇る歩行者専用の橋、竜神大吊橋へ。高さ100mから目の前に広がる竜神峡の紅葉を眺めたら、「裏見の滝」としても知られる月待の滝へ向かう。滝の裏から眺める紅葉を楽しんだあとは、「もみじ寺」の通称を持つ紅葉の名所、永源寺へ。最後に訪れるのは日本三名瀑に数えられる袋田の滝。大迫力の水流と、滝を囲うように色づく木々のコントラストが美しい。

DRIVE COURSE

走行距離 約105km

START 常磐自動車道・日立南太田IC

26km／国道293号、県道33号

① 竜神大吊橋

21km／県道33号

② 月待の滝

6km／県道28号

③ 永源寺

8km／国道461号、県道324号

④ 袋田の滝

44km／国道118号

GOAL 常磐自動車道・那珂IC

INFORMATION

大子町観光商工課☎0295-72-1138
大子町観光協会☎0295-72-0285

高さ100mから眺める四季折々の風景

紅葉の見頃 11月中旬～下旬
赤や黄に色づいた竜神峡の山並みを一望できる

① 竜神大吊橋

りゅうじんおおつりばし

龍神ダムの上に架けられた長さ375mの吊り橋。ダム湖面より100mの高さから眺める景色は圧巻。足元に3カ所設置されているアクリル板の「のぞき窓」でダムの湖面を見下ろすことも。

☎0294-87-0375(水府物産センター) 所茨城県常陸太田市天下野町2133-6 営8:30～17:00(受付は～16:40) 休無休 料渡橋320円 P400台

4月下旬から5月中旬にかけて約1000匹の鯉のぼりが竜神峡一帯に上げられる

紅葉図鑑

クヌギ【椚】

ブナ科の広葉樹。葉は楕円形で先は鋭くとがり、縁には針状の鋸歯(きょし)がある。赤や黄に紅葉し、実はドングリと呼ばれる。

橋の周囲が霧に包まれ、幻想的な風景に出会えることもある

＼CHECK!／

奥久慈茶の里公園

おくくじちゃのさとこうえん

本格的な茶室での抹茶・煎茶体験や茶摘み・お茶の手もみ体験など、さまざまな体験ができる複合施設。物産館や食事処のほか、和紙人形作家山岡草氏の作品を展示している和紙人形美術館も併設。

☎0295-78-0511 所茨城県大子町左貫1920 営9:00～17:00 休水曜 料体験により異なる P50台

↑本格的な茶の湯が楽しめる茶室

滝の裏から眺める
赤く彩られた世界

② 月待の滝

つきまちのたき

久慈川の支流大生瀬川がつくりだす高さ17m、幅12mの滝。水に濡れることなく滝の裏に入ることができることから、「裏見の滝」や「くぐり滝」ともいわれる。

所茨城県大子町川山
P約50台

紅葉の見頃
11月中旬～下旬
滝つぼ周辺および沿道をたくさんのモミジが彩る

③ 永源寺

えいげんじ

もみじ寺の通称で親しまれる
秋に色づく圧巻の景色

文安3年(1446)に創建された曹洞宗の寺院。七福神の紅一点、弁財天を祀っており、たくさんのかわいらしいお地蔵様が出迎えてくれる。紅葉の名所でもあり、通称「もみじ寺」ともいわれる。

所茨城県大子町大子1571 P100台(紅葉シーズンは臨時駐車場のみ使用)

紅葉の見頃
11月上旬～中旬
真っ赤に色づいたモミジやカエデが境内を埋め尽くす

立ち寄り! 道の駅

那珂ICから19km

常陸大宮～かわプラザ～

ひたちおおみや～かわプラザ～

久慈川のほとりに位置する。公園や農園、BBQ場など施設も充実。特産品やオリジナル商品も販売。

☎0295-58-5038 所茨城県常陸大宮市岩崎717-1 営9:00～18:00 休第3木曜(祝日の場合は翌日) P130台

↑豊かな自然に囲まれている

←久慈川たけのこメンマなどオリジナル商品も販売

④ 袋田の滝

ふくろだのたき

日本三名瀑のひとつ
大迫力の水流に息をのむ

高さ120m、幅73mの大きさを誇る。滝の流れが大岩壁を4段に落下することから「四度の滝」ともいわれる。西行法師が「四季に一度ずつ来てみなければ真の風趣は味わえない」と絶賛したことに由来するという説も。

☎0295-72-0285(大子町観光協会) 所茨城県大子町袋田 開8:00～18:00(11月は～17:00) 12～4月9:00～17:00 休無休 料300円 P約260台

紅葉の見頃
11月上旬～中旬
滝を囲うようにカエデやモミジ、クヌギなどが色づく

料金所から観瀑台へはトンネルが続いている。第一観瀑台は滝つぼから約10mに迫る

COURSE 12 走行距離 約105km
0
2.5
5km
N
紅葉の絶景ドライブ
茨城県
竜神大吊橋・永源寺・袋田の滝
フォレスパ大子
大子広域公園内の温泉を使ったアミューズメントプール
奥久慈茶の里公園
②月待の滝
永源寺③
④袋田の滝
竜神大吊橋①
大子来人 ～ダイゴライト～
毎年10～11月に袋田の滝でライトアップが開催される
バンジージャパン 竜神バンジー
竜神大吊橋からのバンジージャンプの高さは関東一の約100m
紅葉シーズンは袋田の滝に向かって渋滞することも
奥日立きららの里
全長1kmを超える日本一の長さを誇る「わくわくスライダー」がある
辰ノ口親水公園
園内には桜づつみやあじさい園、展望台もあり四季折々の風景が楽しめる
常陸大宮 ～かわプラザ～
御岩神社
『常陸國風土記』(721年)にも名が残る、歴史のある神社。神様の数は100以上といわれる
START
日立南太田IC
GOAL
那珂IC
東海スマート
東海PA
日立中央PA
日立中央
名物グルメ
奥久慈しゃも
おくくじしゃも
寒暖差の大きい奥久慈の山々で育てられ、脂肪分が少なく歯ごたえがあるのが特徴。大子町には奥久慈しゃもが食べられるレストランが多数ある。
福島県
矢祭町
大子町
常陸大宮市
常陸太田市
高萩市
日立市
那珂市
水戸市
東海村
ひたちなか市
茨城港(日立)
矢祭山
堂山
妙見山
佳老山
高見山
花立山
生瀬富士
月居山
鍋足山
白木山
長福山
太郎山
南山
新田山
尺丈山
青麻山
土岳
竪破山
神峰山
高鈴山
朝房山
下野宮駅
常陸大子駅
袋田駅
上小川駅
西金駅
下小川駅
中舟生駅
山方宿駅
野上原駅
玉川村駅
常陸大宮駅
静駅
瓜連駅
額田駅
南酒出駅
常陸鴻巣駅
上菅谷駅
中菅谷駅
下菅谷駅
後台駅
佐和駅
東海駅
常陸太田駅
谷河原駅
河合駅
常陸多賀駅
大甕駅
水郡線
常磐線
常磐自動車道
久慈川
八溝川
里川

COURSE 13

中禅寺湖・霧降ノ滝

ちゅうぜんじこ・きりふりのたき

栃木県

錦のような色彩を帯び、優美さを増す日本有数の紅葉を巡る

日本で最も高い場所に位置する自然湖・中禅寺湖。48ものカーブがある絶景のドライブコースいろは坂を上り切り、ロープウェイに乗って明智平展望台へ行くと華厳ノ滝の奥に中禅寺湖が姿を現す。岸壁を末広がりに流れ落ちる湯滝、険しい断崖絶壁の渓谷瀬戸合峡、霧を降らせているような霧降ノ滝も紅葉の名所。散策と併せて優美な滝や渓谷を紅葉が彩る景観を楽しみたい。

DRIVE COURSE

走行距離 約105km

START 日光宇都宮道路・日光IC

18km／国道120号

① 明智平展望台

14km／国道120号

② 湯滝

32km／山王林道、県道23号

③ 瀬戸合峡

36km／県道23・169号

④ 霧降ノ滝

5km／県道169号

GOAL 日光宇都宮道路・日光IC

INFORMATION

日光市観光協会 ☎0288-22-1525

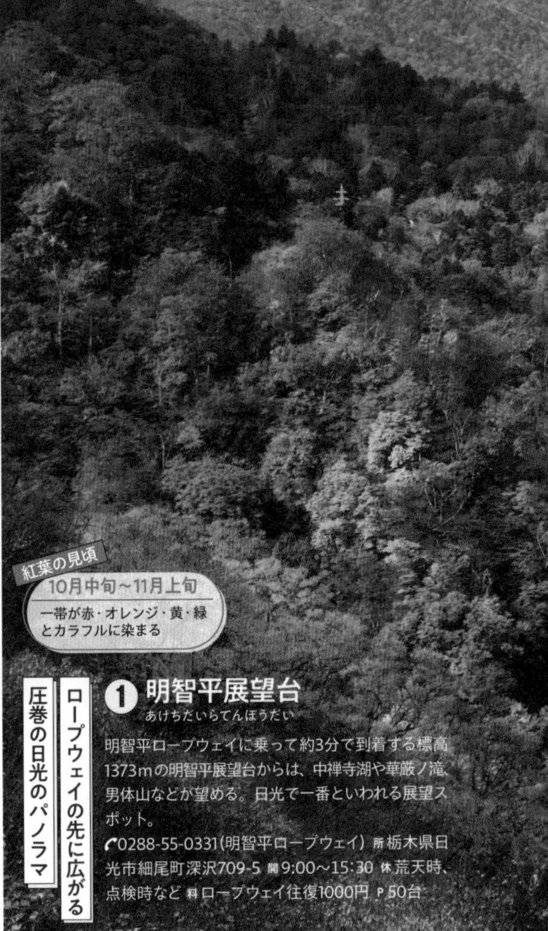

紅葉の見頃

10月中旬～11月上旬

一帯が赤・オレンジ・黄・緑とカラフルに染まる

ロープウェイの先に広がる圧巻の日光のパノラマ

① 明智平展望台

あけちだいらてんぼうだい

明智平ロープウェイに乗って約3分で到着する標高1373mの明智平展望台からは、中禅寺湖や華厳ノ滝、男体山などが望める。日光で一番といわれる展望スポット。

☎0288-55-0331(明智平ロープウェイ) 所栃木県日光市細尾町深沢709-5 開9:00～15:30 休荒天時、点検時など 料ロープウェイ往復1000円 P50台

紅葉図鑑

ナナカマド【七竈】

ナナカマドはバラ科の落葉樹。初夏には白い花が咲き、寒さが増すと葉が色づいて実が赤くなる。日光湯元エリアに広く自生する。

コース内の絶景ロード

紅葉に包まれる日光の名所

いろは坂

いろはざか

日光市街から中禅寺湖、奥日光を結ぶ全長16kmの観光道路。約440mもの標高差があり、紅葉の色づきや移り変わりが楽しめる。見頃は10月中旬～11月上旬。

↑48カ所のカーブそれぞれに「い、ろ、は」の文字の看板が立つ

色づいた木々が美しい紅葉の季節は行列必至。1時間以上並ぶこともある

ここにも、でかけたい！

(日光ICから34㎞)

イタリア大使館別荘記念公園

イタリアたいしかんべっそうきねんこうえん

国際避暑地の歴史にふれる

歴代のイタリア大使が使用した別荘の本邸は建具などを再利用して復元。副邸は往時の歴史を紹介する国際避暑地歴史館として整備。

(日光ICから34㎞)

英国大使館別荘記念公園

えいこくたいしかんべっそうきねんこうえん

中禅寺湖の風景と調和する建物

明治29年(1896)築の建物を復元した記念公園。国際避暑地としての歴史などを紹介。2階から中禅寺湖の絵のような絶景が望める。

2館共通
☎0288-55-0880(栃木県立日光自然博物館)
所 栃木県日光市中宮祠2482 開 9:00～16:00(5月～11月10日は～17:00) 休 4月の月曜
料 300円 P 県営歌ヶ浜駐車場利用

湯ノ湖から流れる
迫力満点の水しぶき
紅葉の見頃
10月上旬～10月中旬
滝周辺のカエデやナナカマドが色づく

② 湯滝
ゆだき

湯ノ湖の南端にある高さ70m、長さ110mの滝。滝つぼには観瀑台があり迫力ある姿が間近で眺められる。華厳ノ滝、竜頭ノ滝と並び奥日光三名爆のひとつとされている。

所栃木県日光市湯元
P51台（積雪時駐車不可）

③ 瀬戸合峡
せとあいきょう

鬼怒川の上流に位置し、凝灰岩が浸食されることによって生まれた渓谷。高さ100mもの断崖が約2kmにわたり続く。「とちぎの景勝100選」にも選ばれる紅葉の名所。

所栃木県日光市川俣 開渡らっしゃい吊り橋・遊歩道 9:00～16:00（最終入場15:00）休11月下旬頃～4月下旬 料無料 P川俣ダム駐車場利用

紅葉の見頃
10月中旬～11月上旬
鮮やかに色づく紅葉樹木に岸壁の白や黒が溶け込む
吊り橋からの眺望は
断崖を彩る秋の絶景

ここにも、でかけたい！

日光ICから28km

戦場ヶ原
せんじょうがはら

奥日光にある日本有数の湿原

400haの広大な湿原に350種の植物が自生。湿原をぐるりと囲むように自然研究路が整備されている。所栃木県日光市中宮祠 P赤沼・三本松の県営駐車場利用

↑標高1400mの湿原地帯も見事に色づく

紅葉の見頃
10月下旬～11月上旬
観瀑台から紅葉と滝の優美な姿が眺められる
美しく色づいた木々の間を白い糸が縫うように水が流落ちていく
紅葉に染まる山の斜面と
白い滝とのコントラスト

④ 霧降ノ滝
きりふりのたき

日光三名瀑のひとつである霧降ノ滝は、岩に当たった滝が霧のように広がることからこの名がついたとされる。江戸時代の浮世絵師・葛飾北斎も描いた名勝。

所栃木県日光市所野 Pなし

立ち寄り! 道の駅

日光ICから6km

日光 日光街道ニコニコ本陣
にっこう にっこうかいどうニコニコほんじん

全国でも珍しい市街地にある道の駅。文化・観光・交流の拠点となる施設や地元の新鮮野菜が集まるマルシェ、グルメが集う。

☎0288-25-7771 所栃木県日光市今市719番地1 営9:00(レストラン11:00)～18:00 休第3火曜 P71台(思いやりスペース3台)

↑車や電車でのアクセスが便利

↑地元の新鮮な野菜・果物が豊富

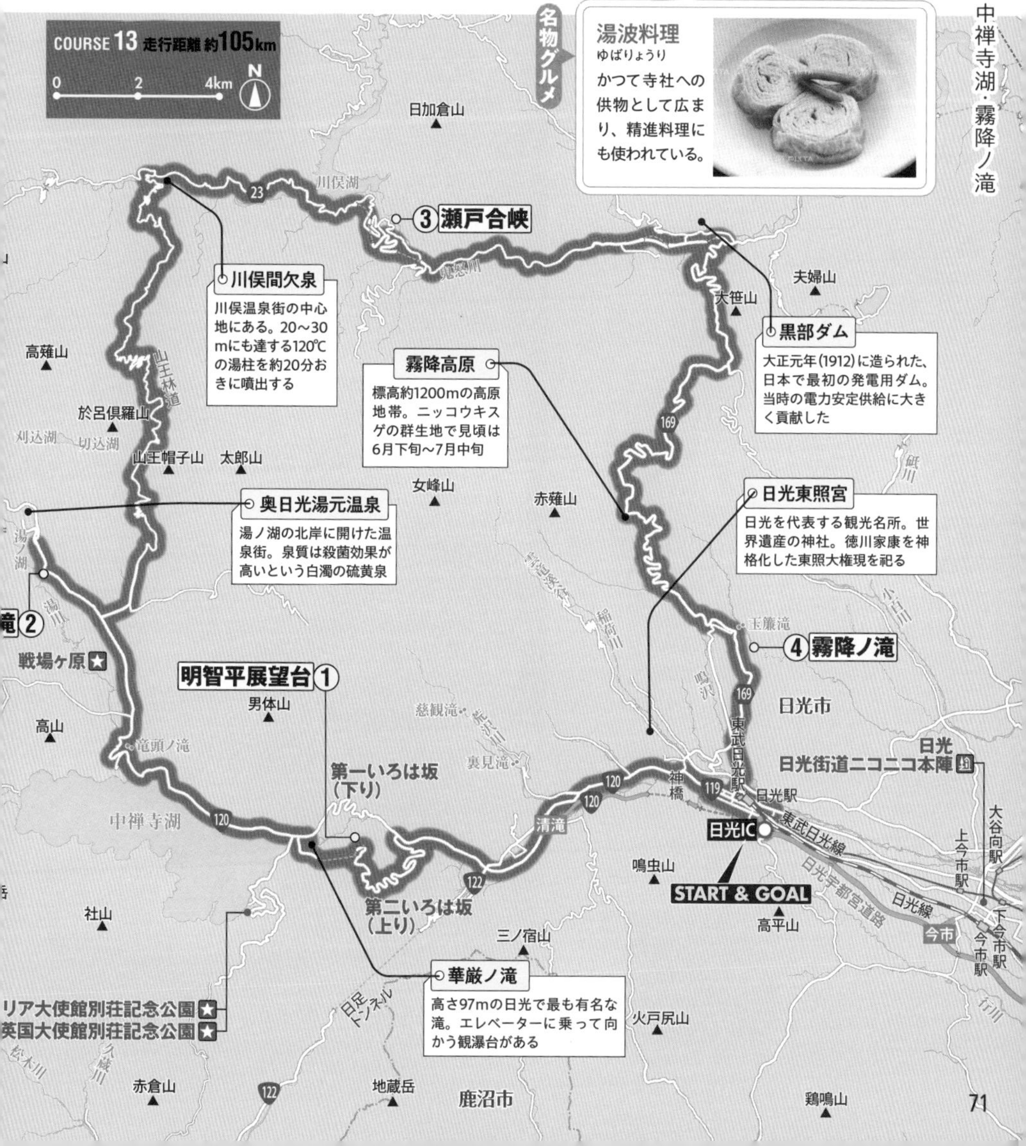

COURSE 13 走行距離 約105km

0 2 4km N

名物グルメ
湯波料理
ゆばりょうり

かつて寺社への供物として広まり、精進料理にも使われている。

①明智平展望台

②竜頭ノ滝

③瀬戸合峡

④霧降ノ滝

川俣間欠泉
川俣温泉街の中心地にある。20～30mにも達する120℃の湯柱を約20分おきに噴出する

奥日光湯元温泉
湯ノ湖の北岸に開けた温泉街。泉質は殺菌効果が高いという白濁の硫黄泉

霧降高原
標高約1200mの高原地帯。ニッコウキスゲの群生地で見頃は6月下旬～7月中旬

黒部ダム
大正元年(1912)に造られた、日本で最初の発電用ダム。当時の電力安定供給に大きく貢献した

日光東照宮
日光を代表する観光名所。世界遺産の神社。徳川家康を神格化した東照大権現を祀る

華厳ノ滝
高さ97mの日光で最も有名な滝。エレベーターに乗って向かう観瀑台がある

日光IC START & GOAL

日光 日光街道ニコニコ本陣

第一いろは坂(下り)

第二いろは坂(上り)

戦場ヶ原

イタリア大使館別荘記念公園

英国大使館別荘記念公園

日加倉山 川俣湖 夫婦山 大笹山 高薙山 山王林道 於呂倶羅山 刈込湖 切込湖 山王帽子山 太郎山 女峰山 赤薙山 湯ノ湖 湯川 玉簾滝 男体山 慈観滝 裏見滝 高山 竜頭ノ滝 中禅寺湖 清滝 神橋 日光駅 東武日光駅 東武日光線 日光市 鳴虫山 社山 三ノ宿山 高平山 日光宇都宮道路 日光線 大谷向駅 上今市駅 下今市駅 今市駅 今市 火戸尻山 日足トンネル 松木川 久蔵川 赤倉山 地蔵岳 鹿沼市 鶏鳴山 鬼怒川 稲荷川 鳴沢 荒沢川 小百川 砥川 行川

COURSE 14

鏡池·高瀬渓谷·七色大カエデ

かがみいけ・たかせけいこく・なないろおおカエデ

長野県

神話と信仰のパワースポットから幻想的な紅葉風景に出会う

霊峰戸隠山を鏡のように映し出す鏡池がこのコースのハイライト。途中、小鳥のさえずりをBGMに木立を駆け抜ける戸隠バードラインを使って創建2000年余の歴史を刻む戸隠神社へ参拝するのもいい。北アルプスの秘境高瀬渓谷や七色に変化する大樹七色大カエデと、長野県有数の紅葉の名所を巡る。マイカー規制がかかるところもあるので、散策と併せて紅葉風景を堪能しよう。

DRIVE COURSE

走行距離 約146km

START 上信越自動車道·長野IC

32km/県道35·506号

① 鏡池

63km/県道36·326号

② 高瀬渓谷

27km/県道326号、国道147号

③ 七色大カエデ

24km/県道274·55号

GOAL 長野自動車道·麻績IC

INFORMATION

戸隠観光協会 ☎026-254-2888
大町市観光協会 ☎0261-22-0190
池田町観光協会 ☎0261-62-9197

紅葉図鑑

ミズナラ【水楢】

温帯の落葉広葉樹林の代表的構成種で別名オオナラという。どんぐりのなる木であるナラの一種。山の紅葉を彩る黄葉の代表格。

戸隠連峰の四季を鏡のように映し出す池

紅葉の見頃

10月上旬～中旬

色づいたカエデやモミジ、ブナ、ミズナラが池に映る

① 鏡池

かがみいけ

戸隠連峰をまるで絵画のように水面に映し出す、美しく澄んだ池。特に秋の紅葉は幻想的で多くのカメラマンが全国から集う。周辺にはトレッキングコースも整備。

所 長野県長野市戸隠 Ⓟ50台
※冬期は通行止め

早朝から太陽が昇るにつれ霧が発生し幻想的な景色となる

紅葉に染まる戸隠連峰、青く澄んだ空と雲が池に映るシンメトリーの世界

ここにも、でかけたい！

長野ICから29km

戸隠神社
とがくしじんじゃ

日本屈指のパワースポット

天岩戸が飛来してできたと伝えられる戸隠山の手つかずの自然のなかに鎮座する。近年はパワースポットとして脚光を浴びている。

☎026-254-2001（戸隠神社中社社務所）所長野県長野市戸隠 開休料境内自由 P250台

ここにも注目したい！

県道36号沿いを走って戸隠神社の五社巡り

戸隠神社は奥社・九頭龍社・中社・火之御子社・宝光社の五社からなり、創建2000年に及ぶ歴史を刻む。五社すべての神様を巡ることを五社巡りといい、戸隠に訪れたならぜひ五社を参拝したい。古道を歩きながら巡るのもおすすめ。

COURSE 14 走行距離 約146km

神秘的な川の色と紅葉のコントラスト

紅葉の見頃

10月中旬～11月上旬

渓谷にある葛温泉からも美しい紅葉が楽しめる

② 高瀬渓谷
たかせけいこく

エメラルドグリーンの高瀬川に色とりどりの紅葉が映える静かな渓谷。高瀬トンネル手前にある北葛沢が人気のフォトスポット。

所長野県大町市平高瀬入 P10台

③ 七色大カエデ
なないろおおカエデ

大峰高原にたたずむ巨木が七色大カエデ。1本の木の枝がさまざまな色彩となり、美しいグラデーションを生み出す。

所長野県池田町池田 P200台

幻想的な秋の大峰高原の日の出と七色大カエデの紅葉のコラボ

紅葉の見頃

10月中旬～下旬

見る時期により色彩が変化。終わりは一面赤になる

樹齢250年の大カエデ色の移り変わりを楽しむ

番所の桜

樹高15m、樹齢300年のエドヒガンザクラで、背後には北アルプスがそびえる

木崎湖

仁科三湖のうちのひとつ。SUPやカヌーなどが楽しめる

紅葉の絶景ドライブ
長野県 鏡池・高瀬渓谷・七色大カエデ
戸隠神社 中社
五社から成り立つ戸隠神社の一社。境内には樹齢700年のご神木と樹齢約800年の三本杉がある。みやげ店も並ぶ
名物グルメ
戸隠そば
とがくしそば
日本三大そばのひとつ。ぼっち盛りと呼ばれる独特の盛り付けが特徴で、古くから神事の宴席で振る舞われてきた。
鏡池①
大望峠展望台
戸隠連峰の西岳や一夜山、北アルプスの眺望が楽しめる展望台
ぽかぽかランド美麻
中山高原
北アルプスを背後に、秋は蕎麦の花、春には菜の花が高原を染める
山清路
犀川と麻績川の合流点付近に位置する渓谷。周囲に奇岩などの見どころが点在する
七色大カエデ
長野IC
START
麻績IC
GOAL
立ち寄り! 道の駅
長野ICから33km
ぽかぽかランド美麻
ぽかぽかランドみあさ
日帰り温泉と宿泊施設が併設された道の駅。温泉の大浴場には特別天然記念物に指定された鉱石を使った「北投石の湯」がある。
0261-29-2030 所長野県大町市美麻16784
営10:00～20:30 休不定休 P84台
白馬や長野市方面からアクセスしやすい立地にある
長野県
長野市
信濃町
小布施町
須坂市
千曲市
上田市
飯山市
小川村
麻績村
生坂村
青木村
妙高高原駅
黒姫駅
長野駅
川中島駅
今井駅
篠ノ井駅
稲荷山駅
屋代駅
姨捨駅
戸倉駅
聖高原駅
冠着駅
坂北駅
明科駅
北長野駅
三才駅
小布施駅
須坂駅
安茂里駅
信濃町
更埴JCT
小布施スマート
須坂長野東
姨捨スマート
姨捨SA
松代PA
筑北PA
黒姫山
飯縄山(飯綱山)
戸隠
一夜山
砂鉢山
西岳
大峰山
聖山
冠着山(姨捨山)
四阿屋山
大林山
子檀嶺岳
十観山
夫神岳

COURSE 15

赤城山・高津戸峡・宝徳寺

あかぎやま・たかつどきょう・ほうとくじ

群馬県

錦秋の彩りに包まれる上州のシンボル・赤城山の山麓を走る

群馬県の中心部にあり、日本百名山にも選ばれる赤城山。美しい稜線を見せるこの山は、麓から山頂までさまざまな顔を持つ。原生林に囲まれた山頂カルデラ湖の大沼や、縁結びのパワースポット赤城神社、雲海に出会える絶景ポイント鳥居峠で神秘的な魅力を感じる。渡良瀬川左岸に延びる遊歩道から望む高津戸峡の渓谷美。宝徳寺では絵画のような床もみじが観賞できる。

DRIVE COURSE

走行距離 約81km

START 関越自動車道・赤城IC

24km／県道4号

① 大沼

2km

② 赤城神社

2km

③ 鳥居峠

29km／県道16号、国道353号

④ 高津戸峡

6km／県道338号

⑤ 宝徳寺

18km／県道338号

GOAL 北関東自動車道・太田桐生IC

INFORMATION

県立赤城公園ビジターセンター ☎027-287-8402

みどり市観光協会 ☎0277-46-7289

紅葉図鑑

ナナカマド【七竈】

山の奥深くに自生する樹木であり、高さ10mにもなる落葉高木。赤い実と真っ赤な紅葉で山を彩る。赤い実は落葉した後も残っている。

紅葉の見頃

10月上旬～11月上旬

ナナカマド、ミズナラ、カエデが色づき湖面に映える

カルデラの湖面に映る朱色の橋と燃える紅葉

① 大沼

おおぬま

赤城山のメインスポット、山々の中央にある広大なカルデラ湖。中央に架かる朱色の啄木鳥橋と紅葉のコラボレーションが素晴らしい。

所群馬県前橋市富士見町赤城山 P100台

↑湖岸沿いに設置されたAKAGIのモニュメントで記念写真を

↑スワンボートに乗って、水上から美しい景色を望む

透明度の高い湖が凍結したときに現れる、貴重な自然の芸術品「アイスバブル」に出会える

群馬県 赤城山・高津戸峡・宝徳寺

大沼の畔に鎮座する
女性の願掛け神社

② 赤城神社
あかぎじんじゃ

朱塗りがひときわ目を引く神社。女性の願掛けにご利益があるといわれ、パワースポットとしても有名。小鳥ヶ島の紅葉とともに幻想的な空間を演出する。

☎027-287-8202 所群馬県前橋市富士見町赤城山4-2 P100台

紅葉の見頃
10月中旬～11月上旬
境内や参道も紅葉で彩られ、朱塗りの本殿がいっそう引き立つ

最初に赤城神社があった場所の湖畔にある弁天宮。水天宮とも呼ばれる

大沼に鎮座する赤城神社を、紅葉が囲む神秘的な光景に感動する

眼下に広がる
紅葉一色のカルデラ湖

③ 鳥居峠

とりいとうげ

標高1390m、カルデラ湖の大沼や覚満淵を見下ろせる赤城山にある峠。大沼の南東に位置する湿原・覚満淵ではオレンジに染まる草紅葉と低木林の紅葉が人気。

所群馬県前橋市富士見町赤城山　Ⓟあり

6～11月には気象条件により美しい雲海が発生することもある。日の出スポットとしても有名

④ 高津戸峡

たかつどきょう

関東の耶馬渓とも讃えられる美しい景観が楽しめる渓谷。渡良瀬川上流のはねたき橋から下流の高津戸橋を結ぶ遊歩道からは、雄大な渓谷美や紅葉美が広がる。

所群馬県みどり市大間々町高津戸

Ⓟ70台

紅葉の見頃

11月上旬～下旬

紅葉が彩る高津戸峡を渡良瀬川が勢いよく流れる

ゴリラの横顔に見えることから「ゴリラ岩」と名付けられた奇岩。遊歩道から探してみよう

⑤ 宝徳寺
ほうとくじ

室町時代に創建された桐生市の禅寺。四季折々の景色が床に映り込む「床もみじ」が有名。特に秋には紅葉した境内のもみじの赤や黄が鏡に映っているかのように美しく床に浮かび上がる。

☎0277-65-9165 所群馬県桐生市川内町5-1608 開休料境内自由※特別公開期間は有料 P90台

緑深い山あいにそびえる美景への架け橋を疾走する

橋を渡る絶景ドライブ

豊かな自然のなかに現れる美しい構造物を進むと
彼方まで見渡せるような美景が広がる。
走る喜びのために造られたような
ドライブウェイを進み、数々の絶景をたどる旅へ。

秩父公園橋

秩父を流れる荒川に架かる長さ530mの斜張橋。春と秋の早朝に現れる雲海に包まれると、幻想的なドライブロードとなる。
➲P98

COURSE 16

三国峠・層雲峡

みくにとうげ・そううんきょう

北海道

はるか大雪山系を望む、雄大な北海道の自然を満喫できる

帯広から旭川へと続く国道をドライブ。道沿いでは、士幌線タウシュベツ川橋梁や士幌線幌加駅跡とファンならずとも印象的な鉄道遺構に出会える。北海道の絶景ドライブコースとして名高い三国峠を越えて着く層雲峡には、柱状節理の大岩壁を流れ落ちる銀河の滝などの美しい滝や温泉郷もある。コースの最後を飾る旭川の上野ファームでは、色鮮やかな草花が迎えてくれる。

DRIVE COURSE

走行距離 約200km

START 道東自動車道・音更帯広IC

70km／国道241・273号

1. 士幌線タウシュベツ川橋梁

7km／国道273号

2. 士幌線幌加駅跡

21km／国道273号

3. 三国峠

18km／国道273号

4. 層雲峡

11km／国道273・39号

5. 銀河の滝

59km／国道39号、道道140号

6. 上野ファーム

14km／道道140号

GOAL 旭川紋別自動車道・愛別IC

INFORMATION

上士幌町観光協会 ☎01564-7-7272

層雲峡観光協会 ☎01658-2-1811

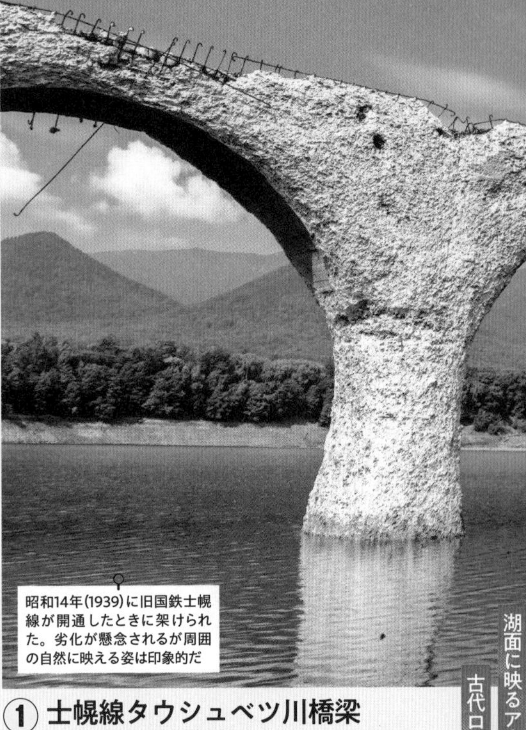

昭和14年(1939)に旧国鉄士幌線が開通したときに架けられた。劣化が懸念されるが周囲の自然に映える姿は印象的だ

湖面に映るアーチ橋の姿は古代ローマの遺跡のよう

① 士幌線タウシュベツ川橋梁

しほろせんタウシュベツがわきょうりょうあと

廃線になった旧国鉄士幌線のコンクリート製アーチ橋。昭和30年(1955)に水力発電用の人造湖、糠平ダムが建設され、橋梁はダム湖に残された。ダムの水位によっては見えないこともあり、幻の橋とも呼ばれる。

所 北海道上士幌町ぬかびら源泉郷 P 10台

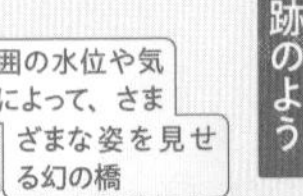

周囲の水位や気候によって、さまざまな姿を見せる幻の橋

崩落の危険もあり立ち入りは禁止されている。湖畔に展望台がある

プラットホームと線路を残す
ノスタルジックな鉄道遺産

樹木に覆われたかつての駅構内。周辺には350人ほどの人々が暮らし、住宅、商店、飲食店も立ち並んでいたという

② 士幌線幌加駅跡

しほろせんほろかえきあと

昭和14年(1939)に開業し、士幌線の廃止とともに昭和53年(1978)に廃駅になった。士幌線の起点の帯広駅から約69㎞、終点十勝三股駅から約7㎞にあった1面1線の駅で、今はポイントを含む線路とプラットホームが残るのみだ。

所北海道上士幌町幌加 P上士幌町鉄道資料館駐車場利用

地元有志によって建てられたレプリカの駅名標

ほろか
幌加
HOROKA
とかちみつまた TOKACHIMITSUMATA
ぬかびら NUKABIRA

立ち寄り! 道の駅

音更帯広ICから18㎞

ピア21しほろ

ピアにじゅういちしほろ

国道241号と274号が交差する場所にある。地元特産の「しほろ牛」が食べられる食堂やカフェもある。

☎01564-5-3940 所北海道士幌町士幌西2線134-1 営9:00～17:00(にじいろ食堂11:00～15:00) 休無休 P162台

↑牛舎をイメージした建物が畑に囲まれた場所に建つ

大樹海が眼下に広がる
絶景ドライブコース

③ 三国峠
みくにとうげ

三国峠頂上近くからの眺望。高さ30m、長さ330mの朱色の松見大橋が樹海の谷に架かり、はるか大雪連山も見晴らす

北海道を走る国道のなかで最も標高の高い峠(1139m)。旧地名で石狩、十勝、北見の境にあることから名付けられた。新緑、紅葉と季節の色に染まる樹海の景色は感動的だ。展望台にはカフェもある。

所北海道上士幌町三股番外地 P20台

\ CHECK! /

然別湖遊覧船
しかりべつこゆうらんせん

標高810mと北海道内で最高地点にある自然湖、然別湖を一周する遊覧船。湖を囲む原生林などの自然を満喫できる約40分のクルーズだ。

↑周囲の原生林と湖の眺めを水上から楽しめる

断崖絶壁が連なる大峡谷
美しい滝や温泉も楽しめる

層雲峡を代表する景観。岩壁が屏風のように並び、柱状節理の岩肌が目の前に見える。すぐそばには石狩川が流れる

④ 層雲峡
そううんきょう

大雪山国立公園にあり、石狩川を挟んで約24kmにわたり断崖絶壁が続く峡谷。大雪山黒岳山麓には、北海道有数規模の温泉街を誇る層雲峡温泉もあり、大雪山周辺観光の拠点ともなっている。

所北海道上川町層雲峡 P150台

⑤ 銀河の滝
ぎんがのたき

柱状節理の大岩壁にかかる
日本の滝百選の名瀑

層雲峡に幾筋もかかる滝のなかでも、最も美しいとされるのが「日本の滝百選」の銀河の滝と流星の滝。駐車場から間近に眺められ、さらに20分ほど上れば「双瀑台」の展望台があり、女滝、男滝とも呼ばれる2本の滝を同時に見ることができる。

所北海道上川町層雲峡 P150台

白糸のように繊細な姿で流れ落ちる銀河の滝。隣の流星の滝は太い1本の滝になって流れ落ちる

季節によって変化する
妖精が育てたようなガーデン

ノームの庭。野草が華やかな花と混じり合う自然風ガーデン。真夜中にしか現れないノームが庭造りをお手伝い

⑥ 上野ファーム
うえのファーム

北国ならではの季節の野草や寒暖差の激しい土地ならではの鮮やかな花の色。北海道らしい魅力に満ちた植物たちが「ノームの庭」「白樺の小道」などと名付けられた8つのガーデンで楽しめる。

上野ファームの背後の丘、射的山。頂上からは周囲が一望できる

☎0166-47-8741 所北海道旭川市永山町16-186 開4月下旬～10月中旬10:00～17:00 休期間中無休、冬季休業 料1000円 P100台

COURSE 16 走行距離 約200km
0
7.5
15km
N
GOAL
愛別IC
START
音更帯広IC
① 士幌線タウシュベツ川橋梁
② 士幌線幌加駅跡
③ 三国峠
④ 層雲峡
銀河の滝 ⑤
⑥ 上野ファーム
大雪森のガーデン
900品種の宿根草が咲く森の花園をはじめ、3エリアがある。カフェやショップも併設
旭川市旭川動物園
日本最北の動物園。動物それぞれの生態に合わせた「行動展示」で名高い
大雪山国立公園
面積が2万6764 haと、日本の国立公園のなかで最も広い。日本一長い期間スキーが楽しめる場所としても有名
松見大橋
三国峠付近の国道に架かる橋。橋の全景は緑深橋付近から楽しめる
然別湖湖底線路
大雪山国立公園内に位置する自然湖。湖に線路が沈む様子がSNSで話題に
道の駅 おとふけなつぞらのふる里
地元の食材を使った食事処のほか、キッズコーナーや情報発信コーナーなどの施設も充実
然別湖遊覧船
ピア21 しほろ
名物グルメ
旭川ラーメン
あさひかわラーメン
札幌、函館と並ぶ、北海道三大ラーメンのひとつ。魚介類と、豚骨、鶏ガラ、野菜でだしをとるものが多く、醤油味が人気。

COURSE 17

不動沢橋・五色沼

ふどうさわばし・ごしきぬま

福島県

神秘的で雄大な磐梯高原の絶景を異なる高さから目に焼きつける

福島市街西部から吾妻山や磐梯山など大小連なる山々と湖沼群の幻想的な絶景を巡る旅。磐梯吾妻スカイラインを利用し不動沢橋へ。次の浄土平湿原では湿原内を敷設する木道で巡ることができるほか、五色沼湖沼群では五色沼自然探勝路をハイキングしながら輝く沼の景色を望む。磐梯山ゴールドラインを走り抜け最後に立ち寄る山湖台では、猪苗代湖と磐梯山という福島県が誇る自然の名所を一望できる。

DRIVE COURSE

走行距離 約98km

START 東北自動車道・福島西IC

23km／国道115号、県道5・70号

① 不動沢橋

7km／県道70号

② 浄土平湿原

42km／県道70号、国道115・459号

③ 五色沼湖沼群

14km／国道459号

④ 山湖台

12km／県道64号

GOAL 磐越自動車道・磐梯河東IC

INFORMATION

福島市観光案内所 ☎024-531-6428
裏磐梯観光協会 ☎0241-32-2349
浄土平ビジターセンター ☎0242-64-2105

＼CHECK!／

磐梯山噴火記念館
ばんだいさんふんかきねんかん

磐梯山周辺の自然や過去に発生した噴火の凄まじさを学べる施設。ほかにも世界初の地震計の模型やかつて気象庁で使用されていた気象観測機器などが展示されている。☎0241-32-2888 所福島県北塩原村桧原剣ヶ峯1093-36 開8:00～17:00 冬期9:00～16:00 休冬期不定休 料600円 P100台

標高1200mに位置する渓谷の景色が見渡せる橋

① 不動沢橋

ふどうさわばし

かつて谷周辺をイワツバメが飛び交っていた様子から、作家の井上靖氏によって名付けられた谷「つばくろ谷」に架かるアーチ橋。橋からは福島市街地が見えるほか、秋になると紅葉が周囲を赤く染め、あでやかな光景を眺められる。

所福島県福島市 P25台

橋のそばには展望台や駐車場も完備していて、そこから見える景色も圧巻!

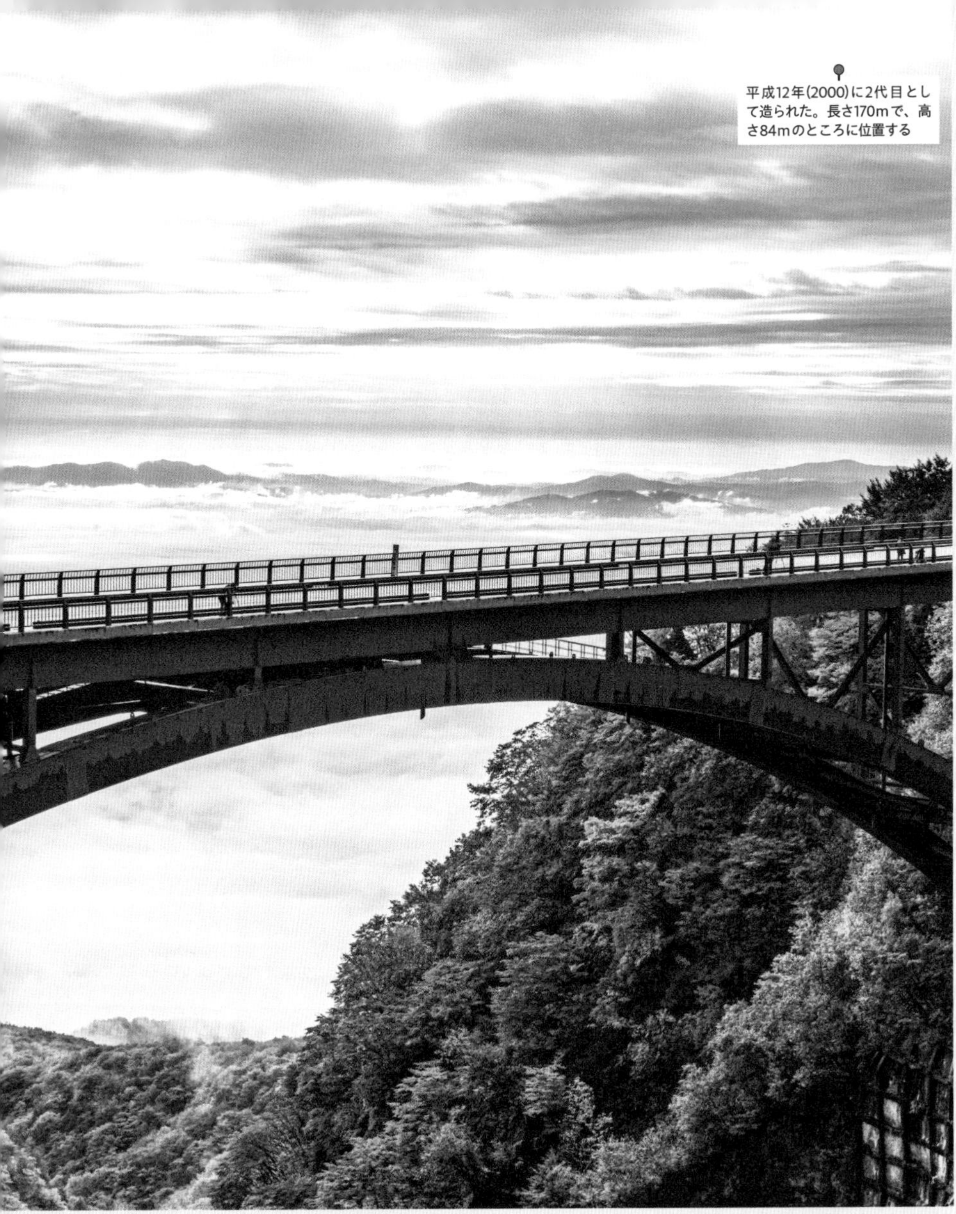

平成12年(2000)に2代目として造られた。長さ170mで、高さ84mのところに位置する

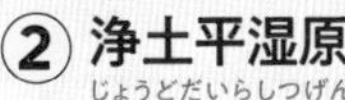

② 浄土平湿原

じょうどだいらしつげん

周囲を一切経山、吾妻小富士、蓬莱山、桶沼に囲まれ、標高1600mの場所に位置する湿原。湿原内には木道が敷設されており、5月から9月にかけては間近で高山植物を観察できる。

所福島県福島市土湯温泉町鷲倉山

P350台

湿原の中を歩いて
一面に咲く花々を愛でる

湿原内を約20分で巡ることができるコース以外に、吾妻小富士などの山々に登山できるコースも用意されている

ターコイズブルーに輝く
透明感あふれる湖が集まる
沼によって見える色の様子が異なるのが特徴。四季や天候、時間帯によって異なるので再び訪れて確認するのもおすすめ！
ボートをレンタルして水辺の生き物を見ながら、のんびりするのもよい

③ 五色沼湖沼群
ごしきぬまこしょうぐん

明治21年（1888）に磐梯山北側で水蒸気爆発が起こり、それに伴う岩なだれにせき止められてできた湖沼群。毘沙門沼、赤沼、みどろ沼、弁天沼、瑠璃沼、青沼、柳沼など大小30余りの沼によって構成される。

所福島県北塩原村桧原剣ヶ峯 P裏磐梯ビジターセンター、五色沼入口観光プラザ、裏磐梯物産館駐車場利用

④ 山湖台
さんこだい

磐梯山ゴールドラインの中間地点に位置する展望台。磐梯山が間近に見え、猪苗代湖全体を一望できる。晴天時には湖よりさらに遠くに位置する那須連山の山影が見えることも。駐車場を完備しており、休憩時に眺めを楽しめる。

☎0242-62-3102（福島県猪苗代土木事務所） 所福島県磐梯町更科 開休料散策自由 P10台

前後左右から見渡せる
福島が誇る山と湖
春から夏にかけては緑豊かな磐梯山の自然が生い茂る様子を、秋には紅葉と黄金色に輝く草花の様子が見られる

立ち寄り！道の駅

磐梯河東ICから30km

裏磐梯
うらばんだい

桧原湖沿岸に位置し、季節ごとに変わる磐梯山や桧原湖の景色を眺められる。山塩ラーメンなど、グルメも充実。

☎0241-33-2241 所福島県北塩原村桧原南黄連沢山1157 営9:00～17:00 休11月中旬～4月中旬の水曜 P57台

↑山小屋を連想させる建物

日本離れした風景に驚く

磐梯吾妻スカイライン

ばんだいあづまスカイライン

「日本の道100選」にも選ばれている、高湯温泉から土湯峠までの平均標高1350mの高さに位置する全長約29kmの観光道路。11月中旬から4月上旬まで閉鎖される。

↑火山がつくり出した荒涼とした風景が道路沿いに現れている

磐梯山の中腹を走り抜ける

磐梯山ゴールドライン

ばんだいさんゴールドライン

磐梯高原から会津をつなぐ観光道路。黄金平、まぼろしの滝など、絶景を間近に見ることできるスポットが目白押し！ 11月中旬から4月中旬まで閉鎖される。

↑磐梯山の爆裂火口壁が間近に見られる「黄金平」

COURSE 17 走行距離 約98km

0 2.5 5km N

START 福島西IC

不動沢橋 ①

浄土平湿原 ②

五色沼湖沼群

磐梯吾妻スカイライン

福島植物園

山野草など植物や園芸用品を購入できる入園料無料の植物園

清水観音

坂上田村麻呂が蝦夷征伐の際、千手千眼観音像を安置したことで知られる観音堂

幕川温泉 水戸屋旅館

吾妻山の中腹に位置し、単純温泉と単純硫黄泉の2種類の源泉温泉を楽しめる

名物グルメ

ソースカツ丼

ソースカツどん

ご飯の上に千切りキャベツとソースカツをのせた大正時代から親しまれてきた伝統料理。

COURSE 18

東沢大橋・八ヶ岳高原大橋

ひがしざわおおはし・やつがたけこうげんおおはし

山梨県・長野県

V字渓谷を渡る橋を駆け抜け、八ヶ岳連峰の眺望を楽しむ

小淵沢ICから東沢大橋を走り抜け、駐車場からの有名な山岳風景を眺めて清泉寮へ。八ヶ岳の水を使ったソフトクリームやランチを味わったあとは、ツツジが華やぐ美し森をハイキング。サンメドウズ清里「清里テラス」ではソファからパノラマで野辺山高原の絶景が楽しめる。平沢峠で山々の雄大な景色を眺めて、八ヶ岳高原大橋の展望台駐車場から渓谷美を堪能し、黄色い橋を渡る。

東沢大橋展望台駐車場からの眺めが有名。赤い橋の向こうに赤岳や横岳などの八ヶ岳が連なる景色が広がる

紅葉する渓谷と赤い橋が絵になる。撮影やスケッチのスポットにもなっている

DRIVE COURSE

走行距離 約50km

START 中央自動車道・小淵沢IC

18km／県道11号

1. 東沢大橋

1km／県道11号

2. 清泉寮

2km／県道11・615号

3. 美し森

1km／県道615号

4. サンメドウズ清里「清里テラス」

10km／県道615号

5. 平沢峠

9km／県道28号

6. 八ヶ岳高原大橋

9km／県道28号

GOAL 中央自動車道・長坂IC

INFORMATION

北杜市観光商工課 ☎0551-42-1351
北杜市観光協会 ☎0551-30-7866
南牧村観光協会 ☎0267-96-2211

小滝が折り重なり静かに流れる吐竜の滝

立ち寄り！道の駅

小淵沢ICから1km

こぶちさわ

農産物やみやげ物を取り揃える直売所やレストラン、宿泊施設、日帰り温泉、体験工房、地ビールのタップルームなどの設備が充実。☎0551-36-3280 所山梨県北杜市小淵沢町2968-1 営9:00～18:00(施設により異なる) 休不定休(HPを要確認) P294台

↑八ヶ岳南麓の恵みを体感できる複合施設

思わず写真を撮りたくなる新緑の渓谷と赤い橋

① 東沢大橋
ひがしざわおおはし

高さ48.9m、長さ90mの赤い橋が特徴的な東沢大橋。一面に広がる東沢渓谷の緑に、橋の赤色が映える。紅葉の季節は東沢大橋展望台駐車場が大混雑する。

所山梨県北杜市大泉町西井出 P東沢大橋展望台駐車場利用

② 清泉寮
せいせんりょう

宿泊施設やレストラン、ショップ、ミュージアム、牧場、教会などがある複合観光施設。昭和51年(1976)から提供する有機ジャージー牛乳のソフトクリームが有名で、濃厚ながらさっぱりした味わい。

☎0551-48-4441(清泉寮ジャージーハット) 所山梨県北杜市高根町清里3545 開9:00～17:00 休無休 P200台

異国情緒ある本館とロングセラーの名物ソフト

清泉寮のシンボルである赤い三角屋根の建物。かつての宿泊フロントだった建物は現在施設の案内所になっている

↑富士山や南アルプス、八ヶ岳のパノラマを望む

←大人気のソフトクリームは必食！

山頂からの眺めは絶景。右手に北岳などの南アルプスが、左手には金ヶ岳、茅ヶ岳の奥に富士山を望める

山頂まで歩道が整備されている

レンゲツツジの見頃は6月中旬〜下旬。あたり一面がオレンジ色に染まる

街道をツツジが彩る お手軽ハイキングコース

③ 美し森
うつくしもり

標高1542mの小高い丘。レンゲツツジの群生地として有名で、最盛期には約1000本のツツジが咲く。山頂までは徒歩15分ほど。国指定天然記念物のオオヤマツツジも自生する。
所山梨県北杜市大泉町西井出8240-1
P50台

④ サンメドウズ清里「清里テラス」
サンメドウズきよさと「きよさとテラス」

リフトに乗って山頂まで約10分。標高1900mの山頂エリアにあり、富士山や野辺山高原を一望できる。絶景を楽しみながらカフェで購入したメニューを味わおう。
☎0551-48-4111 所山梨県北杜市大泉町西井出8240-1 開5〜11月の9:30〜16:20 休12〜4月 料リフト券2500円 P1200台

ソファやカウンターなど、さまざまなタイプの座席を用意

全長1100mのパノラマリフトで山々の雄大な風景を望む空中散歩へ

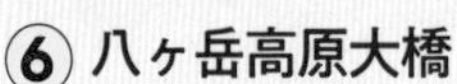

清里テラス内には標高1920mに「カフェ1920」、展望デッキに「清里テラス カフェスタンド」の2軒のカフェがある

富士山を見渡す山頂で くつろぎのひとときを

八ヶ岳連峰のダイナミックな景色が広がる。近くにはしし岩という、獅子のような形の奇岩がある

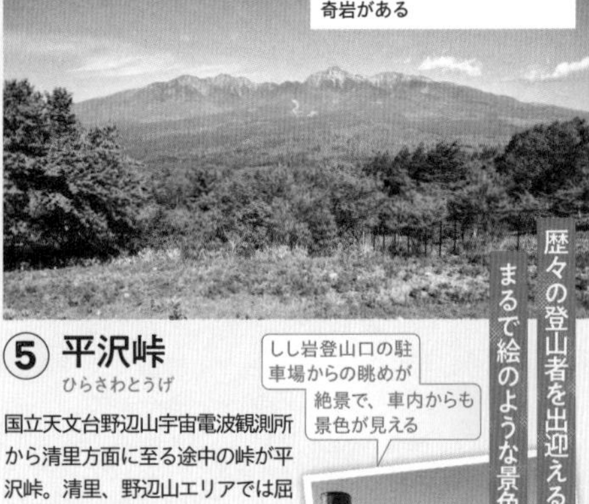

歴々の登山者を出迎える まるで絵のような景色

⑤ 平沢峠
ひらさわとうげ

国立天文台野辺山宇宙電波観測所から清里方面に至る途中の峠が平沢峠。清里、野辺山エリアでは屈指の八ヶ岳ビュースポット。飯盛山への登山口でもあり、八ヶ岳や南アルプスを一望できる。
所長野県南牧村平沢 P50台

しし岩登山口の駐車場からの眺めが絶景で、車内からも景色が見える

⑥ 八ヶ岳高原大橋
やつがたけこうげんおおはし

高さ100m、全長490mの黄色い橋。東沢大橋の赤い橋に対して「黄色い橋」と呼ばれ、フォトスポットになっている。紅葉の見頃は10月下旬〜11月上旬。
所山梨県北杜市高根町川俣167
P15台

国内有数の高層橋から 急峻の渓谷を見下ろす

清里駅側の展望台駐車場からは北に八ヶ岳、南に富士山を見渡すことができ、絶景を見るため多くの人が訪れる

橋の下には川俣川が流れ、山々の新緑と渓谷美が見られる

コース内の絶景ロード

標高差約700mを登る高原コース

八ヶ岳高原ライン
やつがたけこうげんライン

かつて八ヶ岳横断有料道路として開通した、八ヶ岳の南山麓を走る道路。現在は県道11号となり無料開放されている。全体で約25kmほどあり、小淵沢ICと清里高原を結ぶ。八ヶ岳の高原地帯を走り、眺望が美しい。紅葉の見頃は10月下旬〜11月上旬。

＼ＣＨＥＣＫ！／

萌木の村
もえぎのむら

3万3000㎡の広大な敷地にガーデンやレストラン、カフェ、ホテルなどが揃う複合施設。オルゴールの博物館やクラフトショップなど、楽しい施設が充実。

☎0551-48-3522 ㊎山梨県北杜市高根町清里3545 ㊎10:00〜18:00(施設により異なる) ㊡無休(施設により異なる) Ⓟ300台

全国唯一、森の中にあるメリーゴーラウンド

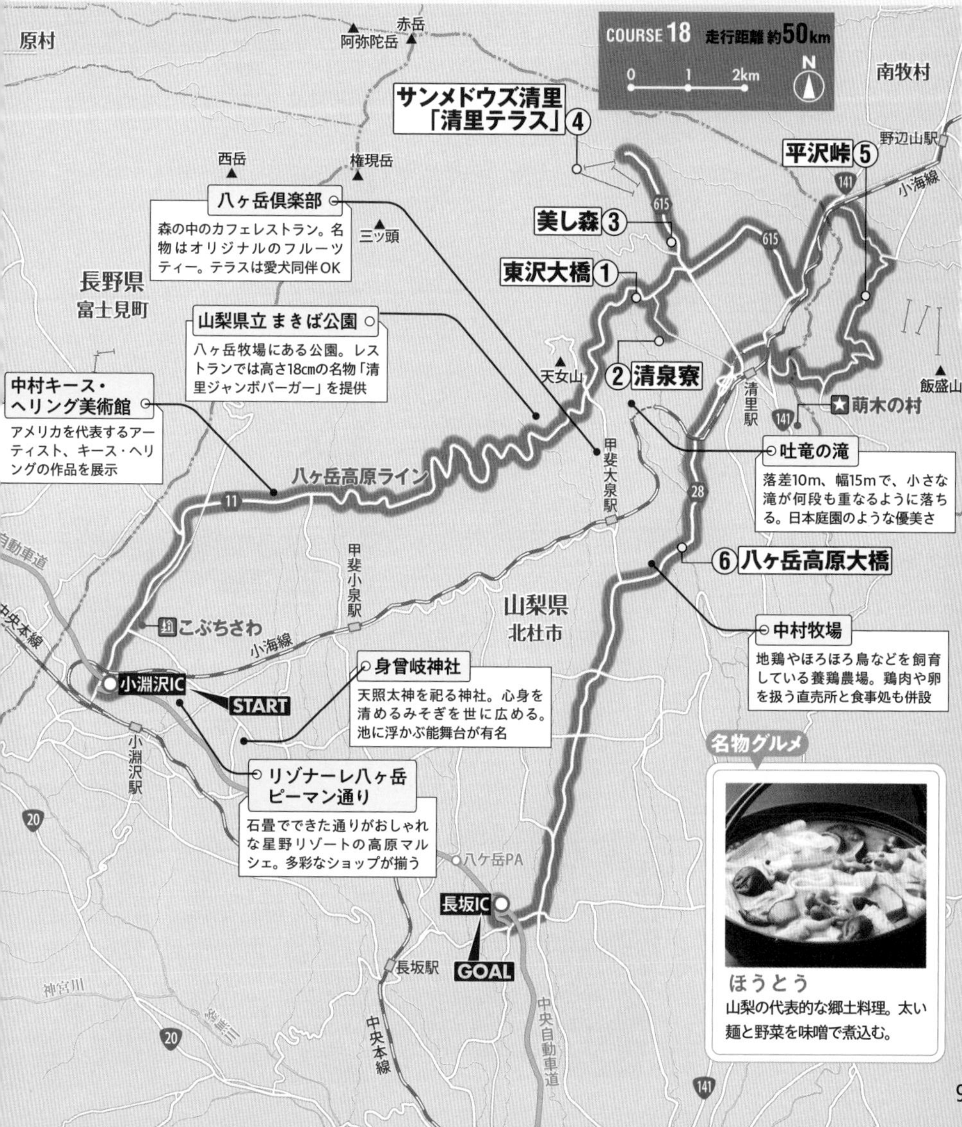

COURSE 18　走行距離 約50km

0　1　2km

小淵沢IC START
1 東沢大橋
2 清泉寮
3 美し森
4 サンメドウズ清里「清里テラス」
5 平沢峠
6 八ヶ岳高原大橋
長坂IC GOAL

八ヶ岳倶楽部
森の中のカフェレストラン。名物はオリジナルのフルーツティー。テラスは愛犬同伴OK

山梨県立 まきば公園
八ヶ岳牧場にある公園。レストランでは高さ18cmの名物「清里ジャンボバーガー」を提供

中村キース・ヘリング美術館
アメリカを代表するアーティスト、キース・ヘリングの作品を展示

吐竜の滝
落差10m、幅15mで、小さな滝が何段も重なるように落ちる。日本庭園のような優美さ

中村牧場
地鶏やほろほろ鳥などを飼育している養鶏農場。鶏肉や卵を扱う直売所と食事処も併設

身曾岐神社
天照太神を祀る神社。心身を清めるみそぎを世に広める。池に浮かぶ能舞台が有名

リゾナーレ八ヶ岳 ピーマン通り
石畳でできた通りがおしゃれな星野リゾートの高原マルシェ。多彩なショップが揃う

萌木の村
こぶちさわ

原村　阿弥陀岳　赤岳　南牧村　西岳　権現岳　三ツ頭　長野県　富士見町　天女山　飯盛山　野辺山駅　小海線　清里駅　甲斐大泉駅　甲斐小泉駅　山梨県　北杜市　中央自動車道　中央本線　小淵沢駅　八ヶ岳PA　長坂駅　神宮川　八ヶ岳高原ライン　11　28　141　615　20

名物グルメ

ほうとう
山梨の代表的な郷土料理。太い麺と野菜を味噌で煮込む。

COURSE 19

河津七滝ループ橋

かわづななだるループきょう

静岡県

自然の力を生かした高速道路とロマンティックな海景色

伊豆半島中心部に位置する渓谷の自然に浸り、半島先端や南西部に位置する海岸の絶景を楽しむ旅。伊豆縦貫自動車道を経由し、筏場のわさび田や滑沢渓谷で天城山麓にたたずむ自然豊かな場所に立ち寄る。その後、河津七滝ループ橋を利用して「天城越え」を行ったあと、最南端の石廊崎へ。迫力ある海の景色を見たあとは、堂ヶ島天窓洞と黄金崎へ。限られた時間にしか見られない幻想的な光景を目に焼きつける。

DRIVE COURSE

走行距離 約219km

START 東名高速道路・沼津IC

43km／国道136・414号、県道12・59号

① 筏場のわさび田

14km／県道59号

② 滑沢渓谷

10km／国道414号

③ 河津七滝ループ橋

35km／国道414・135・136号、県道16号

④ 石廊崎

38km／県道16号、国道136号

⑤ 堂ヶ島天窓洞

9km／国道136号

⑥ 黄金崎

70km／国道136・414号

GOAL 東名高速道路・沼津IC

INFORMATION

伊豆市観光協会 中伊豆支部 ☎0558-83-2636

伊豆市観光協会天城支部 ☎0558-85-1056

河津町観光協会 ☎0558-32-0290

西伊豆町観光協会 ☎0558-52-1268

① 筏場のわさび田

いかだばのわさびだ

歴史が続くように重なる緑に敷かれた自然の絨毯

静岡で伝統的に行われている水わさびが栽培されている棚田。約15haの広さで、「静岡県棚田等十選」にも選ばれている。わさびに日が当たりすぎないように設計されている。

所 静岡県伊豆市筏場 P なし

③ 河津七滝ループ橋

かわづななだるループきょう

災害の教訓を生かして造られた2回転通過の断崖の橋

全長1064m、高低差45m、直径80mの大きさを誇る。720度2回転しながら渡る光景はダイナミックそのもの！

昭和53年(1978)に起こった伊豆大島近海地震で発生した土砂崩れによって、従来使用していた山道が崩壊。復旧させるため、昭和56年(1981)に新たに建設された国道414号が通る二重ループ橋。

所 静岡県河津町梨本

P 25台

2月には河津桜が咲き誇る景色がループ橋下の駐車場から見える

1500枚の棚田が広がり、敷地をわさびが埋め尽くす。わさびの収穫体験を行えることも

② 滑沢渓谷
なめさわけいこく

天城峠の北側、狩野川の上流付近の森林に包まれた渓谷。なめらかな安山岩の間に滑沢川の急流が白布となって流れる光景を見ることができる。

夏頃にはミヤマカワトンボなど渓流沿いに暮らす生き物が見られる

所静岡県伊豆市湯ケ島
Pなし

著名な文豪も惚れた
静寂に包まれた渓谷

井上靖の小説『猟銃』の舞台になったことでも知られている。遊歩道を歩き進めると天然記念物「太郎杉」が見える

ループ橋の構造や耐震性が評価され、土木学会田中賞を受賞したことも

＼CHECK!／

河津七滝
かわづななだる

大滝、出合滝、かに滝、初景滝、蛇滝、海老滝、釜滝の7つの滝で構成されている。名前の読みである「だる」は、河津で平安時代から続く「滝」の字の読み方に由来する。

所静岡県河津町梨本 P60台

←川端康成の小説『伊豆の踊子』に登場する踊り子と私をイメージして作られたブロンズ像

→落差約22mの「釜滝」。上流に位置する

ゴツゴツした岩が織りなす
海に突き出る圧巻の絶壁

海底火山から噴出したマグマが冷却し、波によって岩肌が削られていき、荒々しい地形が現れる

リアス海岸の断崖絶壁がすぐ近くに

④ 石廊崎
いろうざき

相模灘と駿河湾の境目に位置する伊豆半島最南端の岬。晴れた日には伊豆大島をはじめ伊豆七島の姿が見えることも。近辺には、白塗りが眩しい石廊崎灯台、石室神社や熊野神社など海上安全や縁結びを祈願できる神社も祀られている。
☎0558-65-1600(石廊崎オーシャンパーク) 所静岡県南伊豆町石廊崎546-5 開8:30～17:00(10～3月は9:00～16:00) 休無休 料700円 P100台

灯台記念日である11月2日には、当日限定で灯台内部を一般公開している

太陽の光が唯一差し込む
日本の「青の洞窟」

遠くそびえ立つ富士山が見えたり、夕方以降は日が沈んでいく光景を眺められる

天窓洞へは洞窟の中を遊覧船などで進んでいくルートと遊歩道から進んでいくルートの2つがある

⑤ 堂ヶ島天窓洞
どうがしまてんそうどう

「伊豆の松島」と呼ばれる堂ヶ島に白い凝灰岩に囲まれた洞窟がある。洞窟の中を進んでいくと、天井が丸く開いた天窓が現れる。そこに唯一外からの光が差し込み、エメラルド色の景色を見ることができる。
所静岡県西伊豆町仁科2060
P7台

立ち寄り! 道の駅

沼津ICから46km

天城越え
あまぎごえ

天城峠一帯の景色や敷地内に咲く桜や紅葉の様子を望める。売店や食事処では、わさびを使った商品が多く提供されている。
☎0558-85-1110 所静岡県伊豆市湯ヶ島892-6 営8：30～16：30 休第3水曜 P180台

昭和の森会館など見学できる施設も

⑥ 黄金崎
こがねざき

プロピライトと呼ばれる自然現象によって、風化した安山岩が地熱地帯である地下の温泉水や地熱によって黄褐色に変化。夕日を浴びると黄金色に輝く美しい光景を眺められる。天気が良いときは、富士山がきれいに映る景色を楽しめる。
所静岡県西伊豆町宇久須
P15台

時が経つごとに変わる
太陽と岩肌がつくる芸術

奇妙な形をした岩が駿河湾に向かってたたずむ馬の様子に見えることから「馬ロック」とも呼ばれている

START & GOAL
沼津IC
\ CHECK! /
河津桜並木
かわづざくらなみき
2月初旬から3月初旬にかけて開花し始める早咲きの桜。伊豆の温暖な気候も作用し、1カ月で満開の景色を楽しめる。2月には「河津桜まつり」が開催され、河津川沿いを美しく彩る。
所 静岡県河津町笹原72-12 P 周辺駐車場利用
川沿いには約850本もの桜が植えられている
名物グルメ
金目鯛
きんめだい
深海魚で、刺身や煮物などさまざまな調理法で味わえる。
① 筏場のわさび田
天城越え
② 滑沢渓谷
③ 河津七滝ループ橋
河津七滝
④ 石廊崎
⑤ 堂ヶ島天窓洞
⑥ 黄金崎
河津桜並木
名曲『天城越え』の歌詞に出てくることでも有名な大滝
入間千畳敷(三ツ石岬)
火山灰や軽石で形成された地層がマグマによって断ち切られ、迫力ある断崖絶壁をつくった
龍宮窟
波によって地表の弱い部分が削り取られてできたとされる洞窟。洞窟上の遊歩道からも眺められる
COURSE 19 走行距離 約219km
0 3.5 7km
N
富士市
長泉町
裾野市
箱根町
小田原市
三島市
沼津市
清水町
函南町
伊豆の国市
伊豆市
伊東市
東伊豆町
河津町
西伊豆町
松崎町
下田市
南伊豆町
駿河湾
相模灘

COURSE 20

秩父公園橋・羊山公園・長瀞

ちちぶこうえんはし・ひつじやまこうえん・ながとろ

埼玉県

優美なハープ橋を渡り、絵になる風景を目に焼きつける

花園ICで下り、国道140号を荒川沿いに走る。途中山道を抜け、秩父公園橋へ。ハープのように美しい姿に心惹かれたまま、秩父の市街地を過ぎ、羊山公園へ。芝桜が作るピンク色の空間に魅了される。再度、国道140号を走らせ、歴史の道・秩父往還の山道をドライブ。三峯神社の神聖な空気にふれたら、長瀞へ向かう。荒川ライン下りで石畳などの景観を眺めながら、優雅な時間を過ごす。

DRIVE COURSE

走行距離 約139km

START 関越自動車道・花園IC

31km／国道140号、県道44号

① 秩父公園橋

3km

② 羊山公園

37km／国道140号、県道278号

③ 三峯神社

49km／国道140号、県道43号

④ 長瀞

19km／国道140号

GOAL 関越自動車道・花園IC

INFORMATION

県土整備部 県土整備政策課 ☎048-830-5255

＼CHECK！／

三十槌の氷柱

みそつちのつらら

岩清水が凍り、つくり上げる天然の氷柱。高さは8m、幅は30mある。夜にはライトアップが行われ、幻想的な風景を楽しめる。
☎0494-55-0500（ウッドルーフ奥秩父オートキャンプ場）、0494-55-0137（つちうちキャンプ場）所埼玉県秩父市大滝三十槌 開1月中旬から2月中旬（要問い合わせ）休期間中無休 料200円 P200台

雲海のベールから顔をのぞかせる斜張橋

① 秩父公園橋

ちちぶこうえんはし

秩父市を流れる荒川に架かる橋長530mの斜張橋。橋の両側は河岸段丘になっており、右岸側と左岸側の段丘面を結んでいる。ケーブルがハープの弦のように見えることから「秩父ハープ橋」といわれている。平成5年(1993)には土木学会田中賞を受賞。
所埼玉県秩父市中村町～寺尾
Pなし

② 羊山公園

ひつじやまこうえん

西武秩父駅東側の高台にある緑地公園。一面に芝桜が植えられた「芝桜の丘」で知られており、毎年4月中旬から5月初旬には約1万7600m²の広さに開花。「ふれあい広場」では羊が飼われている。
☎0494-25-5209（秩父市観光課）所埼玉県秩父市大宮6360 開終日可能 休無休 料無料（芝桜開花時期は一般300円）P300台（芝桜開花時期は1回500円）

春の訪れとともに花の絨毯が一面に広がる

羊山丘陵の斜面を利用して、赤、白、ピンク、紫などさまざまな色で組み合わされた芝桜はまるで花のパッチワーク

秩父盆地の雲海は秩父ミューズパーク展望台から眺められる。春と秋の日の出から数時間が発生しやすい
美しいフォルムで知られ、橋の西側には秩父ミューズパークもある
芝桜は、桜に似た花の形で、芝のように広がって育つことから名付けられた

本殿同様総漆塗りで、優美で色鮮やかな装飾の拝殿。拝殿前には2本の御神木である樹齢800年の大杉がそびえ立つ

③ 三峯神社
みつみねじんじゃ

約1100mの山間に鎮座する三峯神社は、「3つの峰が連なる」ことから名付けられた。御祭神は伊弉諾尊(いざなぎのみこと)と伊弉册尊(いざなみのみこと)。拝殿前には、全国的にも珍しい「三ツ鳥居」がある。狼を神の使いとし、狛犬の代わりに神社各所に狼が鎮座している。三峯山の草花を描写した殿内の格天井も必見。

☎0494-55-0241 所埼玉県秩父市三峰298-1 開9:00～17:00 休無休 料拝観無料 P周辺駐車場利用

木の舟に乗り、船頭さんの観光ガイドを聞きながら荒川をクルージング

約30分の舟下りは変化に富みスリル満点。急流を抜ければ静かな長瀞の瀞場をゆったりと下る

④ 長瀞
ながとろ

埼玉県の西北部に位置し、荒川中流の峡谷。外秩父山地を浸食してできたもので、古くから景勝地として知られる。国指定の名勝・天然記念物「長瀞岩畳」を中心に、桜や紅葉といった四季折々の自然を楽しむことができる。

☎0494-66-3311(長瀞町観光協会) 所埼玉県長瀞町長瀞529-1 営9:00～16:00(川の状況により変更する場合あり) 休荒天時 料2000円(繁忙期は2200円) P周辺駐車場利用

\ CHECK! /

秩父ミューズパーク
ちちぶミューズパーク

秩父市と小鹿野町にまたがる緑豊かな長尾根丘陵にある広大な自然公園。音楽堂や野外ステージ、ミューズの泉、大庭園などの芸術・文化施設がある。

☎0494-25-1315 所埼玉県小鹿野町長留2518 開休料施設により異なる P1600台

↑スカイロードに続くイチョウ並木

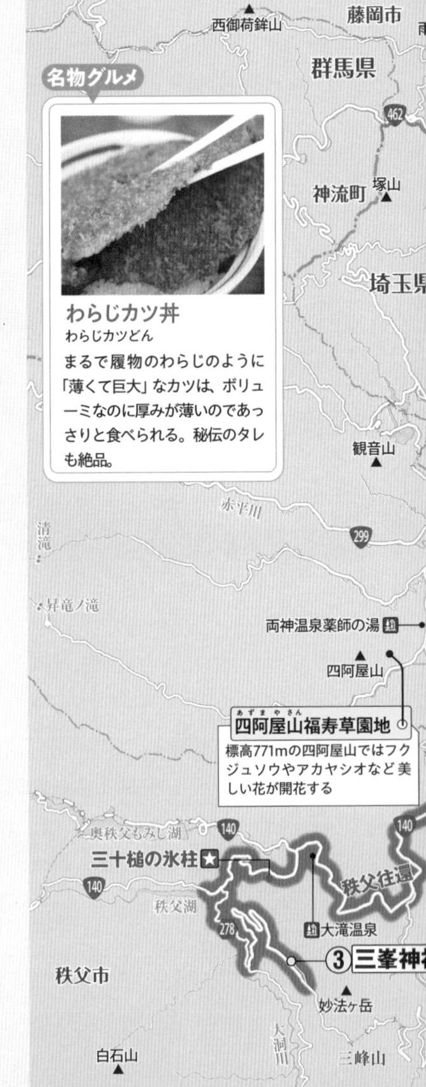

名物グルメ

わらじカツ丼
わらじカツどん

まるで履物のわらじのように「薄くて巨大」なカツは、ボリューミなのに厚みが薄いのであっさりと食べられる。秘伝のタレも絶品。

四阿屋山福寿草園地(あずまやさん)

標高771mの四阿屋山ではフクジュソウやアカヤシオなど美しい花が開花する

立ち寄り！道の駅

花園ICから1km

はなぞの

国道140号沿いにあり、深谷・秩父の魅力的な商品を揃える。深谷市のゆるキャラに出会える「ふっかちゃんミュージアム」や深谷市出身の渋沢栄一のグッズが並ぶ。
☎048-584-5225 所 埼玉県深谷市小前田458-1 営 7:00〜19:00 休 無休 P 172台

⬆2階にはオープンテラスがあり、お洒落な外観が目を引く

⬅ふっかちゃんは不定期に登場する

➡さまざまな深谷の地酒を購入できる

COURSE 20 走行距離 約139km

START & GOAL 花園IC

① 秩父公園橋

② 羊山公園

④ 長瀞

金沢地区浦山のアジサイ＆ツツジ
カタクリやツツジ、アジサイを植栽。4000株のアジサイは6月下旬〜7月上旬に開花する

小鹿神社
日本全国からバイク乗りが参拝する「バイク神社」としてライダーたちには知られている

秩父高原牧場
標高500mの広大な敷地に「天空のポピー」が咲き誇る。5月中旬から6月上旬が見頃

寄国土（ゆすくど）トンネル
両端に県指定無形民俗文化財である「獅子舞」が描かれている

コース内の絶景ロード

山梨県と埼玉県を結ぶ歴史の道

秩父往還
ちちぶおうかん

武蔵の国と甲斐国、現在の山梨県と埼玉県秩父市を結ぶ古道・甲斐九筋（かいくすじ）のひとつ。日本三大峠のひとつである雁坂峠を越える道は、甲州側では雁坂口、秩父側では甲州路と呼ばれている。

⬆緑豊かな山道は「日本の道100選」にも選出

駆け抜ける先に湯の街の癒やしを求めて

1泊2日 温泉＋絶景ドライブ

絶景をたどり、風情ある温泉街を訪ねる。夕暮れどきに温泉街を歩き、
効能豊かな名湯に癒やされる。湯上がりの心地よさに
心身を休めたあと、再び絶景を目指す、1泊2日の絶景ドライブへ。

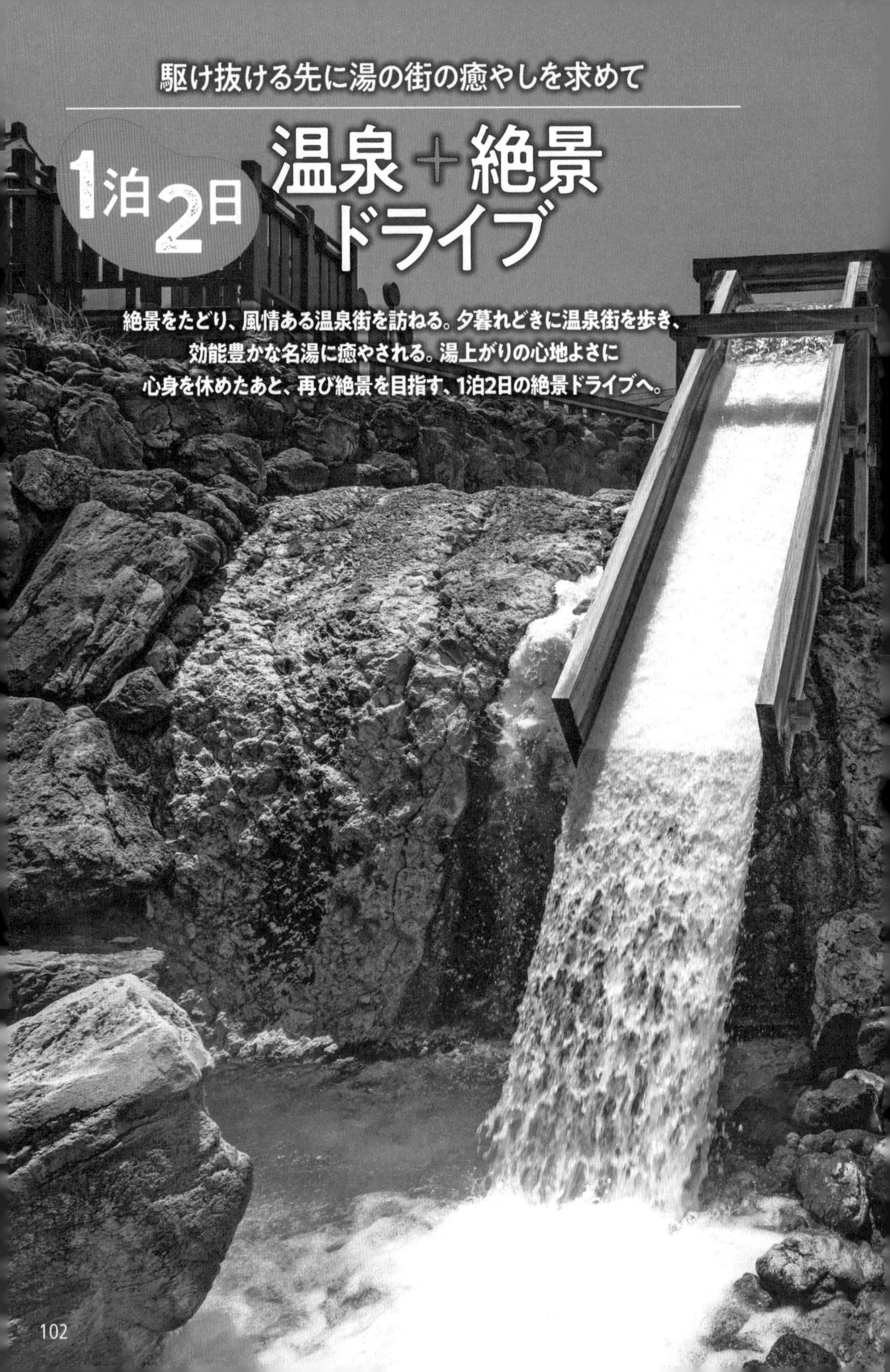

草津温泉

泉質自慢の一度は訪れたい日本屈指の名湯。毎分約2万3000ℓの温泉が自然に湧き出し、湯けむりが漂う温泉街散策も楽しい。

➡P106

COURSE 21

草津温泉・吾妻峡・白糸の滝

くさつおんせん・あがつまきょう・しらいとのたき

群馬県・長野県

風光明媚な温泉地を囲む自然の造形美

天下の名湯と定番観光スポットを巡る。吾妻峡では緑に覆われた渓谷美に魅了され、雄大な自然に溶け込む八ッ場ダムの迫力に圧倒される。伝統文化や温泉街散策を満喫し、草津温泉の名宿で一泊。草津からほど近いチャツボミゴケ公園の緑に染まる光景、鬼押出し園のインパクト大な景観に自然の力を実感する。鬼押ハイウェーで向かう白糸の滝や雲場池では、さわやかな高原風景を満喫しよう。

DRIVE COURSE

走行距離 約142km

START 関越自動車道・渋川伊香保IC

35km／県道35号

① 吾妻峡

6km／国道145号

② 八ッ場ダム

20km／国道145・292号

草津温泉

11km／県道55号

③ チャツボミゴケ公園

16km／国道292号

④ 旧太子駅

28km／国道146号、鬼押しハイウェー

⑤ 鬼押出し園

8km／鬼押しハイウェー

⑥ 白糸の滝

11km／白糸ハイランドウェイ

⑦ 雲場池

11km／県道43号

GOAL 上信越自動車道・碓氷軽井沢IC

INFORMATION

軽井沢観光案内所 くつかけテラス内
☎0267-45-6050
東吾妻観光協会 ☎0279-70-2110
草津温泉観光協会 ☎0279-88-0800

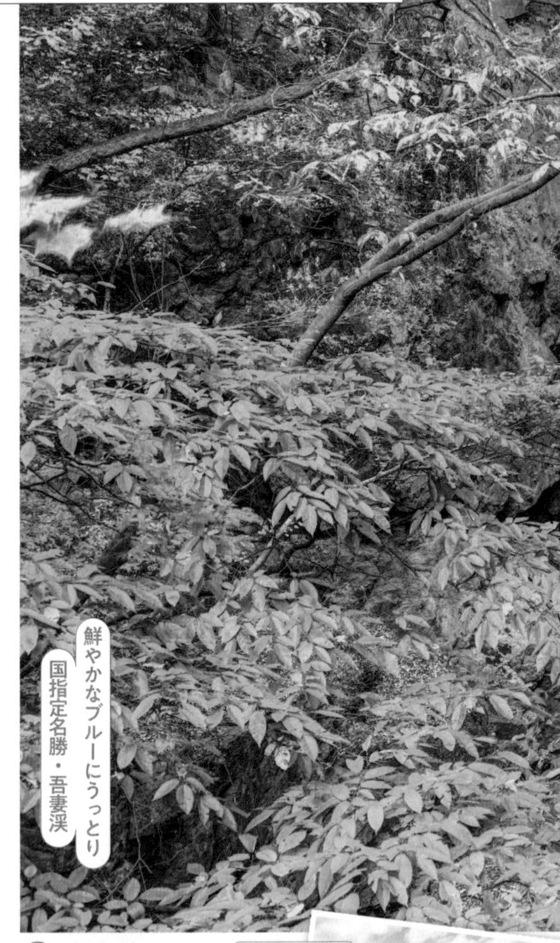

鮮やかなブルーにうっとり

国指定名勝・吾妻渓

① 吾妻峡

あがつまきょう

昭和10年(1935)に「名勝吾妻峡」として国の制定を受けた景勝地。吾妻川に架かるふれあい大橋から新蓬莱までの約2.5kmにわたる渓谷で、大昔に火山が噴き出した溶岩を、川水が深く浸食してできたものと考えられている。

所群馬県東吾妻町松谷 P93台

春は深い谷の両岸に生い茂る新緑と清涼感ある川の水に癒やされる

紅葉の美しい10月下旬から11月上旬がおすすめ。渓谷美を目に焼き付けたい

\ CHECK! /

吾妻峡レールバイク A-Gattan!

あがつまきょうレールバイク アガッタン！

廃線跡を利用したアクティビティ。所群馬県東吾妻町松谷868-1(東吾妻町吾妻峡周辺地域振興センター) 開公式サイト要確認 休12月中旬〜3月中旬(公式サイト要確認) 料渓谷コース1台片道3000円〜 P15台
HP https://agattan.com/

↑補助椅子利用で最大4人まで乗れる

立ち寄り! 道の駅

渋川伊香保ICから45km

あがつま峡

あがつまきょう

農産物直売所をはじめ、食事処や天然芝のドッグランまで、施設が充実していると人気の道の駅。
☎0278-25-4831 所群馬県東吾妻町三島6441 営9:00〜18:00(12〜3月は〜17:00)、食事処11:00〜15:30 休無休 P80台

↑名勝吾妻峡の玄関口に位置する

→健康遊具やウォーキングコースも整備されている

ダム湖では、カヌーなどのアクティビティも実施

施設内にはダム下に向かう観光用のエレベーターが設置されている

発電も担う多目的ダム 観光スポットも盛りだくさん

② 八ッ場ダム

やんばダム

高さ116m、長さ290.8mの多目的重力式コンクリートダム。周辺にはキャンプ・バーベキュー施設などのレジャー施設や、ダムの建設工程を展示している資料館やミュージアムなど観光スポットが充実している。ダムを俯瞰する「やんば見放台」からは名勝・吾妻峡も見渡せる。

☎0279-83-2560(八ッ場ダム管理支所) 所群馬県長野原町川原畑1121-31 開休料見学自由 P100台

⬇ダムの右岸と左岸をつなぐ八ッ場大橋

江戸時代から人々を癒やす
世界に誇る天下の名湯

草津温泉

くさつおんせん

兵庫県の有馬温泉、岐阜県の下呂温泉と並び、日本三名泉のひとつである草津温泉。湯畑を中心に温泉街が広がり、食べ歩きや湯めぐりを楽しめる観光地。近年では、新たな宿泊施設や飲食店も増えている。

\ CHECK! /

「湯もみと踊り」ショー

草津温泉の源泉は熱く、温泉の効能を失わず、温度を下げるための方法として考え出された「湯もみ」。熱乃湯では、草津節をはじめとする湯もみ唄とともに湯もみを実演し、伝統を継承している。

⬆一日6回公演。日・月曜限定で「湯もみ体験」もできる

立ち寄り! 道の駅

渋川伊香保ICから42km

八ッ場ふるさと館

やんばふるさとかん

八ッ場ダムから車で5分ほどの場所に位置する道の駅。パン工房を併設しているYショップや足湯が人気。

☎0279-83-8088 所群馬県長野原町林1567-4 営八ッ場市場8:30～18:00、八ッ場食堂9:30～16:00(季節により異なる)、Yショップ7:00～18:00 休無休 P186台

⬆足湯からは山々の絶景を観賞できる

➡八ッ場ダムに関する情報を発信するコーナー

⬅高原野菜や花豆など、特産品も多数揃える

\ CHECK! /

八ッ場バンジー

やんばバンジー

八ッ場大橋から八ッ場ダムのダム湖・八ッ場あがつま湖に飛び込むバンジー。ダム湖の水面が低くなる夏期限定で実施。

☎0278-72-8133(予約専用) 所群馬県長野原町川原湯八ッ場大橋 開9:00～17:00(実施日は要問合せ) 休要問合せ 料1万3000円 P10台 HP https://www.bungyjapan.com/yamba/

⬆ダイナミックな自然をバックに飛び込む

日本屈指の湧出量を誇り、常に湯けむりが漂う湯畑

草津温泉の名宿

奈良屋
ならや

日本の伝統文化のひとつ、温泉を管理する職人「湯守」のいる老舗宿。
☎0279-88-2311 所群馬県草津町草津396 in15:00 out11:00 室35室 予算1泊2食付 平日2万9150円～ 休前日3万2450円～ 交草津温泉バスターミナルから徒歩5分 P25台 送迎あり(要連絡)

草津温泉 望雲
くさつおんせん ぼううん

万代鉱源泉と西の河原源泉の2つの源泉から引いた風呂で満喫できる。
☎0279-88-3251 所群馬県草津町草津433-1 in14:00 out10:00 室41室 予算1泊2食付 平日2万2150円～ 休前日3万3150円～ 交草津温泉バスターミナルから徒歩4分 P50台 送迎あり(要連絡)

希少な苔がつくる深い緑と清涼感ある水がすがすがしい

広さ約2000㎡で、日本最大級の群生地

③ チャツボミゴケ公園
チャツボミゴケこうえん

かつての露天掘りによる鉄鉱石採掘の際にできたくぼみ「穴地獄」は、酸性泉が湧きだしており、チャツボミゴケの絶好の生育環境となっている。気温があまり上がらない9～10月がおすすめ。
☎0279-95-5111 所群馬県中之条町入山13-3 開8:45～15:30受付(10・11月は～15:00受付) 休無休(12月～4月下旬は閉鎖) 料600円 P100台

5月下旬から6月初旬にかけて見頃を迎えるレンゲツツジとのコントラスト

古代遺跡のような幻想空間
情緒あふれる廃駅で歴史探訪

鉱山資源を鉄道に積載するために建築されたホッパー棟

復元された駅舎は資料館になっていて、当時の写真をはじめ、貴重な道具や資料などを展示している

④ 旧太子駅

きゅうおおしえき

昭和46年(1971)に廃線となった太子線の始発駅。太子線はチャツボミゴケ公園で採掘された鉄鉱石を運搬するために造られた。ホームやレール、駅舎が復元され、全国から集めた貨車の展示も行う。

☎0279-95-3055 所群馬県中之条町太子251-4 開10:00～16:00 休無休(12～3月は火～金曜※祝日は除く) 料200円 P50台

鬼が棲んでいるという伝説が残る浅間山

⑤ 鬼押出し園

おにおしだしえん

天明3年(1783)に起きた浅間山の大噴火により流れ出た溶岩が、冷えて固まったことで形成された場所。春は高山植物、夏は清涼な空気、秋は紅葉、冬は雪景色と、四季折々の魅力を満喫できる。

☎0279-86-4141 所群馬県嬬恋村鎌原1053 開8:00～17:00(入園は～16:30) 休無休 料700円 P750台

浅間山の大噴火が生み出した
ダイナミックな景観に圧倒される

⑥ 白糸の滝

しらいとのたき

北軽井沢の自然豊かな国有林にある高さ3m、幅70mの滝。岩肌から湧き出た地下水が一斉に流れ落ちる光景が、白糸のように見えることからこの名前がつけられた。夏や冬の期間限定ライトアップイベントも要チェック。

所長野県軽井沢町長倉 P200台(夏期は300台)

視界いっぱいに広がる
湧き水がつくる優美な滝

滝までの道のりでは川のせせらぎに癒やされる

コース内の絶景ロード

浅間山麓を走り抜ける

鬼押ハイウェー

おにおしハイウェー

群馬県の嬬恋村と長野県の北軽井沢を結ぶ全長16kmの観光道路。さわやかな森の中や鬼押出し園の脇を通ったり、浅間山の美しい裾野を眺めたり、開放感ある道でドライブを楽しめる。

↑雄大な自然を間近で感じられる

⑦雲場池
くもばいけ

「スワンレイク」の愛称を持つ神秘の池。夏は緑と空のコントラストが、秋は紅葉、冬は雪化粧をした木々に囲まれ、四季を通して美しい表情を見せる。一周20分ほどの遊歩道が整備され、高原の自然を間近に感じながら散策を楽しめる。

所 長野県軽井沢町軽井沢
P なし

新緑が彩る池畔の遊歩道で
高原のさわやかな風を感じる

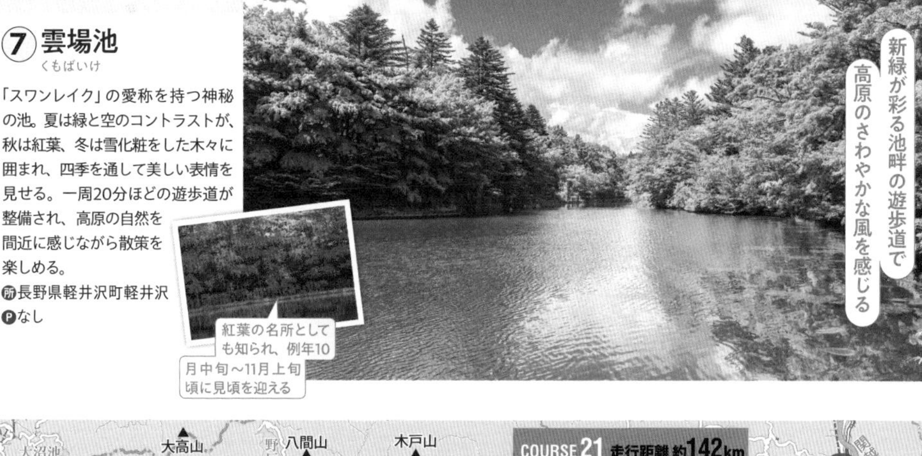

紅葉の名所としても知られ、例年10月中旬～11月上旬頃に見頃を迎える

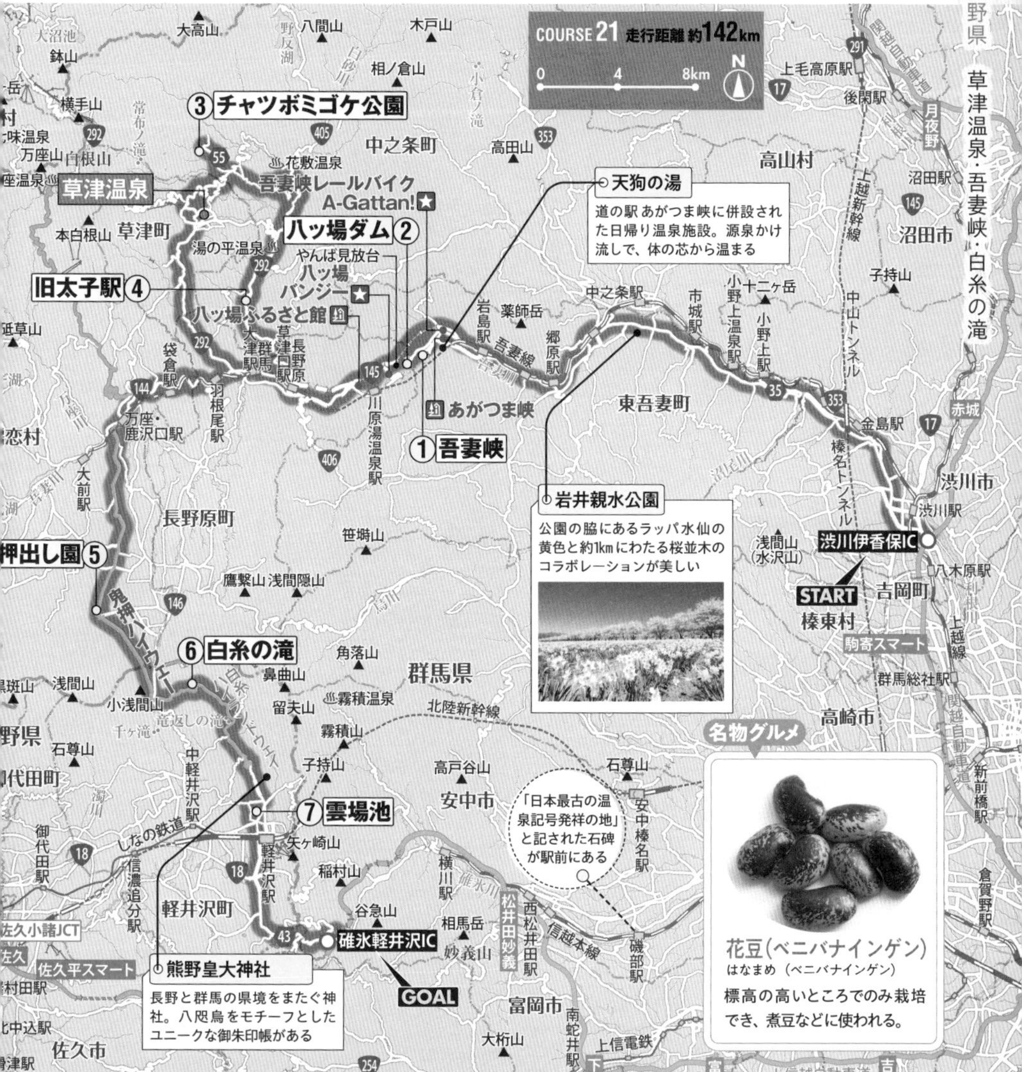

COURSE 21 走行距離 約142km
0 4 8km N
①吾妻峡
②八ッ場ダム
③チャツボミゴケ公園
④旧太子駅
⑤鬼押出し園
⑥白糸の滝
⑦雲場池
草津温泉
吾妻峡レールバイク A-Gattan!
やんば見放台
八ッ場バンジー
八ッ場ふるさと館
あがつま峡
渋川伊香保IC
START
碓氷軽井沢IC
GOAL
鬼押ハイウェー
白糸ハイランドウェイ
中之条町
草津町
長野原町
東吾妻町
高山村
沼田市
渋川市
吉岡町
榛東村
高崎市
安中市
群馬県
軽井沢町
富岡市
佐久市
下仁田町
甘楽町
上越新幹線
北陸新幹線
吾妻線
しなの鉄道
信越本線
上信電鉄
上信越自動車道
関越自動車道
浅間山
鼻曲山
霧積温泉
花敷温泉
湯の平温泉
初谷温泉

天狗の湯
道の駅 あがつま峡に併設された日帰り温泉施設。源泉かけ流しで、体の芯から温まる

岩井親水公園
公園の脇にあるラッパ水仙の黄色と約1kmにわたる桜並木のコラボレーションが美しい

熊野皇大神社
長野と群馬の県境をまたぐ神社。八咫烏をモチーフとしたユニークな御朱印帳がある

「日本最古の温泉記号発祥の地」と記された石碑が駅前にある

名物グルメ

花豆（ベニバナインゲン）
はなまめ（ベニバナインゲン）
標高の高いところでのみ栽培でき、煮豆などに使われる。

COURSE 22

昼神温泉・妻籠宿・馬籠宿

ひるがみおんせん・つまごじゅく・まごめじゅく

長野県・岐阜県

美しい桜と満天の星を愛で歴史に思いを馳せる1泊2日の旅

南信州の名桜と景観を楽しんだあとは温泉で1泊。宿場町の面影を色濃く残す木曽路を巡る旅。淡紅色のタカトオコヒガンザクラが霞のように城址全体を覆う高遠城址公園を見て千畳敷カールでは雄大な自然に圧倒され、眼前に大パノラマが広がる天龍橋大橋「そらさんぽ天龍峡」へ。降るような星空の下、昼神温泉で疲れを癒やし、翌日は妻籠、馬籠宿へ。文豪・島崎藤村の記念館もあり、木曽路の歴史と魅力が堪能できる。

DRIVE COURSE

走行距離 約173km

START 中央自動車道・伊那IC

13km/県道87号、国道361号

① 高遠城址公園

34km/国道153号

② 千畳敷カール

56km/県道15・18号

③ 天龍峡大橋「そらさんぽ天龍峡」

16km/県道491号

昼神温泉

7km/県道89号

④ ヘブンスそのはら

26km/県道109号、国道256号

⑤ 妻籠宿

8km/国道256号、県道7号

⑥ 馬籠宿

13km/県道7号、国道19号

GOAL 中央自動車道・中津川IC

INFORMATION

伊那市観光協会 ☎0265-96-8100
駒ヶ根観光協会 ☎0265-81-7700
妻籠観光協会 ☎0264-57-3123
馬籠観光協会 ☎0573-69-2336

① 高遠城址公園

たかとおじょうしこうえん

高遠藩の居城・高遠城は明治4年(1871)の廃藩置県で取り壊され公園となったあと、旧藩士たちにより桜が植えられた。毎年4月には約1500本ものタカトオコヒガンザクラが小ぶりの淡紅色の花を咲かせる。

所 長野県伊那市高遠町東高遠
P 400台(1000円) ※さくら祭り期間中は入園料500円

淡紅色の桜霞が城址公園を染め上げる

タカトオコヒガンザクラはその規模と可憐さから「天下第一の桜」と称される

② 千畳敷カール

せんじょうじきカール

中央アルプスの険しい岩肌を背景に可憐な高山植物の花畑が広がり、その美しさに思わず目を奪われる。下界では決して味わうことのできない絶景だ。カール内の遊歩道は約40分で周遊できる。

所 長野県駒ヶ根市赤穂 P 菅の台バスセンター駐車場利用
※千畳敷カールまでは路線バスと駒ヶ岳ロープウェイで約40分

標高2931mの宝剣岳の直下にある

秋には険しい山肌一面が黄金色に輝き赤や黄の紅葉に彩られる

桜の見頃は4月上旬～中旬。城跡を覆うように桜が開花し、本丸からは中央アルプスを望むことができる

ダイナミックな岩肌を背景に広がる花畑は壮観

＼ CHECK！ ／

中央アルプス 駒ヶ岳ロープウェイ

ちゅうおうアルプスこまがたけロープウェイ

昭和42年(1967)に完成した国内初の山岳ロープウェイ。御嶽山、乗鞍岳などを一望でき、中央アルプスの千畳敷カール周辺に位置する山頂駅の標高は日本最高を誇る。

☎0265-83-3107 ※しらび平駅～千畳敷駅所要7分30秒、運休日はHPを要確認 料片道1100円～(往復2030円～) P菅の台バスセンター駐車場利用

③ 天龍峡大橋「そらさんぽ天龍峡」

てんりゅうきょうおおはし「そらさんぽてんりゅうきょう」

三遠南信自動車道の天龍峡IC~千代IC間にあり、名勝天龍峡をまたぐ全長280m、高さ80mのアーチ型の橋。車道の下には歩道「そらさんぽ天龍峡」が設けられ、徒歩で天龍峡を渡ることができる。

☎0265-27-2946(天龍峡観光案内所)
所長野県飯田市 開6:30~18:00 10~3月7:30~16:30 休無休 料無料 P14台

名勝天龍峡をまたぐ絶景パノラマ大橋

眼下に川下りの舟や飯田線が見下ろせる

静かな山里の温泉で美しい星空を眺めよう

昼神温泉

ひるがみおんせん

中央アルプス南端を流れる阿智川沿いに広がる温泉地。良質な泉質は「美肌の湯」といわれる。平成18年(2006)には環境省の「星が輝いて見える場所」第1位に認定された。春には花桃が街道を美しく彩る。

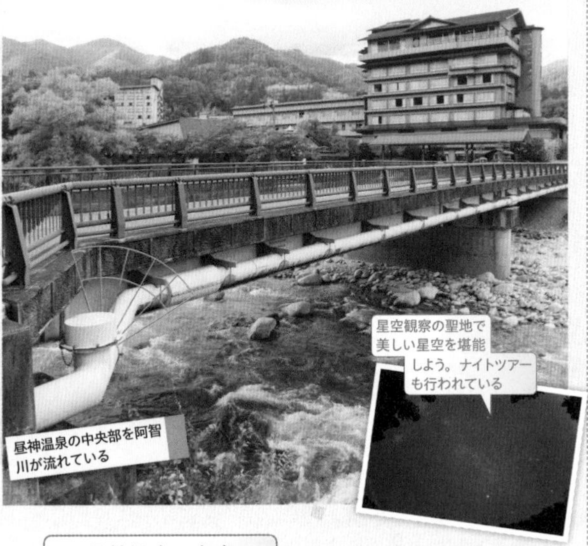

昼神温泉の中央部を阿智川が流れている

星空観察の聖地で美しい星空を堪能しよう。ナイトツアーも行われている

\ CHECK! /

昼神温泉朝市

ひるがみおんせんあさいち

朝市広場は温泉の中央部にあり、午前6時頃から営業しているのでぜひ行ってみたい。イナゴの佃煮や地場産の野菜や加工品、漬物などを販売している。

↑生産者が直接販売を行っている

↑毎年春には美しい花桃が街道を彩る

昼神温泉の名宿

石苔亭いしだ

せきたいていいしだ

隠れ家のような山麓の宿。ロビーにある能舞台では毎夜、地元の伝統芸能を楽しむイベントを開催している。

☎0265-43-3300 所長野県阿智村智里332-3 in15:00 out12:00 室17室 予算1泊2食付 平日3万3000円~ 休前日3万7400円~ P20台

↑地元の天然石を使った岩風呂

④ ヘブンスそのはら

標高800〜1400mへ。全長2500mのゴンドラで約15分の空中散歩を楽しもう。新緑や紅葉など、季節ごとの絶景が広がる。

☎0265-44-2311 所長野県阿智村智里3731-4 開9:00〜16:00 休5月下旬〜7月上旬、9月上旬、11月下旬〜12月上旬 料ロープウェイ往復2500円 P2000台

↑リフトで展望台まで上がると、彼方に南アルプスを一望できる

標高1400mの天空の楽園
降るような星空が眼前に

街なかでは決して見ることのできない満天の星

立ち寄り! 道の駅

駒ヶ根ICから11km

花の里いいじま
はなのさといいじま

雄大な中央・南アルプスを望む。地元のスローフード、おやきや五平もち、切り花、フラワーアレンジメントなどが人気。

☎0265-86-6580
所長野県飯島町七久保2252 営9:00〜18:00(11〜3月は〜17:30) 休無休
P120台

→昔ながらの水車が地元産の米を精米している

↑標高1400mの高原が赤や黄色に染まる

2人乗りの花絨毯リフトで鮮やかに敷き詰められた花絨毯の上を空中散歩

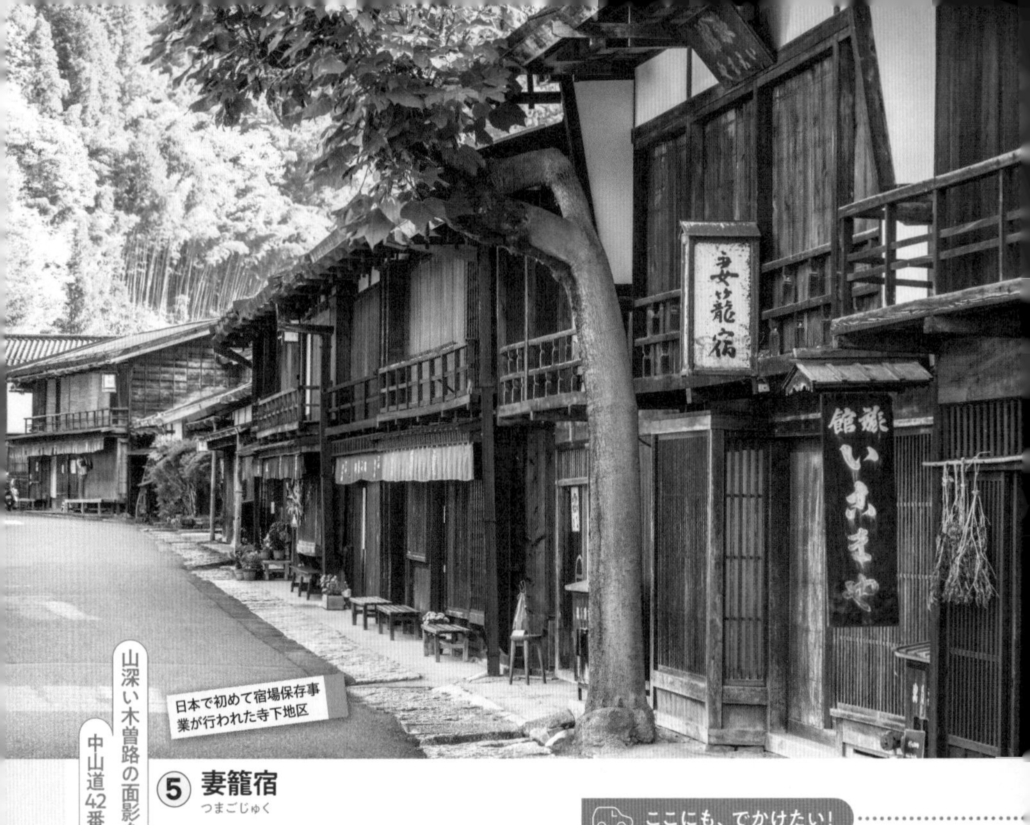

日本で初めて宿場保存事業が行われた寺下地区

山深い木曽路の面影を今に伝える
中山道42番目の宿場町

⑤ 妻籠宿
つまごじゅく

山深い木曽路を通る中山道69次のうち42番目の宿場町。古くから交通の要衝として栄えていた。現在も約800mにわたり、江戸時代の宿場の面影が色濃く残り、街歩きを楽しむ観光客で賑わいをみせる。

所長野県南木曽町 P町営第二駐車場179台、町営第三駐車場123台、中央駐車場75台(各500円)

石畳が美しい木曽11宿のひとつ
明治の文豪・島崎藤村生誕の地

⑥ 馬籠宿
まごめじゅく

中山道43番目の宿場町。木曽11宿では最南端にある。長野県だったが平成の大合併で岐阜県中津川市に編入された。文豪・島崎藤村生誕地として知られ、旧本陣であった「藤村記念館」が残る。

所岐阜県中津川市馬籠 P周辺駐車場利用

石畳が続く馬籠宿の町並みをぜひ歩いてみよう

ここにも、でかけたい!

中津川ICから23km

南木曽町博物館
なぎそまちはくぶつかん

木曽の歴史が学べる生きた博物館

↑妻籠宿脇本陣の民俗資料や藤村関係の史料を展示

総檜造りの脇本陣「奥谷」(林家住宅・国の重要文化財)と復元された妻籠宿本陣、歴史資料館からなる。妻籠の歴史と文化にふれてみたい。

☎0264-57-3322 所長野県南木曽町吾妻2190 開9:00～17:00(入館は～16:45) 休無休 料妻籠宿本陣300円、脇本陣奥谷／歴史資料館600円(全館共通700円) Pなし

中津川ICから12km

藤村記念館
とうそんきねんかん

文豪・藤村の生涯をたどる記念館

↑記念館の入口。実家は代々馬籠宿の本陣役を勤めていた

明治・大正・昭和と活躍した文豪・島崎藤村の作品や生涯をたどる資料約6000点を収蔵。終焉の地、神奈川県大磯町の書斎を復元している。

☎0573-69-2047 所岐阜県中津川市馬籠4256-1 開9:00～17:00(12～3月は～16:00) 入館は各15分前まで 休12～2月の水曜 料500円 P市営無料駐車場利用

COURSE 22 走行距離 約173km
0 5 10km N
温泉+絶景ドライブ
長野県・岐阜県 昼神温泉・妻籠宿・馬籠宿
START
伊那IC
高遠城址公園①
千畳敷カール②
③天龍峡大橋「そらさんぽ天龍峡」
ヘブンスそのはら④
妻籠宿⑤
馬籠宿⑥
昼神温泉
中央アルプス駒ヶ岳ロープウェイ
南木曽町博物館
藤村記念館
昼神温泉朝市
花の里いいじま
かんてんぱぱガーデン
伊那食品の敷地を公開。寒天を使ったメニューが揃うレストランやショップのほか食生活や寒天について楽しく学べる施設も
馬籠峠
標高差約200mの峠。旧街道の面影が残り、男滝・女滝、大妻籠などの見どころも多い
露天こぶしの湯
南アルプスが一望できる岩風呂、檜風呂の露天をはじめ内湯、サウナを備える日帰り湯
道の駅 南信州とよおかマルシェ
桃、リンゴ、シイタケなど地元の食材を豊富に揃え、食事処では南信州牛を使ったハンバーグなどを提供する
花桃の里
日本一の桃源郷と呼ばれ、4月上旬～5月中旬には約5000本の花桃が開花
長野県
岐阜県
静岡県
松本市
塩尻市
岡谷市
諏訪市
伊那市
駒ヶ根市
飯田市
中津川市
木曽町
南木曽町
阿智村

COURSE 23

銀山温泉・宝珠山立石寺

ぎんざんおんせん・ほうじゅさんりっしゃくじ

山形県

大正ロマンの風情漂う温泉に宿泊し、1泊2日の旅を堪能する

俳聖松尾芭蕉が『おくのほそ道』の紀行途中に訪れた「山寺」こと宝珠山立石寺を訪ねる。33の堂塔が建つ霊山を拝観し、国道13号を東へ。面白山コスモスベルグの花畑を堪能し、尾花沢市にある銀山温泉に宿泊。レトロ感を満喫し、最上地方に広がる四ヶ村の棚田へ。月山の伏流水が育む棚田を眺め、肘折温泉近くの地蔵倉遺跡で縁結びを祈願。最後は国道47号を走り、幻想の森で癒やしの散策を楽しむ。

DRIVE COURSE

走行距離 約183km

START 山形自動車道・山形北IC

9km／県道19号

1 宝珠山立石寺

8km／県道19号

2 面白山コスモスベルグ

57km／国道13号

銀山温泉

44km／県道120・330号

3 四ヶ村の棚田

8km／国道458号

4 地蔵倉遺跡

33km／県道57号、国道47号

5 幻想の森

24km／国道47号

GOAL 日本海東北自動車道・酒田IC

INFORMATION

山形市観光戦略課 ☎023-641-1212
山形市観光協会 ☎023-647-2266
大蔵村産業振興課 ☎0233-75-2105
戸沢村観光物産協会 ☎0233-72-2110
酒田観光物産協会 ☎0234-24-2233

芭蕉ゆかりの寺で美しい景色を楽しむ

1 宝珠山立石寺

ほうじゅさんりっしゃくじ

貞観2年(860)、慈覚大師円仁によって建立。「山寺」の名で知られ、松尾芭蕉が「閑さや 岩にしみ入る　蝉の声」の名句を残したことも有名。岩山の上に大小33の堂塔が建ち、奥の院近くにある五大堂の舞台から息をのむ絶景を見渡せる。

☎023-695-2843 所山形県山形市山寺4456-1 開山門受付8:00～16:00(17:00までに下山) 休無休 料300円 P有料駐車場利用

五大堂の舞台から四季折々の絶景が見渡せる

山寺を象徴する開山堂。右側にある細い階段を上がると、天下泰平を祈る道場として築かれた五大堂が建つ

岩山に築かれた山寺だが、石段は比較的ゆるやかで登りやすい

ここにも、でかけたい！

山形北ICから9㎞

山寺芭蕉記念館

やまでらばしょうきねんかん

山寺を眺める高台に建つ

芭蕉の真筆の資料や、『おくのほそ道』関係資料などを展示。山寺を一望することができるほか、お菓子付きの抹茶も味わえる。

023-695-2221 所山形県山形市山寺南院4223 開9:00～16:30 休展示替休館 料400円 P40台

山寺来訪300年を記念し平成元年(1989)に建設

② 面白山コスモスベルグ
おもしろやまコスモスベルグ

山寺の東の面白山高原に広がる5haの花畑。コスモスと、ドイツ語の山を意味する「ベルグ」を合わせて名付けられた広大な花畑に、9月上旬から一面オレンジ色のキバナコスモスやセンセーションなどが咲き、10月上旬頃まで楽しむことができる。

㊎山形県山形市山寺面白山
Ⓟ30台

高原をオレンジ色に染めるキバナコスモスの絨毯

鮮やかな100万本のキバナコスモスが咲き乱れる

\ CHECK! /

フルーツ狩り
フルーツがり

ラ・フランスやサクランボの産地として知られる果物王国山形。天童市や東根市周辺にはフルーツ狩りが楽しめる果樹園が数多く点在し、6～7月はサクランボ、9～10月はブドウ、10～11月にはリンゴが最盛期となる。カフェを併設した観光果樹園も多く、採れたてフルーツをその場で味わってみたい。

ここにも、でかけたい！

山形北ICから14km

面白山紅葉川渓谷
おもしろやまもみじがわけいこく

7つの滝が連なる美麗な景勝地

紅葉川に沿って広がる全長2kmの絶景渓谷。「藤花の滝」「幻竜の滝」「絹糸の滝」などと名のついた7つの滝と奇岩風景が織りなす景勝が続き、清流沿いに整備されたハイキングコースから紅葉や新緑などを楽しむことができる。

㊎山形県山形市山寺面白山 Ⓟ5台

⬆秋には渓谷を彩る真っ赤な紅葉が広がる

ガス灯に照らされる
レトロで幻想的な温泉街

銀山温泉
ぎんざんおんせん

江戸時代初期の大銀山として栄えた延沢銀山に由来する温泉街。銀山川の両岸に、大正末期から昭和初期に建てられた洋風の木造多層建築の旅館が軒を連ね、日が暮れるとガス灯がともる。そのレトロな雰囲気が、ジブリアニメの世界のようだと話題に。カフェや食べ歩きも楽しめる。

夕暮れからガス灯がともり幻想的な雰囲気に

③ 四ヶ村の棚田
しかむらのたなだ

広大な棚田群に響くオカリナは夏の風物詩

最上地方大蔵村の山あいにある豊牧・滝の沢・沼の台・平林の4つの地区を合わせたおよそ120haの広大な棚田に1900枚の田んぼが並ぶ。8月第1土曜日に開催される「ほたる火コンサート」では、1200本のほたる火が灯り、ピアノとオカリナの音色が響く。
所山形県大蔵村四ヶ村 Pなし

夏から秋は稲穂が揺れる美しい風景が広がる

④ 地蔵倉遺跡
じぞうくらいせき

絶景の断崖に開けた伝説のパワースポット

凝灰岩の断崖に約600年前に開創した仏教遺跡。穴地蔵の石像が並び、木造本殿も建つ。肘折温泉開湯の伝説や、岩肌にあいた無数の小さな穴にコヨリを通すことができれば願いが叶うと伝わる、縁結び・商売繁盛の神として知られる。
所山形県大蔵村肘折 Pなし

肘折温泉から2つの散策ルートを選べる

銀山温泉の名宿

能登屋旅館
のとやりょかん

展望部屋のある建物が特徴的。洞窟風呂や展望風呂も人気。
☎0237-28-2327 所山形県尾花沢市銀山新畑446 in14:00 out10:30 室15室 予算1泊2食付 平日2万3100円～ 休前日2万5300円～ Pなし

伝統の宿 古山閣
でんとうのやど こざんかく

築90年の大正ロマン風の建物が印象的な伝統旅館。２つの貸切露天風呂が備わり、内湯も充実。
☎0237-28-2039 所山形県尾花沢市銀山新畑423 in14:30 out10:00 室9室 予算1泊2食付 平日1万9950円～ 休前日2万1050円～ P15台

立ち寄り! 道の駅

村山ICから3km

むらやま

国道13号沿いにある道の駅。豊富な特産品が並ぶ売店と、山形牛ステーキ重や板そばなどの名物グルメのほか、かいもづスティックやそばパフェにも注目したい。
☎0237-55-7100 所山形県村山市楯岡7635-1 営9:00～17:00※季節により変動あり 休無休 P153台

↑駐車場と店舗を結ぶドーム型歩道橋が目印

⑤ 幻想の森
げんそうのもり

巨大な千年杉が並び立つ
注目のヒーリングスポット

根元から複数に枝分かれした姿が特徴的な杉の巨木が群生する森。標高260mの最上峡一帯に幹回り15m、樹齢1000年を超える巨大な杉が並び立ち、ヒーリングスポットやフォトスポットとして注目されている。

所山形県戸沢村古口土湯 幻想の森 P3台

散策路にはウッドチップが敷かれ迷わず歩ける

立ち寄り！道の駅

酒田ICから17km

しょうない

国道47号沿いにあり、夕日がきれいに撮れる穴場スポット。山菜と野菜、お米が自慢の産直コーナーや食事処が揃い、庄内豚丼など地元グルメも味わえる。

☎0234-56-3039 所山形県庄内町狩川外北割97-1 営9:30～17:00 休無休 P56台

↑レストランでは風車を眺めながら食事が楽しめる

ここにも、でかけたい！

酒田ICから6km

山居倉庫
さんきょそうこ

ケヤキが囲む酒田のシンボル

明治26年(1893)に米保管倉庫として建設され、米の積出港として栄えた酒田の歴史を今に伝える12棟の倉庫群。2022年に米倉庫としての役目を終え、現在は2棟が観光物産館と1棟が有料の庄内米歴史資料館として活用されている。

所山形県酒田市山居町1-1-20 P27台

↑レトロな土蔵造りの倉庫が並ぶ

最上峡舟下り義経ロマン観光(乗船所)

船でしか行けない神社、縁結びパワースポットとして知られる仙人堂に立ち寄ることができる舟下り

COURSE 23 走行距離 約183km
0
3.5
7km
N
川の駅最上峡くさなぎ
最上川芭蕉ライン舟下りの降船所で、名産品を販売するほか、地元の食材を味わえる食事処も備える
最上峡芭蕉ライン観光舟下り（乗船所）
古口港から最上川を進む舟下りでは、船頭の舟唄を聞きながら最上峡の自然が満喫できる
延沢銀坑洞
大銀山として江戸初期に名を馳せた銀坑洞。遊歩道が整い洞窟探検が楽しめる
銀山温泉
徳良湖
大正時代に造られた人造湖で湖畔のキャンプ場は家族連れで賑わう
肘折温泉
開湯1200年の歴史を誇り、湯治場として栄えた頃の面影を残し、炭酸泉が楽しめる
将棋むら天童タワー
飾り駒や特産品を販売。地元の文化を体験できる書き駒教室や陶芸教室なども開催
①宝珠山立石寺
②面白山コスモスベルグ
③四ヶ村の棚田
④地蔵倉遺跡
⑤幻想の森
面白山紅葉川渓谷
山寺芭蕉記念館
山形北IC
START
金山町
鮭川村
新庄市
最上町
大蔵村
戸沢村
舟形町
大石田町
庄内町
山形県
村山市
東根市
河北町
西川町
大江町
寒河江市
天童市
中山町
山辺町
朝日町
宮城県
仙台市
むらやま
おいしい山形空港
山形自動車道
東北中央自動車道
奥羽本線
陸羽西線
陸羽東線
仙山線
左沢線
山形新幹線
最上川
母袋街道
関山街道
面白山トンネル

COURSE 24

八幡平・乳頭温泉郷

はちまんたい・にゅうとうおんせんきょう

岩手県・秋田県

新緑や紅葉の季節をはじめ自然のなせる絶景と名湯が楽しめる

岩手と秋田にまたがる火山帯特有の景勝地、八幡平。南下するルートで松川渓谷の玄武岩や、神秘的な八幡平ドラゴンアイ、抱返り渓谷などの絶景を巡ろう。江戸時代の湯治場も残る乳頭温泉郷は、ブナなどの森林浴を満喫しながら渓流沿いの露天風呂が楽しめる。美郷町ラベンダー園でやさしいラベンダーの香りに癒やされ、増田の町並みで歴史にふれて旅の思い出づくりを。

DRIVE COURSE

走行距離 約217km

START 東北自動車道・松尾八幡平IC

10km／県道212号

1 松川渓谷

16km／県道212・23号

2 源太岩

7km／県道23号

3 八幡平ドラゴンアイ(鏡沼)

76km／国道341号、県道127号

乳頭温泉郷

36km／県道127号、国道341号

4 抱返り渓谷

23km／みずほの里ロード

5 美郷町ラベンダー園

36km／みずほの里ロード、県道272号

6 増田の町並み

13km／国道13号

GOAL 東北中央自動車道・横手IC

INFORMATION

八幡平市観光協会 ☎0195-78-3500
仙北市田沢湖観光情報センター「フォレイク」 ☎0187-43-2111
横手市観光協会 ☎0182-33-7111

秋の紅葉も美しい松川温泉周辺から続く渓谷

1 松川渓谷

まつかわけいこく

標高100mの山あいにある渓谷。下流に架かる「森の大橋」付近まで急流が走る。規則正しく柱状に並ぶ松川玄武岩など見どころが多い。渓谷が紅く染まる紅葉の名所や渓流釣りの場として知られ、四季折々の自然の表情の変化が楽しめる。

➡柱状に規則的に割れやすい性質を持つ玄武岩

滝のような美しい落水が見どころのひとつだ。鋭角な崖は土砂災害を防ぐため川に設置された砂防えん堤

松川渓谷の玄関口に架かるシンボル的存在の高井橋。赤い色が周囲の自然に映える

紅葉の名所で知られる松川渓谷。赤い高井橋とのコラボや滝状の砂防えん堤の落水との調和が必見

2 源太岩
げんたいわ

八幡平アスピーテラインの標高1255ｍ地点にそびえる奇岩。自然の驚異を感じさせる大きな岩が重なりあい、迫力ある景色を描く。ゆるやかなカーブのルート沿いにあり、この先50ｍに樹海や岩手山一望の展望台がある。

所岩手県八幡平市 Ｐ10台

ドライブルート上に現れる奇岩の迫力

標高１２５５ｍで望む奇岩
展望台からの眺めも必見

山頂で青く輝きながら
待ち受ける龍の眼

③ 八幡平ドラゴンアイ(鏡沼)

はちまんたいドラゴンアイ（かがみぬま）

八幡平の山頂散策路にある鏡沼が、雪解けの際に龍の眼のような光景を描く。5月中旬～6月中旬の限られた時期に見られ、その神秘的な景色はまさに自然が生み出す絶景といえる。

☎0195-78-3500 所秋田県仙北市十和田八幡平国立公園 P107台

積雪量や解け方、天候の加減で現れる自然現象

江戸時代からの秘湯や
渓流沿いの湯治宿も

乳頭温泉郷

にゅうとうおんせんきょう

八幡平の乳頭山麓にある温泉郷で七湯が点在している。それぞれ独自の源泉を持ち、宿も個性が異なる。地域全体で十種類以上の源泉があり、泉質も多種多様。まさに温泉郷だ。ブナの原生林や渓流に囲まれた露天風呂や、地元の採れたてキノコなどの料理で癒やされる。大地の恵みを満喫しよう。

ブナ林で七湯めぐり
自然と歴史を堪能

乳頭温泉郷の名宿

鶴の湯温泉

つるのゆおんせん

温泉郷最古の湯宿。秋田藩主の湯治場だった由緒ある温泉で、武士が詰めた本陣が今も残る。

☎0187-46-2139 所秋田県仙北市田沢湖田沢先達沢国有林50 in15:00 out10:00 室34室 予算1泊2食付1万600円～ P60台

黒湯温泉

くろゆおんせん

江戸時代から続く山の湯。敷地内の源泉の河原で温泉が湧くさまが見られる。露天風呂と打たせ湯が人気。

☎0187-46-2214 所秋田県仙北市田沢湖生保内黒湯沢2-1 in14:00 out10:00 室15室 予算1泊2食付1万5000円～ P50台

コース内の絶景ロード

岩手と秋田にかけ八幡平を横断

八幡平アスピーテライン

はちまんたいアスピーテライン

アスピーテとは盾を伏せたような火山の意味。全長約27kmのルートで茶臼岳の山腹を縫って走る。岩手山や樹林の中の青い湖沼など、独特の絶景が楽しめる。

↑通行可能期間は4月中旬～11月上旬。夜間通行止めの期間あり

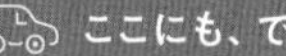

ここにも、でかけたい!

松尾八幡平ICから81km

秋田駒ヶ岳

あきたこまがたけ

秋田一の標高を誇る名峰

秋田最高峰、1637mを誇る八幡平南端の名山。男女岳や男岳・女岳などの総称で、数百種の高山植物の宝庫だ。山頂からは鳥海山や岩手山などの山並み、田沢湖などの眺望が楽しめる。

所秋田県仙北市田沢湖生保内駒ヶ岳
P50台

↑夏季は山頂一帯が高山植物で雲上の花園と化す

4 抱返り渓谷

だきがえりけいこく

滝や青い渓流が美しく東北の耶馬渓と称される渓谷。遊歩道が整備され、ミシュラングリーンガイドにも掲載された奇岩や急流、滝の眺めが楽しめる。また吊り橋の「神の岩橋」からも渓谷美を間近で堪能することができる。

所秋田県仙北市田沢湖卒田～角館町広久内 P120台 ※11月下旬～4月下旬は通行不可

↑秋田屈指の景勝地で、紅葉の名所でもある

渓谷入口にかかる全長80m、神の岩橋。大正15年(1926)築で秋田最古の吊り橋

田沢湖と角館を流れる玉川中流に続く渓谷

美郷町の初夏の風物詩
紫と白のラベンダーを満喫

紫の花が一斉に風に揺れる爽快な眺め

美郷町オリジナル品種のすがすがしい香りのホワイトラベンダー「美郷雪華」

5 美郷町ラベンダー園
みさとちょうラベンダーえん

約2 haもの広大な畑に初夏から夏にかけ2万株のラベンダーが咲く。例年6月中旬～7月上旬にラベンダーまつりを開催。期間中はラベンダーグッズの販売や地元のグルメ出店、摘み取り体験などが楽しめる。

☎0187-85-3131(大台野広場管理棟) 所秋田県美郷町千屋大台野1-4 開6月上旬～7月上旬9:00～17:00 休期間中無休 料無料 P200台

七日町商店街通り
くらしっくロードを探索

江戸時代以前から水運の拠点として栄えた

6 増田の町並み
ますだのまちなみ

商人の町として栄え、明治・大正・昭和の建物が残る増田。その多くは屋内に「内蔵」を持つ。繁栄を今に伝える大規模な木造建築を巡り歴史にふれてみよう。

所秋田県横手市増田町 P周辺駐車場利用

立ち寄り！道の駅

横手ICから10km

十文字
じゅうもんじ

飲食店が4店舗あり、横手やきそばなどご当地グルメが味わえる。店頭販売のテイクアウトグルメも名物だ。ほかに地元の農産物や加工品も販売。

☎0182-23-9320 所秋田県横手市十文字町海道下21-4 営9:00～18:00 休無休 P128台

↑国道13号沿いに位置する

ここにも、でかけたい！

横手ICから15km

横手市増田まんが美術館
よこてしますだまんがびじゅつかん

マンガの世界に浸れる美術館

約45万枚以上のマンガ原画の保存・展示とともに、日本が誇るマンガ文化の魅力を世界に発信。原画の熱量を感じたい。

☎0182-45-5569 所秋田県横手市増田新町285 開10:00～18:00 休第3火曜 料入館無料、企画展有料 P180台

↑常設展に加え、魅力的な企画展も常時開催

COURSE 24 走行距離 約217km
0 5 10km
N
START
松尾八幡平IC
① 松川渓谷
② 源太岩
③ 八幡平ドラゴンアイ（鏡沼）
茶臼岳展望台
岩手山と八幡平アスピーライ
ンを一望できる展望台
大深沢展望台
標高1560m、秋田駒ケ岳や鳥
海山、月山などの山並みが眺
められる展望スポット
乳頭温泉郷
秋扇湖
国道341号沿いのダム湖。
水の多い時期には水没林
が見られる
田沢湖
周囲約20kmのほぼ円形の湖。
水深423.4m、日本一の深さを
誇る
④ 抱返り渓谷
横手城
標高107mほどの丘の上に位置。
横手市街を望む山城で桜の名
所としても知られる
⑤ 美郷町ラベンダー園
横手市増田まんが
美術館
⑥ 増田の町並み
GOAL
横手IC
横手JCT
横手北スマート
十文字
鹿角市
八幡平市
北秋田市
仙北市
秋田県
大仙市
美郷町
横手市
滝沢市
盛岡市
雫石町
矢巾町
紫波町
花巻市
岩手県
西和賀町
北上市
金ケ崎町
みずほの里ロード
田沢湖線（秋田新幹線）
北上線
秋田自動車道
東北自動車道
花輪線
奥羽本線
東北本線
東北新幹線
秋田内陸縦貫鉄道
田沢湖駅
角館駅
横手駅
盛岡駅
北上駅
湯沢駅
十文字駅
下湯沢駅
醍醐駅
柳田駅
乳頭山
秋田駒ケ岳
焼山
茶臼岳
湯森山
笹森山

COURSE 25

箱根湯本温泉·芦ノ湖·大涌谷

はこねゆもとおんせん・あしのこ・おおわくだに

神奈川県・静岡県

首都圏からのアクセスも至便で多様な絶景に出会える人気コース

富士山の裾野まで展望できる芦ノ湖スカイラインで最も見晴らしが良い三国峠から森林に囲まれた美しい芦ノ湖へ。秋には台地が黄金に染まる仙石原すすき草原、独特の火山地形が見られる大涌谷へ。幾筋もの繊細な水の流れに癒やされる千条の滝、日本最長400mの人道吊り橋・三島スカイウォーク、日本三大清流に数えられる柿田川湧水群など、箱根火山の長い歴史のなかで形成された地形による絶景に加えて温泉も人気。

DRIVE COURSE

走行距離 約103km

START 東名高速道路・御殿場IC
19km/国道138号、県道736号
1 三国峠
9km/国道1号
2 芦ノ湖
14km/国道1号、県道75号
3 仙石原すすき草原
5km/県道75・735号
4 大涌谷
7km/県道735・734号
5 千条の滝
9km/県道734号、国道1号
箱根湯本温泉
23km/国道1号
6 三島スカイウォーク
11km/国道1号
7 柿田川湧水群
6km/国道1号、県道83号
GOAL 東名高速道路・沼津IC

INFORMATION

箱根町総合観光案内所 ☎0460-85-5700
箱根湯本観光協会 ☎0460-85-7751
清水町都市計画課 ☎055-981-8224

外輪山を走り抜け絶景展望台へ至る

芦ノ湖スカイラインで最も見晴らしが良い展望台

1 三国峠
みくにとうげ

箱根火山の活動により巨大なカルデラ湖・芦ノ湖と三国山(1101.8m)など外輪山地形が形成された。その外輪山を走っているのが芦ノ湖スカイラインで、三国峠展望台からは富士山の全景、駿河湾から遠く伊豆半島までの絶景が見渡せる。

☎0460-83-6361(芦ノ湖スカイライン)
所 静岡県裾野市深良 P 30台

立ち寄り!道の駅

御殿場ICから25km

箱根峠
はこねとうげ

富士山や芦ノ湖など眺望が素晴らしい道の駅。箱根峠オリジナルドリップバックや地元の新鮮野菜などの販売や、箱根峠そばなどが堪能できるレストランがある。

☎0460-83-7310 所 神奈川県箱根町箱根381-22 営 9:00〜17:00 休 無休 P 23台

↑最新情報はインスタグラムで配信。絶景の道の駅としても名高い

2 芦ノ湖
あしのこ

大涌谷付近の火山噴火による土砂が川をせき止めたのが芦ノ湖のルーツ。春の新緑、夏の花火、秋の紅葉、湖面に映る雪景の逆さ富士など、四季を通じて人気の高い絶景スポット。

所 神奈川県箱根町 P 周辺駐車場利用

富士山を背負う深い蒼の絶景湖

＼ C H E C K ! ／

箱根観光船
はこねかんこうせん

観光船には芦ノ湖遊覧船と箱根海賊船がある。昭和36年(1961)、日本で初めて安全性が高い双胴遊覧船が芦ノ湖で就航。視界360度の展望甲板からの眺望は定評あり。親子連れに人気が高い海賊船は、桃源台港から箱根町港・元箱根港を約25～40分で結ぶ。3隻の海賊船はそれぞれ異なる内外装。

←海賊船のより豪華な船室の「特別船室」(別途、特別船室料)で優雅な船旅もおすすめ

ここにも、でかけたい!

御殿場ICから27km

箱根関所
はこねせきしょ

江戸時代の関所を復元

江戸期の重要な交通要所、箱根関所。大番所や上番休息所、足軽番所などがあり、全国に置かれていた関所のなか、唯一完全復元された関所だ。

☎0460-83-6635 所神奈川県箱根町箱根1 開9:00～17:00(12～2月は～16:30)※入場は各30分前まで 休無休 料500円 P周辺駐車場利用

↑平成19年(2007)、江戸後期の状態を完全復元

海抜724mに位置し、遊覧船などのレイクレジャーも楽しめる。遊覧船乗り場近くに箱根駅伝ミュージアムもある

ススキが輝く景色を目当てに多くの観光客が訪れる

関東一の規模を誇る
ススキの絶景が広がる

③ 仙石原すすき草原

せんごくはらすすきそうげん

台ヶ岳の斜面を数えきれないほどのススキの群生が覆い尽くす。ススキをかき分けるように遊歩道が整備され、特に10月上旬～11月中旬には黄金色に輝く幻想的な景色が楽しめる。

所神奈川県箱根町仙石原 P9～11月まで臨時駐車場あり

黒たまごでも有名
荒涼とした地獄谷

④ 大涌谷

おおわくだに

約3000年前の火山の噴火で誕生。常に硫化水素を含む噴煙が上がり、樹木は立ち枯れ、岩石は粘土化し山肌が赤茶け、まさに「地獄谷」の風景。湯釜や噴気孔など、火山のダイナミックな活動が観察できる。

所神奈川県箱根町仙石原 P111台

噴気と地下水を利用し温泉の湯元にもなっている

＼ CHECK！ ／

箱根ロープウェイ

はこねロープウェイ

大涌谷を含む箱根の絶景観光で特に箱根ロープウェイでの空中散歩がおすすめ。全長4kmという日本有数の長い路線を誇る索道で、早雲山駅と桃源台駅を約30分で結び、美しく雄大な富士山、真上から眺める大涌谷の噴煙、芦ノ湖などの箱根を代表する大パノラマを満喫できる。

地上から約130mの大涌谷の真上を越える

⑤ 千条の滝
ちすじのたき

その名のとおり幾筋もの白糸のような水が苔むした岩肌を陽光に輝きながら流れ落ちる光景に魅了される。幅約20m、高さ約3mの小滝だが、深い森の中の癒やしスポットとして人気が高い。
所神奈川県箱根町小涌谷507 Pなし

すだれ状の流れが癒やしの時間に誘う

秋は周囲の紅葉も楽しむことができる

箱根温泉の中心的な温泉地で立ち寄り湯も

箱根湯本温泉
はこねゆもとおんせん

20もある箱根温泉郷のなかで、天平10年(738)の開湯と伝えられる最も古い温泉地。箱根の玄関口にあり約40軒もの湯宿がある。日帰りでの温泉利用ができる宿も多くドライブの休憩がてら温泉を楽しんでみては。

宿泊施設やみやげ店も多く箱根観光の拠点になる

\ CHECK! /

日帰り湯めぐり
ひがえりゆめぐり

日帰り温泉が可能な全14カ所が箱根湯本観光協会Webに掲載。食事処やマッサージがある施設も。駐車場も限られているので事前に要チェック!!

↑箱根湯本駅の近くの高台にある天然岩の野天風呂で源泉かけ流しのかっぱ天国

箱根湯本駅向かいにある、箱根町総合観光案内所で情報をゲット!

箱根湯本温泉の名宿

静観荘
せいかんそう

プライベート感満載の旅館。全9室が露天風呂付き客室でうち5室は展望露天風呂付き客室。目の前の湯坂山を一望しながら温泉が楽しめる。
☎0460-85-5795 所神奈川県箱根町湯本茶屋19 in15:00 out11:00 室9室 予算1泊2食付 平日2万4750円～ 休前日4万3450円～(別途入湯税150円) P10台

⑥ 三島スカイウォーク

みしまスカイウォーク

全長400mの日本一長い歩行者専用吊り橋。富士山や駿河湾、伊豆の山並みなど、橋の上から一望できる。レストラン、みやげ物店、アクティビティなども揃う。

☎055-972-0084
所静岡県三島市笹原新田313
開9:00〜17:00 休無休 料1100円 P400台

展望台からは水が湧き出る「わき間」が見られる

⑦ 柿田川湧水群

かきたがわゆうすいぐん

1日に約110万tもの富士山の伏流水が湧き出している柿田川。公園の展望台からはコバルトブルーに輝く神秘的で、美しい湧水を見ることができる。国指定天然記念物(地質鉱物)。

所静岡県清水町伏見 71-7
P50台(200円)

「名水百選」「21世紀に残したい日本の自然百選」にも認定されている

ここにも、でかけたい!

沼津ICから13km

三嶋大社

みしまたいしゃ

頼朝ゆかりの壮大な伊豆一宮

源頼朝が挙兵に際し祈願したことで有名。本殿の大きさが特徴で高さ16mに及ぶのは、東海地域の古建築社殿としては最大級。境内には源頼朝、北条政子が休息したと伝えられる腰掛石がある。

みやげ物店、休憩所、宝物館もあり

☎055-975-0172 所静岡県三島市大宮町2-1-5 開休料参拝自由 P55台

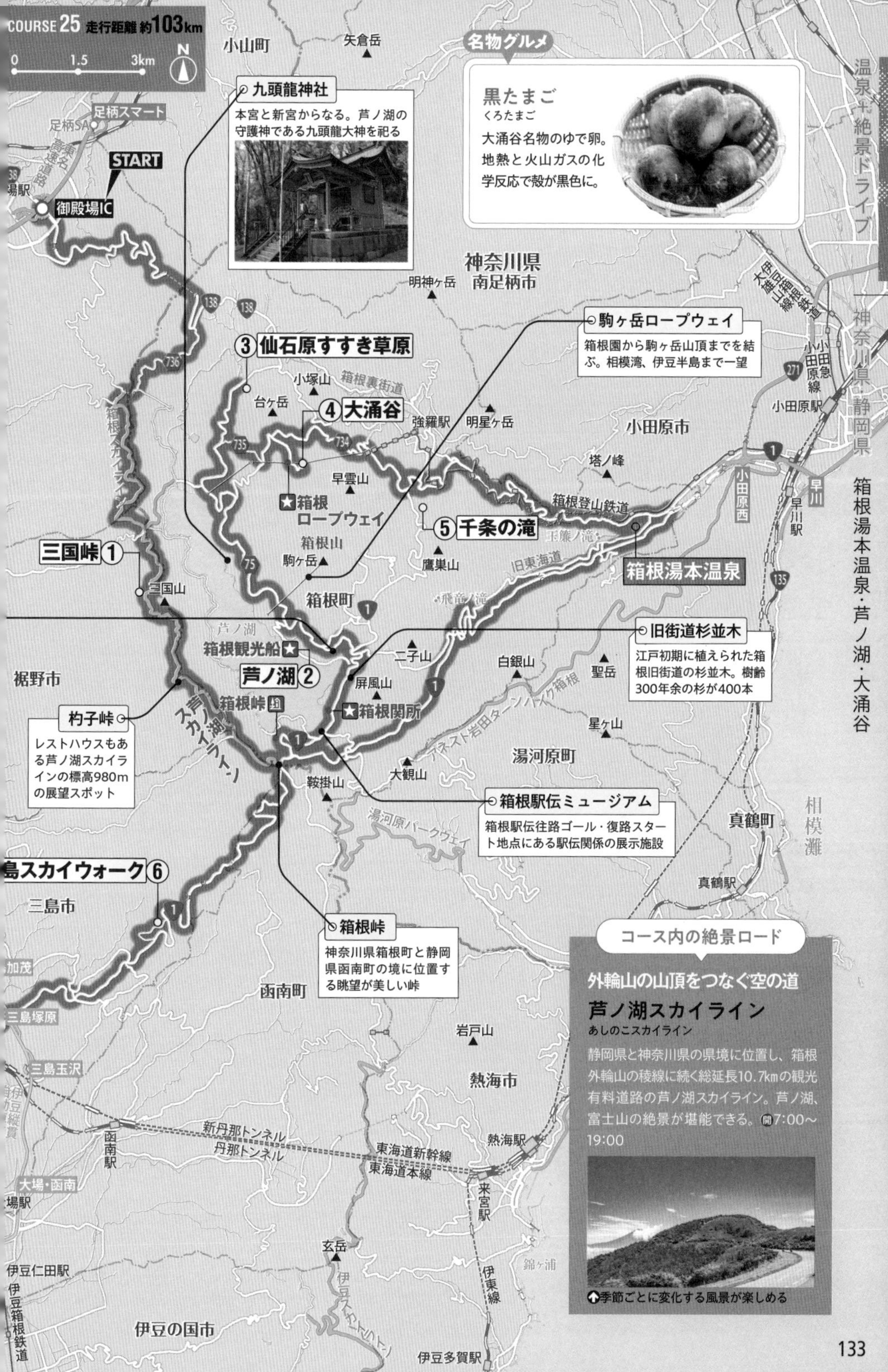

COURSE 25 走行距離 約103km
0 1.5 3km
N
温泉＋絶景ドライブ
神奈川県・静岡県
箱根湯本温泉・芦ノ湖・大涌谷
名物グルメ
黒たまご
くろたまご
大涌谷名物のゆで卵。地熱と火山ガスの化学反応で殻が黒色に。
九頭龍神社
本宮と新宮からなる。芦ノ湖の守護神である九頭龍大神を祀る
START
御殿場IC
足柄スマート
足柄SA
東名高速道路
小山町
矢倉岳
神奈川県
南足柄市
明神ヶ岳
③仙石原すすき草原
④大涌谷
⑤千条の滝
駒ヶ岳ロープウェイ
箱根園から駒ヶ岳山頂までを結ぶ。相模湾、伊豆半島まで一望
小塚山
台ヶ岳
箱根裏街道
強羅駅
明星ヶ岳
早雲山
箱根ロープウェイ
箱根山
駒ヶ岳
鷹巣山
箱根登山鉄道
玉簾ノ滝
箱根湯本温泉
小田原市
塔ノ峰
小田原駅
小田急小田原線
小田原西
早川
早川駅
大雄山線
伊豆箱根鉄道
箱根スカイライン
三国峠①
三国山
箱根町
芦ノ湖
箱根観光船
芦ノ湖②
旧東海道
飛竜ノ滝
旧街道杉並木
江戸初期に植えられた箱根旧街道の杉並木。樹齢300年余の杉が400本
二子山
白銀山
聖岳
屏風山
箱根峠
箱根関所
アネスト岩田ターンパイク箱根
星ヶ山
裾野市
杓子峠
レストハウスもある芦ノ湖スカイラインの標高980mの展望スポット
芦ノ湖スカイライン
湯河原町
大観山
鞍掛山
箱根駅伝ミュージアム
箱根駅伝往路ゴール・復路スタート地点にある駅伝関係の展示施設
湯河原パークウェイ
真鶴町
真鶴駅
相模灘
三島スカイウォーク⑥
三島市
箱根峠
神奈川県箱根町と静岡県函南町の境に位置する眺望が美しい峠
加茂
三島塚原
函南町
岩戸山
三島玉沢
伊豆縦貫
熱海市
熱海駅
新丹那トンネル
丹那トンネル
東海道新幹線
東海道本線
函南駅
来宮駅
大場・函南
玄岳
錦ヶ浦
伊東線
伊豆仁田駅
伊豆箱根鉄道
伊豆スカイライン
伊豆の国市
伊豆多賀駅
コース内の絶景ロード
外輪山の山頂をつなぐ空の道
芦ノ湖スカイライン
あしのこスカイライン
静岡県と神奈川県の県境に位置し、箱根外輪山の稜線に続く総延長10.7kmの観光有料道路の芦ノ湖スカイライン。芦ノ湖、富士山の絶景が堪能できる。開7:00〜19:00
季節ごとに変化する風景が楽しめる

COURSE 26

十勝川温泉・六花の森

とかちがわおんせん・ろっかのもり

北海道

花と自然の絶景とモール温泉。ぐるっと十勝の癒やし満喫ドライブ

とかち帯広空港そばの六花の森で十勝の野草を楽しんだあとは国道を北へ。愛情込めて育てた花たちが賑やかな紫竹ガーデン、さらに北には、食と花と農がコンセプトの十勝ヒルズがある。十勝川温泉を楽しんだら、美林といわれる白樺並木へ。さらに北、ナイタイ高原牧場では十勝の絶景、南西に車を走らせると世界一の庭と賞賛された十勝千年の森、帯広駅のそばにある見本林が自慢の真鍋庭園に到着！

DRIVE COURSE

走行距離 約227km

- START 帯広広尾自動車道・中札内IC
- 4km／道道1166号
- ① 六花の森
- 12km／道道55・240号
- ② 紫竹ガーデン
- 23km／道道240・238号
- ③ 十勝ヒルズ
- 14km／道道238号
- 十勝川温泉
- 22km／国道241号
- ④ 白樺並木
- 40km／道道337・806号
- ⑤ ナイタイ高原牧場ナイタイテラス
- 75km／国道274号
- ⑥ 十勝千年の森
- 33km／道道1084号
- ⑦ 真鍋庭園
- 5km／国道236号
- GOAL 帯広広尾自動車道・帯広川西IC

INFORMATION

帯広観光コンベンション協会 ☎0155-22-8600

上士幌町観光協会 ☎01564-7-7272

十勝六花をはじめとする四季折々の花が彩る森

① 六花の森

ろっかのもり

十勝の老舗菓子店でもあり、北海道を代表する銘菓を生み出した「六花亭」が運営する広大なガーデン。包装紙にも描かれるピンク色のカタクリや青紫色のエゾリンドウのほか四季折々の山野草が広大な庭を彩る。

☎0155-63-1000 所北海道中札内村常盤西3線249-6 開ショップ10:00～16:00（カフェ11:00～15:30LO）※季節によって変動あり 休冬期 料1000円 P80台

➡高く伸びた茎の先に細長い花が咲くギボウシ

春にはエゾノリュウキンカの黄色い花や白く大きな花びらをつけるオオバナノエンレイソウが咲く

一輪一輪を愛でながら散策したい「花の径」

夏には元気に咲くダリアや涼しげなクレマチスなど多くの花が咲く

紫竹のおばあちゃんが丹精込めて育てた花々が彩る

② 紫竹ガーデン

しちくガーデン

故紫竹昭葉さんが35年以上かけて育ててきた約2500種類の花々が咲くアットホームな庭。ワイルドな赤いポピーやバラやクレマチス、蓮が咲く池もある。

☎0155-60-2377 所北海道帯広市美栄町西4線107 開4月第3土曜～10月下旬の8:00～17:00 休期間中無休 料1000円 P50台

⬆春にはいろいろな品種のチューリップが咲く

早春にはピンク色のカタクリ、初夏には北海道の花でもあるハマナシ、秋には紫色のエゾリンドウなどが咲く

③ 十勝ヒルズ

とかちヒルズ

十勝平野を見下ろす 丘の上にあるガーデン

芝生の上で寝転がって、ゆっくり歩いて花を楽しめる花と食と農がコンセプトのガーデン。テーマに分けて作られた庭の景色はどこを切り取っても美しい。

☎0155-56-1111 所北海道幕別町日新13-5 開4月中旬～10月中旬の9:00～17:00 休期間中無休 料1000円 P150台

↑毎年6月は北海道最大級展示イベント・アンブレラスカイを開催

園内で収穫された野菜や果物を使ったカフェも併設している

8月以降の夕方は絶景！魔法がかかるマジックアワーに訪れたい

ここにも、でかけたい！

中札内ICから8km

幸福駅／愛国駅

こうふくえき／あいこくえき

今でも幸せを求める人が訪れる

1970年代に「愛の国から幸福へ」でブームになった幸福駅。国道236号を約12km北に行くと愛国駅。「幸福ゆき」の切符のモニュメントがある。ぜひ両駅制覇を！

☎0155-22-8600(帯広観光コンベンション協会) 所北海道帯広市幸福町東1線161／北海道帯広市愛国町基線39-40 P36台／20台

→駅前にある鐘を鳴らすといいことがあるかも

植物性の泉質で
湯上がりなめらか！

十勝川温泉
とかちがわおんせん

十勝川温泉には「モール泉」が湧出。この温泉は太古の時代から十勝川流域を覆っていた植物が長い時間をかけ堆積し、その地層から湧出している。鉱物泉と違い、肌にやさしく、すべすべの湯上がりに。

開放的な十勝が丘展望台へも立ち寄りたい

＼CHECK！／

十勝サ国プロジェクト
とかちサこくプロジェクト

サウナの本場・フィンランドに似てサウナに合う自然素材が豊富な十勝。本場フィンランド式ロウリュを気軽に体験でき、「ととのう」サ活を十勝の大自然のなかで楽しめるのがポイント。各施設が麦飯石やモール泉を使い独自のサウナ環境を整えている。冬には凍った湖に飛び込むアヴァントも開催される。

十勝川温泉の名宿

清寂房
せいじゃくぼう

十勝川から少し離れた場所に建つ、総平屋建ての建物が厳かで美しい「清寂房」。静かで特別感がある休日が楽しめる。
☎0155-65-0805 所北海道音更町十勝川温泉南16-1-19 in15:00 out11:00 室24室 予算1泊2食付3万8500円～(公式HP予約時) P24台

↑全室源泉かけ流し露天風呂が付く

立ち寄り！道の駅

帯広川西ICから18km

ガーデンスパ十勝川温泉
ガーデンスパとかちがわおんせん

モール温泉水を使った化粧品や十勝の食材を使ったメニューが楽しめる2020年オープンの道の駅。
☎0155-46-2447 所北海道音更町十勝川温泉北14-1 営9:00～19:00 休第2火曜 P93台 ※季節により異なる

↑モール温泉の足湯も無料

④ 白樺並木
しらかばなみき

直線に約1.3km続く白樺並木は、今から約70年前に牧場職員によって植樹されたもの。新緑の白樺、雪の白樺も美しく、十勝牧場のある音更町の「美林」にも指定されている。
☎0155-44-2131(十勝牧場) 所北海道音更町駒場並木8-1 P8台

まっすぐに続く白樺並木の絶景！
見学は自由。牧草地や牧場内施設への入場は不可

COURSE 26 走行距離 約227km
4
8km
N
道の駅 うりまく
国道274号沿いに位置し、乗馬やパークゴルフが楽しめるユニークな道の駅
道の駅 しかおい
搾りたての生乳だけを使用したソフトクリームが名物
ふれあい農芸公園「しかおいパーク」
四季折々、花々が園内を彩り、食品加工施設での加工体験も楽しめる
ナイタイ高原牧場 ナイタイテラス⑤
道の駅 ピア21しほろ
牛舎のような建物が目印の道の駅。しほろ牛肉や地元産のジャガイモが味わえる食事処を備える
十勝牧場展望台
大雪山系、日高山系、十勝平野の雄大な眺望が開ける展望台
白樺並木④
道の駅 おとふけ なつぞらのふる里
朝採り野菜の販売所やフードコートのほか、ドラマの魅力を体感できるなつぞらエリアを備える
十勝川温泉
ガーデンスパ十勝川温泉
十勝千年の森⑥
⑦真鍋庭園
③十勝ヒルズ
帯広川西IC
GOAL
紫竹ガーデン②
六花の森①
中札内IC
START
幸福駅
愛国駅
とかち帯広空港
森のスパリゾート北海道ホテル
然別山
北ペトウトル山
ピシカチナイ山
ナイタイ山
南ペトウトル山
天望山
西ヌプカウシヌプリ
東ヌプカウシヌプリ
勢多山
女夫山
宮島山
上士幌町
かみしほろ
鹿追町
士幌町
新得町
清水町
十勝清水駅
十勝清水
根室本線
道東自動車道
十勝平原SA
帯広JCT
長流枝PA
音更町
池田町
音更帯広
柏林台駅
西帯広駅
御影駅
芽室帯広
祥栄橋
大成駅
芽室駅
帯広駅
帯広市
十勝大橋
札内駅
幕別駅
幕別町
芽室岳
久山岳
剣山
新嵐山
芽室町
豊頃町
中札内村
更別村
帯広市
幸福
更別
名物グルメ
十勝の豚丼
とかちのぶたどん
甘辛のタレと厚切りの豚肉が絡み合う十勝・帯広の名物丼。

立ち寄り! 道の駅

帯広川西ICから48km

かみしほろ

地元の牛肉を使ったハンバーグやステーキ、牛乳を使ったクッキーやヨーグルト、大豆を使った味噌やカレーなどの食が揃う道の駅。

☎01564-7-7722 所北海道上士幌町上士幌東3線227-1 営9:00～18:00(10月中旬～4月中旬は～17:00) 休無休 P265台

↑国道241号沿い。横に広い建物が目印

牧草地の向こうに広がる十勝平野と地平線!

牛の放牧場にある緑の絶景スポット

⑤ ナイタイ高原牧場ナイタイテラス
ナイタイこうげんぼくじょうナイタイテラス

公共の牧場としては最大の面積(東京ドーム358個分)を誇るナイタイ高原牧場。牛たちの草を食む姿も見られるほか、標高800mに位置するテラスでは軽食と絶景が楽しめる。

所北海道上士幌町上音更128-5 開4月下旬～10月下旬7:00～18:00(6～9月は～19:00)※ナイタイテラスは9～17時 休期間中無休 P74台

↑牛を放牧している様子を見ることもできる絶景スポット

ナイタイテラスからは、遠く阿寒の山まで望むことができる

「フォレスト・ガーデン」には小川も流れ、早春にはエゾノリュウキンカが咲く

圧倒的なスケールの「アース・ガーデン」

世界で最も美しい庭と賞賛された最高峰のガーデン

↑日高山脈の麓にある放牧場。園内の「ゴート・ファーム」ではヤギを飼育

⑥ 十勝千年の森
とかちせんねんのもり

イギリスのガーデンデザイナーズ賞選考で「アース・ガーデン」「メドゥ・ガーデン」が大賞に選ばれた経歴を持つ美しいガーデン。

☎0156-63-3000 所北海道清水町羽帯南10線 開9:30～17:00 ※季節により異なる 休10月中旬～4月中旬 料1200円 P74台

⑦ 真鍋庭園
まなべていえん

北国の気候に合う、世界中から収穫した数千種の多彩な植物を観賞することができる。

☎0155-48-2120 所北海道帯広市稲田町東2-6 開8:30～17:30(10・11月は時短) 休11月下旬～4月下旬 料1000円 P50台

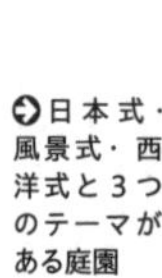

→日本式・風景式・西洋式と3つのテーマがある庭園

ヨーロッパガーデンで思い思いの時間を過ごそう

造園会社の庭園には珍しい樹木や植物も!

北海道・東北

圧倒的なスケールの絶景が迫る

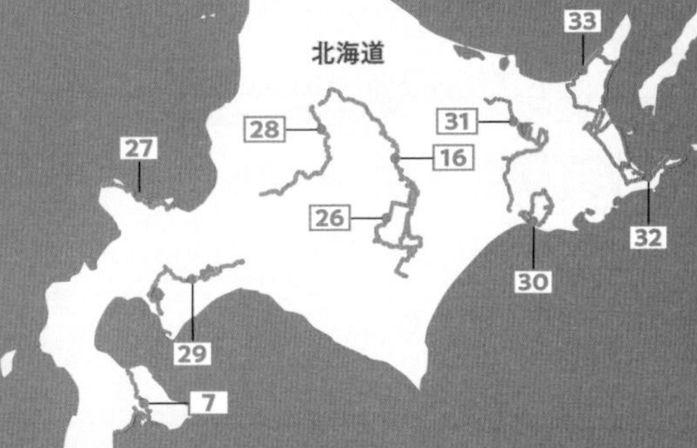

COURSE 27

積丹ブルーの岬を目指し
歴史・神秘・奇岩の海を巡る

北海道

小樽運河・神威岬

おたるうんが・かむいみさき

スタートはノスタルジックな倉庫が並び、街の歴史を感じる**小樽運河**。小樽市の中心部から少し坂を上ると、小樽随一の絶景スポット**天狗山**が待っている。向かうは日本海に突き出る積丹(しゃこたん)半島の突端。仲良く並ぶ奇岩の**えびす岩と大黒岩**、ローソク岩を眺めながら、内陸を西へ走り続けると**神威岬**にたどり着く。日本海を望む遊歩道を進むと、雄大な絶景が間近に迫ってくる。

DRIVE COURSE 走行距離 約126km

START 札樽自動車道・小樽IC
3km
1 小樽運河
4km
2 天狗山
27km／道道956号、国道5・229号
3 えびす岩と大黒岩
41km／国道229号
4 神威岬
51km／国道229号
GOAL 後志自動車道・余市IC

INFORMATION

小樽市産業港湾部観光振興室 ☎0134-32-4111
余市観光協会 ☎0135-22-4115

高さ約45mのローソク岩の先端に太陽が重なる姿はまさにローソク

1 小樽の歴史風景が水面に映る

小樽運河

おたるうんが

大正14年(1925)に完成した小樽運河は、北海道開拓の玄関口として繁栄した小樽港につながる、ゆるやかに湾曲した水路。昭和61年(1986)には、石畳の散策路やガス灯が整備され、現在の姿に生まれ変わった。倉庫群はレストランなどになっている。
所北海道小樽市港町 P周辺駐車場利用

2 坂の街・小樽の絶景スポット

天狗山

てんぐやま

小樽のシンボル・天狗山は標高532.4m。山麓から山頂まではロープウエイで約5分、街と海のパノラマ絶景を望めるほか、春は樹齢100年を超える一本桜「天狗桜」も咲く。
☎0134-33-7381(小樽天狗山ロープウエイ) 所小樽市最上2-16-15 開休料見学自由、ロープウエイ9:00～21:00(春・秋に整備運休期間あり)、往復1600円 P200台

暗い海と輝きのコントラストが美しい小樽の夜景

水面に映る倉庫群の姿が美しい運河。夕暮れどきにはガス灯がともり、ライトアップされる

運河と小樽港を巡るクルージングも体験可能

晴れた日には対岸の石狩新港の先にある暑寒別の山々を望むことができる

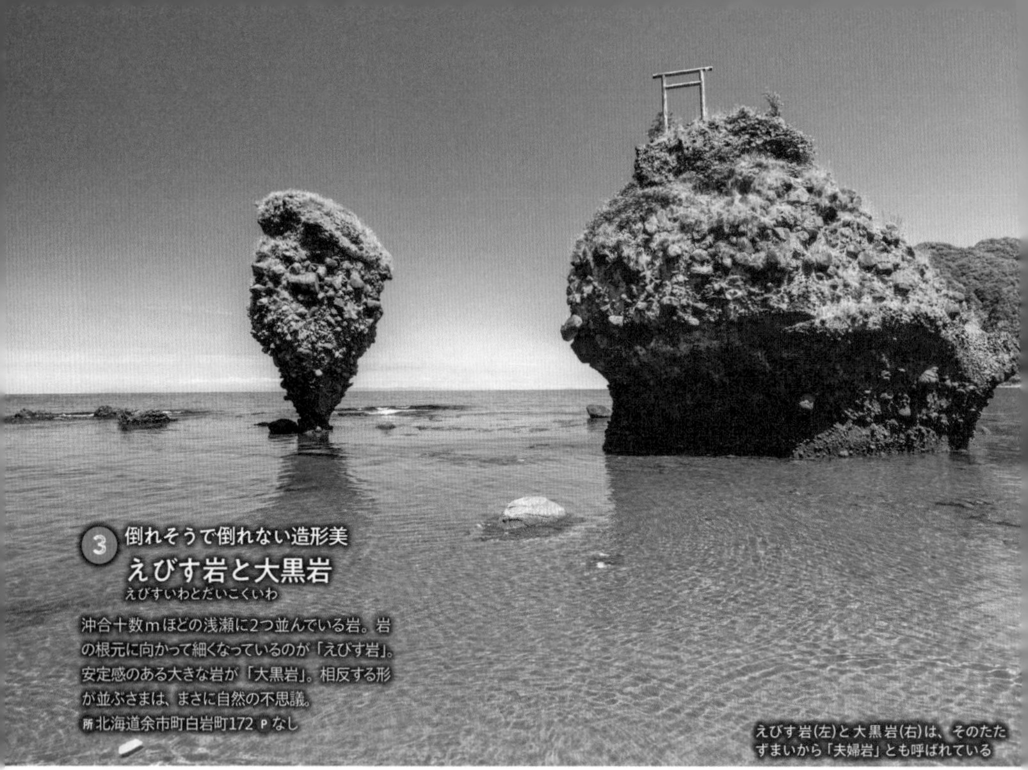

3 倒れそうで倒れない造形美
えびす岩と大黒岩
えびすいわとだいこくいわ

沖合十数mほどの浅瀬に2つ並んでいる岩。岩の根元に向かって細くなっているのが「えびす岩」。安定感のある大きな岩が「大黒岩」。相反する形が並ぶさまは、まさに自然の不思議。

所北海道余市町白岩町172 Ｐなし

えびす岩(左)と大黒岩(右)は、そのたたずまいから「夫婦岩」とも呼ばれている

日本海
出岬
積丹岬
島武意海岸
ルシ岬
断崖絶壁が続く周囲の海岸線で、波打ち際まで下りられるのはここだけ
マッカ岬
武威岬
積丹川
神威岬 4
229
丸山
遊歩道を利用し展望台へ向かうと、積丹岬、神威岬、宝島を望むことができる
ビヤノ岬
黄金岬
厚苫岬
大森山
丸山岬
積丹町
美国川
余別岳

名物グルメ
ウニ

小樽～積丹のウニの漁期は夏。小樽のウニは6~8月、積丹ではバフンウニが7~8月、ムラサキウニの漁期は6~8月だ。漁期になると海鮮丼専門店はもちろん、定食屋や海鮮料理店、民宿でもウニを堪能できる。おいしく食べたいならウニの漁期を狙おう。

寄り道スポット

●余市ICから3km

ニッカウヰスキー余市蒸溜所
ニッカウイスキーよいちじょうりゅうしょ

歴史あるニッカウヰスキー初の蒸溜所。創業者・竹鶴政孝(たけつるまさたか)を知れるほか、製造工程の見学や試飲もできる(ドライバーの飲酒厳禁、見学は要予約)。

☎0135-23-3131 所北海道余市町黒川町7-6 開9:00～16:30(ガイドツアー最終案内15:00～) 休無休 料無料 P90台

↑キルン塔など重要文化財の建物も

泊村

④ 地球の丸さを感じる

神威岬
かむいみさき

海に向かって突き出た形が特徴の神威岬の突端へは、散策路を歩いて約20分。澄んだ積丹ブルーの海と、地平線の大パノラマが広がる。駐車場へ戻る道の景色もダイナミック。
☎0135-44-3715(積丹観光協会) 所北海道積丹町神岬町 開ゲート開門8:00~17:00(季節により変動あり) 休無休 料無料 P300台

岬一帯は江戸時代後期まで女人禁制だった歴史がある

COURSE 27 走行距離 約126km

道の駅を PICK UP!!

宇宙の不思議と旬の果物が自慢

●余市ICから3km

スペース・アップルよいち

余市出身の宇宙飛行士・毛利衛(もうりまもる)氏の業績を紹介する宇宙記念館がある道の駅。リンゴやプルーンなどの果物、地元水産加工品も魅力。
☎0135-22-1515 所北海道余市町黒川町6-4
営9:00~18:00(11月上旬~4月中旬は~17:00)
休無休(11月上旬~4月中旬は月曜) P42台

➡余市のリンゴをふんだんに使用したアップルパイが人気

⬆10種類以上の「宇宙食」も買える道の駅

約45m高さの岩が沖合約500mの海上にそそり立つ

ソク岩

えびす岩と大黒岩

函館から小樽までの海岸線を結ぶ。沿道には断崖絶壁や奇岩が点在

5000年前の縄文海進でできた海食洞。洞窟内には刻画が残る

日本近海のアザラシのほか、珍しいネズミイルカなども飼育展示

COURSE 28

ラベンダーが染める丘で
田園や山々を見晴らす

北海道

ファーム富田・四季彩の丘

ファームとみた・しきさいのおか

広大な北の大地だけに北海道ではその広さをたっぷり使った観光名所が多い。ファーム富田や日の出公園ラベンダー園、北西の丘展望公園では、一面のラベンダー畑と山々や田園の眺めに癒やされ、美しい丘の町、美瑛の四季彩の丘では、色鮮やかな花々と畑が織りなすタペストリーのような眺めに心を洗われる。一本だけ立つセブンスターの木では北国の情景をじっくり味わいたい。

DRIVE COURSE 走行距離 約133km

START 道央自動車道・三笠IC

71km／道道116号、国道452号

1 ファーム富田

9km

2 日の出公園ラベンダー園

12km／国道237号

3 四季彩の丘

12km／国道237号

4 北西の丘展望公園

5km

5 セブンスターの木

24km／国道237号、道道90号

GOAL 道央自動車道・旭川鷹栖IC

INFORMATION

かみふらの十勝岳観光協会 ☎0167-45-3150
美瑛町観光協会 ☎0166-92-4378

パノラマロード江花は、上富良野八景の標柱から約5kmの絶景下り坂

1 花やグッズが揃うラベンダー王国

ファーム富田

ファームとみた

富良野エリア最大級の広さで、昭和33年(1958)から栽培を開始したラベンダー畑がある有名な農園。見頃となる7月頃はファーム一面が紫色に染まり、芳しい香りが漂う。ほかにも赤や黄など色鮮やかな花々が帯状に咲き誇る虹のような光景が楽しめる。

☎0167-39-3939 所北海道中富良野町基線 北15号 開8:30～18:00(季節により異なる) 休無休 料無料 P500台

コース内の絶景ロード

国道を飾る花の絶景

花人街道

はなびとかいどう

美瑛町から上富良野町、中富良野町、富良野市、南富良野町、占冠(しむかっぷ)村を通る国道237号沿線には多くの花畑が点在する。多種多彩な花が楽しめることから「花人街道」の愛称がついた。

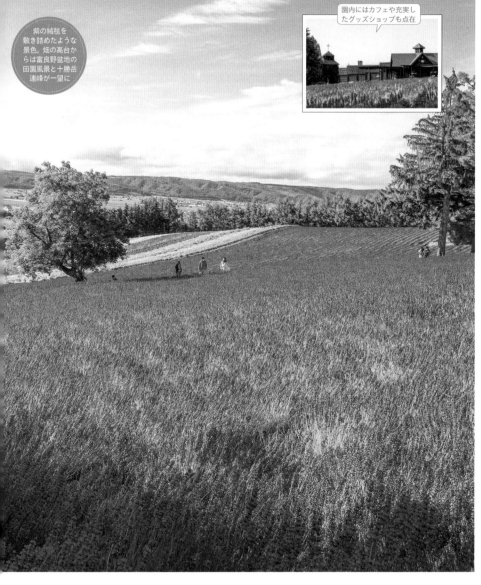

紫の絨毯を敷き詰めたような景色。畑の高台からは富良野盆地の田園風景と十勝岳連峰が一望に

園内にはカフェや充実したグッズショップも点在

2 カップルに人気の絶景の丘

日の出公園ラベンダー園

ひのでこうえん ラベンダーえん

例年、ラベンダーが見頃となる6月下旬～7月下旬頃には、丘陵地一面が鮮やかな紫色に染まる。丘の頂上にある展望台からの眺めは絶景の極みだ。ラベンダー越しに十勝岳連峰が望めるビュースポットで、紫色の花と田園の共演は必見。

☎0167-39-4200(上富良野振興公社) 所北海道上富良野町東1線北27号 P50台 ※冬期閉鎖

⬇頂上の白いアーチ型「愛の鐘」のもとで愛を誓うと結ばれる説も。ここでウェディングフォトも撮れる

③ 丘で知られる美瑛の絶景花畑

四季彩の丘

しきさいのおか

なだらかな曲線の丘が重なり、独特の風景を描く展望花畑。広さ14haの敷地を多彩な花が埋め尽くし、山と田園と花畑が織りなす絵のような美しい景色が広がる。園内には農産物直売所やレストラン、アルパカ牧場も点在している。

☎0166-95-2758 所北海道美瑛町新星第3 開8:40～17:30(季節により異なる) 休期間中無休 料7～9月有料(500円) P300台

↑多彩な花の色に野菜や穀物などの色合いが交じる、人の営みが描き出すパッチワークが魅力

④ 連峰を背景に広がる花の丘

北西の丘展望公園

ほくせいのおかてんぼうこうえん

丘の上のピラミッド型展望台から大雪山連峰、十勝岳連峰が望める。その雄大な景色を背景に約4000㎡のラベンダー園が広がり、夏には見頃を迎える。観光案内所やガラス工房、売店も併設。

所北海道美瑛町大久保協生 P30台

展望台からの山々の景色は胸のすくような爽快感

↑丘陵地を生かした展望抜群の花咲く丘

←周囲は農地なので、畑に入らないように散策しよう

⑤ カラフルな景色に立つ

セブンスターの木

セブンスターのき

「パッチワークの路」に1本だけ立つカシワは、かつてタバコの「セブンスター」の観光用パッケージに使われこの名がついた。周囲のシラカバ並木やパッチワーク状に見える畑も美しい。

所北海道美瑛町北瑛 P20台

道の駅を PICK UP!!

十勝岳連峰を望む地

●三笠ICから95km

びえい「丘のくら」

びえい「おかのくら」

レトロな石造りで独特の雰囲気が注目されている道の駅。ご当地グルメを提供する食堂をはじめ、施設限定販売のおみやげ品や工芸品などが揃っている。

☎0166-92-0920 所北海道美瑛町本町1-9-21 営9:00～18:00(9～5月は～17:00) 休無休 P36台

↑大正6年(1917)築「美瑛軟石」使用の倉庫。歴史継承の目的もある

→美瑛カレーうどん930円

COURSE 28 走行距離 約133km
0 5 10km
N
名物グルメ
富良野オムカレー
ふらのオムカレー
富良野の新・ご当地グルメでオムライスにカレーをかけたもの。富良野産の食材を使うことと、ふらの牛乳(または富良野産にんじんジュース)を付けることがルール。
START
三笠IC
三笠私立博物館
エゾミカサリュウやアンモナイトなど、1000点以上の化石を展示
三段滝
階段状の砂岩層を大きな落差で流れ落ちる様子が三段に見える滝
風のガーデン
約450種類の花が咲き、木々に囲まれた小路。テレビドラマの舞台にも
ファーム富田 1
日の出公園ラベンダー園 2
後藤純男美術館
日本画家、後藤純男が自ら建てた美術館で、86年間の作品を展示
かんのファーム
ラベンダーグッズや農産物、ソフトクリームなどを農園売店で販売
四季彩の丘 3
北西の丘展望公園 4
セブンスターの木 5
拓真館
美瑛を撮り続けた風景写真の第一人者、前田真三の作品を展示する施設
びえい「丘のくら」
花人街道
GOAL
旭川鷹栖IC
旭川市
美瑛町
上富良野町
中富良野町
富良野市
南富良野町
芦別市
赤平市
滝川市
砂川市
歌志内市
上砂川町
奈井江町
美唄市
三笠市
岩見沢市
夕張市
深川市
鷹栖町
比布町
当麻町
旭川空港

COURSE 29

北海道を代表する
山絶景・湖絶景コース

北海道

支笏湖・洞爺湖・羊蹄山・有珠山

しこつこ・とうやこ・ようていざん・うすざん

初めに向かうのは千歳市にある支笏湖の湖畔園地。自然散策や食事を楽しんだら湖の南側の道を西へ。喜茂別町の相川ビューポイントパーキングからはドーンとそびえる羊蹄山を望もう。少し道を戻り国道230号を南下、洞爺湖へ向かう途中にあるサイロ展望台から洞爺湖の景色を望もう。洞爺湖の温泉街を抜け道道703号を南に行くと、荒々しい自然を体感できる有珠山ロープウェイに到着する。

DRIVE COURSE 走行距離 約142km

START 道央自動車道・千歳IC
27km／道道16号、国道453号
1 湖畔園地
60km／国道453・276号
2 相川ビューポイントパーキング
28km／国道276・230号
3 サイロ展望台
17km／国道230号、道道703号
4 有珠山ロープウェイ
10km／道道703号、国道453号
GOAL 道央自動車道・伊達IC

INFORMATION

千歳市観光課 ☎0123-24-0366
きもべつ観光協会 ☎0136-33-3122
倶知安町観光商工課 ☎0136-23-3388

洞爺湖汽船桟橋から出航する遊覧船で湖を満喫！ 1500円／夏期は4月下旬～10月末

1 周囲約40kmの青く澄んだ湖

湖畔園地

こはんえんち

平均水深265mと、秋田県の田沢湖に次いで2番目に深い湖で、透明度が非常に高く、光に照らされると青く見えるのが美しい支笏湖。湖畔には温泉や食堂、ビジターセンターやボートハウスがある。

所北海道千歳市支笏湖温泉 P330台

山線鉄橋は支笏湖から苫小牧を結ぶ鉄道の遺構

対岸に見えるのは支笏湖温泉と三角に尖る風不死(ふっぷし)岳。湖面に映る山の姿も美しい

② 道沿いから見る蝦夷富士！
相川ビューポイントパーキング
あいかわビューポイントパーキング

蝦夷富士と呼ばれる羊蹄山は喜茂別町、真狩村、ニセコ町、倶知安町、京極町にまたがる円錐形の山。周りにはビュースポットが多く点在するが、安全に美しく羊蹄山を見るならこちらがベスト!

㊟北海道喜茂別町相川49-2地先 Ⓟ9台

まっすぐに続く道路の向こうにそびえる標高1898mの富士山型の山が羊蹄山。5つの町村の境界線の山

洞爺湖は約11万年前の大規模な噴火によるカルデラに水がたまって形成された

3 洞爺湖や有珠山、昭和新山を一望

サイロ展望台

サイロてんぼうだい

洞爺湖の西側に位置する「サイロ展望台」からは洞爺湖の絶景が見られるほか、くつろげるウッドデッキ、空から絶景を楽しめるヘリコプターでのスカイクルージング（3分1人4800円～）もある。

☎0142-87-2221 所北海道洞爺湖町成香3-5 開8:30～18:00(11～4月は～17:00) 休無休 料無料 P50台

4 周りの景色も噴煙も大迫力
有珠山ロープウェイ
うすざんロープウェイ

20世紀には4回の噴火があった有珠山は今も動く活火山。ロープウェイ山麓駅・山頂駅では火山を学ぶパネルなどが設置され、世界的にも珍しい火山帯でのジオパークについて学べるのも魅力。
☎0142-75-2401 所北海道壮瞥町昭和新山184-5 開8:15～17:30(季節により異なる) 休冬期運休あり 料ロープウェイ往復1800円 P400台(1日500円)

山頂駅すぐ横のMt.USUテラス。ソファやカフェから昭和新山や洞爺湖を望む絶景が広がる

道の駅を PICK UP!! とれたて・もぎたてが味わえる

●伊達ICから32km
とうや湖
とうやこ

洞爺湖の北側にある道の駅。季節になると旬の野菜や花が近隣農家から届き、売り場が賑やかに。地元の芋を使ったコロッケや内浦湾で獲れたホタテを使ったホタテ汁などが味わえる。
☎0142-87-2200 所北海道洞爺湖町香川9-4 営8:30～17:30 冬期9:00～17:00 休無休 P50台

洞爺湖の北・国道230号沿いにある

寄り道スポット

●伊達ICから68km
羊蹄山の湧水
ようていざんのゆうすい

羊蹄山の湧水スポットは倶知安町にある「農家のそばや 羊蹄山」駐車場にある穴場の湧水スポット。蛇口が駐車場にあるのも便利。
所北海道倶知安町富士見463-1 P10台

晴れた日にはため池の水面に羊蹄山が映り込む

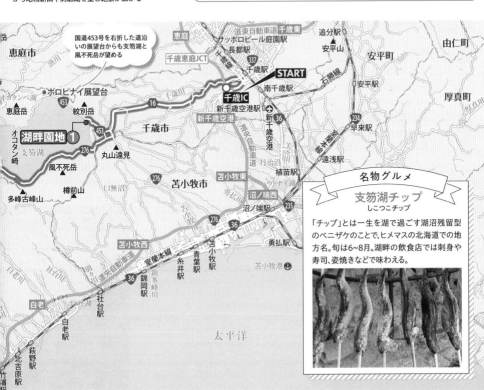

国道453号を右折した道沿いの展望台からも支笏湖と風不死岳が望める

恵庭市 ポロピナイ展望台 恵庭岳 紋別岳 湖畔園地 1 オコタン崎 支笏湖 風不死岳 丸山遠見 樽前山 多峰古峰山 千歳市 苫小牧市 千歳IC START 千歳駅 南千歳駅 新千歳空港駅 新千歳空港 千歳恵庭JCT 恵庭 サッポロビール庭園駅 長都駅 道東自動車道 千歳東 追分駅 安平山 安平町 安平駅 由仁町 厚真町 早来駅 遠浅駅 植苗駅 沼ノ端駅 沼ノ端西 苫小牧東 苫小牧西 苫小牧駅 青葉駅 糸井駅 錦岡駅 社台駅 白老駅 白老 萩野駅 北吉原駅 竹浦駅 勇払駅 苫小牧港 室蘭本線 石勝線 道央自動車道 太平洋

名物グルメ
支笏湖チップ
しこつこチップ

「チップ」とは一生を湖で過ごす湖沼残留型のベニザケのことで、ヒメマスの北海道での地方名。旬は6~8月。湖畔の飲食店では刺身や寿司、姿焼きなどで味わえる。

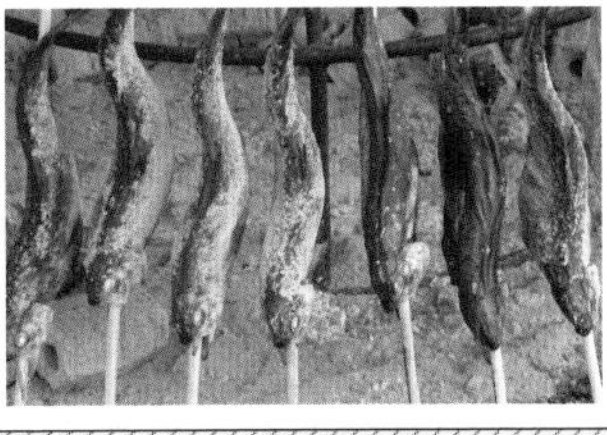

COURSE 30

手つかずの大自然が生み出す
海外のような絶景美を体験

北海道

釧路湿原・幣舞橋

くしろしつげん・ぬさまいばし

日本初のラムサール条約登録湿地となり、のちに釧路湿原国立公園に指定された釧路エリアは天然の絶景美の宝庫。釧路湿原を代表する景勝地、細岡展望台、コッタロ湿原展望台、釧路市湿原展望台からは釧路川、雄阿寒岳・雌阿寒岳が織りなす絶景に出会える。タンチョウの保護施設、釧路市丹頂鶴自然公園でその優美な姿に感動し、幣舞橋から夕景の港風情を満喫。

DRIVE COURSE 走行距離 約110km

START 釧路外環状道路・釧路東IC

20km／国道391号

1 細岡展望台

21km／国道391号、道道1060号

2 コッタロ湿原展望台

30km／道道1060・243・53号

3 釧路市湿原展望台

14km／道道53・666・222号、国道240号

4 釧路市丹頂鶴自然公園

20km／国道240・38号

5 幣舞橋

5km／国道391号

GOAL 釧路外環状道路・釧路東IC

INFORMATION

釧路市観光振興室 ☎0154-31-4549

現在の幣舞橋は5代目で計画段階から市民がイメージづくりに参加

1 湿原の大パノラマに感動

細岡展望台

ほそおかてんぼうだい

別名「大観望」と呼ばれ、釧路湿原を見渡せる最もポピュラーな展望台。釧路川の大きな蛇行を眼前に、快晴時には遠く阿寒山系の雄阿寒岳や雌阿寒岳、宮島岬やキラコタン岬などが望める。

☎0154-40-4455 所北海道釧路町達古武22-9 開9:00～18:00(季節により異なる) 休無休 料無料 P50台

果てしなく広がる絶景は圧巻。隣接するビジターズラウンジでは休憩用ソファでくつろげる

2 太古の自然が残る国立公園

コッタロ湿原展望台

コッタロしつげんてんぼうだい

釧路湿原を横断する道道1060号沿いの展望台。展望台までのドライブ中は釧路川の蛇行が間近で見られ、エゾシカやタンチョウヅルとの遭遇があるかも。

☎015-486-7872(標茶町バスターミナル観光案内所) 所北海道標茶町コッタロ 開休料散策自由 P20台

古代の自然をイメージさせる景観で国立公園特別保護地区に指定

⬆一周約2.5kmの遊歩道の途中にはサテライト展望台がある。遊歩道の各所に湿原に関する解説板も設置

③ 湿原の歴史と四季を学ぶ

釧路市湿原展望台

くしろしつげんてんぼうだい

市営の展望・展示施設があり1階はショップやレストランが、2階には有料展示施設がある。3階の展望室と屋上からは湿原や釧路の街、阿寒の山々などパノラマの風景が望める。

☎0154-56-2424 所北海道釧路市北斗6-11 開8:30～18:00 10～3月9:00～17:00 休無休 料展望台入場料480円 P108台

湿原を再現したジオラマや四季の映像が見られる

④ 世界でここだけの自然公園

釧路市丹頂鶴自然公園

くしろしたんちょうづるしぜんこうえん

昭和45年(1970)に日本で初めてタンチョウの人工ふ化に成功した、世界的にも希少な丹頂鶴自然公園。特別天然記念物のタンチョウが自然に近い環境で常時10羽ほど飼育され、いつでも観察できる。

☎0154-56-2219 所北海道釧路市鶴丘112 開9:00～18:00(10月15日～4月9日は～16:00) 休無休 料480円 P85台

絶滅危惧種のタンチョウの繁殖を目的に昭和33年(1958)に開園

⬅管理棟内では、窓からタンチョウを眺めながら休憩できる

⑤ 夜のライトアップは幻想的な美しさ

幣舞橋

ぬさまいばし

釧路市のシンボルのヨーロピアンスタイルの橋。夜になると橋全体がライトアップされ、橋から見る釧路港の夕景が人気。

所北海道釧路市 P周辺駐車場利用

⬇支柱の四方にはそれぞれ、現代日本を代表する4人の彫刻家による裸婦の四季像が立っている

道の駅をPICK UP!!

人気の車旅の拠点

●釧路東ICから38km

阿寒丹頂の里

あかんたんちょうのさと

道東の観光拠点で特産品販売所、宿泊施設、ドッグラン、温泉などがある。エゾシカバーガーやソフトクリームなどテイクアウト軽食メニューも販売。

☎0154-66-2969 所北海道釧路市阿寒町上阿寒23-36-1 営9:00～18:00(10～4月は～17:00) 休無休 P85台

⬆RVパーク、アスレチック遊具などもある

COURSE 30 走行距離 約110km
0
2.5
5km
N
名物グルメ
炉端焼き
ろばたやき
海産物を炉端焼きスタイルで提供したのは釧路が発祥とされる。多数の炉端焼き店舗があり、囲炉裏を囲み熟練の手でジューシーに焼き上げられた魚介を楽しもう。
北海道・東北
北海道 釧路湿原・幣舞橋
磯分内駅
標茶町
鶴居村
真冬でも凍らない川はタンチョウのねぐら。橋は格好の撮影スポット
サルルントー(沼)、ポントー(川)、塘路湖、釧路湿原などを一望
谷津の里・滑川町の豊富な自然や、その文化などの情報を収集し提供
塘路・サルルン展望台
茅沼駅
音羽橋
鶴居どさんこ牧場
鶴見台
コッタロ湿原展望台 2
塘路湖
エコミュージアムセンター
「あるこっと」
タンチョウ観察スポット。ピーク時は200羽近くが集まり優美に舞う
阿寒丹頂の里
塘路駅
標茶町博物館「ニタイ・ト」
広いパーキングエリアにあり、釧路湿原の日の出や広大な景色を一望
細岡駅
釧路湿原駅
ニタイ・トはアイヌ語で森と湖の意味。標茶町の歴史と自然関連を展示
北斗展望台園地
4 釧路市丹頂鶴自然公園
細岡展望台 1
岩保木山
3 釧路市湿原展望台
釧路市
遠矢駅
たんちょう釧路空港
釧路外環状道路
釧路町
白糠町
根室本線
新富士駅
釧路駅
釧路東IC
大楽毛駅
新大楽毛駅
東釧路駅
武佐駅
別保駅
庶路駅
釧路港
釧路フィッシャーマンズワーフMOO
START & GOAL
魚介類の市場や飲食店、公共機関、植物園などが入る複合商業施設
幣舞橋 5
太平洋

COURSE 31

美しい3つの絶景湖を巡る
人気の観光ドライブコース

北海道

阿寒湖・摩周湖・屈斜路湖

あかんこ・ましゅうこ・くっしゃろこ

道東を代表する美しい3つの絶景湖「阿寒湖」「摩周湖」「屈斜路湖」を巡るドライブコース。まず、マリモで有名な阿寒湖を阿寒観光汽船で一周。摩周湖を展望する最もポピュラーな展望台、摩周湖第一展望台からは神秘的なカルデラ湖の眺望を堪能する。屈斜路湖畔の砂湯で心身を癒やしたあとは、天候によるが美幌峠から屈斜路湖の絶景を眺め、地元の名産品が揃う道の駅に立ち寄りたい。

DRIVE COURSE 走行距離 約192km

START 道東自動車道・阿寒IC
47km／国道240号
1 阿寒観光汽船
50km／国道240・241号、道道52号
2 摩周湖第一展望台
25km／道道52号
3 砂湯
27km／道道52号、国道243号
4 美幌峠
43km／国道243号、道道122号
GOAL 十勝オホーツク自動車道・北見東IC

INFORMATION

阿寒観光協会 ☎0154-67-3200
摩周湖観光協会 ☎015-482-2200

摩周湖を望む3つの展望台のなかでも、最も標高が高い摩周湖第三展望台

1 神秘的な湖風情を船で体験

阿寒観光汽船

あかんかんこうきせん

阿寒国立公園に属するカルデラ湖、阿寒湖。背後に雄阿寒岳を背負う雄大な景観に圧倒される。遊覧船観光の人気が高く、マリモ観察センターや景勝地の滝口などに寄りながら一周約85分の船旅が楽しめる。
☎0154-67-2511 所北海道釧路市阿寒町阿寒湖温泉 開8:00～16:00(時期により異なる、1日6～8便) 休12～4月 料2000円(乗船料、マリモ観覧料込) Pなし

湖内を一周する遊覧船コースと6航路(10分～)から選べるモーターボートコースがある

寄り道スポット

●阿寒ICから47km

阿寒湖アイヌコタン

あかんこアイヌコタン

アイヌ民族の方々が営む店舗が軒を連ねる。「ロストカムイ」「古式舞踊」が鑑賞できるシアターや資料館・生活記念館もある。
☎0154-67-2727(阿寒アイヌ工芸協同組合) 所北海道釧路市阿寒町阿寒湖温泉4-7-84 P17台

↑木彫り作品やアイヌ料理など全22店舗

周囲約30km、最大水深約45mの湖。マリモのほかベニザケやヒメマスなどが生息

2 新しくなったテラスに注目
摩周湖第一展望台
ましゅうこだいいちてんぼうだい

摩周湖にある3つの展望台のひとつ。ほかの2つは冬季に閉鎖されるため、年中摩周湖を眺められる。2022年7月にはレストハウスが「摩周湖カムイテラス」としてリニューアルオープンした。

☎015-482-1530（摩周湖カムイテラス）
所北海道弟子屈町弟子屈原野 P140台

➲快晴時は摩周湖ブルーのほか、摩周岳や斜里岳が一望できる

3 砂浜を掘ると温泉が出てくる

砂湯

すなゆ

最大深度は117.5mと日本で6番目に深い湖、屈斜路湖。その湖畔を10〜30㎝掘れば温泉が湧き「砂湯」として人気。掘ればすぐに足湯として堪能できる。

☎015-484-2106(砂湯レストハウス) 所北海道弟子屈町屈斜路湖砂湯 開休料入浴自由 P約150台

↑売店ではスコップを販売。掘らなくても湖畔には無料で利用できる足湯が設置されている

道の駅をPICK UP!!

●北見東ICから43km

ぐるっとパノラマ美幌峠

ぐるっとパノラマびほろとうげ

標高約525mの美幌峠の頂上にある道の駅で北海道・道の駅ランキング景観部門では6年連続の1位を獲得。みやげ物販売のほか、レストハウスではえぞ鹿肉のロースト丼などが堪能できる。

☎0152-77-6001 所北海道美幌町古梅 営9:00〜18:00(11月〜4月下旬は〜17:00) 休無休 P120台

↑テイクアウトグルメの揚げいもも絶品

4 峠から見る屈斜路湖の雲海

美幌峠

びほろとうげ

日本最大のカルデラ湖、屈斜路湖を一望。春・秋に雲海の発生が多く、天候次第で幻想的な絶景が見られる。

☎0152-77-6548(美幌町商工観光課) 所北海道美幌町古梅 開休料見学自由 P120台

↓快晴時には知床の山々や大雪山などの大パノラマが見られ「天下の絶景」と称される

早朝ドライブで雲海がオレンジ色に染まる神秘的な朝焼けが見られるかも

COURSE 31 走行距離 約192km
0 5 10km
N
GOAL
北見東IC
START
阿寒IC
阿寒観光汽船 1
摩周湖第一展望台 2
砂湯 3
美幌峠 4
ぐるっとパノラマ美幌峠
美幌博物館
オホーツクの自然や歴史、芸術に関する総合博物館。農業館も併設
裸の山のあちこちから音をたて噴煙が上るダイナミックな光景が見られる
標高670mにあり摩周湖を真上から望め、湖唯一の島の景色も間近で観賞
湖面とほぼ同じ高さにあり冬は目前で白鳥が泳ぐ。黄昏どきの絶景も必見
国道241号沿いの展望台。深い森の中のペンケトーなど2つの湖を望む
弟子屈町産の野菜や名産品、グルメ、アーティストの作品などが揃う
コタン温泉露天風呂
摩周湖第三展望台
道の駅 摩周温泉
双湖台
阿寒湖アイヌコタン
硫黄山
屈斜路湖
中島
和琴半島
摩周湖
阿寒湖
大崎
網走市
北見市
斜里町
清里町
小清水町
大空町
美幌町
津別町
弟子屈町
標茶町
鶴居村
足寄町
白糠町
釧路市
女満別空港
たんちょう釧路空港
釧網本線
石北本線
根室本線
名物グルメ
弟子屈ラーメン
てしかがラーメン
道東では最古の温泉地、弟子屈で作られていたラーメンを再現。低温で安全に長時間煮込んで作ったスープと摩周湖の豊かな伏流水を使った魚介系の特製醤油ラーメンだ。

COURSE 32

地球の息吹を全身で体感し ゴールの本土最東端を目指す

北海道

開陽台・野付半島・納沙布岬

かいようだい・のつけはんとう・のさっぷみさき

「朝日にいちばん近い街」根室市の周辺を巡るコース。地球の丸みが実感できる迫力の"330度"大パノラマが展望できる開陽台からスタートし、全長約26kmの日本最大の砂嘴（さし）、野付半島へ。隣接する風蓮湖と同時にラムサール条約登録湿地に指定された春国岱では多様な野生動物を、北方原生花園では豊かな高山植物群を観察しよう。最後は道内初の洋式灯台が建つ本土最東端の納沙布岬へ。

DRIVE COURSE 走行距離 約290km

START 中標津空港

11km／道道150号

1 開陽台

48km／ミルクロード、道道775号、国道272号

2 野付半島

91km／道道950号、国道244・243・44号

3 春国岱

25km／根室道路、道道35号

4 北方原生花園

11km／道道35号

5 納沙布岬

104km／道道35号、国道44・243号、道道8号

GOAL 中標津空港

INFORMATION

野付半島ネイチャーセンター ☎0153-82-1270
根室市観光協会 ☎0153-24-3104

日本最東端の駅、東根室駅は記念撮影地として人気

1 地球の丸みを実感できる

開陽台

かいようだい

眼下の東京ドーム約100個分の草原、牧草地、丘陵地と大きな曲線を描いた地平線が織りなす330度の大パノラマを展望。牧場周辺には約2.6kmの遊歩道が整備され、放牧牛が間近に見られる。
☎0153-73-3111(中標津町経済振興課) 所北海道中標津町俣落2256-17 開休見学自由(展望台1・2階は4月下旬～10月営業、10:00～17:00、10月は～16:00、屋上は通年開放) 料期間中の火曜(祝日の場合は翌平日) P60台

小高い丘の上にある標高約270mの展望台。水平線の反対方向には阿寒の山並みの山容パノラマ

コース内の絶景ロード

どこまでも続く直線道

ミルクロード

開陽台から東側へと続くミルクロードは、どこまでも直線が続く道として知られる。「牛乳を出荷するタンクローリーが走る一直線の道」というのが名の由来。

水平線は330度のうち約180度。東側には根室海峡の奥に国後島が見える

開陽台展望館には展望台のほか売店やカフェも。スイーツなどが楽しめる

② 砂の堆積による独特の半島
野付半島
のつけはんとう

砂嘴という独特の地形により多彩な野生の動植物の宝庫に。ラムサール条約の登録湿地で、設置されている野付半島ネイチャーセンターには、オジロワシ、タンチョウなど、ここに生息する野鳥のほか自生植物の解説コーナーがある。

所北海道別海町野付 P野付半島ネイチャーセンター駐車場利用

←立ち枯れのミズナラが潮風によって朽ちた荒涼とした景色「ナラワラ」

ネイチャーセンターから灯台へ続く道で野生のエゾシカに高確率で会える

3 根室湾と風蓮湖を仕切る
春国岱
しゅんくにたい

3つの砂洲から形成された面積約600haの湿地および原生林地帯。海岸草原、湿原、珍しいアカエゾマツの純林など原始の自然が残る。春国岱・風蓮湖では豊富な種類の野鳥が観察できる。
☎0153-25-3047(根室市春国岱原生野鳥公園ネイチャーセンター) 所北海道根室市東梅103 開9:00～17:00(10～3月は～16:30) 休水曜(祝日の場合は翌々日)、祝日の翌日 料無料 Pネイチャーセンター駐車場・春国岱駐車場利用

風蓮湖は国内最大級のオオハクチョウの飛来地

11～2月にはオオワシやオジロワシの姿も

6月下旬から7月上旬に草原一面を紫に染め上げるヒオウギアヤメの群落

➲木道の途中では放し飼いのポニーの姿に出会える

4 大自然による天然花園
北方原生花園
ほっぽうげんせいかえん

初夏～秋にかけて、ヒオウギアヤメ、エゾカンゾウ、トウゲブキなど約100種もの花々が咲き乱れる、根室十景にも選ばれた湿地地帯。面積は約750ha、敷地内には延長2kmの木道が整備され、一周約30分の散策を楽しめる。
所北海道根室市豊里 P20台

5 本土で一番早く朝日と出会える
納沙布岬
のさっぷみさき

本土最東端の岬でアイヌ語の「ノッ・サム(岬の傍ら)」に由来。周辺には北方領土関連の資料館や、みやげ物店がある。
所北海道根室市納沙布 P100台

岬公園に配された北方領土を象徴するモニュメント「四島のかけはし」

明治5年(1872)に設置された洋式灯台がたたずみ、「北海道灯台発祥の地」となっている

道の駅をPICK UP!!

風蓮湖に隣接する絶景の道の駅

●中標津空港から66km

スワン44ねむろ

スワンよんじゅうよんねむろ

風蓮湖と春国岱を眺望できる全面ガラス張りの道の駅。花咲がにラーメンなどが楽しめるレストランや北海しまえびせんべいなどの特産品が買えるみやげ物ショップなどがある。

☎0153-25-3055 所北海道根室市酪陽1 営9:00～17:00 11～3月10:00～16:00 休月曜 P70台

↑風蓮湖や春国岱の観察のために双眼鏡などのレンタルも行う

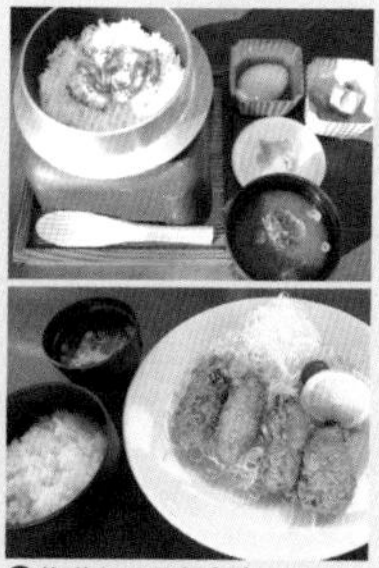

↑花咲かに釜飯(上)、カキフライ定食(下)。各1800円

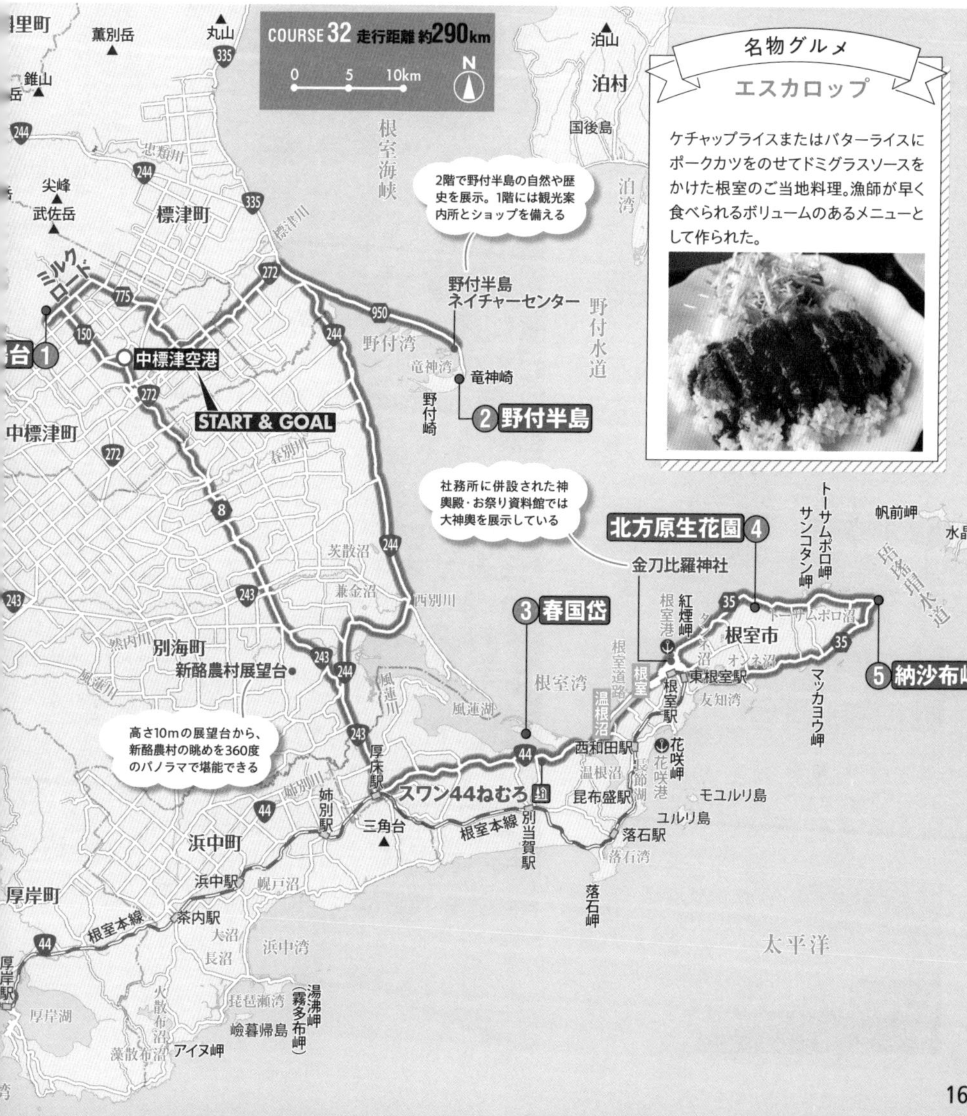

COURSE 32 走行距離 約290km

0 5 10km N

名物グルメ

エスカロップ

ケチャップライスまたはバターライスにポークカツをのせてドミグラスソースをかけた根室のご当地料理。漁師が早く食べられるボリュームのあるメニューとして作られた。

2階で野付半島の自然や歴史を展示。1階には観光案内所とショップを備える

社務所に併設された神輿殿・お祭り資料館では大神輿を展示している

高さ10mの展望台から、新酪農村の眺めを360度のパノラマで堪能できる

1 開陽台
2 野付半島
3 春国岱
4 北方原生花園
5 納沙布岬

START & GOAL 中標津空港

野付半島ネイチャーセンター
金刀比羅神社
スワン44ねむろ
新酪農村展望台
ミルクロード

標津町 中標津町 別海町 浜中町 厚岸町 根室市 泊村
根室海峡 野付湾 野付水道 根室湾 風蓮湖 温根沼 太平洋 浜中湾 厚岸湖 珸瑶瑁水道
竜神崎 野付崎 納沙布岬 花咲岬 落石岬 アイヌ岬 トーサムポロ岬 サンコタン岬 マッカヨウ岬 帆前岬 湯沸岬(霧多布岬)
水晶島 国後島 モユルリ島 ユルリ島 嶮暮帰島
薫別岳 丸山 鍋山 尖峰 武佐岳 泊山 三角台
根室本線 厚床駅 姉別駅 浜中駅 茶内駅 厚岸駅 別当賀駅 落石駅 昆布盛駅 西和田駅 東根室駅 根室駅
根室港 花咲港 根室道路 温根沼

COURSE 33

世界自然遺産登録の知床
壮大なスケールの絶景ロード

北海道

天に続く道・知床五湖・知床峠

てんにつづくみち・しれとこごこ・しれとことうげ

北海道最東端の空港・中標津空港を起点に世界自然遺産の知床を横断する国道334号(知床横断道路)を中心に巡る。道そのものが絶景ポイントの天に続く道からオホーツク海沿岸を北上。道沿いには爽快なオシンコシンの滝や自然の宝庫、知床五湖が待っている。根室湾に向かう国道沿いには、周囲一望の知床峠や見返り峠があり、山と海が織りなす雄大な北海道らしい絶景を満喫できる。

DRIVE COURSE 走行距離 約204km

START 中標津空港

65km/道道150・775・975号、国道244号

1 天に続く道

20km/国道334号

2 オシンコシンの滝

21km/国道334号、道道93号

3 知床五湖

19km/道道93号、国道334号

4 知床峠

3km/国道334号

5 見返り峠

76km/国道334・335号、道道1145・774号

GOAL 中標津空港

INFORMATION

知床斜里町観光協会 ☎0152-22-2125
知床羅臼町観光協会 ☎0153-87-3360

知床五湖に向かう道筋にあるプユニ岬は夕日の名所

1 北海道の感動の瞬間100選

天に続く道

てんにつづくみち

国道244号から334号の全長28.1㎞に及ぶ道路。果てしなく続く直線の道は、まるで天まで続くかのようだ。近年はスタート地点が設置され、駐車場も設けられている。

㊎北海道斜里町峰浜 Ⓟ10台

まっすぐに続く道のスケールは北海道ならでは。春分と秋分の日には道の先に夕日が沈む絶景も

2 「日本の滝100選」の名瀑

オシンコシンの滝

オシンコシンのたき

落差約30mの知床半島一の大瀑。オシンコシンとはアイヌ語で「川下にエゾマツが群生するところ」の意味だ。国道334号沿いにあり、滝のなかほどまで階段で上れば、その迫力を間近にできる。

所北海道斜里町ウトロ東 P35台

↑流れが2つに分かれ「双美の滝」とも呼ばれる

↑知床五湖二湖。知床連山や周囲の木々が湖面に姿を映す

3 世界自然遺産に登録された神秘的な湖

知床五湖

しれとこごこ

知床連山を背景に原生林に包まれた5つの湖で、野生動物の生息地としても知られる。周囲には高架木道と地上遊歩道が整備され、散策しながら雄大な自然を楽しむことができる。

☎0152-24-3323(知床五湖フィールドハウス) 所北海道斜里町岩宇別549 開4月下旬～11月上旬8:00～18:30(季節により異なる) 休期間中無休 料季節・コースにより異なる(木道は無料) P100台(有料)

全長800mの高架木道は一湖にのみ行くことができる

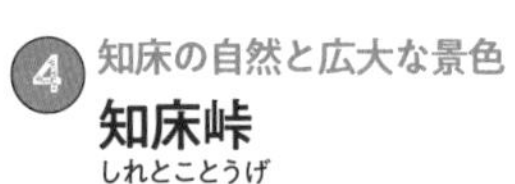

4 知床の自然と広大な景色

知床峠

しれとことうげ

斜里町ウトロと羅臼町を結ぶ知床横断道路の頂上、標高738mにある峠。目の前に羅臼岳、眼下に大樹海、天気の良い日には根室海峡と国後島を見晴らす大パノラマを一望できる。

所北海道羅臼町(知床国立公園内) 休11月上旬～4月下旬 P66台

↑目の前に見えるのは知床富士とも呼ばれる標高1661mの羅臼岳

5 海と山を見晴らす絶景コース

見返り峠

みかえりとうげ

知床峠から羅臼側に少し下った、標高約690mの峠。ヘアピンカーブが続き、車窓からは羅臼岳や羅臼市街、国後島も眺められる。

所北海道羅臼町(知床国立公園内) 休11月上旬～4月下旬 Pなし

新緑や紅葉の季節は格別

道の駅をPICK UP!!

知床観光の拠点施設

●中標津空港から90km

うとろ・シリエトク

国道334号沿いにある。知床観光の最新情報を発信するほか、ウトロ漁港で水揚げされた鮮魚の販売、本格的海鮮料理が楽しめるレストランも備える。
☎0152-22-5000 所北海道斜里町ウトロ西186-8 営9:00～17:00(季節により異なる) 休無休 P120台

↑漁師の作業場、番屋をイメージした建物

名物グルメ

エゾシカバーガー

知床の名物グルメのひとつ。おいしくてヘルシーなエゾシカを気軽に味わえると人気だ。道の駅やカフェなどの各店では、野菜やソースに工夫を重ね、独自の味を追求している。

COURSE 34

津軽半島の海岸沿いを
潮風に吹かれて爽快ドライブ

青森県

津軽半島・十三湖・龍飛崎

つがるはんとう・じゅうさんこ・たっぴざき

津軽半島の海岸沿いの自然を巡る旅。はじめに、日本一長い木造三連太鼓橋・鶴の舞橋で湖面に映る雄大な岩木山を望む。汽水湖である十三湖で名産のシジミグルメを満喫し、中の島ブリッジパークでアウトドアを体験。竜泊ラインを走り、津軽半島最北端である龍飛崎へ。津軽海峡を一望したあとは、高野崎へ向かう。津軽国定公園に指定されている袰月海岸高野崎で津軽半島一の絶景を見る。

DRIVE COURSE 走行距離 約179km

START 津軽自動車道・五所川原北IC
14km／国道101号、県道154号
1 鶴の舞橋
47km／メロンロード
2 十三湖
39km／国道339号
3 龍飛崎
26km／国道339・280号
4 袰月海岸高野崎
53km／国道280号
GOAL 東北自動車道・青森IC

INFORMATION

鶴田町観光案内所 ☎0173-26-5563
五所川原市観光協会 ☎0173-38-1515
外ヶ浜町産業観光課 ☎0174-31-1228
中泊町水産商工観光課 ☎0173-57-2111

高山稲荷神社の連なる千本鳥居の美しさは圧巻

オレンジや赤のグラデーションを背景に見る大橋は絶景

1 長寿のパワースポット

鶴の舞橋

つるのまいはし

雄大な岩木山を美しく湖面に映す津軽富士見湖の両岸をつなぐ、青森県産の「ヒバ」を用いて造られた全長300mの日本一長い木造の三連太鼓橋。所 青森県鶴田町廻堰大沢 P 富士見湖パーク駐車場利用(一部有料)

「長い木の橋」＝「長生きの橋」と読めることから開運長寿のパワースポットとされる

南北7km、東西5km、周囲31.4kmと青森県で3番目に大きな湖

2 海水と淡水の混ざる汽水湖

十三湖

じゅうさんこ

日本海岸に面した海水と淡水が混合した汽水湖。特産品のヤマトシジミが生息する自然豊かな湖。渡り鳥や越冬する鳥が多く、バードウオッチングも楽しめる。

所青森県五所川原市十三
Pあり

十三湖に浮かぶ中の島ブリッジパークではアウトドア体験ができる

道の駅をPICK UP!!

ご当地グルメを堪能しよう

●五所川原北ICから28km

十三湖高原

じゅうさんこうげん

十三湖を望む高台にあり、遠くに岩木山も望むことができる道の駅。日本一美味と折り紙つきのヤマトシジミを使った料理をレストランで提供したり、加工品を豊富に取り扱う。

☎0173-62-3556 所青森県五所川原市相内実取287-1058 営9:00～18:00(11～3月は～17:00) 休無休 P38台

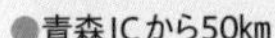

●青森ICから50km

いまべつ半島プラザアスクル

いまべつはんとうプラザアスクル

青函トンネルをイメージした外観が印象的な道の駅。幻の黒毛和牛と呼ばれる「いまべつ牛」のステーキや、特産品のもずくを粉末にして練り込んだ「もずくうどん」が人気。

☎0174-31-5200 所青森県今別町大川平清川87-16 営9:00～19:00(12～3月は～18:00、レストラン11:00～15:30LO) 休無休 P100台

天気の良い日は津軽海峡を挟んだ北海道の松前半島や函館山が見えることも

『津軽海峡冬景色』で有名な「風の岬」

③ 津軽半島の最北端

龍飛崎

たっぴざき

津軽半島の最北端にあり、津軽海峡に突き出た岬。西は日本海、北は津軽海峡、さらに東は陸奥湾と三方を海に囲まれ、強い海風が吹くことから「風の岬」という異名がつけられている。

所青森県外ヶ浜町三厩龍浜 P40台

日本海を染める美しい夕日を望める

竜泊ライン

たつどまりライン

津軽半島を縦断する国道339号。その北部にある龍飛崎から小泊までを結ぶことからその名がついた。約20kmの豪快なワインディングと眺望の良さで知られる、人気のドライブルート。

④ 津軽半島随一の景勝地

袰月海岸高野崎

ほろづきかいがんたかのさき

津軽国定公園に指定されており、北に北海道、西に龍飛崎、東に下北半島が一望できる絶景の地。

所青森県今別町袰月 P高野崎キャンプ場駐車場利用

手前が潮騒橋、奥が渚橋。潮風に吹かれながら絶景を

↑岬の先端には赤と白の灯台があり、その先に2本の赤い橋が架かる

COURSE 34 走行距離 約179km
0 3 6km
N
津軽海峡
龍飛崎 3
帯島
4 袰月海岸高野崎
弁天崎
鋳釜崎
ミサゴ島
藤島
あじさいロード
青函トンネル 北海道新幹線（海峡線）
11月下旬～4月下旬は冬期通行止
津軽海峡を見下ろす高台に建つ、源義経伝説が残る寺
龍馬山 義経寺
7段の断崖を流れ落ちる滝。車窓から眺めることも
七ツ滝
竜泊ライン
三厩駅
津軽浜名駅
今別駅
今別町
大川平駅
烏岳
尖岳
袴腰岳
木無岳
丸屋形岳
鳴川岳
津軽二股駅
奥津軽いまべつ駅
いまべつ半島プラザアスクル
浜名岳
外ヶ浜町
中泊町
横岳
かしべ岳
清水股岳
津軽線
津軽トンネル
平舘海峡
小泊漁港
経聞島
黒島
弁天崎
尾崎山
小泊岬
立松島
穴間ノ崎
板割山
四ッ滝山
品岳
木無岳
天狗岳
外ヶ浜町
4月下旬～6月にかけてイルカの群れに出会えることも
靄山
磯松川
五所川原市
津軽半島
大平駅
大平山元遺跡
中小国駅
相内川
太田川
中の島ブリッジパーク
中の島
十三湖高原
今泉川
蟹田港フェリー
蟹田駅
陸奥湾
2 十三湖
十三湖
縄文時代へ移り変わる頃の貴重な遺跡で世界遺産
中泊町
津軽蓬田トンネル
瀬辺地駅
江戸時代から続く神社。美しく連なる朱の鳥居は必見
明神沼
袴腰岳
赤倉岳
蓬田村
郷沢駅
高山稲荷神社
横岳
十二岳
大倉岳
蓬田駅
往古之木嶺
岩木川
山田川
津軽中里駅
北海道新幹線
廻堰大溜池
深郷田駅
中沢駅
生潟池
大沢内駅
後潟駅
川倉駅
五所川原市
大阪山
左堰駅
藤枝溜池
芦野公園駅
田光沼
重要文化財に指定された「遮光器土偶」が発掘された
つがる市
金木駅
眺望山
奥内駅
津軽宮田駅
青森湾
亀ヶ岡石器時代遺跡
平滝沼
嘉瀬駅
11月下旬～4月下旬は冬期通行止
源八森
飛鳥山
津軽線
大溜池
田十川
津軽あすなろライン
毘沙門駅
津軽鉄道
不動ノ滝
田沢森
野木和湖
油川駅
メロンロード
START
五所川原北IC
十川駅
魔ノ岳
馬ノ神山
津軽飯詰駅
五農校前駅
土筆森山
新青森駅
青森駅
青森港
青森IC
青い森鉄道
奥羽本線
津軽新城駅
青森JCT
青森自動車道
GOAL
青森中央
冷水沼
天皇山
長者森山
五所川原駅
つがる柏
越水駅
五能線
陸奥森田駅
中田駅
木造駅
五能線
岩木川
鯵ヶ沢
南浮田
鳴沢駅
秋ヶ館溜池
栄山
東北新幹線
高津森山
鶴田町
陸奥鶴田駅
鶴の舞橋 1
津軽富士見湖
砂沢溜池
二ッ森山
鶴泊駅
青森市
青森空港
伝次森山
鯵ヶ沢町
御月山
大森山
都谷森山
弘前市
手白森山
名物グルメ
しじみラーメン
塩ベースのスープに、十三湖の特産品であるヤマトシジミのエキスがたっぷり入っているラーメン。トッピングにもプリプリのヤマトシジミがのっている。

COURSE 35

本州最北端の半島の
豊かな自然景観を楽しむ

青森県

下北半島・恐山・仏ヶ浦

しもきたはんとう・おそれざん・ほとけがうら

本州最北端に建つ白亜の灯台・尻屋埼灯台でパノラマビューを楽しんだあとは、恐山展望台へ。宇曽利山湖全体を眺望できる。湖畔へ下り、エメラルドグリーンの幻想的な湖水を眺め、下風呂温泉郷へ向かう。本州最北端の地・大間崎では、大間マグロを堪能。海岸沿いを進み、巨大な奇岩群が立ち並ぶ仏ヶ浦へ向かい、最後に日本最大の横浜町の菜の花畑で一面黄色の圧巻の光景と出会う。

DRIVE COURSE 走行距離 約370km

START 第2みちのく有料道路 三沢・十和田・下田IC

102km／国道338号、県道6号

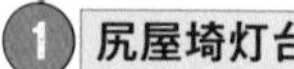

1 尻屋埼灯台

41km／県道6・4号

2 恐山展望台

6km／県道4号

3 宇曽利山湖

54km／県道4号、国道279号

4 大間崎

40km／国道338号

5 仏ヶ浦

81km／国道338号、県道253号、国道279号

6 横浜町の菜の花畑

46km／国道279・4号

GOAL 上北自動車道・七戸北IC

INFORMATION

佐井村役場 ☎0175-38-2111
むつ市役所経済部観光・シティプロモーション推進課 ☎0175-22-1111
横浜町役場産業振興課 ☎0175-78-2111
大間町産業振興課 ☎0175-37-2111
下風呂温泉旅館組合 ☎0175-35-2010

2 宇曽利山湖を一望できる

恐山展望台

おそれざんてんぼうだい

所 青森県むつ市
P あり

恐山への道中にほど近い展望台。湖畔から奥に広がる白い砂浜が周囲の森の緑と湖の青とのコントラストを際立たせる。

霧に浮かぶ宇曽利山湖を眺める

下北半島国立公園内では青森県指定天然記念物の寒立馬が放牧されている

1 本州最北端に建つ白亜の灯台

尻屋埼灯台

しりやさきとうだい

明治9年(1876)に東北初の洋式灯台として完成し、約33mもの高さを誇る、歴史的、文化的価値が非常に高い灯台。灯台の内部に入ることができ、てっぺんまで登ればオーシャンビューを満喫できる。

☎0175-47-2889(燈光会尻屋埼支所)
所青森県東通村尻屋尻屋崎1-1 開9:00～15:00(5月1日～11月上旬は～16:00)
休悪天候時 料300円 P30台

⬆強い酸性を示す湖にはウグイなどがわずかに生息する

北東に流れ出る三途の川。霊界と俗界の境とされ、朱塗りの太鼓橋が架かる

地獄と極楽の風景を感じることができる「恐山菩提寺」

3 霊場恐山の中心に位置する湖

宇曽利山湖

うそりやまこ

日本三大霊場のひとつ、恐山の中心にあるカルデラ湖。時折、噴煙を上げる荒々しい岩場の向こうに白い砂浜が広がり、その向こうに鮮やかな青い湖水が姿を現す風景は神秘的。

☎0175-22-3825
(恐山寺務所)
所青森県むつ市 Pあり

④ マグロ一本釣りの地
大間崎
おおまざき

本州最北端、「大間まぐろ」の一本釣りで知られる地。本州最北端の地を示す石碑や実物大のマグロ一本釣りのモニュメントが立つので記念撮影を。
所青森県大間町大間平17-1
P117台

➡天気の良い日には函館が見える

寄り道スポット

●七戸北ICから113km
下風呂温泉郷
しもふろおんせんきょう

室町時代より続く白濁の硫黄泉の名湯。夕方は海に沈む美しい夕日を眺めながら湯に浸かることができる。絶景とともに津軽海峡で水揚げされた新鮮な海の幸も味わえる。

⬆津軽海峡に沈む美しい夕日を眺める

⬇巨岩・断崖など、海上からしか見られない絶景スポットは遊覧船から眺められる

⑤ 巨大な奇岩群が立ち並ぶ景勝地
仏ヶ浦
ほとけがうら

海岸沿い2kmにわたり白緑色の奇岩が連なる。透明度の高いエメラルドグリーンの海と、象牙色にたたずむ奇岩群のコントラストが美しい。
所青森県佐井村長後 縫道石国有林地内 Pあり

毎年5月中頃の土・日曜には、菜の花フェスティバルが開催される

⑥ 黄色い花が鮮やかに咲き誇る
横浜町の菜の花畑
よこはままちのなのはなばたけ

100haと本州最大規模の作付面積を誇る菜の花の名所。開花時期は例年5月初旬で見頃は5月中旬から5月下旬。所青森県横浜町大豆田 休雨天時 料無料 P30台

COURSE 35 走行距離 約370km
0 5 10km
N
津軽海峡
陸奥湾
青森湾
太平洋
大間崎 4
弁天島
大間港
根田内崎
折戸山
日滝川
下風呂温泉郷
279
三界平山
風間浦村
目滝山
大滝山
燧岳
三角山
尻屋埼灯台 1
藤石崎
自然や科学をテーマに原子力船むつについて紹介する
むつ科学技術館 6
桑畑山
佐井村
むつ市
曽古部山
古くから信仰の対象とされた日本三大霊山のひとつ
2 恐山展望台
霊場恐山
剣山
穴潤山
荒沢山
鍋掛山
横山
大作山
袴腰山
丸山
宮倉山
仏ヶ浦 5
福浦崎
338
宇曽利山湖 3
黒滝山
屏風山
大尽山
釜臥山
かまふせパノラマライン
253
於法岳
道の駅かわうち湖
焼山崎
八郎岳
石山
黒崎
大崎
アモ十太岬
貝崎
北海岬
牛ノ首岬
鯛島（弁天島）
本州最北の道の駅。青森ヒバの加工品や宇賀焼が人気のみやげ
大湊駅
下北駅
大湊港
赤川駅
大湊湾
芦崎
金谷沢駅
大湊線
釜臥山展望台
日本夜景遺産や日本の夜景100選に選ばれた夜景は必見
下北半島
近川駅
一切山
焼山
石川台
有畑駅
横浜町の菜の花畑 6
月山
中山崎
金津山
陸奥横浜駅
横浜町
御宿山
吹越烏帽子
吹越駅
横浜吹越
石上山
東通村
片崎山
小沼
妹沼
長沼
大沼
左京沼
夏泊崎
大島
鼻繰崎
芽岳
油目崎
冷水山
平内町
観音崎
安井崎
小湊駅
清水川駅
狩場沢駅
陸奥湾に面して砂浜が広がる。BBQやキャンプなどもできる
十符ヶ浦海水浴場
六ヶ所
平沼
尾駮沼
鷹架沼
むつ小川原港
六ヶ所村
市柳沼
高瀬川
野辺地北
有戸駅
青い森鉄道
鳴山
野辺地湾
野辺地木明
野辺地町
北野辺地駅
野辺地駅
田面木沼
内沼
東北町
野辺地
烏帽子岳
高森山
GOAL
千曳駅
七戸北IC
乙供駅
394
小川原湖
100段の階段を上がると見事な展望が開ける
太平洋展望台
四本桂山
上北自動車道
上北町駅
三沢市
大作山
東北
七戸十和田駅
小川原駅
三沢空港
七戸町
六戸・三沢
三沢駅
START
六戸JCT
三沢・十和田・下田IC
第2みちのく有料道路
向山駅
六戸町
東北新幹線
おいらせ町
102
奥入瀬川
十和田市
下田・百石
下田駅

名物グルメ

大間マグロ
おおまマグロ

津軽海峡で水揚げされる天然の本マグロのなかでも、大間町で水揚げされたものは「大間マグロ」というブランドネームで、最高級品として全国に知れ渡っている。大間町には丼などで大間マグロが味わえる食事処が揃う。

COURSE 36

青く澄んだ湖面と清流の
せせらぎに心癒やされる

秋田県・青森県

十和田湖・奥入瀬渓流

とわだこ・おいらせけいりゅう

水と木々の豊かな自然に癒やされる旅。発荷峠展望台、瞰湖台、御鼻部山展望台の十和田湖三大展望台を巡り、それぞれの角度から十和田湖の魅力を楽しむ。十和田湖の湖畔では目の前に広がる青く澄んだ湖面を眺めながら、時間を忘れてのんびりと贅沢なひとときを。東北を代表する自然スポットである奥入瀬渓流では、美しい清流と豊かな木々に囲まれリフレッシュ。

DRIVE COURSE 走行距離 約110km

START 東北自動車道·小坂IC

23km／県道2号、国道103号

1 発荷峠展望台

6km／国道103号

2 十和田湖

5km／国道103号

3 瞰湖台

14km／国道103·102号

4 奥入瀬渓流

17km／国道102号

5 御鼻部山展望台

45km／国道102·454·7号

GOAL 東北自動車道·碇ヶ関IC

INFORMATION

小坂町観光産業課 観光商工班 ☎0186-29-3908
十和田湖総合案内所 ☎0176-75-2425
十和田湖観光交流センターぷらっと
☎0176-75-1531

彫刻家・高村光太郎の最後の作品である乙女の像

コース内の絶景ロード

東北道と十和田湖を結ぶ

樹海ライン

じゅかいライン

大館市から小坂町を経由し、発荷峠までを結ぶ全長42.5kmの道路。春のベニヤマザクラ、秋の紅葉など四季折々の景観が楽しめる。高さ50mのアカシア大橋の両サイドに広がる絶景は迫力満点。

1 十和田湖随一と名高い展望台

発荷峠展望台

はっかとうげてんぼうだい

十和田湖の南に位置し、十和田湖周辺随一のビュースポットといわれる標高631mにある展望台。眼下には十和田湖の青く澄んだ湖面が広がり、右方向に中山半島、その奥には御倉半島、遠方には八甲田連峰が一望できる。駐車場や売店、トイレもあり、多くの観光客が訪れる。

所秋田県小坂町発荷峠 P15台

※11月中旬～4月下旬は冬期閉鎖

↑湖面からの高さは約250m

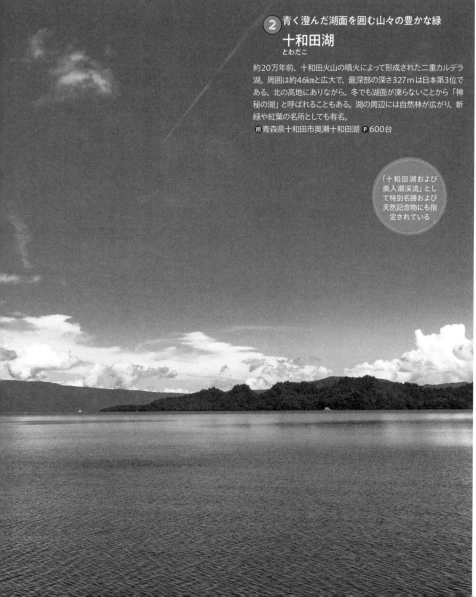

2 青く澄んだ湖面を囲む山々の豊かな緑

十和田湖

とわだこ

約20万年前、十和田火山の噴火によって形成された二重カルデラ湖。周囲は約46kmと広大で、最深部の深さ327mは日本第3位である。北の高地にありながら、冬でも湖面が凍らないことから「神秘の湖」と呼ばれることもある。湖の周辺には自然林が広がり、新緑や紅葉の名所としても有名。

所青森県十和田市奥瀬十和田湖 P600台

「十和田湖および奥入瀬渓流」として特別名勝および天然記念物にも指定されている

3 眼下に広がる澄んだ湖面

瞰湖台
かんこだい

中山半島と御倉半島の間の付け根に位置し、標高583mの展望所からは十和田湖が一望できる。十和田湖のなかで最も深く、特に透明度の高い中湖が眼下に広がり、澄み切った湖面を行き交う遊覧船の美しい情景を楽しむことも。夕暮れどきに夕日に染まってきらめく湖面も圧巻の美しさ。

所青森県十和田市奥瀬十和田湖畔宇樽部国有林64 P4台

↑新緑や紅葉の季節が特に人気

渓流屈指の名所である三乱の流れ。このエリアは増水することが少なく、点在する岩の上にはツツジなどの植物が育つ

4 清流と自然の美しいコントラスト

奥入瀬渓流
おいらせけいりゅう

十和田湖畔・子ノ口から焼山まで約14kmにわたって続く渓流。渓流沿いには車道と遊歩道が整備されており、車と徒歩を組み合わせて巡ることができる。新緑が美しい初夏と、木々の紅葉を映して水面も黄色く染まる秋が人気シーズン。

所青森県十和田市奥瀬 P310台(4カ所)

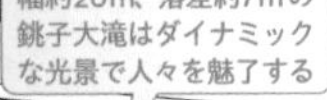

幅約20m、落差約7mの銚子大滝はダイナミックな光景で人々を魅了する

5 標高1011mから見る大パノラマ

御鼻部山展望台
おはなべやまてんぼうだい

湖を取り囲む外輪山のひとつで、十和田湖の北岸にある御鼻部山の山頂にある。標高1011mは十和田湖周辺の展望台のなかで最も高い。十和田湖の全景を眼下に望むことができ、晴れた日は岩手山や八幡平のアスピーテラインも遠望できる。春から夏にかけては、朝に雲海が見えることもある。

所青森県十和田市奥瀬三八上北森林計画区68林班 Pあり ※11～4月は閉鎖

レストランや売店はなく、トイレと自動販売機のみ

寄り道スポット

●小坂ICから42km

十和田神社
とわだじんじゃ

大同2年(807)に坂上田村麻呂が創建したとされ、日本武尊と湖の主である青龍大権現が祀られている。神社で購入したおより紙を湖に投じ、沈めば願いが叶うという占いも人気。

所青森県十和田市奥瀬十和田湖畔休屋486 P休屋駐車場利用

↑細部までこだわった彫刻にも注目

名物グルメ

ヒメマス

サケ科の淡水魚で、湖に生息する紅鮭のこと。もともと魚がいなかった十和田湖で明治時代にヒメマスの養殖に成功して以来、特産品として親しまれている。十和田湖周辺には十和田湖ヒメマス認証店が多く存在する。

道の駅をPICK UP!!

黒石の名物グルメに舌鼓

●碇ヶ関ICから35km

虹の湖
にじのこ

虹の湖公園内にある。地元の食品などを販売するレストハウスや黒石のB級グルメ・つゆ焼きそばが味わえる屋台村に加え、コンビネーション遊具やバーベキューコーナーもある。

☎0172-54-2348 所黒石市沖浦山神1-5
営9:00〜16:00 休11月上旬〜4月中旬 P260台

↑ランチや軽食にぴったりの屋台村

COURSE 37

ジオパークに認定された三陸海岸の壮大な景色に出会う

岩手県

北山崎・浄土ヶ浜

きたやまざき・じょうどがはま

日本最大のジオパークである三陸海岸の絶景を巡る。小袖海岸を代表する景勝地、つりがね洞を見たあとは、海岸沿いを南下して断崖が8kmにわたって連なる北山崎のダイナミックな風景を楽しむ。日本三大鍾乳洞のひとつ、龍泉洞ではドラゴンブルーの神秘的な雰囲気に包まれる。海岸沿いを宮古まで南下し浄土ヶ浜へ。名前の由来でもある極楽浄土のような風景に心癒やされる。

DRIVE COURSE 走行距離 約133km

START 三陸沿岸道路・久慈IC
6km／国道395号、県道268号
1 つりがね洞
41km／県道268号、国道45号、県道44号
2 北山崎
27km／県道173号
3 龍泉洞
53km／国道455・45号
4 浄土ヶ浜
6km／国道45号
GOAL 三陸自動車道・宮古北IC

INFORMATION

久慈市商工観光課 ☎0194-52-2123
田野畑村総合観光案内所 ☎0194-33-3248
宮古市観光課 ☎0193-62-2111

高さ50mの男岩を中心に、太鼓岩と女岩の3つの岩が並び立つ三王岩

太平洋の波によって浸食された岩礁が数多くある

夏至の時期のみ見ることができる、洞穴から朝日が差す幻想的な風景

1 小袖海岸を代表する奇岩

つりがね洞

つりがねどう

大小さまざまな岩礁が存在する小袖海岸のなかでも、特に特徴的な形をしている。かつては洞穴の天井部分から釣鐘の形をした岩がぶらさがっていたことが名前の由来。明治29年(1896)の明治三陸大津波でこの岩は崩壊し、現在は大きな洞穴だけが残っている。夏至の時期の日の出は、洞穴に朝日が差し、幻想的な風景を見ることができる。

所岩手県久慈市長内町 Pなし

道の駅をPICK UP!!

北三陸の魅力を提供

●久慈ICから1km

いわて北三陸

いわてきたさんりく

2023年4月にオープン。地元の特産品が揃った物販コーナーや海・山の幸が味わえるフードコートのほか、屋内遊具が充実したキッズスペースや観光情報のコーナーも。☎0194-66-8830 所岩手県久慈市夏井町鳥谷第7地割3-2 営9:00〜19:00(施設により異なる) 休1月1日 P151台

↑岩手県で36番目の道の駅としてオープン

→キッズスペースにはタワーすべり台も(6歳以上対象)

2 断崖が連なるダイナミックな景勝地

北山崎

きたやまざき

高さ200mの断崖が約8kmにわたって連なり、「海のアルプス」とも称される。夏には北東から吹く冷風「やませ」がもたらす海霧が見えることも。絶景を堪能できる展望台は3カ所あり、さまざまな表情を見ることができる。また展望台には718段の階段が設置されており、海面際まで下りて200mを振り仰ぐと、展望台とは違った風景が楽しめる。

所岩手県田野畑村北山 P139台

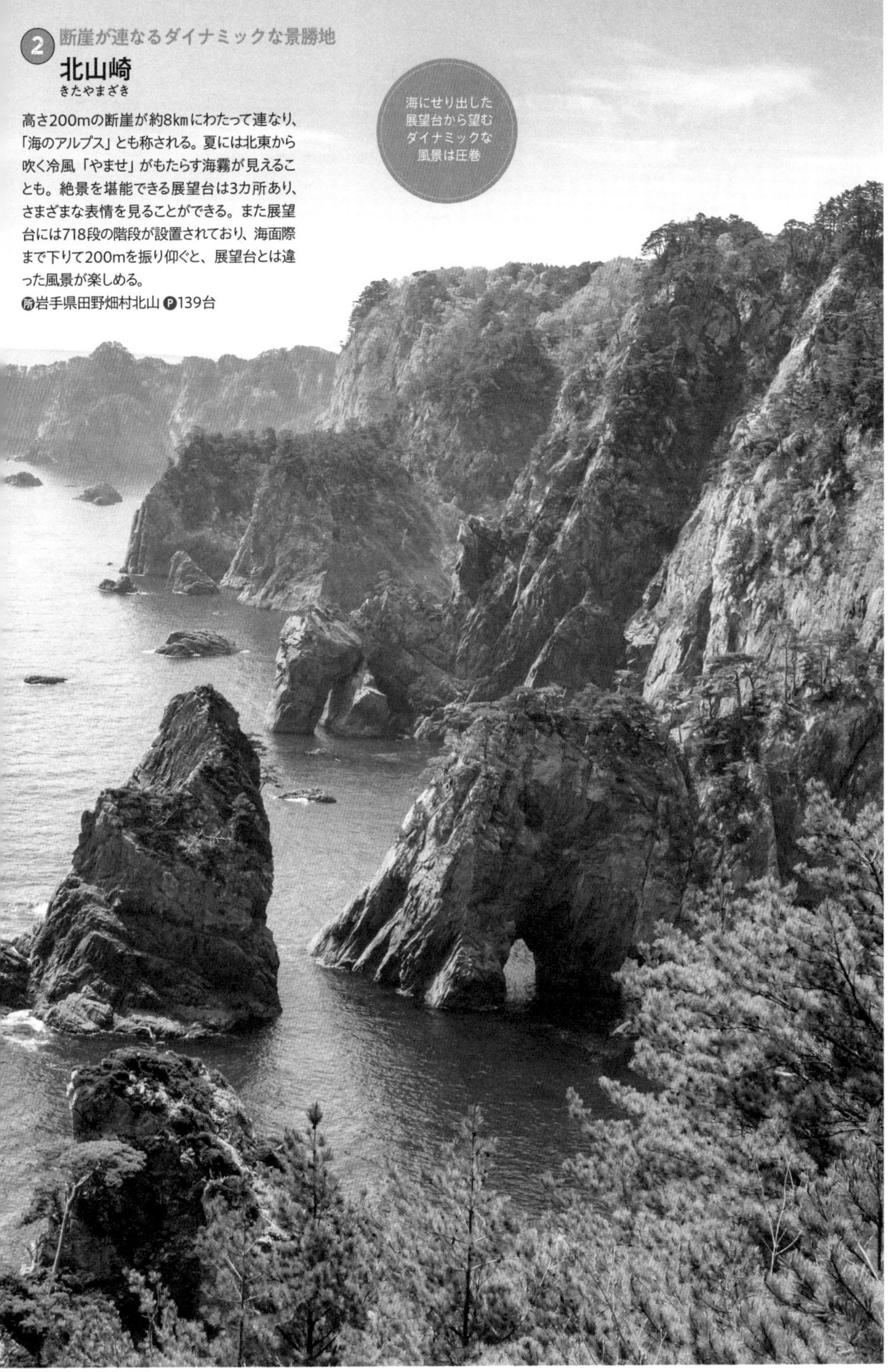

海にせり出した展望台から望むダイナミックな風景は圧巻

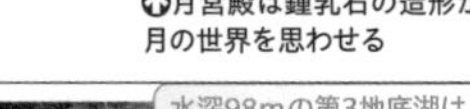

月宮殿は鍾乳石の造形が月の世界を思わせる

3 ドラゴンブルーの神秘的な世界

龍泉洞
りゅうせんどう

日本三大鍾乳洞のひとつで、国の天然記念物にも指定されている。洞内には8つの地底湖が確認されており、そのうち3つを公開している。洞内の総延長は現在も調査中であるが、わかっているだけで4088mある。

☎0194-22-2566 所岩手県岩泉町岩泉神成1-1 開8:30～17:00(5～9月は～18:00) 休無休(臨時閉洞の場合あり) 料1100円 P400台

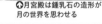

水深98mの第3地底湖は世界有数の透明度を誇る

名物グルメ

瓶ドン
びんドン

牛乳瓶に詰められた魚介を、自分でご飯に盛り付けて味わう体験型のご当地丼。岩手県沿岸では獲れたてのウニを牛乳瓶に入れて保存するのが一般的であったことにヒントを得て考案された。宮古市内の飲食店で食べることができる。

白い岩の間から昇る日の出も美しい

4 まるで極楽浄土のような景観美

浄土ヶ浜
じょうどがはま

三陸復興国立公園·三陸ジオパークの中心に位置する宮古の代表的な景勝地。約4400万年前にできたとされる白い流紋岩が林立し、ひとつひとつ異なる表情を見せる。宮古山常安寺7世の霊鏡竜湖(れいきょうりゅうこ)が「さながら極楽浄土のごとし」と感嘆したことが名前の由来とされる。

所岩手県宮古市日立浜町32ほか P450台

透明度が高く、穏やかな波が特徴。夏は海水浴場としても人気

COURSE 37 走行距離 約133km
0 3.5 7km N
START
久慈IC
1 つりがね洞
2 北山崎
3 龍泉洞
4 浄土ヶ浜
GOAL
宮古北IC
いわて北三陸
もぐらんぴあ
牛島
久慈北
八戸線
陸中夏井駅
久慈川
久慈湾
久慈港
久慈駅
久慈市
黒森
伊茂屋山
久慈琥珀博物館
久慈南
陸中宇部駅
久慈宇部
三陸鉄道リアス線
小袖海岸
国内で唯一の琥珀専門の博物館。琥珀の採掘体験もできる
人気ドラマのロケ地となったことで一躍有名になった
陸中野田駅
野田
三陸北縦貫道路
十府ヶ浦海岸駅
野田玉川駅
野田湾
マネトコ山
寒長根山
久慈駅から盛駅まで海岸沿いを走る。路線延長距離は163km
女和佐羅比山
男和佐羅比山
安家川
堀内駅
太平洋
野田村
普代北
白井海岸駅
遠島山
蓬森
高森
天神森
卯子酉山
普代川
普代駅
普代
普代村
七ツ森
甲子山
安家川
岩泉町
葛巻町
穴目ヶ岳
折壁岳
田野畑北
弁天崎
田野畑駅
田野畑中央
高さ200mもの断崖が5列に連なる
島越駅
松前川
野辺山
黒森山
田野畑村
鵜の巣断崖
龍泉洞観光センターに併設。食事処もあり観光後の休憩にも
明神山
田野畑南
水尻崎
続石山
龍泉洞レストハウス
鵜の巣断崖
音床山
亀山
大作山
宇霊羅山
小本川
小本港
岩泉龍泉洞
岩泉小本駅
小本街道
岩泉町
いわいずみ
熊の鼻
岩泉南
刺柄岳
摂待駅
小本海岸の南に突き出た半島。熊の鼻に似ていることが名前の由来
原地山
田老北
三陸自動車道
明神崎
田老真崎海岸
真崎
大館山
新田老駅
田老南
三王岩
田老駅
田老川
浄土ヶ浜を巡る遊覧船。浄土ヶ浜と出崎ふ頭の2つの発着所がある
片側1車線になるので注意
猿舞山
一の渡駅
姉ヶ崎
宮古うみねこ丸
黒森山
閉伊崎
日出島
宮古市
宮古駅
千徳駅
花原市駅
高取山
宮古港
閉伊川
磯鶏駅
山田線
川内駅
茂市駅
蟇目駅
宮古中央JCT
前刈山
宮古根市
宮古田鎖
宮古中央
箱石駅
腹帯駅
猿壁山
宮古湾
月山(御殿山)

寄り道スポット
●久慈ICから8km
もぐらんぴあ
日本で唯一の地下水族科学館。三陸の海の生き物の展示のほか、南部潜りと海女の素潜りの実演も行っている。
☎0194-75-3551 所岩手県久慈市侍浜町麦生1-43-7 営9:00～18:00 11～3月10:00～16:00、入館各30分前まで 休月曜(祝日の場合は翌日) 料700円 P50台
海女の素潜りは土・日曜、祝日に実演

COURSE 38

懐かしい自然が残る
永遠の日本のふるさとへ

岩手県

遠野・荒神神社・北上展勝地

とおの・あらがみじんじゃ・きたかみてんしょうち

遠野住田ICを下り、田舎道をゆったり進み荒神神社へ。日本の原風景のような里山を目の当たりにし、釜石遠野線を駆け抜け、猿ヶ石川と並走しながら遠野バイパスを駆け抜ける。宮守川橋梁では、宮沢賢治の作品世界に引き込まれる。橋梁を通り過ぎる列車を追うように、国道283号を走る。春には北上展勝地で満開の桜が出迎えてくれ、色鮮やかな鯉のぼりが空を泳ぐ光景も楽しめる。

雪で彩られた日本の原風景はなお美しい

DRIVE COURSE 走行距離 約66km

START 釜石自動車道・遠野住田IC

4km

1 荒神神社

28km／県道35号、国道396号

2 宮守川橋梁

28km／国道283・456号

3 北上展勝地

6km／国道107号

GOAL 東北自動車道・北上江釣子IC

INFORMATION

遠野市観光協会 ☎0198-62-1333
遠野市宮守総合支所 ☎0198-67-2111
北上観光コンベンション協会 ☎0197-65-0300

高清水展望台では9月下旬から11月初旬にかけての早朝に、雲海の幻想的な風景を眺められる

寄り道スポット

●遠野住田ICから11km

カッパ淵

カッパぶち

かつて多くのカッパが棲み人々を驚かせたという伝承が残る場所。近くにある伝承園で「カッパ捕獲許可書」を手に入れたら、カッパ釣りに挑戦しよう。

所 岩手県遠野市土淵町土淵7地割
P 伝承園・カッパ淵大型駐車場利用

↑今にもカッパが出てきそうな雰囲気

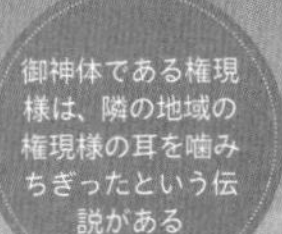

御神体である権現様は、隣の地域の権現様の耳を噛みちぎったという伝説がある

1 田畑の中にある小さな神社 荒神神社

あらがみじんじゃ

茅葺きの社殿の周囲を田畑に囲まれ、狭い土地の中に鎮まっており、遠野らしい原風景が残る場所のひとつ。春は田んぼに水を張り、夏は青田、秋は黄金色の田んぼに囲まれ、冬は真っ白な雪景色と、どの時期に訪れても楽しめる。荒神様とも呼ばれ、「遠野遺産」に選ばれている。

㈷遠野市青笹町中沢21-8 Ⓟなし

道の駅を PICK UP!!

民話や妖怪などの要素を取り入れた店内

●遠野住田ICから15km

遠野風の丘 永遠の日本のふるさと

とおのかぜのおか えいえんのにほんのふるさと

遠野ならではの民芸・工芸・みやげ物のほか、農産物の販売や道路情報、観光案内などを行う。展望デッキでは、猿ヶ石川や田園風景を眺めながら、遠野名物バケツジンギスカンを味わえる。

☎0198-62-0888 ㈷岩手県遠野市綾織町新里8地割2-1 営9:00～18:00(11～3月は～17:00) 休無休 Ⓟ228台

↑遠野産品やカッパグッズが手に入る売店

↑国道283号沿いに立地。遠野地域の観光拠点として立ち寄ってみたい

② 名作『銀河鉄道の夜』のモデル
宮守川橋梁
みやもりがわきょうりょう

半円が5つ連なるアーチ橋で、愛称は「めがね橋」。作家の宮沢賢治は、この橋を走るJR釜石線の前身「岩手軽便鉄道」をモチーフに、『銀河鉄道の夜』を執筆したといわれる。現在は通年のライトアップにより、見る人を幻想の世界に引き込む。

⬆夏の宮守川橋梁。2023年6月にSL銀河の運行は終了している

所岩手県遠野市宮守町下宮守 P30台

県内でも珍しい通年型のライトアップ

名物グルメ
ジンギスカン

遠野ではジンギスカンの歴史が古く、英国発祥の毛織物「ホームスパン」の製作のために羊の飼育が盛んであった。羊肉を調達しやすかったこともあり、現在でもこの地ではラム肉が親しまれている。

約1万匹のカブトムシとふれあえる施設。7月上旬～8月中旬限定オープン

釜石自動車道
東和
土沢駅
カブト虫ふれあい童夢
日向居木山
晴山駅
釜石線
猿ヶ石川
花巻市
旧小原家住宅

18世紀中頃に建てられた藩政時代の一般農家の住宅。重要文化財に指定

北上市
村崎野駅
東北新幹線
東北本線
GOAL
藤根駅
江釣子駅
北上線
北上江釣子IC
柳原駅
和賀川
北上駅
③ 北上展勝地
秋田自動車道
北上JCT
珊瑚岳
国見山
国見山展望台
東北自動車道

標高244mの国見山頂上に設置。北上川の流れる様子が見える

金成山
館山
麓山
江刺田瀬
笠根山
白山堂山
奥州市
北上金ヶ崎PA
北上金ヶ崎

③ 東北有数の桜の名所
北上展勝地
きたかみてんしょうち

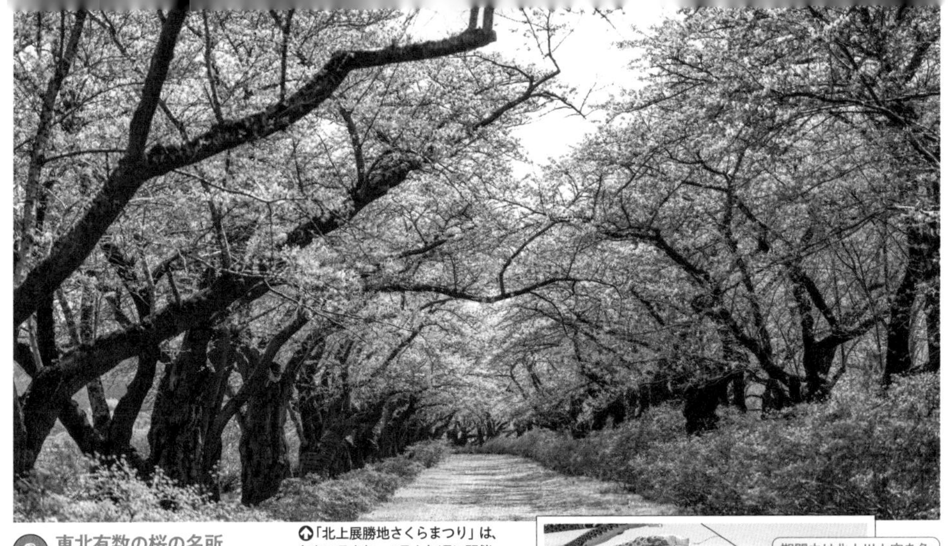

↑「北上展勝地さくらまつり」は、毎年4月中旬〜5月上旬頃に開催。多くの花見客が訪れる

「桜の名所百選」「みちのく三大桜名所」に数えられ、2021年には開園100周年を迎えた。北上川左岸に続く約2kmの桜並木だけでなく、約150種のさまざまな桜が公園内におよそ1万本あるといわれている。夜には美しくライトアップされた桜並木が川面に映し出される。

所岩手県北上市立花10地割 P400台

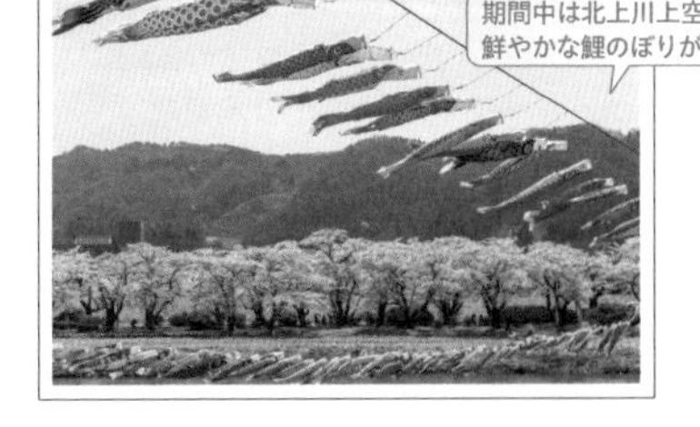

期間中は北上川上空を色鮮やかな鯉のぼりが泳ぐ

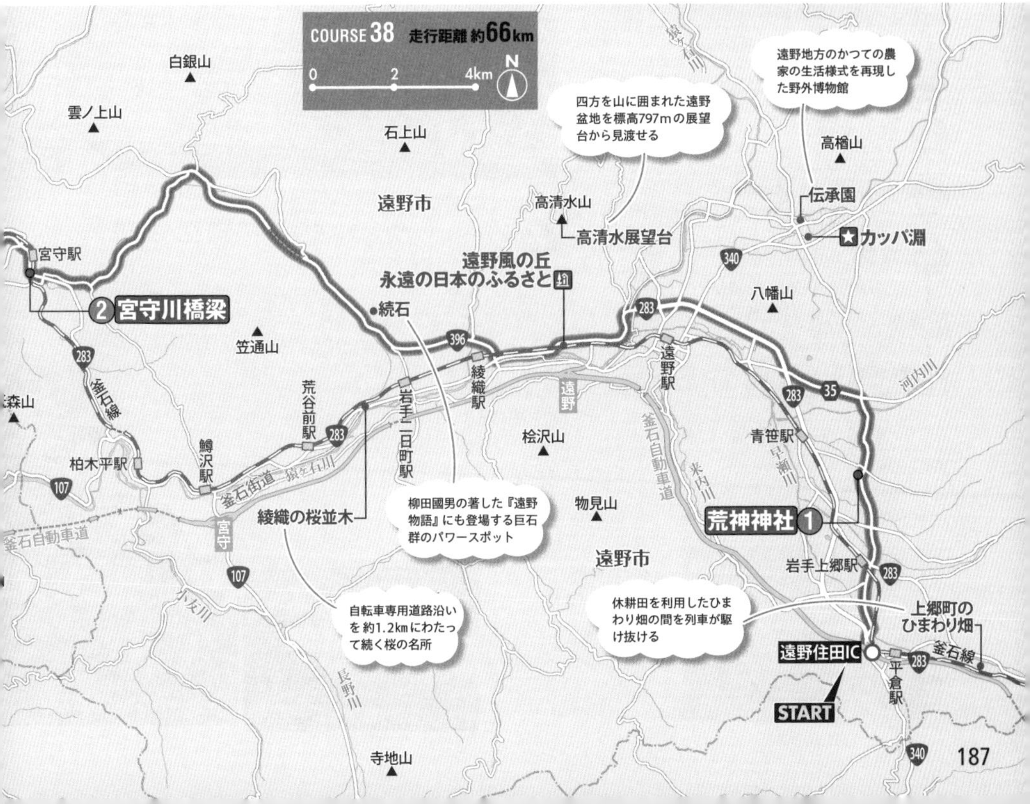

COURSE 38 走行距離 約66km
0 2 4km
N
白銀山
雲ノ上山
石上山
遠野市
高清水山
高清水展望台
四方を山に囲まれた遠野盆地を標高797mの展望台から見渡せる
遠野地方のかつての農家の生活様式を再現した野外博物館
高檜山
伝承園
カッパ淵
340
八幡山
宮守駅
遠野風の丘
永遠の日本のふるさと
② 宮守川橋梁
続石
笠通山
283
396
遠野駅
釜石線
荒谷前駅
綾織駅
岩手二日町駅
遠野
35
河内川
柏木平駅
鱒沢駅
283
桧沢山
青笹駅
早瀬川
来内川
釜石自動車道
107
釜石街道
猿ヶ石川
宮守
綾織の桜並木
柳田國男の著した『遠野物語』にも登場する巨石群のパワースポット
物見山
荒神神社 ①
遠野市
岩手上郷駅
107
小友川
自転車専用道路沿いを約1.2kmにわたって続く桜の名所
休耕田を利用したひまわり畑の間を列車が駆け抜ける
上郷町のひまわり畑
遠野住田IC
平倉駅
START
長野川
寺地山
340

COURSE 39

奇跡の美景を巡って
男鹿半島を周遊する

秋田県

鵜ノ崎海岸・ゴジラ岩・桜・菜の花ロード

うのさきかいがん・ゴジラいわ・さくら・なのはなロード

昭和男鹿半島ICを下り、JR男鹿線と並走しながら、市街地から海沿いへ。「秋田のウユニ塩湖」・鵜ノ崎海岸で水面に反射した景色に感動。男鹿半島を西へ進み出会うゴジラ岩は、横顔やごつごつした岩肌がまさにゴジラそのもの。日本海の風を感じながら、男鹿半島最北端の入道崎に向かう。寒風山回転展望台で360度の大パノラマを見学し、桜・菜の花ロードできれいな花々に癒やされる。

DRIVE COURSE 走行距離 約117km

START 秋田自動車道・昭和男鹿半島IC
28km／国道101号、県道59号
1 鵜ノ崎海岸
6km／県道59号
2 ゴジラ岩
26km／県道59・55号
3 入道崎
25km／県道55号
4 寒風山回転展望台
19km／県道55・54・298号
5 桜・菜の花ロード
13km／県道298号
GOAL 秋田自動車道・五城目八郎潟IC

INFORMATION

男鹿市観光課 ☎0185-24-9141
男鹿市観光協会 ☎0185-24-4700
大潟村産業建設課 ☎0185-45-3653

日本国花苑のさくらまつりは4月下旬～5月上旬に開催

2 シルエットがゴジラにそっくり

ゴジラ岩

ゴジラいわ

潮瀬崎と呼ばれる岩礁地帯にある岩で、シルエットがゴジラに似ているということで命名された岩。およそ約3000万年前の噴火による火山礫凝灰岩によってできている。特に夕刻に見られる口元に夕日と夕焼け雲を重ねた「火を噴くゴジラ」が人気

所秋田県男鹿市船川港門前
P門前駐車場利用

↓まるでゴジラが海に向かって吠えているよう

テレビCMにも取り上げられた人気スポット

1 「秋田のウユニ塩湖」と称される水鏡

鵜ノ崎海岸
うのさきかいがん

「日本の渚100選」に指定される海岸は、遠浅で平坦。穏やかな天気の日には、海面に映る空が美しい。干潮時に海底の岩肌が露出するくらいの浅瀬が連なるので、子供連れの家族も安心して遊ぶことができる。

所秋田県男鹿市船川港台島鵜ノ崎 P100台

約1000万年前の海底にあった地層が隆起し、波によって削られ、洗濯板のような形状になった

入道埼灯台は日本にわずか16基しか存在しない「のぼれる灯台」のひとつ

3 日本海の大パノラマを一望

入道崎
にゅうどうざき

秋田県男鹿半島最北端の岬。日本海に突出し、緑の大地、青い海と空が織りなす爽快なパノラマ風景が魅力である。北緯40度線上にあることから、安山岩で造形されるモニュメントが置かれている。入道埼灯台は「日本の灯台50選」に選ばれている。

所秋田県男鹿市北浦入道崎昆布浦2
P200台

↑中央にある円形の太陽の舞台には「日時計石」や「地図石」、その先には真北のラインを表す「北斗の石」が置かれている

4 360度の大パノラマを望む
寒風山回転展望台
かんぷうざんかいてんてんぼうだい

山全体が芝生に覆われた休火山である寒風山の山頂に建つ。標高約355mの高さの展望台は、一周約13分かけてゆっくりと回転し、360度パノラマの風景を眺めることができる。秋田の郷土料理を提供するレストランも併設している。

☎0185-25-3055 所秋田県男鹿市脇本富永寒風山62-1 開8:30～17:00 休12月中旬～3月上旬 料550円 P120台

➲寒風山は「未来に残したい草原の里100選」に選ばれている

日本海、白神山地、鳥海山を望むビュースポット

5 大潟村の春の風物詩
桜・菜の花ロード
さくら・なのはなロード

県道298号沿い約11kmにわたって約3700本の桜と菜の花が咲き誇る。桜のピンク、菜の花の黄、黒松の緑が織りなすコントラストが美しい。4月下旬～5月上旬には、ホテルサンルーラル大潟付近にある菜の花畑で、「桜と菜の花まつり」が開催される。

所秋田県大潟村地内県道298号沿い Pなし

➲沿道にはソメイヨシノ、山桜、八重桜が咲く。開花情報は大潟村のHPを確認

道の駅を PICK UP!!

男鹿で水揚げされた魚介がズラリと並ぶ

●昭和男鹿半島ICから20km

おが

男鹿市で初めての道の駅。男鹿で水揚げされた新鮮な魚介が揃う物産館が評判。併設のレストランでは、「男鹿産天然海の幸を使った石焼鍋定食」(2580円)など地場産品を使用したメニューを提供。☎0185-47-7515 所秋田県男鹿市船川港船川新浜町1-19 営9:00～17:00 休無休 P158台

⬆JR男鹿駅に隣接し、運転の休憩や食事にも便利

名物グルメ

しょっつる鍋
しょっつるなべ

小魚に塩や麹を加えて発酵させて作る魚醤を出汁に、ハタハタやタラといった魚や、豆腐、長ネギなどの野菜と一緒に煮込んだ秋田のご当地鍋料理。秋田沖は日本で最もハタハタが獲れる漁場であることから、県内各地の郷土料理店で味わえる。

COURSE 39 走行距離 約117km

0 2 4km N

1 鵜ノ崎海岸

4 寒風山回転展望台

5 桜・菜の花ロード

START 昭和男鹿半島IC

GOAL 五城目八郎潟IC

真っ白な海岸線が続き、遠浅の海が広がる。沈む夕日が美しい（五里合海水浴場）

春の季節には、さくらまつりが開催され、200種2000本の桜が咲き誇る（日本国花苑）

男鹿総合観光案内所前で15mの2体の巨大なまはげが迎える（なまはげ像）

安東三城のひとつ。安東愛季が大規模な改修を行い居城（脇本城跡）

追分駅と男鹿駅を結ぶ路線。愛称は男鹿なまはげライン（男鹿線）

五里合海水浴場 寒風山 滝川 脇本駅 男鹿線 羽立駅 男鹿駅 船川港 秋田船川港 おが 鵜ノ崎 男鹿市 脇本城跡 船越駅 天王駅 なまはげ像 秋田湾 二田駅 上二田駅 出戸浜駅 追分駅 潟上市 大潟村 男鹿街道 西部承水路 東部承水路 八郎潟調整池 八郎潟町 八郎潟駅 五城目町 井川 井川さくら駅 日本国花苑 羽後飯塚駅 井川町 豊川 大久保駅 奥羽本線 鯉川駅 三種町 八郎湖SA 琴丘森岳 森山 秋田自動車道 新城川

COURSE 40

名峰・鳥海山周辺の
貴重な自然と史跡にふれる

秋田県・山形県

鳥海山・鳥海ブルーライン

ちょうかいさん・ちょうかいブルーライン

鳥海山麓の美しい自然風景を楽しむ旅。象潟ICから、岩に刻まれた羅漢像が見どころの十六羅漢岩へ向かう。その後、鳥海山鉾立展望台から周辺の壮大な景色を一望。鳥海ブルーラインを北上し、奥秋田の清流に囲まれた元滝伏流水で自然の音を聞こう。さらに進むと、落差約40mの奈曽の白滝と出会える。獅子ヶ鼻湿原では巨木がそびえるブナの原生林を見られる。

DRIVE COURSE 走行距離 約78km

START 日本海東北自動車道・象潟IC
18km／国道7・345号
1 十六羅漢岩
20km／鳥海ブルーライン
2 鳥海山鉾立展望台
15km／鳥海ブルーライン
3 元滝伏流水
3km／鳥海ブルーライン
4 奈曽の白滝
10km／鳥海ブルーライン、県道58号
5 獅子ヶ鼻湿原
12km／県道58号
GOAL 日本海東北自動車道・象潟IC

INFORMATION

サンセット十六羅漢 ☎0234-77-3330
にかほ市観光協会 ☎0184-43-6608

鳥海山の裾野を巡る「鳥海グリーンライン」

1 岩礁に刻まれた磨崖仏

十六羅漢岩

じゅうろくらかんいわ

海禅寺の21代和尚・寛海が、日本海で命を落とした漁師の供養と海上安全を願い、明治元年(1868)に5年の歳月をかけて完成させた磨崖仏群。16の羅漢に、菩薩や舎利仏を合わせた22体が並ぶ。

所山形県遊佐町吹浦西楯 P110台

➡眺望台には歌碑や句碑があり、素晴らしい夕日や飛島を望める名所

2 鳥海山麓の眺望

鳥海山鉾立展望台

ちょうかいざんほこだててんぼうだい

鳥海国定公園内、日本百名山のひとつにも数えられる標高2236mの鳥海山。標高1150mに位置する鉾立は、鳥海山5合目にあたる象潟口登山道の起点となる場所で、雄大な自然の風景を眺められる展望台がある。

所秋田県にかほ市象潟町小滝鉾立 休鳥海ブルーラインは4月下旬～11月上旬のみ通行可(開通後、しばらくは夜間閉鎖あり) P300台

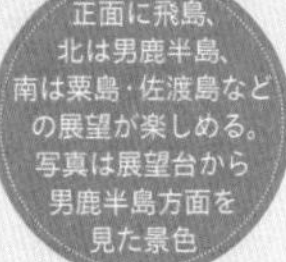

正面に飛島、北は男鹿半島、南は粟島・佐渡島などの展望が楽しめる。写真は展望台から男鹿半島方面を見た景色

道の駅を
PICK UP!!

象潟町の自然を360度見渡せる

●金浦ICから4.5km

象潟ねむの丘

きさかたねむのおか

国道7号沿いにある地元のみやげが揃う物産館や食事処、日帰り温泉施設が備わる、東北最大級の道の駅。春は山菜、夏は天然岩ガキなどが並ぶ。

☎0184-32-5588 所秋田県にかほ市象潟町大塩越73-1 営9:00〜19:00(施設により異なる) 休無休(12〜3月は第3月曜、祝日の場合は翌日) P336台

↑にかほ市の観光拠点センターが隣接する

展望台の真下にある深さ337mの大迫力のV字渓谷「奈曽渓谷」

3 森の奥に秘められた名水
元滝伏流水
もとたきふくりゅうすい

鳥海山麓の雪解け水が長い歳月をかけ、苔生した岩肌から噴き出す。夏になると、湧水と周囲の気温との温度差から滝の周りに霧が生じ、苔に覆われた溶岩の表面が霧の中に浮かんだような、幻想的な景観をつくり出す。

所秋田県にかほ市象潟町小滝麻針堰(駐車場) P30台

←マイナスイオンを感じる白い水と緑の苔が美しい

4 秋田県を代表する名瀑
奈曽の白滝
なそのしらたき

国の名勝に指定されており、高さ26m、横幅11mで豊かな水量を誇る滝。滝つぼ、展望台、境内、吊り橋の、4つの異なったアングルから滝を楽しめる。

所秋田県にかほ市象潟町小滝 P30台

春・夏は緑と白、秋には紅葉の赤や黄色と白の対比が鮮やか

←四季折々の木々と滝のコントラストも見どころ

5 現在まで残る神秘的な湿原
獅子ヶ鼻湿原
ししがはなしつげん

ブナの原生林に囲まれている中島台レクリエーションの森に広がる湿原。異形のブナ群や日本ではここでしか見られない貴重な苔や「出つぼ」といわれる湧水池をはじめとした景色が楽しめる。

所秋田県にかほ市象潟町横岡中島台 休12～3月は管理棟閉鎖、天候により変更あり P115台

貴重な自然がそのまま残る湿原。道も整備されているので歩きやすい

↓樹齢300年、幹回り7.62mと他を圧倒する異形ブナの「あがりこ大王」

コース内の絶景ロード

標高1100mまで上る山岳観光道路
鳥海ブルーライン
ちょうかいブルーライン

山形県側ではブナ林が、秋田県側では広大な草原が左右に広がる。眺望が開けたところでは、眼下に日本海や庄内平野を望む。11月上旬から4月下旬までは冬期通行止め。

雄大な鳥海山を眺めながらドライブ
鳥海グリーンライン
ちょうかいぐりーんらいん

秋田県由利本荘市とにかほ市を走る約40kmの鳥海広域観光の核となる観光道路。鳥海山の裾野を巡り、鳥海高原の大自然を満喫できる観光スポットが目白押し。

寄り道スポット

●象潟ICから14km

三崎公園
みさきこうえん

日本海に突き出た「観音崎」「大師崎」「不動崎」の3つの岬が名の由来。日本海の荒波で削られた奇岩は見応え満点。遊歩道やキャンプ場も整備されている。

所秋田県にかほ市象潟町小砂川三崎
P40台

➡約3000年前の鳥海山噴火による溶岩でつくられた地形を遊歩道で散策

⬆日本海に沈む夕日や飛島を一緒に眺められるビュースポット

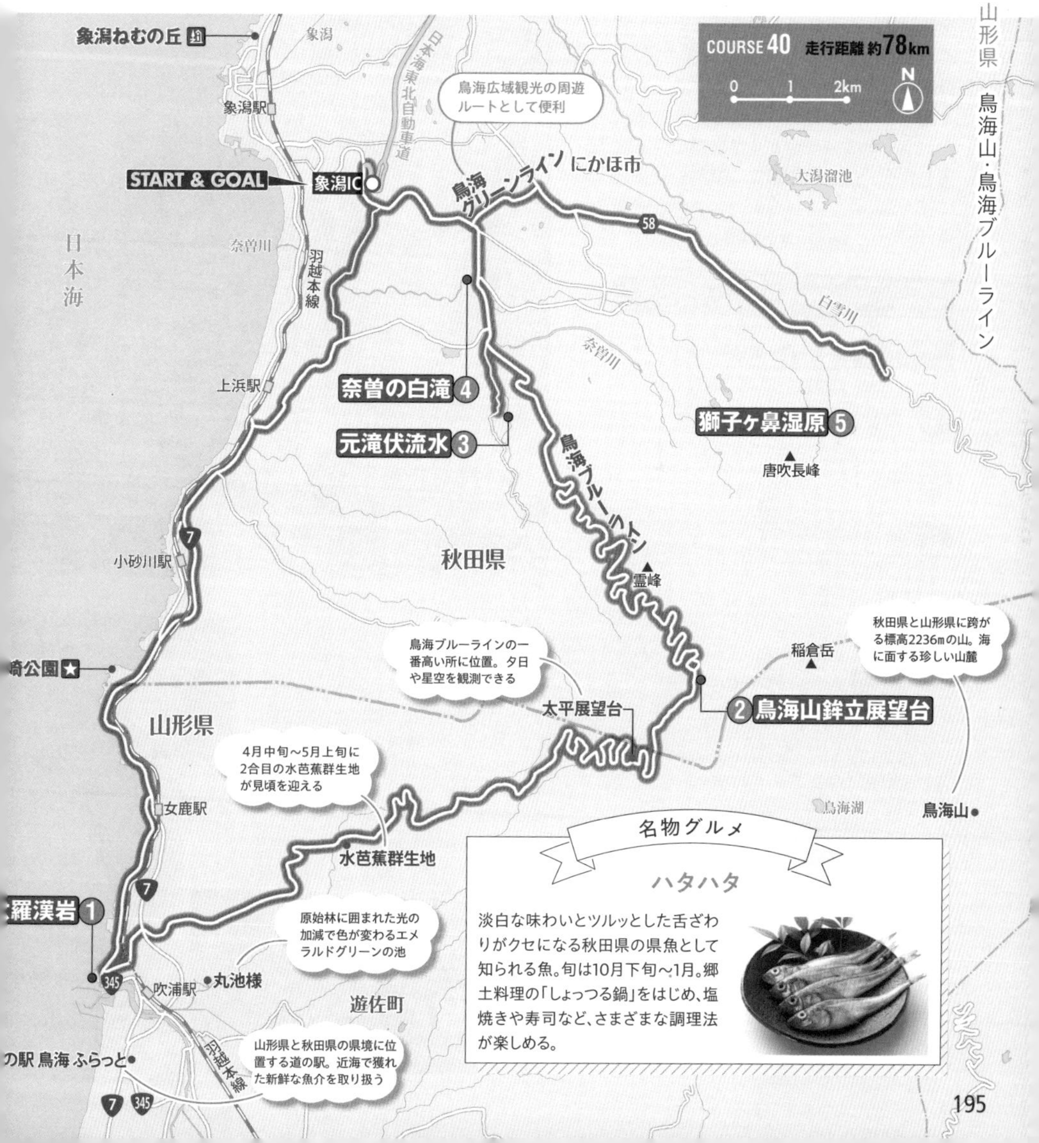

COURSE 40 走行距離 約78km

START & GOAL 象潟IC

象潟ねむの丘
象潟
象潟駅
日本海東北自動車道
鳥海広域観光の周遊ルートとして便利
鳥海グリーンライン
にかほ市
大潟溜池
58
日本海
奈曽川
羽越本線
白雪川
奈曽の白滝 4
元滝伏流水 3
上浜駅
獅子ヶ鼻湿原 5
唐吹長峰
鳥海ブルーライン
7
小砂川駅
秋田県
霊峰
秋田県と山形県に跨がる標高2236mの山。海に面する珍しい山麓
稲倉岳
鳥海ブルーラインの一番高い所に位置。夕日や星空を観測できる
三崎公園
太平展望台
2 鳥海山鉾立展望台
山形県
4月中旬〜5月上旬に2合目の水芭蕉群生地が見頃を迎える
女鹿駅
鳥海湖
鳥海山
水芭蕉群生地
十六羅漢岩 1
原始林に囲まれた光の加減で色が変わるエメラルドグリーンの池
345
吹浦駅
丸池様
遊佐町
道の駅 鳥海 ふらっと
山形県と秋田県の県境に位置する道の駅。近海で獲れた新鮮な魚介を取り扱う
羽越本線

名物グルメ

ハタハタ

淡白な味わいとツルッとした舌ざわりがクセになる秋田県の県魚として知られる魚。旬は10月下旬〜1月。郷土料理の「しょっつる鍋」をはじめ、塩焼きや寿司など、さまざまな調理法が楽しめる。

COURSE 41

ダイナミックな太平洋を眺め
気仙沼の新鮮な海の幸を味わう

宮城県

気仙沼・亀山・登米

けせんぬま・かめやま・とめ

リアス海岸のダイナミックな眺望に心打たれ、産地直送の新鮮な魚介類や野菜を味わう、心もお腹も満足する旅。一関ICから唐桑半島の三陸復興公園の名勝・巨釜へ。荒々しい男性的な景観美を堪能したあとは橋を渡って気仙沼大島大橋へ向かう。亀山展望台からは金華山まで一望できる。夏の伊豆沼では遊覧船に乗って蓮を眺めたい。気仙沼では中華の高級食材・フカヒレグルメを満喫しよう。

DRIVE COURSE 走行距離 約172km

START 東北自動車道・一関IC

63km/国道284・45号、県道239号

1 巨釜

17km/県道239号、国道45号、県道218号

2 気仙沼大島大橋

5km/県道218号

3 亀山展望台

74km/県道218号、三陸自動車道、県道36号、国道398号

4 伊豆沼

13km/県道36号

GOAL 東北自動車道・築館IC

INFORMATION

気仙沼観光コンベンション協会 ☎0226-22-4560
気仙沼大島観光協会 ☎0226-28-3000
唐桑町観光協会 ☎0226-32-3029

東北最大の低地沼地である伊豆沼。夏は蓮の花が咲き冬は渡り鳥の飛来地になる

巨釜の魅力は青い海から屹立する巨岩の群れ。その豪快な景観は自分の中に眠る野性を呼び覚ますようだ

2 気仙沼湾のランドマーク 気仙沼大島大橋

けせんぬまおおしまおおはし

本州と気仙沼大島を結ぶ橋として、2019年に誕生した気仙沼湾の新たなランドマーク。青い海と白い橋のコントラストがとても美しい。愛称を鶴亀大橋という。

所宮城県気仙沼市三ノ浜～磯草 Pなし

橋の両端に転回場があり、徒歩でも渡れる

1 太平洋の荒波渦巻く奇岩絶景

巨釜
おおがま

巨釜という地名は浜から沖合を見ると大釜の中でお湯が煮えたぎっているように見え、沖にある岩が蓋をしているようにも見えることから名付けられたのだそう。リアス海岸独特の荒々しい景観が連なる三陸復興公園の名勝だ。

所宮城県気仙沼市唐桑町中 P30台

高さ16m幅約3mの石柱「折石」。震災復興のシンボルとされている

橋の長さは297mでアーチ橋としては東日本で1位。青空に弧を描くアーチ状の橋はとても美しい

亀山山頂にある木製の展望台・亀山ほしのテラスから、太平洋の水平線を望める

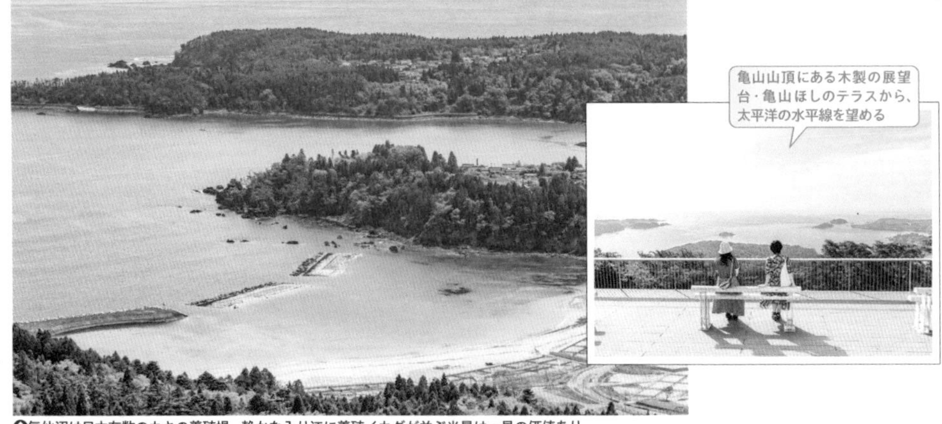

気仙沼は日本有数のカキの養殖場。静かな入り江に養殖イカダが並ぶ光景は一見の価値あり

3 気仙沼市内を一望する展望台
亀山展望台
かめやまてんぼうだい

気仙沼大島にある標高235mの亀山山頂に設置された展望台。気仙沼湾はもとより気仙沼市内や天気が良ければ遠く金華山まで一望できる。また四季折々の日の出や夕焼け、気仙沼湾に浮かぶ漁火や満天の星なども美しい。レストハウスや亀山ほしのてらすも整備されており、休憩しながら雄大な太平洋の眺望を楽しめる。

所宮城県気仙沼市亀山
P60台 ※亀山中腹の亀山駐車場利用

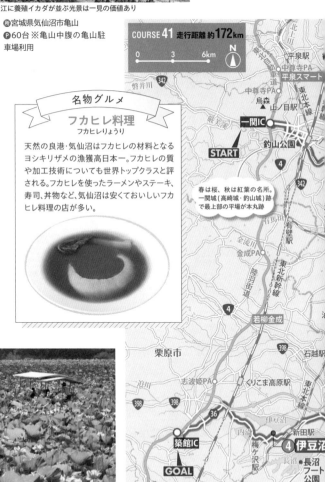

名物グルメ
フカヒレ料理
フカヒレりょうり

天然の良港・気仙沼はフカヒレの材料となるヨシキリザメの漁獲高日本一。フカヒレの質や加工技術についても世界トップクラスと評される。フカヒレを使ったラーメンやステーキ、寿司、丼物など、気仙沼は安くておいしいフカヒレ料理の店が多い。

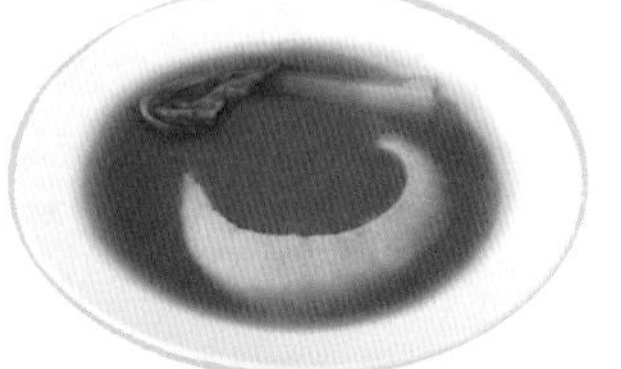

4 夏は蓮、冬は渡り鳥の楽園
伊豆沼
いずぬま

伊豆沼は東北最大の低地湖沼で、夏は蓮の花が咲き乱れ、冬は多くの渡り鳥が越冬する鳥の楽園だ。7月下旬~8月下旬には例年はすまつりが開催され、咲き乱れる蓮の間を遊覧船が行く。

☎0220-28-3111(登米市伊豆沼・内沼サンクチュアリセンター) 所宮城県登米市迫町新田伊豆崎 開休料見学自由 P50台

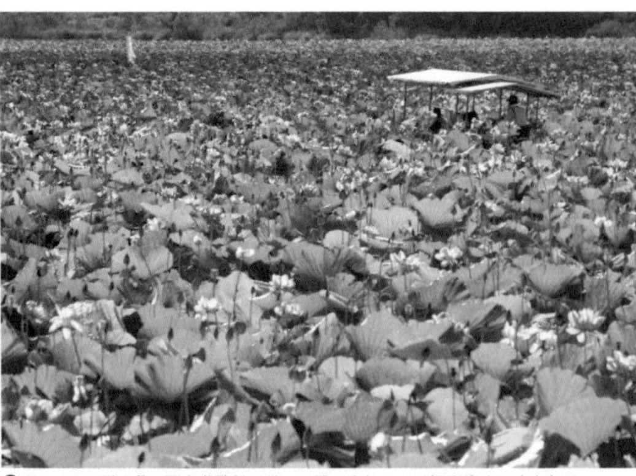

沼の一面に咲く蓮の間を遊覧船に乗って見てまわるのは極楽浄土に来た気分

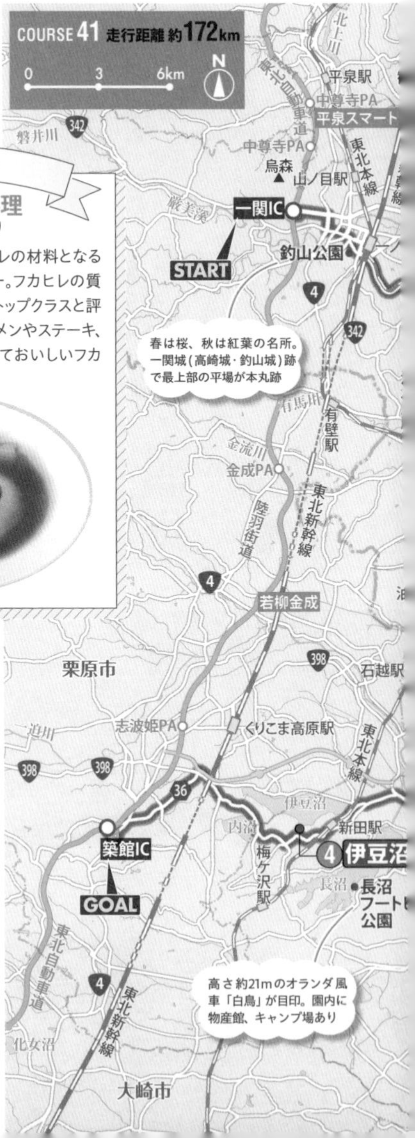

COURSE 41 走行距離 約172km
0 3 6km
N
平泉駅
中尊寺PA
平泉スマート
東北自動車道
中尊寺PA
東北本線
磐井川
342
烏森
山ノ目駅
厳美渓
一関IC
START
釣山公園
4
342
春は桜、秋は紅葉の名所。一関城(高崎城・釣山城)跡で最上部の平場が本丸跡
有馬川
有壁駅
金流川
金成PA
陸羽街道
東北新幹線
4
若柳金成
398
石越駅
栗原市
志波姫PA
くりこま高原駅
迫川
東北本線
398
398
36
伊豆沼
内沼
新田駅
築館IC
GOAL
4 伊豆沼
梅ケ沢駅
長沼
長沼フートピア公園
東北自動車道
4
東北新幹線
高さ約21mのオランダ風車「白鳥」が目印。園内に物産館、キャンプ場あり
化女沼
大崎市

道の駅を PICK UP!!

産直の新鮮な魚介や野菜がいっぱい

●一関ICから56km

大谷海岸

おおやかいがん

2021年3月にリニューアルオープンした道の駅。目印はマンボウ。大谷海岸が目の前に広がる。

☎0226-44-3180 所宮城県気仙沼市本吉町三島9 営9:00～18:00 休無休 P90台

●志津川ICから2km

さんさん南三陸

さんさんみなみさんりく

南三陸さんさん商店街に加え、震災伝承施設と観光交流施設、JR志津川駅が一体化した道の駅。

☎0226-46-1385(南三陸町商工観光課) 所宮城県志津川五日町200-1 営休施設・店舗により異なる P249台

●築館ICから35km

三滝堂

みたきどう

車中泊のできる道の駅。小型犬用と中型・大型犬用のドッグラン施設(無料)が設置されている。

☎0220-23-7891 所宮城県登米市東和町米谷福平191-1 営9:00～19:00(食事処は10:00～17:00) 休無休 P81台

源義経公ゆかりの皆鶴姫終焉の地。参詣する人に良縁が授かると伝わる神社
気仙沼を紹介する映像や写真の多くはここからの眺めが使われる。夜景がきれい
毎年7月に約1万株のアジサイが見事に咲く気仙沼市の花の名所
志津川湾と周辺の山々とのコントラストが美しい海水浴場
巨釜 1
気仙沼大島大橋 2
3 亀山展望台
皆鶴姫神社
安波山 展望台 ひのでのてらす
赤坂公衆園
大谷海岸
三滝堂
さんさん南三陸
サンオーレそではま海水浴場
岩手県
宮城県
気仙沼市
登米市
南三陸町
太平洋
柴宿駅
猊鼻渓駅
陸中松川駅
岩ノ下駅
陸中門崎駅
摺沢駅
千厩駅
小梨駅
矢越駅
折壁駅
新月駅
気仙沼駅
柳津駅
大船渡線
気仙沼線
気仙沼街道
本吉街道
東浜街道
西郡街道
三陸自動車道
陸前高田長部
唐桑小原木
唐桑半島
気仙沼鹿折
浦島大島
気仙沼港
気仙沼中央
岩井崎
本吉津谷
小泉海岸
歌津北
歌津
南三陸海岸
志津川
登米東和
三滝堂
登米
宝境山
八郎峰
弓折山
高烏兎山
三島山
石蔵山
室根山
君ヶ鼻山
黒森山
三枚山
京ノ森山
新館山
府中山
矢越山
笹森山
熊山
大森山
黄金山
岩倉山
献上山
三峰山
大峰山
館ヶ森山
蚕飼山
長崎山
高城山
論山
権現森
高倉山
田束山
高荒神山
高塒山
神行堂山
童子山
玉山
狐ヶ森
物見石山
保呂羽山
不動山
霧立山
早馬山
米ヶ崎
真崎
松ヶ鼻
広田湾
蛭島
唐島
小前見島
大前見島
御崎岬
龍舞崎
岩井崎
明神崎
舘鼻崎
大島
気仙沼湾
松島
末の崎
伊里前湾
館崎
歌津崎
琵琶崎
野島
荒島
弁天崎
志津川湾
椿島
松崎
竹島
松島
神割崎
双子島
猊鼻渓
千厩川
砂鉄川
黄海川
北上川
金流川
津谷川
馬籠川
二股川
神山川
大川
迫川
一関街道

COURSE 42

蔵王連峰を東西に横断
天空をダイナミックドライブ

宮城県・山形県

蔵王エコーライン・滝見台・御釜

ざおうエコーライン・たきみだい・おがま

宮城県蔵王町と山形県上山市をつないで蔵王連峰を越える全長約26kmの山岳道路・蔵王エコーライン。真っ赤な大鳥居をくぐり最初に訪れるのは古くから俳人にも愛された滝見台。続いて向かうのは駒草平。その先の神秘の色をたたえるカルデラ湖・御釜へは分岐した約2.5kmの有料道路・蔵王ハイラインを使う。ブナ林に抱かれたドッコ沼、山形市内を一望できる西蔵王公園からの爽快感は山岳ドライブの醍醐味。

DRIVE COURSE 走行距離 約91km

START 山形自動車道・宮城川崎IC
20km／県道47・12号
1 滝見台
9km／蔵王エコーライン
2 駒草平
5km／蔵王エコーライン、蔵王ハイライン
3 御釜
27km／蔵王ハイライン、蔵王エコーライン
4 ドッコ沼
19km／県道53号
5 西蔵王公園
11km／国道13号
GOAL 東北中央自動車道・山形上山IC

INFORMATION

蔵王町観光案内所 ☎0224-34-2725
蔵王温泉観光協会 ☎023-694-9328

蔵王エコーライン開通記念に建立の蔵王大権現大鳥居

1 3つの滝を展望台から一望
滝見台
たきみだい

落差54m、水量も多いダイナミックな不動滝、その上にかかる地蔵滝。「日本の滝百選」にも選ばれている3段の瀑布が圧巻の三階滝。この3つの滝が見られる滝見台には俳人・宇田零雨(うだれいう)が「万緑の底に滝あり轟けり」と詠んだ句碑がある。緑鮮やかな頃のすがすがしさと並んで秋の紅葉と滝の情景も秀逸。

所 宮城県蔵王町遠刈田温泉倉石岳国有地内 P 10台

落差181m、幅7m。3段に連なり流れる三階滝

↑多くの俳人から愛され句碑が立てられている滝見台は駐車場からすぐ

↑濁川の五色岳の東部に深く切り込んで流れ落ちる不帰の滝

2 岩場にコマクサのピンクが可憐
駒草平
こまくさだいら

高山植物の女王・コマクサが群生する標高1383mの駒草平。蔵王連峰から湧き出た水が流れ落ちる不帰(かえらず)の滝、振子滝、晴れた日は奥羽山脈の山並みを越え太平洋も一望できる。遊歩道が整備され散策に最適。

所 宮城県蔵王町遠刈田温泉倉石岳国有地内 休 11月上旬～4月下旬 P 50台

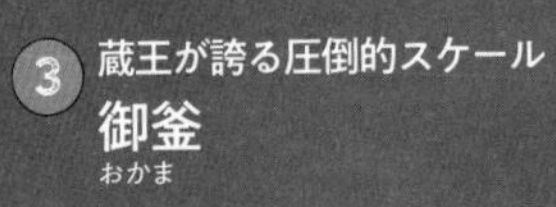

3 蔵王が誇る圧倒的スケール 御釜
おかま

蔵王エコーラインのシンボル的存在。お釜のような形から名付けられ、刈田岳・熊野岳・五色岳の3つの山に囲まれたカルデラ湖。晴れた日は特に湖面はエメラルドグリーンに輝き、光の当たり方で日に何度も色を変え五色湖とも呼ばれる。

所 宮城県蔵王国定公園内 休 11月上旬～4月下旬 P 蔵王ハイライン駐車場利用

霧の吹き溜まりで見えづらいときも待っていると霧が流れて絶景を見ることができる

冬期閉鎖が解除され通行可能の4月下旬、白い山にエメラルドグリーンが映える

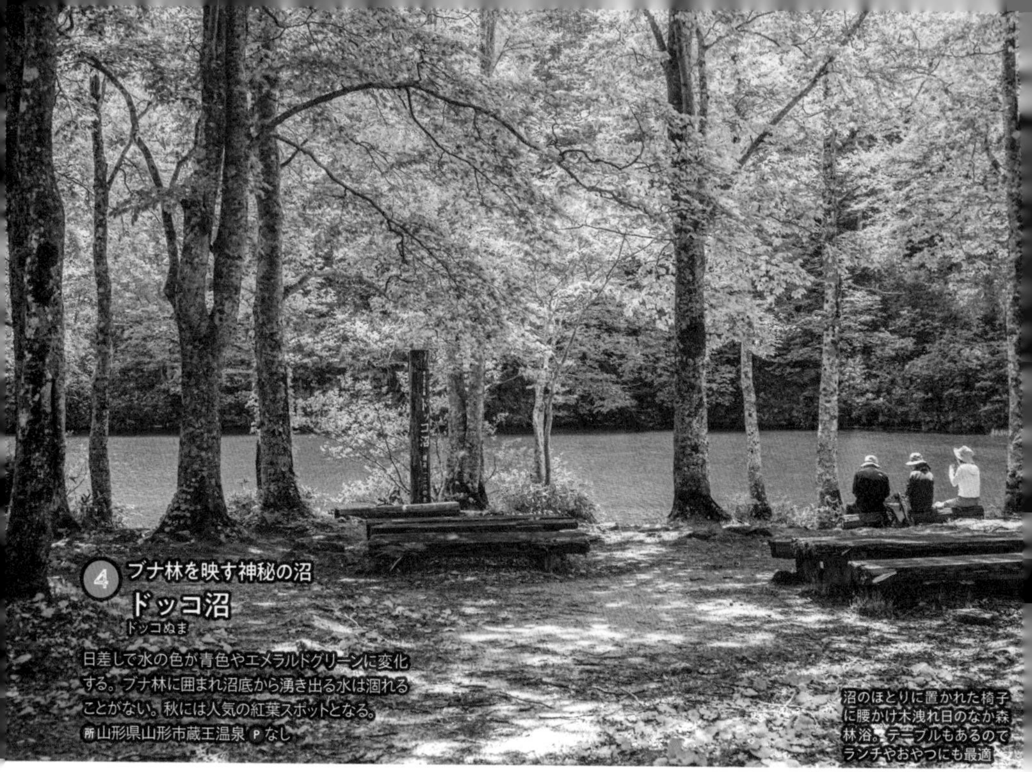

④ ブナ林を映す神秘の沼
ドッコ沼
ドッコぬま

日差しで水の色が青色やエメラルドグリーンに変化する。ブナ林に囲まれ沼底から湧き出る水は涸れることがない。秋には人気の紅葉スポットとなる。
所 山形県山形市蔵王温泉 P なし

沼のほとりに置かれた椅子に腰かけ木洩れ日のなか森林浴。テーブルもあるのでランチやおやつにも最適

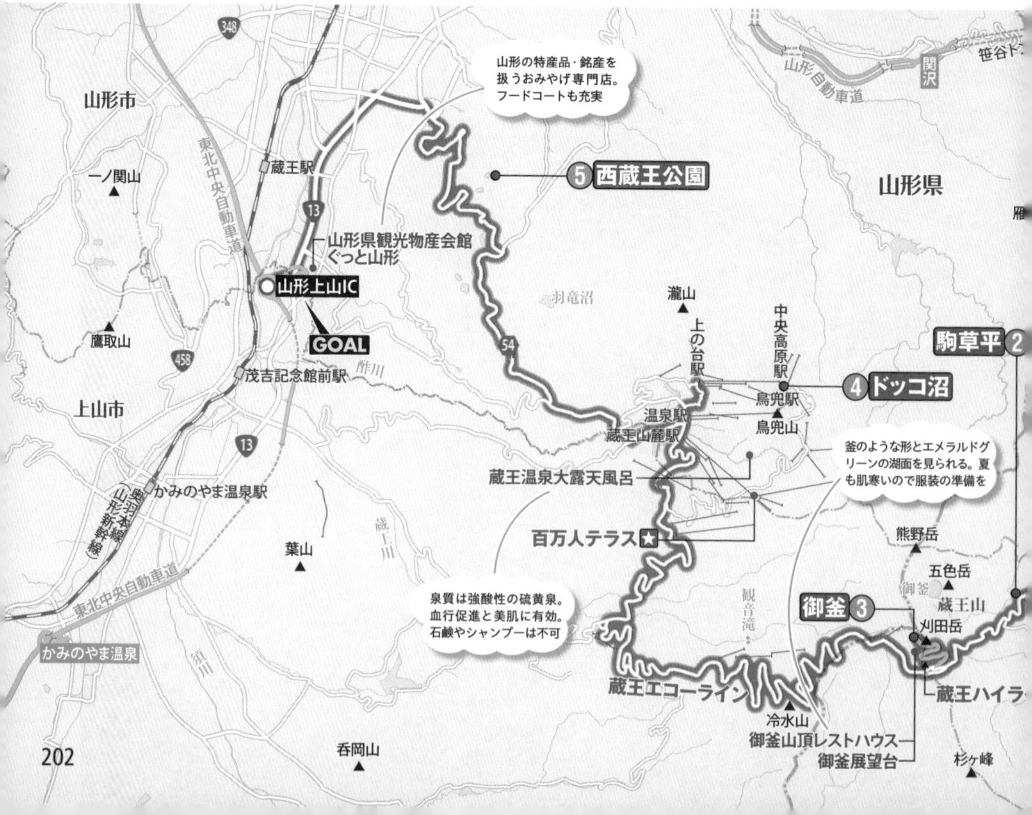

山形市
一ノ関山
鷹取山
上山市
348
蔵王駅
東北中央自動車道
13
山形県観光物産会館
ぐっと山形
山形の特産品・銘産を扱うおみやげ専門店。フードコートも充実
山形上山IC
GOAL
458
茂吉記念館前駅
酢川
13
かみのやま温泉駅
奥羽本線(山形新幹線)
葉山
東北中央自動車道
かみのやま温泉
須川
蔵王川
吾岡山
5 西蔵王公園
羽竜沼
54
瀧山
上の台駅
中央高原駅
鳥兜駅
鳥兜山
温泉駅
蔵王山麓駅
4 ドッコ沼
蔵王温泉大露天風呂
百万人テラス
泉質は強酸性の硫黄泉。血行促進と美肌に有効。石鹸やシャンプーは不可
観音滝
蔵王エコーライン
冷水山
御釜山頂レストハウス
御釜展望台
山形県
山形自動車道
笹谷
関沢
駒草平 2
釜のような形とエメラルドグリーンの湖面を見られる。夏も肌寒いので服装の準備を
熊野岳
五色岳
御釜
蔵王山
御釜 3
刈田岳
蔵王ハイラ
杉ヶ峰

開放感あふれる展望広場。遠く月山や朝日連峰までも見渡せる

⬅山形市内のほぼ全域が眼下に広がる。東北エリア屈指の夜景は日本夜景遺産に選ばれている

5 山形県内最大級の公園

西蔵王公園

にしざおうこうえん

大型遊具や芝生広場、アスレチック広場、キャンプ場など地形や樹木を利用した広大な自然公園。大小6つの沼を含む総面積は東京ドーム15個ほどの広さで四季の草花を楽しめる日本の花園もある。展望広場からは山形市内一帯を眺めることができる。

☎023-621-8195 所山形県山形市岩波上桜田 開入園自由 休冬季 P629台

寄り道スポット

●山形上山ICから13km

百万人テラス ひゃくまんにんテラス

樹氷高原駅にできた絶景スポット「百万人テラス」。ソファやハンモックが設置され、自然と一体になったような浮遊感を味わえる。蔵王山麓駅からロープウェイで7分。

☎023-694-9518(蔵王ロープウェイ) 所山形県山形市蔵王温泉229-3 営8:30～17:00(蔵王ロープウェイに準ずる) 休無休 料1800円(蔵王山頂駅～樹氷高原駅の往復) P150台

⬆テラスから見えるフォトジェニックな風景

コース内の絶景ロード

エコーラインから分岐の山岳道路

蔵王エコーライン・蔵王ハイライン

ざおうエコーライン・ざおうハイライン

宮城県と山形県をつなぐ蔵王エコーライン。高く積もった「雪の回廊」のドライブが楽しめる春をはじめ、夏の深緑や秋の紅葉と季節ごとに美しい情景で迎えてくれる。蔵王エコーラインの最高所にある刈田峠から分岐し、蔵王のお釜へと続く蔵王ハイラインは、ヘアピンカーブが続き、迫力ある山岳絶景が次々と現れる。

COURSE 43

日本三景・松島を巡り
石巻から花三昧の公園へ

宮城県

松島・日和山公園

まつしま・ひよりやまこうえん

標高105.8mの松島湾東側の高峰「壮観・大高森」からの光景。遠くに蔵王連峰を望む

日本三景・松島から石巻湾沿いを走り、花の名所・愛宕山公園までのドライブ。松島湾きっての展望で四大観（しだいかん）のひとつ壮観（そうかん）・大高森（おおたかもり）で松島の多島美を一望したあとは、海沿いの県道27号・奥松島パークラインを走り高台の日和山公園へ。日和山は松尾芭蕉とその弟子の像があるなど古くから文人墨客に愛された地で、東日本大震災では多くの命を救った場所でもある。愛宕山公園では、季節の花々を観賞したい。

DRIVE COURSE 走行距離 約98km

START 三陸自動車道・松島大郷IC

17km／国道45号、県道27号

1 松島

22km／県道27・60号、国道45号、県道240号

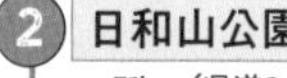

2 日和山公園

51km／県道240・60・16・156号

3 愛宕山公園

8km／県道156号

GOAL 東北自動車道・三本木スマートIC

INFORMATION

松島観光協会 ☎022-354-2618
松島町産業観光課観光班 ☎022-354-5708
石巻市観光課 ☎0225-95-1111

松島海岸と福浦島を252mの福浦橋がつなぐ

西行戻しの松公園内の展望台から桜と松島湾との一体美

1 松島を象徴する優美な景観

松島

まつしま

松島は京都の天橋立、広島の宮島とともに日本三景。大小260余の奇岩や小島を一望できる名所を四大観と呼び、そのうちのひとつで山頂から松島の形状を箱庭のように見られる「壮観・大高森」からの光景はなじみ深い。周遊クルーズは松島海岸から乗船を。

所宮城県東松島市宮戸(壮観・大高森)、宮城県松島町(麗観・富山)、宮城県七ヶ浜町(偉観・多聞山)、宮城県松島町(幽観・扇谷) Pあり

② 石巻市内と太平洋を一望
日和山公園
ひよりやまこうえん

市内中心部の北上川河口の丘陵地にある公園で標高は約56m。天気が良い日は牡鹿半島や遠くに蔵王連峰、福島・相馬地方の山並みまで見ることができる。松尾芭蕉、宮沢賢治など多くの文人墨客が訪れた石巻のシンボルは、東日本大震災時に多くの人が避難した「命の山」でもある。春は桜、ツツジの名所。

所宮城県石巻市日和が丘2丁目地内
P27台

津波被害から復興した北上川河口と市街地を望む

2021年に再建・復活した鹿島御児神社の大鳥居

道の駅をPICK UP!!

海沿いから内陸部まで特色ある品揃え

●河北ICから0.8km
上品の郷
じょうぼんのさと

旬の野菜や海産物を販売する直売所や地元食材を使ったフードコートがある。県内道の駅で唯一の温泉施設を併設。
☎0225-62-3670 所宮城県石巻市小船越二子北下1-1 営9:00〜19:00(ふたごの湯は〜21:00) 休無休(ふたごの湯は第4火曜) P246台

↑全国道の駅満足調査は上位常連で、全国2位になったことも

●松島大郷ICから6km
おおさと

特産・モロヘイヤを使ったうどんや新しい餅の食べ方の提案、牧場とのコラボ商品など多彩。フードコートも充実。
☎022-359-2675 所宮城県大郷町中村北浦51-6 営9:00〜18:00(食事処は11:00〜、店舗により異なる) 休無休 P250台

↑朝採りの新鮮野菜をはじめ、宮城のおみやげもいっぱい

●三本木スマートICから2km
三本木 やまなみ
さんぼんぎ やまなみ

三本木町は全国2位の規模を誇るひまわりの丘が有名で、ひまわりの種を使った商品が名物。亜炭記念館も併設。
☎0229-53-1333 所宮城県大崎市三本木大豆板63-13 営9:00〜18:00 休無休 P136台

↑地元農家の朝採れ野菜販売や三元豚の料理もレストランで提供

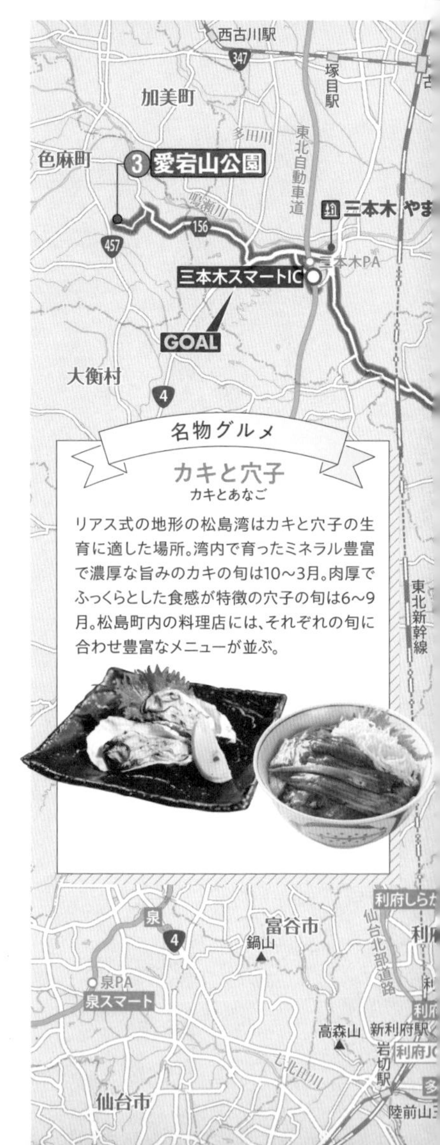

名物グルメ
カキと穴子
カキとあなご

リアス式の地形の松島湾はカキと穴子の生育に適した場所。湾内で育ったミネラル豊富で濃厚な旨みのカキの旬は10〜3月。肉厚でふっくらとした食感が特徴の穴子の旬は6〜9月。松島町内の料理店には、それぞれの旬に合わせ豊富なメニューが並ぶ。

③ 国道457号沿いの花の公園

愛宕山公園

あたごやまこうえん

県北エリアの桜の名所で、5月下旬には約1万株の見事なシャクヤク、初夏には数万本のアジサイが咲く季節の花に彩られる公園。町の特産品・えごま商品を販売する「味彩館ふるさと」や宿泊施設「色麻町伝習館」もある。

☎0229-65-4390 所宮城県色麻町四竃東原1-40 開休料入園自由 P110台

↑シャクヤクまつりは例年5月下旬。切花、株の販売もある

寄り道スポット

●松島大郷ICから7km

松島湾クルーズ

まつしまわんクルーズ

松島観光桟橋から湾内の主な島を約50分で巡る。大きな窓から間近に見られ開放的。2階グリーン席もおすすめ。ネットでの事前予約も可能。

☎022-354-2233 所宮城県松島町 営料コースにより異なる 休荒天時 Pなし

↑船内では各島の逸話をアナウンス

COURSE 43 走行距離 約98km

コース内の絶景ロード

弧を描く海岸線に沿って

野蒜海岸

のびるかいがん

野蒜海岸は東西約3kmにわたり砂浜が続く穏やかな海。海岸沿いには県道27号・奥松島パークラインが走り旅心をくすぐられる。

START 松島大郷IC

① 松島

ホッキ丼、鰈フライ定食、ラーメン、カレーもある。宮戸地区の観光拠点

五大堂

伊達政宗公が再建した桃山建築の御堂。各方位に十二支の彫刻あり

日和山公園 ②

網地島ライン石巻中央発着所

石巻と猫の島「田代島」、「網地島」「鮎川」を結ぶ高速船の発着所

COURSE 44

日本の原風景と花園を訪ね
驚きに満ちた自然美にふれる

山形県

白川湖の水没林・飯豊町散居集落

しらかわこのすいぼつりん・いいでまちさんきょしゅうらく

米沢牛で名高い米沢市から県道4号を通り、萱沼峠を越えて向かうのは、1年で1カ月だけ出現する白川湖の水没林。湖畔からの飯豊連峰が美しい。白川湖から北上し、飯豊町中心部へ。手入れの行き届いたいいで どんでん平ゆり園や、町内に2カ所ある展望台から1200haにわたり広がるホトケヤマ散居集落の景観を眺めよう。飯豊町からは国道113号でデラウエアの生産量日本一の高畠町へ向かう。

DRIVE COURSE 走行距離 約68km

START 東北中央自動車道・米沢北IC

26km／県道239・4号

1 白川湖の水没林

21km／県道4・10号

2 いいで どんでん平ゆり園

1km

3 ホトケヤマ散居集落展望台

20km／国道113号

GOAL 東北中央自動車道・南陽高畠IC

INFORMATION

飯豊町役場商工観光課 ☎0238-87-0523

高畠ワイナリーでショップ限定のワインを手に入れたい

湖畔はオートキャンプ場や公園が整備された県内屈指のレジャースポット

1 春限定1カ月だけ会える風景
白川湖の水没林
しらかわこのすいぼつりん

白川湖に春先の雪解けの水が流れ込み、満水の時期を迎えると出現する幻想的でユニークな光景。木はシロヤナギ。湿地を好み水の中から生えているように見える。例年4月中旬から5月中旬までの年に1カ月だけ期間限定の自然からの贈り物。木々の間を縫うように進むカヌー体験も大人気。

所山形県飯豊町数馬

P白川ダム湖岸公園駐車場利用

風が穏やかな日は白川湖の湖面が鏡のように水没林を映す。早朝の霧に巻かれた時間帯も美しい

東北最大級のユリ園に露路栽培のユリが満開に

2 カラフルなユリ畑は芳しい香り
いいで どんでん平ゆり園
いいで どんでんだいらゆりえん

約7haの広大な敷地に50万輪のユリが咲く。多品種のユリを混植し、咲く時期がずれ長く楽しめるのが特徴。6月中旬から7月中旬はゆりまつりを開催。園内はさまざまな宿根草も観賞できる。

☎0238-78-5587 所山形県飯豊町萩尾3341 開6月中旬～7月中旬9:00～17:00 休無休(ゆりまつり期間中) 料700円(ゆりまつり期間は有料) P295台

3 田園に屋敷林が点在の里山美
ホトケヤマ散居集落展望台
ホトケヤマさんきょしゅうらくてんぼうだい

田んぼや畑の中に家屋がポツリポツリと離れて建つ散居集落。町内に2カ所展望台があり、美しい日本の村の原風景を目にすることができる。

所山形県飯豊町中1956 P20台

家屋には冬の厳しい季節風をしのぐ屋敷林が見られる

道の駅をPICK UP!!

"いいで牛"のオブジェが目印

●南陽高畠ICから20km

いいで めざみの里 観光物産館

いいで めざみのさとかんこうぶっさんかん

青果、みやげ、どぶろく、新しい町の特産品・柿を使った加工品が人気。レストランでは米沢牛150gを贅沢に使った丼もある。真夏の雪まつりや収穫祭などイベントも豊富。☎0238-86-3939 所山形県飯豊町松原1898 営9:00～18:00 12～3月10:00～17:00 休無休(12～2月は休館日あり) P219台

観光イチゴ園も併設(期間限定)

寄り道スポット

●南陽高畠ICから16km

川西ダリヤ園

かわにしダリヤえん

約650品種10万本が咲くダリア専門園。昭和初期に栽培をはじめた頃の"ダリヤ"の名称を今に継承。同園で誕生した新品種「令和の輝き」も咲く。

☎0238-42-2112 所山形県川西町上小松5095-11 開9:00～18:00(8月1日～11月2日のみ営業、10月以降は日没で閉園) 休無休(開園期間中) 料550円 P150台

最も華やかな時期は9月中旬～10月中旬

COURSE 44 走行距離 約68km

ホトケヤマ散居集落展望台
いいで どんでん平ゆり園
南陽市は山形県のブドウ発祥地。ブドウ以外の果物狩り農園も点在
南陽高畠IC
GOAL
ブドウの名産地高畠町にあるモダンなワイナリー。ショップで買い物できる
高畠ワイナリー
米沢北IC
START
標高は531m。野生の猿との遭遇率高し。上り切ると視界が開ける
いいで めざみの里 観光物産館
川西ダリヤ園

名物グルメ

米沢牛

よねざわぎゅう

全国的に有名な黒毛和牛の最高峰で松阪牛、神戸牛と並ぶ三大和牛。きめ細かな霜降りと上質で口に含むと甘さを感じる脂にファンが多い。米沢市内の料理店ではバラエティ豊かな米沢牛グルメを味わうことができる。

COURSE 45

会津のお殿様も通った
会津西街道の歴史ロード

福島県

大内宿・会津若松

おおうちじゅく・あいづわかまつ

江戸時代、初代会津藩主・保科正之公により開削された会津若松と日光を結ぶ"会津西街道"。江戸時代の宿場町・大内宿ではタイムスリップしたかのような時間を堪能できる。少し足を延ばせば奇岩群の造形美に圧倒される塔のへつり。観音沼森林公園、座頭ころばし展望台に残る大自然の豊かさを存分に感じたい。会津藩の参勤交代の行列が行き来した道は国道121号、118号となり目的地の白河市とつなぐ。

DRIVE COURSE 走行距離 約95km

START 磐越自動車道・会津若松IC
7km／国道49号
1 歴史感動ミュージアム会津武家屋敷
30km／県道64号、国道121号、県道329号
2 大内宿
10km／県道329号、国道121号
3 塔のへつり
16km／国道121・289号
4 観音沼森林公園
19km／国道289号
5 座頭ころばし展望台
13km／国道289号
GOAL 東北自動車道・白河IC

INFORMATION

大内宿観光案内所 ☎0241-68-3611
下郷町観光案内所 ☎0241-68-2920
下郷町観光協会 ☎0241-69-1144
西郷村役場 ☎0248-25-1116

阿賀野川渓谷沿いの景勝地に宿が30軒ほどある

↑ケヤキ、ヒノキ、杉材を使った和洋建築の壮大な屋敷は見どころ満載

1 日本初の家老屋敷の復元
歴史感動ミュージアム会津武家屋敷
れきしかんどうミュージアムあいづぶけやしき

幕末会津藩を支えた家老・西郷頼母の邸宅。戊辰戦争で多くの武家屋敷が焼失したが西郷家の鳥瞰図が発見され昭和50年(1975)に復元。ガラス絵彫りの体験や食事処もある歴史テーマパーク。

☎0242-28-2525 所福島県会津若松市東山町石山院内1 開8:30～17:00 12～3月9:00～16:30 休無休 料無料 P100台

2 江戸時代の面影をたどって
大内宿
おおうちじゅく

会津若松と日光今市を結ぶ重要な道の宿場町として栄えた集落で、重要伝統的建造物群保存地区に選定。約40軒の茅葺き屋根の家々は会津の歴史を伝える展示館や郷土食豊かな料理店、茶房、みやげ物店として訪ねることができる。

所福島県下郷町大内 P500台(有料・宿場内は車両通行禁止)

本陣を復元した大内宿町並み展示館
真っ白な雪に包まれる2月に開催の大内宿雪まつり。夜は雪灯籠が灯る

↓約500mの街道沿いに並ぶ茅葺き屋根の建物。1軒ずつ立ち寄りたくなる

岩の浸食によってできた地層やエメラルドグリーンの水面を眼下に吊り橋で断崖へ行ける

③ 国天然記念物の奇岩群

塔のへつり

とうのへつり

“へつり”は会津の方言で川に迫った険しい断崖をいう。100万年という長い歳月をかけ岩が浸食・風化を繰り返し、全長200mの渓谷沿いには13種類の塔状の奇岩や怪岩を見ることができる。岩には烏帽子岩、屏風塔岩など名前がつけられている。

所 福島県下郷町弥五島下夕林5316

P 85台

④ 静寂の沼に小鳥のさえずり
観音沼森林公園
かんのんぬましんりんこうえん

標高1640mの観音山の麓にある沼周辺一帯が森林公園。平成20年（2008）に国道289号が開通し、南会津方面から白河方面へのアクセスが便利になり観光名所に。水面に浮かぶ浮島には多くの植物や昆虫が生息している。

所福島県下郷町野際新田 P123台

↑沼の周囲は1200m。遊歩道が整備されている

⑤ 大パノラマの絶景
座頭ころばし展望台
ざとうころばしてんぼうだい

国道289号沿い、温浴効果が高いといわれる甲子（かし）温泉手前の高台にある展望スペース。標高777mと縁起のいい数字にも定評あり。

所福島県西郷村真船地内

P10台

10月下旬からの紅葉が水面に映り込む

↑阿武隈川沿いに広がる由井ヶ原高原をはじめ、遠くは羽鳥湖や白河市街も眺められる

寄り道スポット

●会津若松ICから6km

鶴ヶ城
つるがじょう

かつて戊辰戦争の舞台となった城。昭和40年（1965）に天守閣が再建され、郷土博物館になっている。最上階の展望層から会津の街並みを一望できる。

☎0242-27-4005（鶴ヶ城管理事務所）所福島県会津若松市追手町1-1 営8:30～17:00（入場は～16:30）休無休 料410円（天守閣入場券） P360台（有料）

↑層塔型5層天守。赤瓦の天守閣は鶴ヶ城だけ

→春は約1000本の桜が名城をいっそう華やかに

道の駅をPICK UP!! 会津と南会津の宝物

●会津若松ICから8km

あいづ湯川・会津坂下
あいづ ゆがわ・あいづばんげ

会津盆地の中央にある道の駅。旬の野菜や果物、加工品などが充実。地元の食材をたっぷり使った農家レストランも併設。

☎0241-27-8853 所福島県湯川村佐野目五丁ノ目78-1 営9:00～19:00（店舗、季節により変動あり）休2月第3水曜 P209台

↑週末はキッチンカーやイベントで賑わう

●白河ICから29km

しもごう

標高861mに位置し、南会津の雄大な山並みの絶景と雲海が見られる。産直市場やレストランがあり、ジャージー牛の濃厚なソフトクリームが人気。

☎0241-67-3802 所福島県下郷町南倉沢844-188 営9:00～17:00 休無休 P48台

↓建物には県産材を使っている

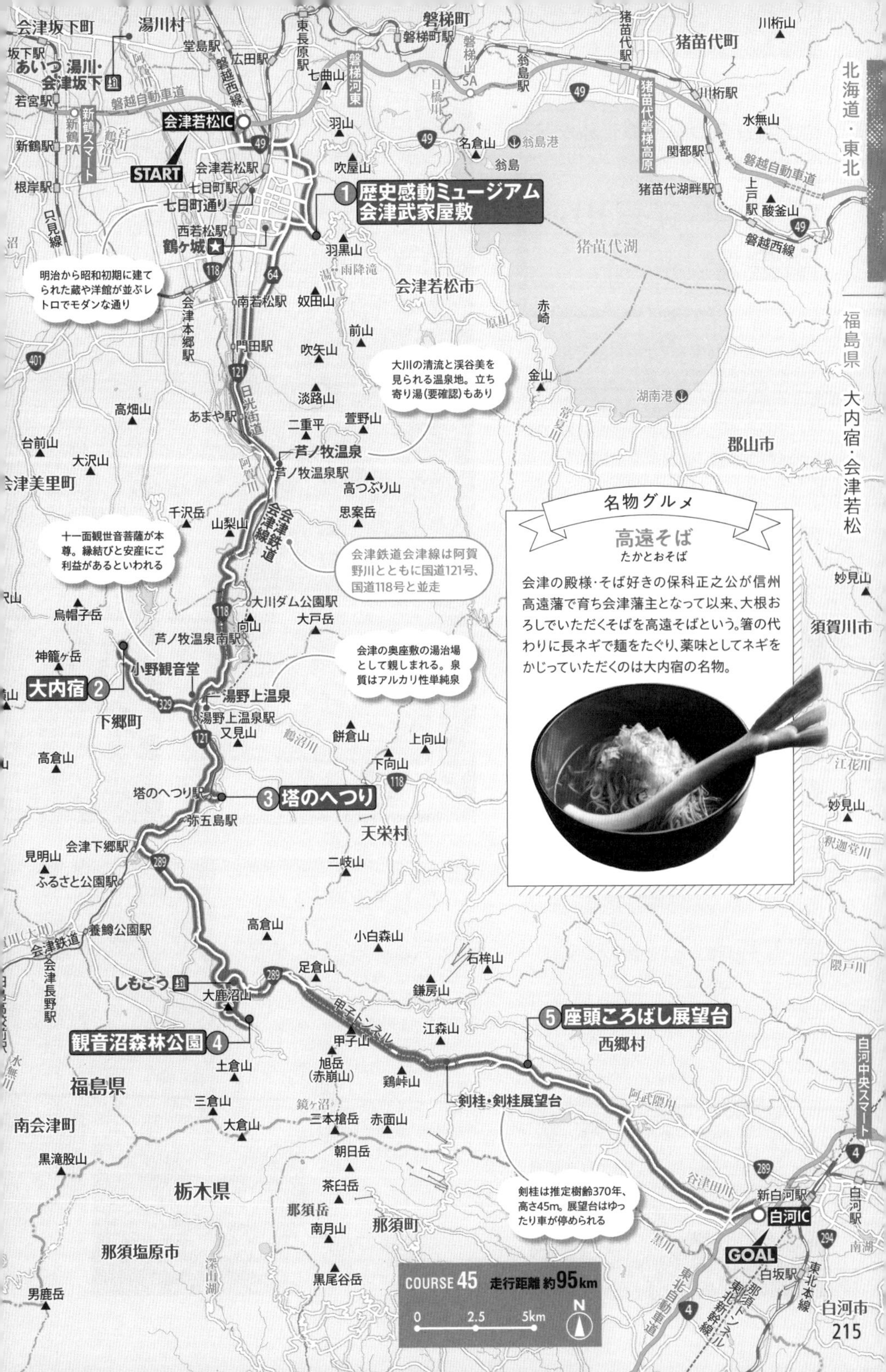
START
会津若松IC
1 歴史感動ミュージアム会津武家屋敷
鶴ケ城
七日町通り
明治から昭和初期に建てられた蔵や洋館が並ぶレトロでモダンな通り
湯川・会津坂下
芦ノ牧温泉
大川の清流と渓谷美を見られる温泉地。立ち寄り湯（要確認）もあり
会津鉄道会津線は阿賀野川とともに国道121号、国道118号と並走
十一面観世音菩薩が本尊。縁結びと安産にご利益があるといわれる
2 大内宿
小野観音堂
湯野上温泉
会津の奥座敷の湯治場として親しまれる。泉質はアルカリ性単純泉
3 塔のへつり
しもごう
4 観音沼森林公園
5 座頭ころばし展望台
剣桂・剣桂展望台
剣桂は推定樹齢370年、高さ45m。展望台はゆったり車が停められる
白河IC
GOAL
名物グルメ
高遠そば
たかとおそば
会津の殿様・そば好きの保科正之公が信州高遠藩で育ち会津藩主となって以来、大根おろしでいただくそばを高遠そばという。箸の代わりに長ネギで麺をたぐり、薬味としてネギをかじっていただくのは大内宿の名物。
COURSE 45 走行距離 約95km
0 2.5 5km
N
北海道・東北
福島県 大内宿・会津若松
会津若松市
猪苗代湖
猪苗代町
磐梯町
郡山市
須賀川市
下郷町
天栄村
西郷村
福島県
栃木県
南会津町
那須町
那須塩原市
白河市

COURSE 46

今もなお日本の原風景が残る
雄大な景色のなかの素朴な風景

福島県

霧幻峡・只見川・南会津

むげんきょう・ただみがわ・みなみあいづ

西会津から南下して山々に囲まれた幻想的な渓谷や景勝地を訪ねる。まずは雄大な只見川の渓谷美を背景にした第一只見川橋梁を写真に収めよう。霧幻峡の渡しで川霧を期待するなら夏の早朝がおすすめだ。手漕ぎの渡し舟の旅を楽しんだら、ここからヒメサユリの群生地がある高清水自然公園へ向かい、ピンクの花を愛でる。屏風岩では、マイナスイオンを浴びながら伊南川沿いを散策しよう。

DRIVE COURSE 走行距離 約201km

START 磐越自動車道・西会津IC
17km／国道400・252号
1 第一只見川橋梁
9km／国道252号
2 霧幻峡の渡し
57km／国道252号、県道352号
3 高清水自然公園
35km／国道401・352号
4 屏風岩
83km／国道352・121・400号
GOAL 東北自動車道・西那須野塩原IC

INFORMATION

三島町観光協会 ☎0241-48-5000
南会津町観光物産協会 ☎0241-62-3000

かねやまふれあい広場から大志集落を俯瞰できる

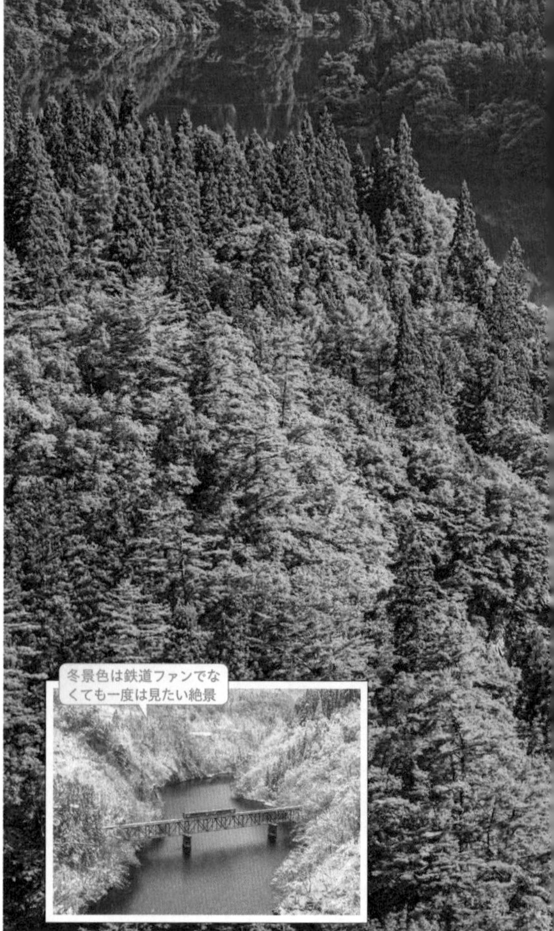

冬景色は鉄道ファンでなくても一度は見たい絶景

2 300年の歴史を紡ぐ渡し舟

霧幻峡の渡し

むげんきょうのわたし

昭和39年(1964)に廃村になった旧三更集落と対岸を結んでいた只見川の渡し舟が、観光用に復活。霧が発生しやすい夏の朝夕には、渓谷が幻想的な雰囲気に包まれ、和舟で只見川を周遊するプランのほか、旧三更集落を散策するプランもある。
☎0241-42-7211(金山町観光物産協会) 所福島県三島町早戸19 開4月下旬～11月中旬の7時～日没まで ※要事前予約 休期間中無休 料1艘45分6000円～(2名まで) P10台

かつては住民の貴重な移動手段だった手漕ぎの渡し舟を復元

紅葉や雪景色が美しいローカル線として知られ、四季折々の風景が訪問者を魅了する

1 息をのむ奥会津の絶景 第一只見川橋梁

だいいちただみがわきょうりょう

JR只見線の鉄橋のなかで最も人気があり、新緑、初夏の川霧、紅葉、雪景色など、季節ごとに美しい表情を見せ、国内のみならず海外からの訪問者も少なくない。道の駅 尾瀬街道みしま宿からビューポイントまでの遊歩道が整備されている。

所 福島県三島町天屋原610 道の駅 尾瀬街道みしま宿 P 80台

山々に囲まれた四季折々の景色のなかを昔ながらの和舟で進む

コース内の絶景ロード

国内唯一の3重アーチ橋スポット

宮下アーチ3兄(橋)弟

みやしたアーチさんきょうだい

三島町の宮下地区には、3つのアーチ橋を見渡せるビュースポットが設けられ、鉄道ファンをはじめ、格好の撮影スポットになっている。長男はJR只見線の大谷川橋梁、次男は県道の宮下橋、三男は国道252号の新宮下橋。

ヒメサユリは、日本の固有種で、毎年6月中旬から7月初旬にかけて、約100万本が花を咲かせる

天空のヒメサユリを見よう

高清水自然公園
たかしみずしぜんこうえん

自然の地形を巧みに生かした公園。11コースの遊歩道をはじめ、淡いピンクのヒメサユリが咲く群生地や、林野庁の「水源の森百選」に選定された高清水などがあり、さわやかな高原の自然を満喫できる。

☎0241-64-5811(南郷観光センター)/☎0241-72-2900(南郷総合支所振興課企画観光係) 所福島県南会津町界長池沢口4298-12 開8:00～16:00 休11月～4月下旬 料無料(ヒメサユリ開花時期は500円) P100台

伊南川沿いの奇岩、怪岩

屏風岩
びょうぶいわ

伊南川の急流が長い歳月をかけて形づくった奇岩がそそり立つ景勝地。紅葉の名所でもあり、毎年10月中旬から下旬の紅葉の季節には、白いむきだしの岩肌に紅葉が映え、見応えがある。所福島県南会津町大桃平沢山地内 P30台

国道352号沿いにあり、大型駐車場から屏風岩へ、伊南川に沿って遊歩道が整備されている

寄り道スポット

●西那須野塩原ICから65km

前沢曲家集落
まえざわまがりやしゅうらく

文禄年間(1592～95)に横田城主の家臣が移り住んだことから始まった集落。曲家のほか復元された水車小屋や民俗を伝える曲家資料館がある。

☎0241-72-8977 所福島県南会津町前沢 開8:30～16:30 休冬期休館 料300円 P集落入口案内所駐車場利用

L字型の茅葺き屋根の曲家が残る

道の駅をPICK UP!!

四季折々の景観が楽しめる

●西那須野塩原ICから83km

山口温泉 きらら289
やまぐちおんせん きららにーぱーきゅー

国道289号沿いにあり、渓流を望む露天風呂など日帰り温泉施設を併設。南郷トマトラーメンなどの名物料理も楽しめる。

☎0241-71-1289 所福島県南会津町山口橋尻1 営9:00～19:00(季節、曜日、店舗により異なる) 休無休、温泉は火曜 P57台

気泡浴、サウナ、源泉風呂がある

RSE 46 走行距離 約201km
4
8km
N
西会津IC
START
宮下アーチ3兄（橋）弟
霧幻峡の渡し 2
1 第一只見川橋梁
会津中川駅
奥会津かねやま
大志集落
かねやまふれあい広場
尾瀬街道みしま宿
第一只見川橋梁ビュースポット
道の駅 尾瀬街道みしま宿から徒歩10分の観賞ポイント。時刻表があるので列車の通過時間がわかる
高清水自然公園 3
・モノとくらしのミュージアム
重要有形民俗文化財、会津只見の生産用具と仕事着コレクションを展示
山口温泉 きらら289
古町の大イチョウ
樹齢は推定800年、福島県の天然記念物指定。例年11月上旬にライトアップ
前沢曲家集落
北日光・高畑スキー場
ゲレンデが例年5月中旬から6月下旬頃まで「高畑わらび園」になり採取できる
岩 4
森林の駅
全長320m国内最長クラスの吊り橋は恋人の聖地に認定。食事処もある
西那須野塩原IC
GOAL
名物グルメ
ソースカツ丼
ソースカツどん
福島県では会津地方を中心に、ご飯の上にキャベツを敷き、その上にとんかつをのせ、ウスターソースをかけるソースカツ丼が主流になっている。丼からはみ出すほどのデカ盛りや煮込みソースカツ丼など、店舗によりバリエーションも豊富。

北海道や東北で育まれたブランド牛や豚、湧水育ちのニジマスなどを堪能する。

道央自動車道

砂川SA 下り

【フードコート】

砂川ポークチャップ定食 1100円

トマトソースで仕上げたポークチャップは砂川のご当地グルメ。肉にソースが絡み濃厚な味わい。

道央自動車道

有珠山SA 上り

【フードコート】

黄金豚しょうが焼き定食 1050円

伊達市のブランド豚「黄金豚」はやわらかい肉質と甘い脂身が特徴。自家製のコクのあるタレで。

道央自動車道

輪厚PA 上り

【きたみちフードコート】

大雪さんろく笹豚丼 並 1300円

栄養豊富な熊笹配合の飼料で育てた笹豚と、すりおろした道産玉ネギを使ったまろやかなタレの妙味。

東北自動車道

岩手山SA 上り

【フードコート】

姫神サーモン丼 850円

岩手山の伏流水、生出湧水で育てたニジマス、姫神サーモン。脂がのったニジマスを丼で満喫。

東北自動車道

前沢SA 下り

【レストラン】

前沢牛すき焼き丼小麺セット 1750円

上質できめ細やかな霜降りで、抜群の肉質が特徴の前沢牛。甘辛いタレで煮たプチ贅沢な丼を小麺と。

秋田自動車道

錦秋湖SA 集約

【フードコート】

白金豚カツ丼(味噌汁) 1000円

筋繊維がきめ細やかでやわらかい肉質が特徴の白金豚を使った自慢のカツ丼。セットの味噌汁と楽しむ。

東北自動車道

長者原SA 上り

【レストラン伊達】

網焼き牛たん定食 1980円

網焼きで香ばしく仕上げた宮城県名物の牛たん。とろろをかけた麦飯とともに味わう定番メニュー。

東北自動車道

安達太良SA 上り

【フードコート】

福島県産豚ロースソースカツ丼 1200円

会津名物、卵でとじないカツ丼。特製ソースにくぐらせた揚げたてカツが千切りキャベツに鎮座。

磐越自動車道

磐梯山SA 下り

【麺工房 あかべこ】

喜多方醤油らーめん、ミニチャーハンセット 1150円

日本三大ラーメンのひとつ喜多方ラーメン。中太のちぢれ麺を使った、あっさり味をチャーハンと。

関東

首都圏周辺に、まだ見ぬ美景を探す

群馬県
栃木県
茨城県
埼玉県
東京都
千葉県
神奈川県
静岡県

COURSE 47

透明度抜群の四万ブルーと色彩豊かな高山植物を堪能

群馬県

奥四万湖・四万の甌穴群・野反湖

おくしまこ・しまのおうけつぐん・のぞりこ

歴史ある四万温泉周辺で、豊かな自然がつくる爽快な景観を楽しむ旅。まずは湖面に光が差し神秘的なブルーに輝く奥四万湖を満喫。四万の甌穴群では悠久の時がつくり出した自然の造形美に圧倒され、水上アクティビティで四万湖の個性的な青色と新緑のコントラストを味わいたい。水絶景を堪能したあとは、中之条山の上庭園、野反湖で、色とりどりの高山植物に癒やされる時間を過ごそう。

DRIVE COURSE 走行距離 約171km

START 関越自動車道・月夜野IC

42km／国道17・145・353号

1 奥四万湖

6km／国道353号

2 四万の甌穴群

6km／国道353号

3 四万湖

19km／国道353号、県道55号

4 中之条山の上庭園

25km／県道55号、国道405号

5 野反湖

73km／国道405・292号、県道35号

GOAL 関越自動車道・渋川伊香保IC

INFORMATION

四万温泉協会☎0279-64-2321
中之条町観光協会☎0279-75-8814
中之条町六合支所☎0279-95-3111

四万温泉の老舗湯宿・積善館の風格あるたたずまい

透明度抜群の湖面が青空を映し出す。鮮やかな新緑と四万ブルーによるコントラストを満喫したい

1 神秘的なコバルトブルー 奥四万湖

おくしまこ

四万温泉の最奥に位置する奥四万湖は四万川ダムの建設によって誕生した人造湖。湖水に含まれる成分に太陽光が当たることにより、澄んだコバルトブルーになるという。周辺には見晴台や公園などがあり、散策しながら四万ブルーを堪能できる。

所群馬県中之条町四万 P30台

10月下旬～11月初旬にかけて紅葉を満喫できる

西洋の城壁を思わせるデザインの四万川ダムの上は遊歩道として整備されている

2 悠久の時間を感じる
四万の甌穴群
しまのおうけつぐん

甌穴とは、川の渦巻き状の流れにより、川底の石が数万年もの年月をかけ、岩盤を浸食してできた丸い穴。四万川には大小8個の甌穴がある。昭和46年(1971)に県の天然記念物に指定された。

所群馬県中之条町四万3520 P30台

3 水上アクティビティも人気
四万湖
しまこ

県営中之条発電所の貯水池、通称中之条ダムであり、周囲5kmの人造湖。湖水は独特なブルーで、一日のなかでも、時間帯や光の加減で違った表情を見せる。周囲の景色と併せて、変化する湖をのんびりと満喫できる。また、中之条ダムはアーチ式のコンクリートダムで人気が高い。

所群馬県中之条町四万 P20台

春には湖面に映り込む
桜とのコラボも楽しめる

4 自然と調和した庭園
中之条山の上庭園
なかのじょう やまのうえていえん

標高1000mに位置し、山の地形や環境をそのまま生かした本格的なナチュラルガーデン。6月中旬からは1万株以上のエーデルワイスが咲き誇る。ナチュラルドライにこだわった珍しいドライフラワーや雑貨などを販売するショップも人気。

☎0279-80-7123 所群馬県中之条町入山小森口4046-2 開9:00～17:00 休12月末～3月末 料入場無料(各種体験は有料) P40台

5 高山植物が咲き誇る
野反湖
のぞりこ

水深25m、周囲10kmのダム湖で、2000m級の山々と湖の眺望が魅力。初夏にはノゾリキスゲが可憐な花を咲かせ、一帯が黄色く染まる。初夏から初秋にかけて300種類以上もの高山植物が咲く。

所群馬県中之条町入山国有林223林班 開 休 料散策自由(11月下旬～4月下旬閉鎖) P300台

寄り道スポット

●渋川伊香保ICから55km

大仙の滝
おおぜんのたき

日本でも有数の滝群「世立八滝(よだてはったき)」のうちのひとつである高さ15mの水量豊富な滝。遊歩道が整備されていて、趣の異なるほかの滝も見てまわれる。

所群馬県中之条町入山 P20台

↑間近で滝の迫力を感じられる

道の駅をPICK UP!!

草津温泉の玄関口に位置

●渋川伊香保ICから60km

草津運動茶屋公園

くさつうんどうぢゃやこうえん

草津の観光案内所やみやげ物店、喫茶・軽食コーナーがある。周辺を一望できる展望歩道橋が道の駅のシンボルとなっている。

☎0279-88-0881 所群馬県草津町草津2-1 営9:00～17:00(繁忙期は延長あり) 休無休(施設により臨時休業あり) P113台

↑ドイツの街並みをモチーフとしている

COURSE 47 走行距離 約171km

0 2 4km N

START 月夜野IC

1 奥四万湖

四万温泉 ― 古くから湯治場として栄えた温泉地。レトロな温泉街散策も人気

H 積善館

2 四万の甌穴群

3 四万湖

群馬サイクルスポーツセンター ― 変わり種の自転車アトラクションを楽しめる健康的な遊園地

ロックハート城 ― ヨーロッパの古城やプリンセス体験など魅力あふれるテーマパーク

かるた館 ― 上毛かるたの絵札をパネル展示し、群馬の歴史や文化を紹介する

小野上温泉 ハタの湯 ― 温浴効果が高く、美肌の湯としても知られる人気の日帰り温泉施設

GOAL 渋川伊香保IC

大峰山 保戸野山 大峰沼 赤谷湖 摩耶ノ滝 小泉ノ滝 倉ノ滝 雨見山 みなかみ町 不動ノ滝 須川川 上牧駅 下牧PA 上毛高原駅 後閑駅 三峰山 高王山 関越自動車道 薄根川 上越線 上越新幹線 利根川 高田山 群馬県 沼田市 沼田駅 蟻川岳 四万川 嵩山 中之条町 高山村 中山トンネル 昭和村 岩本駅 中之条駅 十二ヶ岳 子持山 小野子山 あがつま峡 岩島駅 薬師岳 群馬原町駅 市城駅 小野上温泉駅 小野上駅 矢倉駅 郷原駅 東吾妻町 吾妻川 津久田駅 祖母島駅 金島駅 敷島駅 赤城 渋川市 吾妻線 沼尾川 渋川駅 浅間山(水沢山) 吉岡町 榛名トンネル 李ヶ嶽(杏ヶ岳) 三ツ峰山 鷹ノ巣山 榛東村 八木原駅

名物グルメ

ヤマメ

四万川の下流や日向見川、その周辺の支流ではイワナやヤマメなどが生息しており、ヤマメの稚魚は毎年放流されている。シンプルな調理法と味付けの串焼きで、ヤマメ本来の味とホクホクの身を楽しみたい。

COURSE 48

一面に広がるラベンダー畑と
清涼感あふれる滝を満喫

群馬県

たんばらラベンダーパーク・吹割の滝・丸沼

たんばらラベンダーパーク・ふきわれのたき・まるぬま

標高の高い沼田市ならではの、山々に囲まれた自然の景観を清涼感とともに味わう。たんばらラベンダーパークでは一面が紫で染まった、写真映え間違いない絶景を堪能。迫力満点の水しぶきを上げる吹割の滝を散策し、日光白根山を望む丸沼・菅沼では穏やかな湖面に癒やされる。日光白根山ロープウェイの山頂駅では、日本百名山を望む絶景を、足湯に浸かりながら楽しみたい。

4~5月の新緑や10月下旬~11月上旬に見頃を迎える紅葉など、四季によって多彩な景観を満喫できる

DRIVE COURSE 走行距離 約124km

START 関越自動車道・沼田IC

19km／国道120号、県道266号

1 たんばらラベンダーパーク

33km／県道266号、国道120号

2 吹割の滝

25km／国道120号

3 丸沼・菅沼

2km／国道120号

4 日光白根山ロープウェイ

45km／国道120号

GOAL 関越自動車道・沼田IC

INFORMATION

沼田市観光交流課☎0278-23-2111
片品村観光協会☎0278-58-3222

展望テラスに設置された眺望自慢の足湯でくつろぐ

1 紫に染まる高原を満喫
たんばらラベンダーパーク
たんばらラベンダーパーク

標高1300mの高原に約5万株のラベンダーが咲き誇る。ラベンダーが見頃を迎える7月中旬～8月中旬でも、最高気温平均25℃とあまり上がらず、避暑地としても人気。ラベンダーを使用したスイーツやグルメが豊富に揃う。

☎0278-23-9311 所群馬県沼田市玉原高原 開2023年は7月1日～8月27日8:30～17:00(入園は～15:45) 休期間中無休 料中学生以上1200円、小学生500円 P2000台

←約5万株のラベンダー畑では開花時期の異なる4種類のラベンダーを楽しむことができる

寄り道スポット
●沼田ICから13km

迦葉山 龍華院 弥勒護国禅寺
かしょうざんりゅうげいんみろくごこくぜんじ

京都の鞍馬寺、東京の高尾山薬王院とともに日本三大天狗のひとつに数えられている迦葉山の中腹にある山寺。山の中にたたずむ朱色の山門が美しい。

☎0278-23-9500 所群馬県沼田市上発知町445 開8:00～17:00 休無休 料無料 P80台

↑拝殿に安置されている大天狗のお面

2 大迫力! 東洋のナイアガラ
吹割の滝
ふきわれのたき

国の天然記念物に指定されている幅約30m、高さ約7mの滝。川床のやわらかいところがV字型に浸食され、できた岩の割れ目に川の水が勢いよく流れ込む。4～6月は雪解けにより水量が増し、豪快な滝を望める。一周約1時間ほどの遊歩道では、観瀑台からの滝や森林浴も楽しめる。

所群馬県沼田市利根町追貝 Pあり

3 原生林が包み込む湖

丸沼・菅沼

まるぬま・すげぬま

群馬県と栃木県の県境に位置する日光白根山が噴火した際の溶岩によるせき止め湖。丸沼・菅沼は透明度が高く、特に菅沼は日本有数の透明度を誇るといわれている。湖畔ではアクティビティが盛んで、丸沼は釣り、菅沼ではSUP体験ができる。
所群馬県片品村東小川 P丸沼100台、菅沼50台

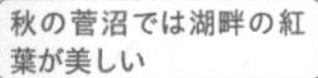

秋の菅沼では湖畔の紅葉が美しい

4 絶景テラス&足湯で癒やされる

日光白根山ロープウェイ

にっこうしらねさんロープウェイ

日光白根山の中腹、標高2000mの山頂駅には展望テラスと足湯が設置されていて、パノラマ絶景をのんびりと満喫できる。

☎0278-58-2111(丸沼高原総合案内) 所群馬県片品村東小川4658-58 開8:00～16:00(変動あり) 休不定休 料往復1100～2500円(時期により異なる) P1800台

道の駅をPICK UP!!

体験施設も豊富で一日過ごせる

●沼田ICから6km

川場田園プラザ

かわばでんえんプラザ

周りを山々に囲まれた自然豊かな道の駅。レストランやショップ、大きな遊具のあるプレイゾーンなど施設が充実していて、大人も子どもも1日まるごと楽しめる。
☎0278-52-3711 所群馬県川場村萩室385 営施設・店舗・季節により異なる 休無休 P850台

↑開放感あふれる広々とした敷地

コース内の絶景ロード

山々の迫力ある景観を背に

日本ロマンチック街道
にほんロマンチックかいどう

昭和62年(1987)に誕生した長野県上田市から群馬県を経て、栃木県の日光市までをつなぐ全長約320kmの街道。日本において最もドイツ的な景観を持つことから、この名前がつけられた。

COURSE 48 走行距離 約124km

0 2 4km N

片品村
四郎岳
根名草山
丸沼 3
丸沼温泉
3 菅沼
温泉ヶ岳
唐沢山
大尻沼
赤沢山
金精山
日本ロマンチック街道
螢塚山
白根山
五色沼
前白根山
仁下又沢
4 日光白根山ロープウェイ
白根温泉 大露天風呂薬師之湯
里山風景が広がる片品村の観光拠点
道の駅 尾瀬かたしな
沼上山
笠ヶ岳
錫ヶ岳
大岳
焼きトウモロコシの露店が並ぶとうもろこし街道
三ヶ峰
豊富な湧出量で体の芯から温まる。薬師様が安置されたお堂も近くにある
塗川
花の駅・片品 花咲の湯
宿堂坊山
中禅寺湖
西ノ湖
赤倉山
群馬県
片品村で採取できる貴陽石を使った岩盤浴がある日帰り温泉施設
不動滝
黒檜岳
栃木県
田代山
泙川
水行寺山
吹割の滝 2
滝の駅・吹割
とれたて野菜の直売所や地元食材を使ったメニューを提供する食事処が人気
栗原川
渡良瀬川
日光市
源泉かけ流しの日帰り温泉施設。野菜の直売所と食事処も人気
沼田市
備前楯山
南郷温泉 しゃくなげの湯
赤城川
根利川
巣神山

名物グルメ
みそパン

甘い味噌ダレを挟んだ群馬県民にはおなじみのパン。沼田市には発祥とされる店をはじめ、味噌の味や生地の食感にこだわった店も多く、個性豊か。どこか懐かしさを覚える味を堪能しながら、お気に入りのみそパンに出会うパン屋巡りも楽しみたい。

COURSE 49

那須岳の麓に広がる高原と
噴煙を上げる活火山を周遊

栃木県

那須高原・茶臼岳

なすこうげん・ちゃうすだけ

さわやかな高原に花畑や牧場が点在する那須エリアを行く。まずは南が丘牧場で、日本では珍しい乳牛、ガーンジィ種の乳製品に舌鼓。つつじ吊り橋／八幡ツツジ群落に立ち寄り、那須高原展望台、茶臼岳からの広大な絶景を楽しむ。春から秋にかけてのドライブなら那須フラワーワールドも外せない。一面に咲くポピーやネモフィラの美しさは楽園そのものだ。

DRIVE COURSE 走行距離 約53km

START 東北自動車道・那須IC
11km／県道17号
1 南が丘牧場
4km／県道17号
2 つつじ吊り橋／八幡ツツジ群落
1km／県道17号
3 那須高原展望台
4km／県道17号
4 茶臼岳
17km／県道17・290・305号
5 那須フラワーワールド
16km／県道68号
GOAL 東北自動車道・那須IC

INFORMATION

那須町観光協会 ☎0287-76-2619

九尾の狐が閉じ込められていたという殺生石

1 希少な乳牛を飼育
南が丘牧場

みなみがおかぼくじょう

日本では珍しいガーンジィ種の乳牛を育てる牧場で、馬やロバに乗ったりウサギや羊と遊んだりと大自然のなかで動物たちとのふれあいが楽しめる。レストランではジンギスカンやボルシチなどの料理を提供。バター、アイスクリームづくり体験も人気。

☎0287-76-2150 所栃木県那須町湯本579
開8:00～17:30 休無休 料無料 P250台

自然のなか動物たちと遊べるほか、ガーンジィ乳を使ったミルクやヨーグルトなどオリジナル製品も販売する

2 山麓に広がる鮮やかなツツジ
つつじ吊り橋／八幡ツツジ群落

つつじつりばし／やはたツツジぐんらく

5月半ばになると23haの広さに20万本のツツジが咲く。かつてこのあたりは放牧地として使われていたらしく、ヤマツツジやレンゲツツジなど牛馬が好まず食べ残された種のツツジが群生したという。群落には遊歩道が整備されており、環境省が選ぶ「かおり風景100選」「とちぎの景勝100選」にもなっている。

所栃木県那須町湯本 P46台

全長130m、高さ38mの吊り橋から那須連山まで眺望できる

苦戸川に架かる吊り橋。足がすくむような高さだ

那須高原は酪農が盛ん。施
設の一部はペット同伴可
南ヶ丘牧場
ツツジの見頃は
5月下旬～6月初めに
かけて。緑の木々と
赤い花々のコントラ
ストがきれい
散策コースは全長9.2km
だが、群落に少し入るだ
けでも楽しめる

↑朝日の時間や夕景、夜景も美しいが、好天の日中は見通しが素晴らしくまさに絶景。空の近さも印象的

3 那須連峰から関東平野を一望
那須高原展望台
なすこうげんてんぼうだい

県道那須高原線沿い標高1048mの場所にある展望台で、茶臼岳などの那須連山や那須野ケ原はもちろん、晴れた日には筑波山や関東平野まで見渡せる。全国で100番目の恋人の聖地にも認定され、ここでプロポーズするカップルもいるという。

所栃木県那須町湯本 P15台

日の出が美しく、初日の出のビュースポットとしても知られる

4 今も噴煙上がる活火山
茶臼岳
ちゃうすだけ

栃木県の最北端、那須連山の茶臼岳は今なお活動する火山。標高は1915m。8合目まではロープウェイで、その先は整備された道を登ることもできるので、スニーカー程度の靴であれば、ドライブ途中の立ち寄り登山も可能。

所栃木県那須町湯本 P150台

←夏の緑、秋の紅葉が美しく、早朝に雲海が見られることもある。紅葉の見頃は9月下旬から10月上旬

ロープウェイ下車後、山頂までは50分ほどの登山

天気の良い日は山頂から関東平野を一望

5 高原に広がる広大な花畑
那須フラワーワールド
なすフラワーワールド

那須連峰を屏風のように背負う約5万㎡の花畑。4月末から秋の降霜まで開園しており、チューリップやポピー、ネモフィラ、マリーゴールド、コスモスと季節の移り変わりとともに色とりどりの花が咲く。丘一面の花畑は感動ものの美しさ。

所 栃木県那須町豊原丙那須道下5341-1
P 300台

➡100万ものネモフィラがつくる青い絨毯。那須フラワーワールドでも特に人気の花で、見頃は5月中旬ごろから

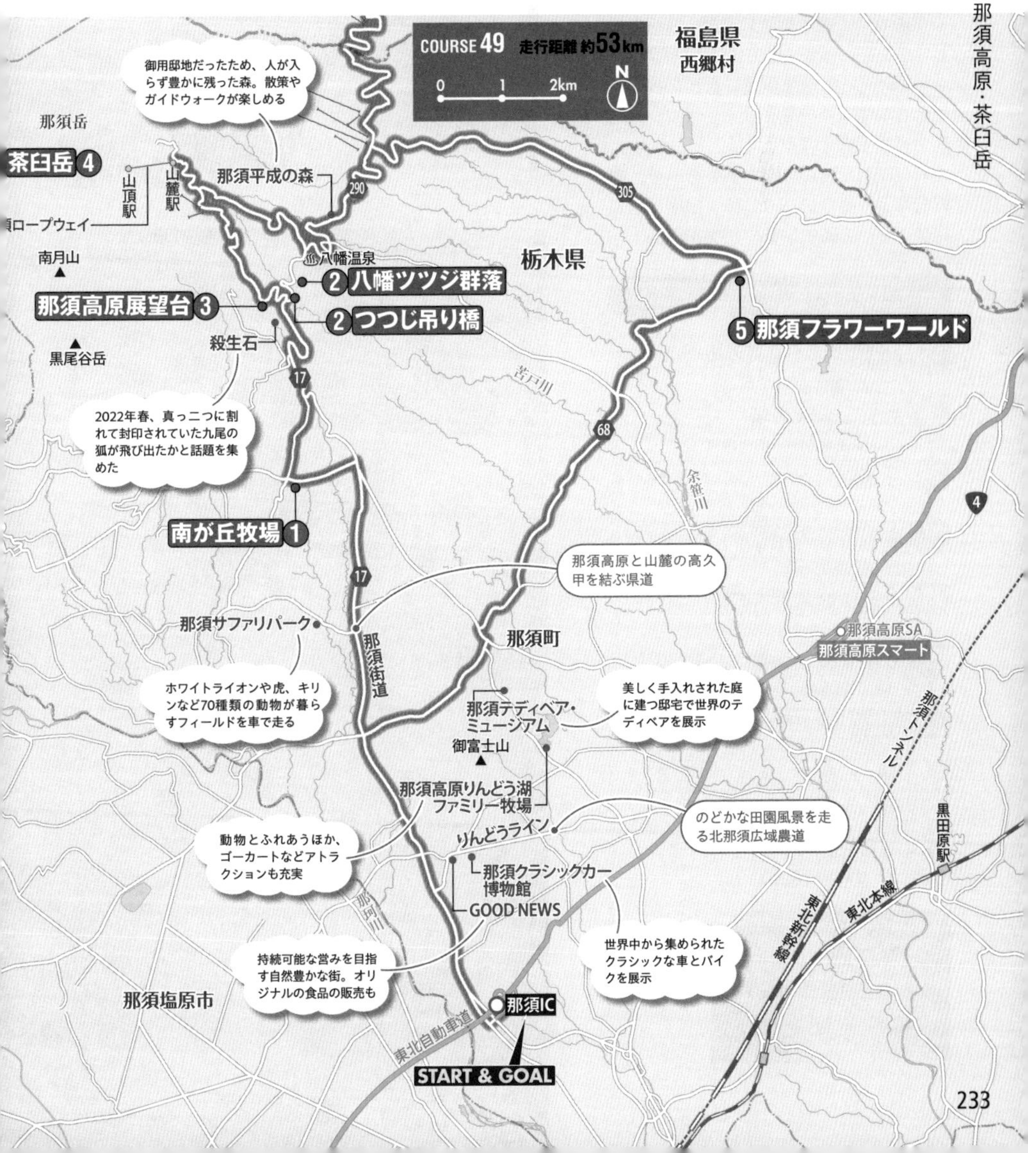

COURSE 49 走行距離 約53km
0 1 2km N

福島県 西郷村
栃木県
那須岳
茶臼岳 4
山頂駅
山麓駅
那須ロープウェイ
南月山
黒尾谷岳
那須平成の森
御用邸地だったため、人が入らず豊かに残った森。散策やガイドウォークが楽しめる
八幡温泉
2 八幡ツツジ群落
2 つつじ吊り橋
那須高原展望台 3
殺生石
2022年春、真っ二つに割れて封印されていた九尾の狐が飛び出たかと話題を集めた
5 那須フラワーワールド
苦戸川
余笹川
南が丘牧場 1
那須高原と山麓の高久甲を結ぶ県道
那須サファリパーク
ホワイトライオンや虎、キリンなど70種類の動物が暮らすフィールドを車で走る
那須街道
那須町
那須高原SA
那須高原スマート
那須テディベア・ミュージアム
美しく手入れされた庭に建つ邸宅で世界のテディベアを展示
御富士山
那須トンネル
那須高原りんどう湖ファミリー牧場
りんどうライン
のどかな田園風景を走る北那須広域農道
黒田原駅
動物とふれあうほか、ゴーカートなどアトラクションも充実
那須クラシックカー博物館
GOOD NEWS
那珂川
東北新幹線
東北本線
世界中から集められたクラシックな車とバイクを展示
持続可能な営みを目指す自然豊かな街。オリジナルの食品の販売も
那須塩原市
那須IC
東北自動車道
START & GOAL

COURSE 50

川や滝、ダム湖と山間の水の景色を楽しむ

栃木県

鬼怒楯岩大吊橋・龍王峡

きぬたていわおおつりばし・りゅうおうきょう

今市ICを出発してまずは鬼怒川へ。鬼怒楯岩大吊橋、龍王峡と荒々しい岩と清流が織りなす絶景を楽しんだら日塩もみじラインを抜けて塩原方面を目指す。おしらじの滝は鉱物を多量に含んだ神秘的な色合いで人々を魅了する。ツツジの名所、八方ヶ原大間々台には展望台があり、視界の晴れた日には関東平野を一望。最終立ち寄り地点のもみじ谷大吊橋は自然に建造物が協調するダム湖の絶景だ。

DRIVE COURSE 走行距離 約90km

START 日光宇都宮道路・今市IC

13km／国道121号

1 鬼怒楯岩大吊橋

5km／国道121号、県道19号

2 龍王峡

36km／県道19・56号

3 おしらじの滝

4km／県道56号

4 八方ヶ原大間々台

23km／県道56号、国道400号

5 もみじ谷大吊橋

9km／国道400号

GOAL 東北自動車道・西那須野塩原IC

INFORMATION

日光市観光協会 ☎0288-22-1525
日光市藤原観光課 ☎0288-76-4111
塩原温泉観光協会 ☎0287-32-4000
矢板市商工観光課 ☎0287-43-6211

スッカン沢の人気スポット、雄飛の滝

1 鬼怒川と緑豊かな山々を望む
鬼怒楯岩大吊橋

きぬたていわおおつりばし

鬼怒川温泉街と名勝、楯岩をつなぐ歩行者専用の吊り橋。全長は140mで、川からの高さは37m。眼下にはゴロゴロと大岩の点在する鬼怒川が、視線を上げれば木々の茂った高原山系が見える。橋の近くには楯岩展望台、楯岩鬼怒姫神社、古釜の滝と見どころが多い。

所栃木県日光市鬼怒川温泉大原1436 P26台

➡吊り橋の上流には楯岩が鎮座。敵の刃を防ぐ楯に似ていることが名称の由来で高さ70mを越す大岩だ

橋からの絶景を楽しみに訪れる人が多い

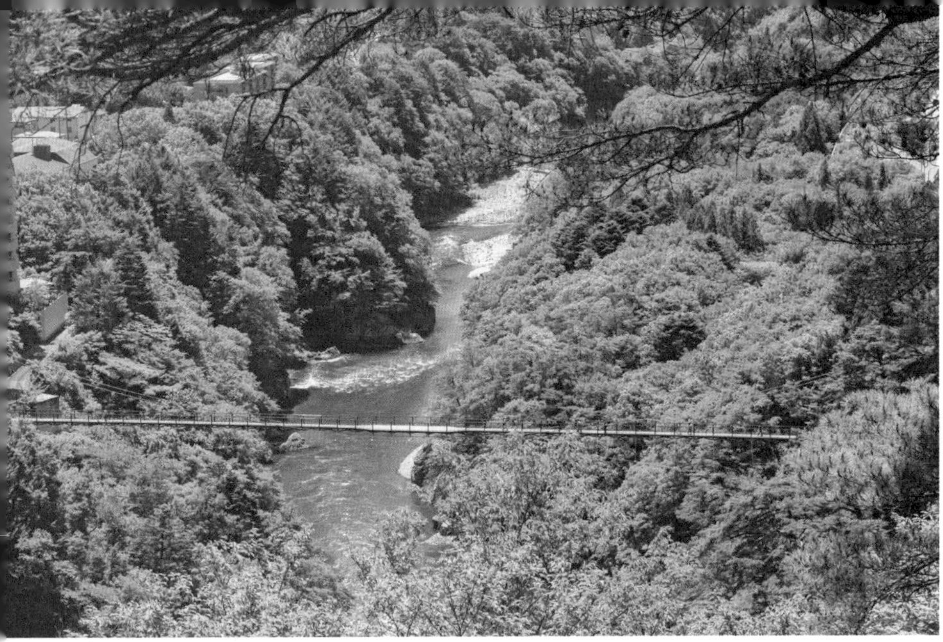

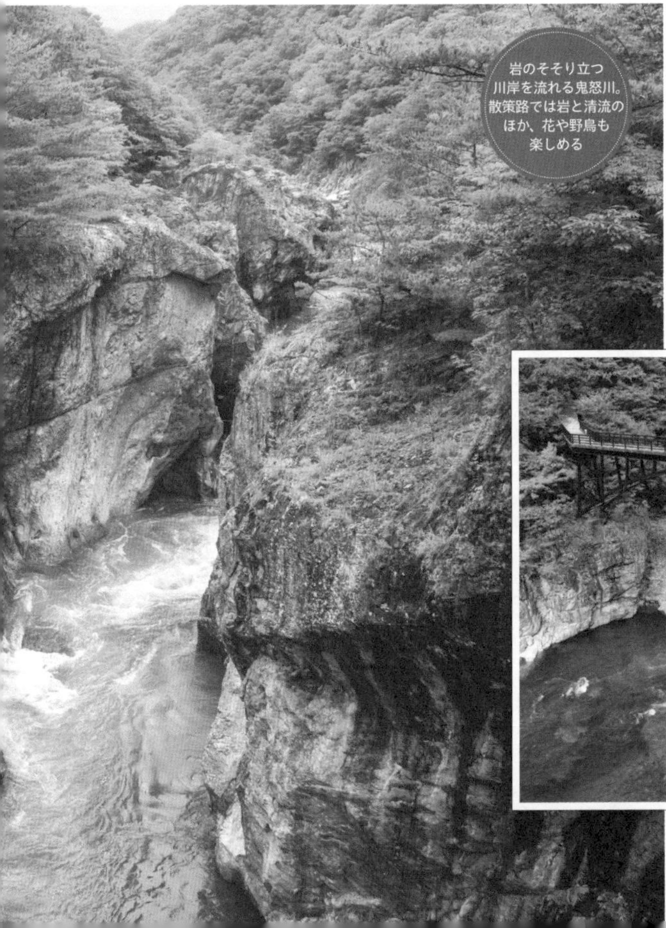

岩のそそり立つ
川岸を流れる鬼怒川。
散策路では岩と清流の
ほか、花や野鳥も
楽しめる

② 岩を穿つ鬼怒川の絶景
龍王峡
りゅうおうきょう

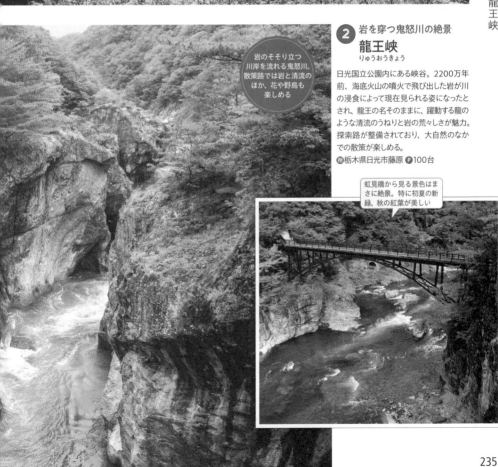

日光国立公園内にある峡谷。2200万年前、海底火山の噴火で飛び出した岩が川の浸食によって現在見られる姿になったとされ、龍王の名そのままに、躍動する龍のような清流のうねりと岩の荒々しさが魅力。探索路が整備されており、大自然のなかでの散策が楽しめる。

㊎栃木県日光市藤原 Ⓟ100台

虹見橋から見る景色はまさに絶景。特に初夏の新緑、秋の紅葉が美しい

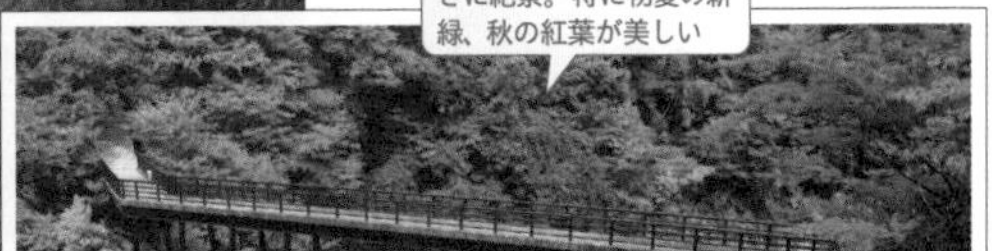

ツツジの見頃は5月下旬から6月初めにかけて

3 雨続きのあとのみ出現

おしらじの滝

おしらじのたき

しらじとは壺のことで、その名のとおり青く澄んだ滝つぼの水が印象的。普段は水量が少なく滝の流れが見られないため幻の滝ともいわれている。前日以前に雨が降った日には滝が現れるというが、実際は行ってみるまでわからないのも神秘的。

所 栃木県矢板市下伊佐野 P 10台

特有の水の青さは、硫黄など温泉成分でもある鉱物を含んでいるためだという

4 ツツジや紅葉が素晴らしい

八方ヶ原大間々台

はっぽうがはらおおままだい

日光国立公園に属する高原で、展望台や散策路などが整備されている。展望台からは国立公園内の自然はもちろん、晴れた日には那須連山、関東平野が見渡せる。ツツジの群生地としても知られ、初夏には20万株のレンゲツツジが咲く。

所 栃木県矢板市下伊佐野 P 大間々駐車場利用

新緑の山々を背景に咲き誇る赤いツツジ

歩行者専用の吊り橋。主塔の高さは26mを誇る

5 塩原ダム湖上の絶景の橋

もみじ谷大吊橋

もみじだにおおつりばし

全長320mの吊り橋で、無補剛桁歩道吊り橋としては本州最長。塩原渓谷のど真ん中に架かっているかのような橋上を歩けば、岸辺に広がる山々の緑や紅葉、そしてそれらを映す湖面と360度広がる絶景が楽しめる。恋人の聖地にも選出。

☎0287-34-1037(森林の駅) 所 栃木県那須塩原市関谷 1425-60 P 森林の駅駐車場利用

COURSE 50 走行距離 約90km
0 2 4km
N
関東
栃木県 鬼怒楯岩大吊橋・龍王峡
那須塩原市
芝草山
白倉山
鴫内山
小佐飛山
大蛇尾川
野岩鉄道
上三依塩原温泉口駅
中三依温泉駅
男鹿川
三依山
塩沢山
二方鳥屋山
狸原山
安戸山
蛇尾川
竜化ノ滝
鹿股川
富士山
枡形山
雄飛の滝
前黒山
月山
高原山
鶏頂山
釈迦ヶ岳
西平岳
白滝
太閤下ろしの滝
スキー、スノボが楽しめるスノーリゾート。首都圏では最大規模
鉱物や炭酸を含んだ水は、陽光に照らされると青白く輝く
おみやげやソフトクリームの売店、レストランがあり登山の拠点としても人気
男女それぞれに内湯と露天を有する日帰り温泉。泉質はアルカリ性単純温泉
鬼怒川温泉街を一望する丸山山頂まで4分の空中散歩が楽しめる
ハンターマウンテン塩原
もみじ谷大吊橋 5
スッカン沢
3 おしらじの滝
八方ヶ原大間々台 4
山の駅たかはら
GOAL
西那須野塩原IC
箒川
東北自動車道
大田原市
日塩もみじライン
龍王峡駅
龍王峡 2
新藤原駅
鬼怒川温泉ロープウェイ
鬼怒川公園駅
鬼怒川公園岩風呂
鬼怒楯岩大吊橋 1
鬼怒川温泉駅
鬼怒川道路
東武ワールドスクウェア駅
小佐越駅
鶏岳
新高徳駅
塩谷町
鬼怒川
大桑駅
刈場山
東武鬼怒川線
石尊山
大谷川
名野山
上今市駅
下今市駅
日光線
今市駅
日光街道
行川
土沢
例幣使街道
寅巳山
本山
下野大沢駅
大沢
日光市
宇都宮市
明神駅
東武日光線
日光線
日光宇都宮道路
篠井
東北新幹線
START
400
56
121
19
461
119
4
コース内の絶景ロード
ハイライトは紅葉の季節
日塩もみじライン
にちえんもみじライン
鬼怒川と塩原温泉をつなぐ28kmの道路。沿道には木々が立ち並び、新緑や紅葉の季節には特に楽しいドライブロードだ。周辺には展望台や白滝、太閤下ろしの滝など見どころも多い。
名物グルメ
イチゴ
栃木県は半世紀以上にわたって生産量が日本一を誇るイチゴ王国。水が豊かで冬の日照時間が長く、昼夜の寒暖差が激しいといったイチゴ栽培に適した条件が揃っており、味も抜群。イチゴ狩りが楽しめる農園やイチゴを使ったスイーツが評判の店も多い。

COURSE 51

日本庭園や花園に癒やされ、海沿いの聖地と絶景を訪ねる

茨城県

国営ひたち海浜公園・大洗磯前神社・偕楽園

こくえいひたちかいひんこうえん・おおあらいいそさきじんじゃ・かいらくえん

水戸ICから兼六園、後楽園と並ぶ日本三名園のひとつである偕楽園へ。素朴ながら入念に整えられた風光明媚な庭を堪能し、街なかを抜けて新那珂川大橋を越え、国営ひたち海浜公園に到着。SNSでも根強い人気を誇る、あたり一面に広がるネモフィラの絶景に浸る。海沿いを走り、潮の香りと海景色を楽しみながら大洗磯前神社を参拝。日没には大洗町夕日の郷 松川で真っ赤に染まる湖を眺めよう。

DRIVE COURSE 走行距離 約56km

START 常磐自動車道・水戸IC
8km／国道50号、県道30号
1 偕楽園
19km／国道51・6号
2 国営ひたち海浜公園
12km／国道245号、県道173号
3 大洗磯前神社
8km／県道2・16号
4 大洗町 夕日の郷 松川
9km／国道51号
GOAL 東水戸道路・水戸大洗IC

INFORMATION

水戸市観光案内所
029-221-6456(9:00～19:00)
ひたちなか市観光協会
029-273-0116(平日9:00～17:00)
大洗町観光情報交流センターうみまちテラス
029-352-2715(9:00～18:00)

シンボルタワーの形が特徴的な水戸芸術館

1 日本三名園のひとつ

偕楽園

かいらくえん

天保13年(1842)に開園された歴史深い庭園。水戸藩第9代藩主・徳川斉昭(とくがわなりあき)が自ら構想を練り創設した庭園は、時を越えて現代人も魅了し、美しい姿を今に伝える。敷地内には約100品種3000本の梅が植えられており、2月中旬から3月に見頃を迎える。
029-244-5454 所茨城県水戸市常磐町1-3-3 開6:00～19:00 10月1日～2月中旬 7:00～18:00 休無休 料300円
P偕楽園下駐車場利用

8月中旬～9月下旬は緑コキアが見頃を迎える

9月には好文亭の庭にある萩の花が咲く

寄り道スポット

●水戸大洗ICから12km

酒列磯前神社
さかつらいそさきじんじゃ

大洗磯前神社と兄弟神社の酒列磯前神社。鳥居の向こうに海が見える参道がフォトスポットとしてSNSで話題に。

☎029-265-8220(社務所) 所茨城県ひたちなか市磯崎町4607-2 開8:00～16:00(社務所) 休無休 料無料 P120台

参道を囲む樹叢は県指定の天然記念物になっている

2 さわやかな青いネモフィラの海
国営ひたち海浜公園
こくえいひたちかいひんこうえん

国内外から注目を集める花の絶景スポット。春はネモフィラ、チューリップ、夏は緑葉コキア、ヒマワリ、秋は紅葉コキア、コスモス、冬はアイスチューリップなど、季節ごとの花景色が楽しめる。広大な敷地内にはレンタサイクルやバーベキュー場、遊園地、カフェなどもある。

☎029-265-9001 所茨城県ひたちなか市馬渡大沼605-4 開9:30～17:00(季節により異なる) 休火曜、祝日の場合は翌日(季節により異なる) 料450円(季節により異なる) P4350台(有料)

特に4月中旬から5月上旬の絶景が有名。一面が青いネモフィラの花に埋め尽くされた光景は息をのむ美しさ

❸ 荒磯の波しぶき舞う鳥居
大洗磯前神社
おおあらいいそさきじんじゃ

大己貴命(おおあなむちのみこと)(別名:大国主神(おおくにぬしのかみ))を祀る神社。神社のシンボルである「神磯の鳥居」がフォトスポットとして話題。江戸時代初期に建てられた本殿などは徳川光圀公の命によるもの。随神門の彫刻は一見の価値あり。

☎029-267-2637 所茨城県大洗町磯浜町6890 開開門5:30～18:00 10～3月6:00～17:00 休無休 料無料 P50台

鳥居越しに昇る朝日は冬限定の神様の降臨を思わせる風景

寄り道スポット

●水戸大洗ICから7km

アクアワールド茨城県大洗水族館
アクアワールドいばらきけんおおあらいすいぞくかん

☎029-267-5151(音声案内) 所茨城県大洗町磯浜町8252-3 開9:00～17:00(入場は～16:00) 休無休(6・12月にメンテナンス休館日あり) 料2300円 P750台

↑サメを60種以上飼育。日本一の種類数を誇る

●水戸大洗ICから5km

かねふくめんたいパーク大洗
かねふくめんたいパークおおあらい

☎029-219-4101 所茨城県大洗町磯浜町8255-3 営9:00～17:00(土・日曜は～18:00) 休無休 料無料 P120台

↑老舗かねふくが運営する明太子のテーマパーク

④ 涸沼の沼畔にある交流体験施設

大洗町 夕日の郷 松川

おおあらいまち ゆうひのさと まつかわ

涸沼の目の前にあり、キャンプやBBQなどが楽しめる施設。涸沼はラムサール条約に登録されており、絶滅のおそれのある水生生物や野鳥などが多く生息する。涸沼で採れたヤマトシジミや近隣農家の新鮮な野菜を扱う直売所もある。

☎029-212-3900 所茨城県大洗町成田町2573-1 開9:00～16:00 休水曜 料キャンプ3500円～、BBQ3500円～ P30台

➲日本百名山に選ばれている筑波山のシルエットが美しい

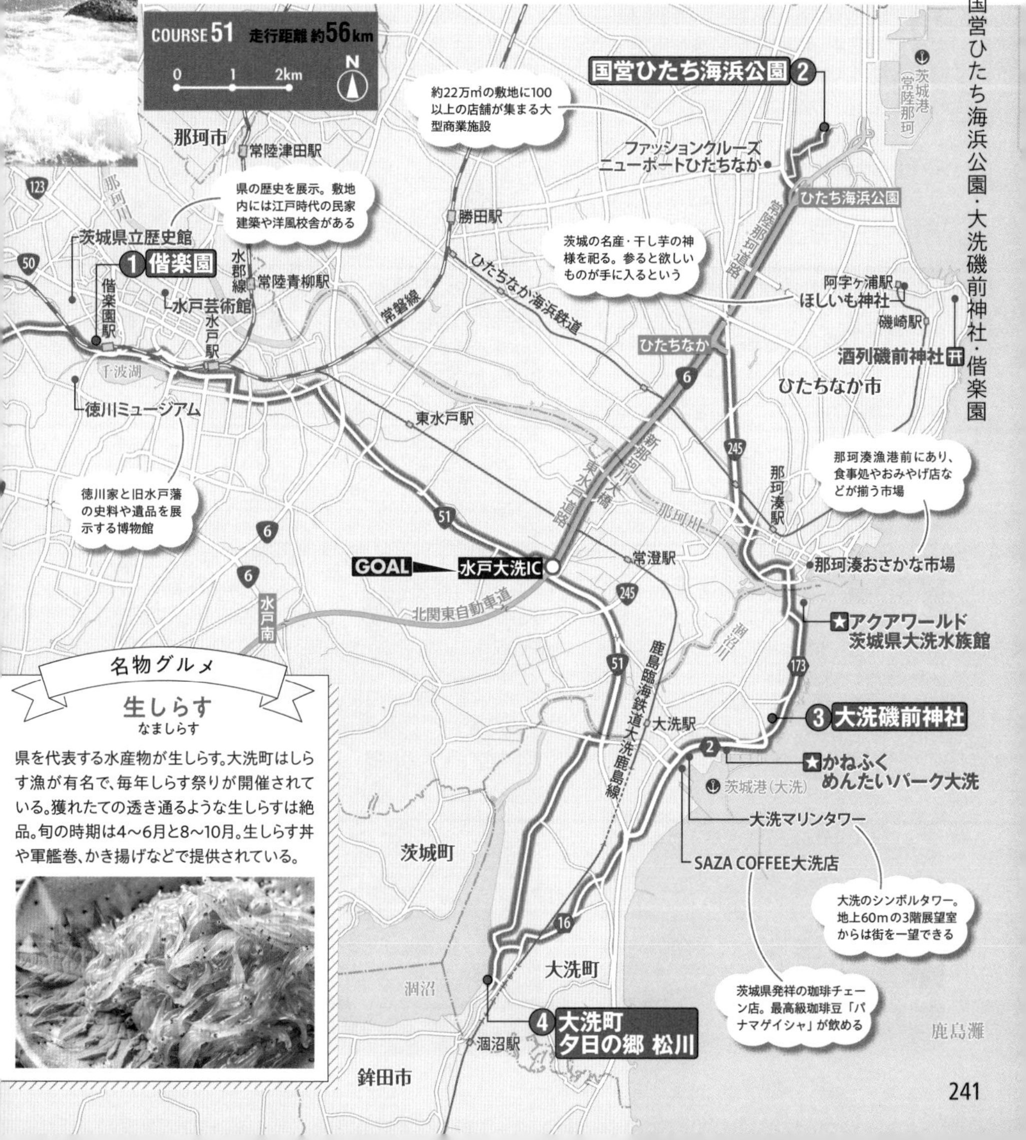

COURSE 51 走行距離 約56km

0 1 2km N

那珂市
常陸津田駅
那珂川
県の歴史を展示。敷地内には江戸時代の民家建築や洋風校舎がある
茨城県立歴史館
1 偕楽園
偕楽園駅
水郡線
常陸青柳駅
水戸芸術館
水戸駅
千波湖
徳川ミュージアム
徳川家と旧水戸藩の史料や遺品を展示する博物館
勝田駅
常磐線
ひたちなか海浜鉄道
東水戸駅
約22万㎡の敷地に100以上の店舗が集まる大型商業施設
国営ひたち海浜公園 2
ファッションクルーズ ニューポートひたちなか
ひたち海浜公園
常陸那珂港
茨城港（常陸那珂）
常陸那珂有料道路
茨城の名産・干し芋の神様を祀る。参ると欲しいものが手に入るという
阿字ヶ浦駅
ほしいも神社
磯崎駅
酒列磯前神社
ひたちなか
ひたちなか市
新那珂川大橋
東水戸道路
那珂湊駅
那珂川
那珂湊漁港前にあり、食事処やおみやげ店などが揃う市場
那珂湊おさかな市場
GOAL 水戸大洗IC
常澄駅
北関東自動車道
水戸南
アクアワールド茨城県大洗水族館
涸沼川
鹿島臨海鉄道大洗鹿島線
3 大洗磯前神社
大洗駅
かねふく めんたいパーク大洗
茨城港（大洗）
大洗マリンタワー
SAZA COFFEE大洗店
大洗のシンボルタワー。地上60mの3階展望室からは街を一望できる
茨城町
大洗町
涸沼
茨城県発祥の珈琲チェーン店。最高級珈琲豆「パナマゲイシャ」が飲める
4 大洗町 夕日の郷 松川
涸沼駅
鉾田市
鹿島灘

名物グルメ

生しらす

なましらす

県を代表する水産物が生しらす。大洗町はしらす漁が有名で、毎年しらす祭りが開催されている。獲れたての透き通るような生しらすは絶品。旬の時期は4～6月と8～10月。生しらす丼や軍艦巻、かき揚げなどで提供されている。

COURSE 52

文人を魅了した景勝地と
大名や詩人も心打たれた浜へ

茨城県

五浦海岸・磯原海岸

いづらかいがん・いそはらかいがん

鵜ノ子(うのこ)岬の海岸線を左手に見ながら国道6号を走り、太平洋に突き出た形の五浦海岸を目指す。思想家で文人の岡倉天心(おかくらてんしん)が愛した日本画のような景勝を堪能し、茨城百景のパワースポット、磯原海岸へ。「関東の松原」の異名を持つ浜辺を散策したら高萩市へと向かう。国道461号沿いに広がる花貫渓谷は、近年SNSで新緑や紅葉の美しさが注目される、関東の新たな名所のひとつだ。

DRIVE COURSE 走行距離 約48km

START 常磐自動車道・いわき勿来IC

11km／国道289・6号、県道354号

1 五浦海岸

7km／国道6号

2 磯原海岸

21km／常磐自動車道、国道461号

3 花貫渓谷

9km／国道461号

GOAL 常磐自動車道・高萩IC

INFORMATION

北茨城市観光協会☎0293-43-1111
高萩市観光協会☎0293-23-2121

五浦海岸に建つ、茨城県天心記念五浦美術館

1 断崖が連なる美観の景勝地

五浦海岸

いづらかいがん

太平洋の荒波に浸食されて生まれた大小5つの入り江が連なる景勝地。近代日本美術の発展に貢献した岡倉天心が愛した地としても知られ、彼が思索にふけった朱塗りの六角堂や住まいなども見どころ。

所 茨城県北茨城市大津町五浦 P 15台

崖の上に建つ六角堂からは、岩場が広がる五浦海岸の絶景を間近に見ることができる

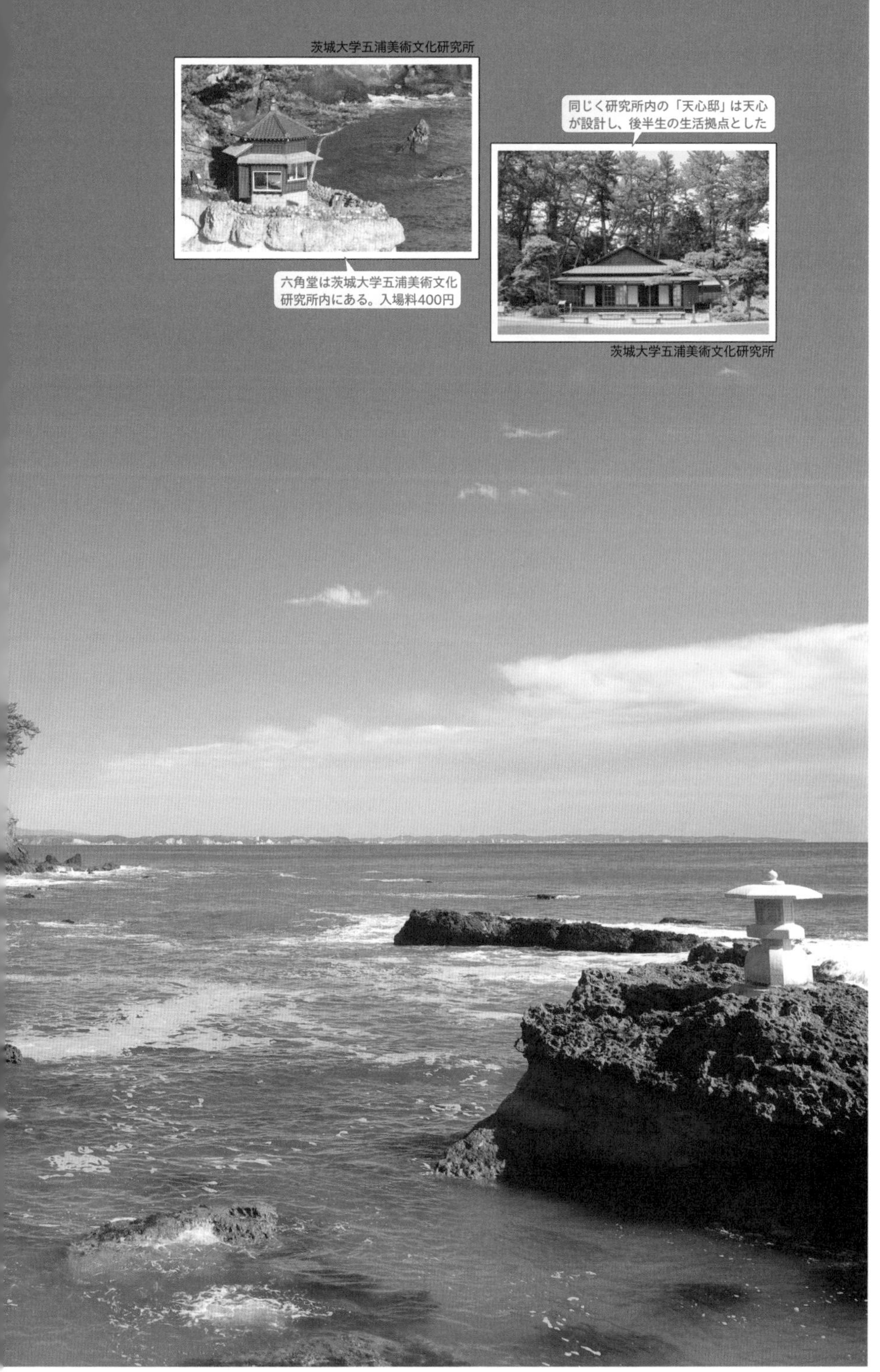
茨城大学五浦美術文化研究所
六角堂は茨城大学五浦美術文化
研究所内にある。入場料400円
同じく研究所内の「天心邸」は天心
が設計し、後半生の生活拠点とした
茨城大学五浦美術文化研究所

2 白砂浜が続く爽快な海岸線
磯原海岸
いそはらかいがん

およそ1.5kmの砂浜が続き、天妃山と二ツ島の名勝を持つ「茨城百景」のひとつ。水戸藩主の徳川斉昭公や、童謡詩人の野口雨情もその美しさを詠み、波打ち際や海岸には歌碑が立っている。
所茨城県北茨城市磯原町磯原
P約10台

海岸線の堤防はウォーキングロードとしても人気

ゾウのような姿が印象的な二ツ島。夜間のライトアップや日の出もまた感動的

寄り道スポット
●高萩ICから13km
あじさいの森
あじさいのもり

広大な私有地に整備された日本最大級のアジサイ園。全国から集められた山アジサイ、エゾアジサイの原種など、1200品種2万8千株が咲き誇る景色は圧巻。
所茨城県北茨城市華川町小豆畑1138 開9:00〜16:00 休期間中無休 料500円(6月中旬〜7月中旬)※五分咲き以前は無料 P100台

3 近年注目の紅葉スポット
花貫渓谷
はなぬきけいこく

大小さまざまな淵と滝が連なる渓谷。花貫川沿いにハイキングロードが続く。汐見滝吊り橋付近の紅葉の景色は格別で、11月中旬〜下旬の時期はライトアップもされる。
所茨城県高萩市中戸川大能地区 P80台(紅葉まつり期間中は有料)

駐車場からほど近い場所には2つの滝があり、上流は乙女滝、下流は不動滝という。写真は乙女滝

モミジのトンネルに架けたような汐見滝吊り橋

COURSE 52 走行距離 約48km
0 1.5 3km
N
福島県
いわき市
四時川
289
仏具山
START
いわき勿来IC
大丸山
289
植田駅
常磐線
鮫川
菊多浦
常磐自動車道
勿来駅
樹齢800年の大杉がシンボル。平安時代に坂上田村麻呂が創建した
花園山
●花園神社
関本PA
鵜ノ子岬
6
ガラス作品の展示・販売を行う。工房で制作体験もできる※要予約
茨城県
北茨城市
北茨城市の漁業の歴史を学べる資料館。漁業体験などもできる
大津港駅
354
●ガラス工房シリカ
五浦海岸 1
茨城県天心記念五浦美術館
漁業歴史資料館よう・そろー
花園川
六角堂
あじさいの森
えん堤の高さが65m、長さが462mの県内最大のダム
6
二ッ島
2 磯原海岸
●小山ダム
北茨城
天妃山
岡倉天心や横山大観をはじめとする五浦ゆかりの作家の作品を展示
大北川
磯原駅
常磐線
太平洋
高萩市
中郷SA
GOAL
南中郷駅
不思議な馬をこの淵に沈めたら雨で村が流されたという伝説が残る
高萩IC
「日本の渚百選」に選ばれた景勝地。干潮時に渡れる岩場がある
名馬里ヶ淵
461
汐見滝吊り橋
花貫ダム
3 花貫渓谷
高戸小浜海岸
高萩駅
高萩市衛星通信記念公園(さくら宇宙公園)
日本では珍しい海が見えるダム。えん堤越しに太平洋が望める
花貫川
敷地内に宇宙電波館や国立天文台のパラボラアンテナがある
日立市
常磐自動車道
常磐線
十王駅
6
名物グルメ
どぶ汁
どぶじる
茨城～福島南部の太平洋沿岸地域に伝わる漁師料理。たっぷりのアンコウと、大根などの野菜の水分と酒、味噌で煮込んだアンコウ鍋の一種で、北茨城市内には昔ながらのどぶ汁が名物の旅館や店が点在する。

COURSE 53

筑波山山麓・山頂からの絶景とドライブコース

茨城県

石切山脈・筑波山

いしきりさんみゃく・つくばさん

都内から日帰りで筑波山登山も楽しめるドライブエリア。採掘場がつくり上げた造形美の石切山脈やアジサイ寺として知られる雨引観音などを巡って筑波山へ。県道236号の表筑波スカイラインと筑波スカイラインは、筑波パープルラインと呼ばれワインディングロードとして有名。やすらぎの森 朝日峠展望公園は駐車場が整備された眺望スポット。頂上へはケーブルカーやロープウェイで気軽に登山を。

DRIVE COURSE 走行距離 約73km

START 北関東自動車道・友部IC

11km／国道355・50号、県道289号

1 石切山脈

18km／県道289号、国道50号、県道41・152号

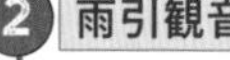

2 雨引観音

22km／県道152・41・42号

3 筑波山

13km／県道42・236号

4 やすらぎの森 朝日峠展望公園

9km／フルーツライン、県道199号

GOAL 常磐自動車道・土浦北IC

INFORMATION

つくば観光コンベンション協会 ☎029-869-8333

採掘後の岩肌が美しいアートのようになっている。規模の大きさに圧倒される

筑波山の中腹・宮脇駅と山頂駅を8分で結ぶ大正時代開業の筑波山ケーブルカー

湖面に採掘場が映し出され、神秘的な光景が眼前に広がる

1 古代遺跡のような岩肌と湖

石切山脈

いしきりさんみゃく

東京駅や国会議事堂、最高裁判所などに使われている真っ白な稲田石の採掘場。採掘後の岩の割れ目に水が溜まってできた湖は「地図にない湖」と呼ばれ、観光客に人気のフォトスポット。稲田石のアートも見事だ。

☎0296-74-2537 所茨城県笠間市稲田4260-1 開9:00〜15:30(最終受付) 休木曜 料300円 P20台

道の駅を PICK UP!!

笠間のゲートウェイ

●友部ICから2km

かさま

笠間芸術の森公園や笠間市街地へと続く国道355号沿いにある。笠間の名物・栗専門のカフェ＆ショップや広々としたフードコートに農産物・農産加工品などみやげ物も充実。

☎0296-71-5355 所茨城県笠間市手越22-1 営施設により異なる 休第2木曜 P432台

↑2021年オープンの比較的新しい施設

寄り道スポット

●友部ICから5km

笠間工芸の丘

かさまこうげいのおか

笠間焼のろくろや手びねり体験ができる工房や陶芸作家の展示室、芸術の森公園を見渡せるギャラリーカフェなどがある。

☎0296-70-1313 所茨城県笠間市笠間2388-1 営10:00～17:00 休月曜(祝日の場合は翌日) P200台

↑多彩な笠間焼が焼かれる登り窯

② 水中花が話題のアジサイ寺
雨引観音
あまびきかんのん

中国から帰化した法輪独守居士が用明天皇2年(587)に開山した古刹。安産子育祈願の寺として知られる。境内には青、紫、白、赤色など約100種、5000株のアジサイが植えられ、6月の「あじさい祭」にはアジサイを池に浮かべる水中花が楽しめる。

☎0296-58-5009 所茨城県桜川市本木1
P300台

➡淡い色のアジサイが所狭しと浮かぶ水中花は必見。ライトアップも見逃せない

仁王門とアジサイのコラボが色鮮やか

裏山の展望スポットから望めるのは加波山と筑波山

③ 関東平野を一望する霊山
筑波山
つくばさん

万葉の時代から「西の富士、東の筑波」と並び称される標高877mの霊山。男体山と女体山の2つの峰を持ち、山頂から関東平野を一望する大パノラマが魅力。ケーブルカーやロープウェイが整備され、登山初心者でも山頂を目指すことができる。

所茨城県つくば市筑波
P市営筑波山駐車場利用(500円)

⬇朝夕に山肌の色を変えることから「紫峰」とも呼ばれる

④ 関東平野のパノラマを堪能
やすらぎの森 朝日峠展望公園
やすらぎのもり あさひとうげてんぼうこうえん

筑波パープルライン沿いにある展望公園で、筑波山や霞ヶ浦の市街が一望のもと。遠くは天候により新宿のビル群や富士山も望める見晴らし抜群のビューポイント。

☎029-826-1111(土浦市役所代表)
所茨城県土浦市小野 P53台

⬇公園は芝生になっていて、あずま屋やベンチもある

パラグライダーなどスカイスポーツが盛ん

寄り道スポット

●土浦北ICから11km
平沢官衙遺跡
ひらさわかんがいせき

奈良・平安時代におかれた常陸国筑波郡の郡役所の遺跡。校倉・土倉・板倉の3棟を復元。

☎029-867-5841 所茨城県つくば市平沢353 開9:00～16:30 休月曜、祝日の翌日 料無料 P33台

⬆筑波山を背に緑の芝が美しい丘の上にある

COURSE 53
走行距離 約73km
N
0
2
4km
栃木県
益子町
茂木町
高峯
京都の伏見稲荷、佐賀の祐徳稲荷と並ぶ日本三大稲荷のひとつ
関東の城郭に珍しく、石垣が多く使われた山城跡
笠間市
関東
石切山脈 1
笠間稲荷神社
355
50
笠間城跡
笠間工芸の丘
笠間芸術の森公園
長さ16m、重さ6tもある大注連縄は圧巻。ガラス工房やレストランも併設
289
稲田駅
笠間駅
355
かさま
桜川筑西
北関東自動車道
常陸国出雲大社
50
友部駅
岩瀬駅
水戸線
羽黒駅
福原駅
笠間PA
宍戸駅
笠間西
大和駅
41
友部IC
START
常磐線
茨城県
2 雨引観音
152
北関東自動車道
吾国山
355
涸沼川
桜川市
石切山脈・筑波山
真壁市の歴史が学べる複合施設でスタイリッシュな建物が目印
加波山
岩間駅
真壁伝承館
41
足尾山
355
茨城県
筑西市
筑波山頂駅の隣、360度の景色が楽しめる展望台やレストランを併設
常磐自動車道
桜川
つつじヶ丘駅と女体山駅の全長1.3km、高低差298mを6分で結ぶ
羽鳥駅
美野里PA
コマ展望台
筑波山頂駅
筑波山
筑波山ロープウェイ
富士山
小美玉市
石岡小美玉スマート
3 筑波山（ケーブルカー）
宮脇駅
355
42
表筑波スカイライン
かつて走り屋全盛期時代に人気を集めたアニメ『頭文字D』の舞台
筑波山神社
フルーツライン
石岡市
6
236
コース内の絶景ロード
平沢官衙遺跡
ワインディングロード
表筑波スカイライン
おもてつくばスカイライン
県道236号つつじヶ丘～風返し峠の区間の「筑波スカイライン」と風返し峠～朝日峠の区間の「表筑波スカイライン」を合わせて「筑波パープルライン」と呼ぶ。表筑波スカイラインは原付・自動二輪は終日通行禁止。
408
かすみがうら市
宝篋山（小田山）
やすらぎの森 朝日峠展望公園 4
千代田PA
125
199
つくば市
125
筑波山を御神体とする古社。山頂からは関東一円が見渡せる
土浦北IC
GOAL
常磐自動車道
研究学園駅
つくば駅
つくばエクスプレス
6
桜川
土浦市
土浦駅

COURSE 54

都心から気軽にアクセス
江戸情緒と絶景のコラボ

埼玉県

川越・狭山湖・武蔵野樹林パーク

かわごえ・さやまこ・むさしのじゅりんパーク

都心から約30分と気軽で、江戸の情緒を今に残す川越を中心にした小江戸コース。権現堂桜堤は桜の名所。近年、アジサイの名所としても人気だ。江戸風情が残る川越の蔵造りの町並みを散策する前に、パワースポットとして話題の川越氷川神社詣へ。富士山も望める狭山湖の天然絶景に癒やされたあとは、武蔵野樹林パークの幻想的な光のアートで非日常体験を。

DRIVE COURSE 走行距離 約85km

START 東北自動車道・久喜IC

9km／県道3号

1 権現堂桜堤

40km／県道267号、国道468・254号

2 川越氷川神社

1km

3 蔵造りの町並み

20km／県道6号

4 狭山湖

11km／県道55号、国道463号

5 武蔵野樹林パーク

4km／国道463号

GOAL 関越自動車道・所沢IC

INFORMATION

小江戸川越観光協会 ☎049-227-9496
所沢市経営企画部広報課 ☎04-2998-9024

かわいいデザインが好評の季節限定御朱印も話題

1 季節の花畑をゆったり散策
権現堂桜堤
ごんげんどうさくらづつみ

関東の桜の名所として有名で春には約1000本のソメイヨシノが1kmにわたって咲き誇る。「四季の花が楽しめる公園に」地元の方々の思いから100種、約1万株のアジサイが植えられ、秋には真紅の曼珠沙華が、冬には純白の水仙が観賞できる。

☎0480-44-0873(権現堂公園管理事務所) 所埼玉県幸手市内国府間887-3 P500台

菜の花とのコントラスト絶景に感動の桜並木

毎年6月にあじさいまつりを開催。約3000株ある白いアジサイ品種「アナベル」の開花は必見

2 良縁を願う参拝者で賑わう
川越氷川神社
かわごえひかわじんじゃ

古くから夫婦円満、縁結びの神様として信仰を集めてきた。古墳時代の6世紀に創建されたと伝えられ、江戸時代には川越城下の総鎮守となり、城下の人々から「お氷川様」の愛称で親しまれる存在に。一風変わった鯛みくじも人気。

☎049-224-0589 所埼玉県川越市宮下町2-11-3 Pなし

➡毎年7月初旬から9月上旬まで期間限定で開催される「縁むすび風鈴」

③ 昔懐かしい雰囲気のお店も見られる

蔵造りの町並み

くらづくりのまちなみ

類焼を防ぐための巧妙な江戸期の耐火建築である蔵造りの町家が今も残る。重要伝統的建造物群保存地区に指定され、散策すればタイムスリップしたような気分に浸れる。川越は江戸を軍事的にも経済的にも支え「小江戸」とも呼ばれる。

所 埼玉県川越市幸町 P 周辺駐車場利用

江戸時代から城下の町に時を告げてきた「時の鐘」

↑明治期の大火で江戸期の蔵造りの町家だけが焼け残った。以降蔵造りの町家が多く建てられた

④ 東京都の水がめとして完成

狭山湖
さやまこ

所沢市と入間市の境界にある人造湖。周辺は県立狭山自然公園に指定され、春はソメイヨシノやヤマザクラなどの2万本もの桜、秋は紅葉の名所として知られる。富士山の絶景スポットでもあり、多くの観光客やカメラマンが訪れる。

所埼玉県所沢市勝楽寺 P80台

東京の水がめであり湖内に2基の取水塔を設置

↑冬に湖面に反射する富士山の雪景に感動。富士山が西にあり山容が薄くシルエットになるサンセットシーンも人気

↓森林内に設置された卵型オブジェで不思議体験。手で押して揺らすと光と音を放ち周囲のエブジェに連鎖して共鳴が広がっていく

「チームラボ どんぐりの森の呼応する生命」埼玉 所沢 ©チームラボ

寄り道スポット

●所沢ICから12km

西武園ゆうえんち
せいぶえんゆうえんち

アクセスも抜群な埼玉県の遊園地。近年、昭和の世界観へタイムスリップできる「夕日の丘商店街」が話題に。

☎04-2929-5354 所埼玉県所沢市山口2964 開10:00～17:00(季節により変動あり) 休不定休 料4900円 P1000台

↑1960年代のレトロな街並みを再現

⑤ 森林内で体験する非日常

武蔵野樹林パーク
むさしのじゅりんパーク

チームラボによるインタラクティブな光のアート空間「どんぐりの森の呼応する生命」を常設展示。手で押して揺らすと、音色を響かせながら色が変化する卵形体のオブジェが設置されている。狭山茶や所沢の地ビールが味わえる隈研吾氏デザインの「武蔵野樹林カフェ」も話題に。

☎なし 所埼玉県所沢市東所沢和田3-9 開16:00～21:00(入場は～20:30) 休第1・3・5火曜(祝日の場合は営業) 料1000円(金～日曜、祝日1200円) P近隣駐車場利用

COURSE 54 走行距離 約85km
0 2.5 5km
N
関東
埼玉県　川越・狭山湖・武蔵野樹林パーク
1 権現堂桜堤
START
久喜IC
久喜白岡JCT
2 川越氷川神社
川越城本丸御殿
3 蔵造りの町並み
17万石を誇った川越城の本丸御殿。嘉永元年(1848)藩主松平斉典が造営した
所沢市の特産品を販売。狭山茶や地粉を楽しめるカフェもある
体験農園を併設する大型直売所。地元で採れた野菜などを販売
観光情報物産館 YOT-TOKO
食の駅 所沢店
所沢航空発祥記念館
GOAL
所沢IC
5 武蔵野樹林パーク
狭山湖
西武園ゆうえんち
多摩湖
狭山丘陵に造られた水道用貯水池。湖の周囲には自転車・歩行者道路も
国産機レプリカなどを展示。日本の航空史を学ぶことができる
埼玉県
茨城県
東京都
名物グルメ
川越のサツマイモ
かわごえのサツマイモ
川越の特産品といえばサツマイモと抹茶。江戸期には方々の村でサツマイモを栽培。そのなかで川越イモが質も良く最高級品とされた。水運の便も良く船で江戸へ大量輸送できたことで大産地に発展した。
253

COURSE 55

都心から約1時間で到達
大自然や神秘的な絶景も

東京都・山梨県

秋川渓谷・奥多摩湖

あきがわけいこく・おくたまこ

東京とは思えない自然と野生があふれるエリア。秋川渓谷では緑を縫って勢いよく清流が走る爽快さを体感し、釣りやカヤックなどのアクティビティも楽しんでみたい。御岳渓谷では両岸に設けられた遊歩道を歩いて、美術館や酒蔵を訪ねよう。神秘的な日原鍾乳洞で自然の生み出す驚異にふれたあとは、奥多摩湖で人が生み出す驚異を堪能し、奥多摩ジビエも味わって帰りたい。

DRIVE COURSE 走行距離 約124km

START 中央自動車道・上野原IC

28km／県道(都道)33号

1 秋川渓谷

18km／都道33・251・45号

2 御岳渓谷

22km／都道45号、国道411号、都道204号

3 日原鍾乳洞

19km／都道204号、国道411号

4 奥多摩湖

37km／国道411・139号

GOAL 中央自動車道・大月IC

INFORMATION

あきる野市観光協会 ☎042-596-0514
檜原村産業環境課観光商工係 ☎042-598-1011
青梅市観光協会 ☎0428-24-2481
奥多摩観光協会 ☎0428-83-2152

小河内ダムの建造で生まれた奥多摩湖。緑を映す湖面が美しい

石舟橋と河川、新緑や紅葉などが織りなす多彩な景観は、秋川渓谷のなかでも特に人気だ

1 自然のなかで渓谷美を堪能
秋川渓谷

あきがわけいこく

深い自然と清流が描く光景は秘境とすら評される、東京のオアシス。多摩川の最大支流の秋川が、あきる野市から檜原村間にかけて流れる約20kmを「秋川渓谷」と呼ぶ。自然のなかでキャンプやバーベキュー、トレッキングほかさまざまなアウトドアの遊びが楽しめる。
所東京都あきる野市 P十里木駐車場利用

透明な流れを楽しみ、マス釣りや川遊びなどもできる

十里木地区と「瀬音の湯」を結ぶ長さ96mの吊り橋。橋からの絶景を堪能

寄り道スポット

●上野原ICから26km

払沢の滝
ほっさわのたき

東京都唯一の「日本の滝百選」に選ばれている名瀑。落差は60mで4段に分かれ流れ落ちる。そのさまが僧の持つ払子に見えることからついた名前。厳冬期は結氷し、いっそう神秘的な姿を見せ、冬でも多くの人が訪れる。

所東京都檜原村 P28台

↑流れ落ちる姿も結氷時も変わらず美しい

2 名水百選の清流
御岳渓谷
みたけけいこく

多摩川の上流部にあり、都内屈指の清流と奇岩の眺めが見られる。両岸に遊歩道が整備され、ここから玉堂美術館や澤乃井 小澤酒造など見どころを巡ることができる。遊歩道から四季折々の渓谷美を楽しみながら周辺の観光も満喫したい。

所東京都青梅市御岳 Pあり

紅葉の名所でありカヤックやハイキングも楽しめる

↑遊歩道は多摩川の両岸約4km。上流の御嶽駅と川井駅の中間あたりから下流の軍畑駅近辺まで

3 日原観光のメインスポット
日原鍾乳洞
にっぱらしょうにゅうどう

かつて山岳信仰のメッカとして参拝者を集めたという神秘的な空間。高低差のある立体迷路のような洞内は見学時間約40分と関東随一の規模だ。白衣観音や巨大なカエルのようなガマ岩ほかの幻想的な世界でしばし異次元感に浸りたい。

☎0428-83-8491 所東京都奥多摩町日原1052 開9:00～17:00(12～3月は～16:30) 休無休 料900円 P80台

↑つらら状に垂れ下がる鍾乳石は3cm伸びるのに200年を費やすという

年間を通じ11℃の洞内、夏はひんやり冬暖かい

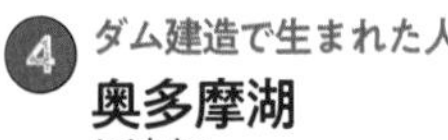

4 ダム建造で生まれた人口湖
奥多摩湖
おくたまこ

豊かな自然に囲まれ、四季折々の美しい景色が楽しめる。昭和32年(1957)、小河内ダムの建造で誕生した人造湖で、水道専用貯水湖としては日本最大級だ。湖を眺めながらダムを渡って対岸まで行くことができ、展望台も途中にある。

所東京都奥多摩町原 Pあり

エメラルドグリーンの美しい湖と小河内ダム

緑を背景に赤が映える、蜂谷川に架かる蜂谷橋

↑湖に渡された麦山浮橋、通称「ドラム缶橋」で、湖上を歩いて渡れる

道の駅を PICK UP!!

きれいな水で知られる村の駅

●大月ICから25km

こすげ

ここで生まれる小さな水の流れが多摩川の源流で、水がおいしい地域でもある。駅には村の特産品を使ったピザなどが味わえる「源流レストラン」、地元の特産品を扱う物産館、情報を発信するふれあい館がある。

☎0428-87-0765 所山梨県小菅村3445
営9:00〜17:00 ※施設・季節により異なる
休無休(源流レストランは水曜、臨時休あり)
P102台

↑山に囲まれた自然のなかにある道の駅

名物グルメ

ジビエ

多くのニホンジカが生息する奥多摩。狩った鹿肉は町内の食肉加工施設で加工され、飲食店や旅館などで鹿肉カレーなどに商品化されてきた。鹿は牛や豚に比べ脂質が少なく高たんぱくで鉄分を多く含む。「奥多摩もみじ」というブランド鹿が評判。

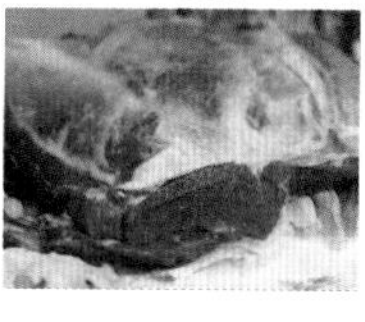

COURSE 55 走行距離 約124km

0 2.5 5km N

1 秋川渓谷
2 御岳渓谷
3 日原鍾乳洞
4 奥多摩湖

START 上野原IC
GOAL 大月IC

日原森林館：森林をテーマにした博物館。日本全域の巨樹に関する展示などが揃う

鷹ノ巣山：標高1736.6m、日帰りの登山コースとしても人気で多くの登路がある

小河内ダム：標高530mに位置し、竣工当時は世界最大の規模を誇った貯水池

清流ガーデン澤乃井園：売店やみやげ物店、きき酒処も併設する小沢酒造が運営する庭園

青梅市吉川英治記念館：吉川英治の貴重な資料を収蔵する展示館と広大な庭園からなる記念館

ダム展望台：高さ87mの重力式コンクリートダム。高所からダムを望める展望台がある

八重山展望台：八重山の中腹にある展望所。富士山、丹沢山系、陣馬山系が眺められる

白岩山 セッ石山 本仁田山 六ッ石山 岩茸石山 御岳山 三頭山 奈良倉山 臼杵山 刈寄山 丸山 生藤山 権現山 陣馬山(陣場山) 景信山 百蔵山 扇山 高尾山 高柄山 倉岳山 高畑山 九鬼山 石老山 二十六夜山

埼玉県 東京都 山梨県 神奈川県 飯能市 青梅市 日の出町 あきる野市 檜原村 八王子市 上野原市 大月市 都留市 小菅村 丹波山村

日原川 多摩川 丹波川 秋川 鶴川 桂川 相模川 道志川 津久井湖 払沢の滝 玉堂美術館 こすげ

白丸駅 鳩ノ巣駅 古里駅 川井駅 御嶽駅 沢井駅 軍畑駅 二俣尾駅 石神前駅 宮ノ平駅 青梅駅 河辺駅 奥多摩駅 滝本駅 御岳山駅 武蔵五日市駅 武蔵増戸駅 上野原駅 四方津駅 梁川駅 鳥沢駅 猿橋駅 大月駅 禾生駅 都留市駅 藤野駅 相模湖駅 高尾山口駅 高尾駅 高尾山駅 清滝駅

中央自動車道 圏央道 青梅線 五日市線 中央本線 リニア実験線 談合坂スマート 談合坂SA 藤野PA 相模湖東 相模湖 八王子JCT 八王子西 高尾山 あきる野 日の出 大月JCT

COURSE 56

伊豆大島の名所を細かく巡る
レンタカードライブコース

東京都

伊豆大島・裏砂漠・赤禿

いずおおしま・うらさばく・あかっぱげ

都心から120km、伊豆諸島最大の島で車なら約1時間で一周できレンタカー観光に最適。島を時計回りに進むと、まずは泉津の切通しへ。巨木の太い根が不思議な景観を見せる。日本唯一の砂漠の裏砂漠、黒い砂浜で知られる砂の浜、バームクーヘンのような地層の断面が見られる地層大切断面へと続いていく。巨木が群生する大宮神社を通り、ゴールは独特の赤い断崖絶景の赤禿。

DRIVE COURSE 走行距離 約53km

START 東京大島かめりあ空港
7km/都道208号
1 泉津の切通し
10km/都道208号
2 裏砂漠
17km/都道208号
3 砂の浜
1km/都道208号
4 地層大切断面
8km/都道208号
5 大宮神社
6km/都道208号、サンセットパームライン
6 赤禿
4km/サンセットパームライン
GOAL 東京大島かめりあ空港

INFORMATION

大島観光協会 ✆04992-2-2177

1 SNSでも話題の絶景 泉津の切通し

せんづのきりとおし

日本の大樹の太い根っこに強い生命力を感じる

写真映えする隠れた観光地として話題になった場所だが人も少なくゆったり観光できる。巨岩を掘削し間に造られた細い石段、その両サイドの岩石に2本の巨木の太い根が絡む幻想的な風景はファンタジー映画に出てきそう。

所 東京都大島町泉津 P なし

↑岩石の間の石段は大地を切り開いて異世界へと通じる道のよう。近くに「椿トンネル」と呼ばれる名所もある

2 まるで別の惑星に来たよう
裏砂漠
うらさばく

国土地理院作成の地図において日本で唯一「砂漠」と表記され、一面が三原山の漆黒の火山噴出物の「スコリア」で覆われている。別の惑星に来たような幻想的な景観で、映画・ドラマ・MV・CM等のロケ地としても多く使われている。

所東京都大島町 P3台

三原山の火口を見下ろせる遊歩道からも砂漠を望める

裏砂漠周辺は特別保護地区として車両の乗り入れが禁止されており、自然環境が保護されている

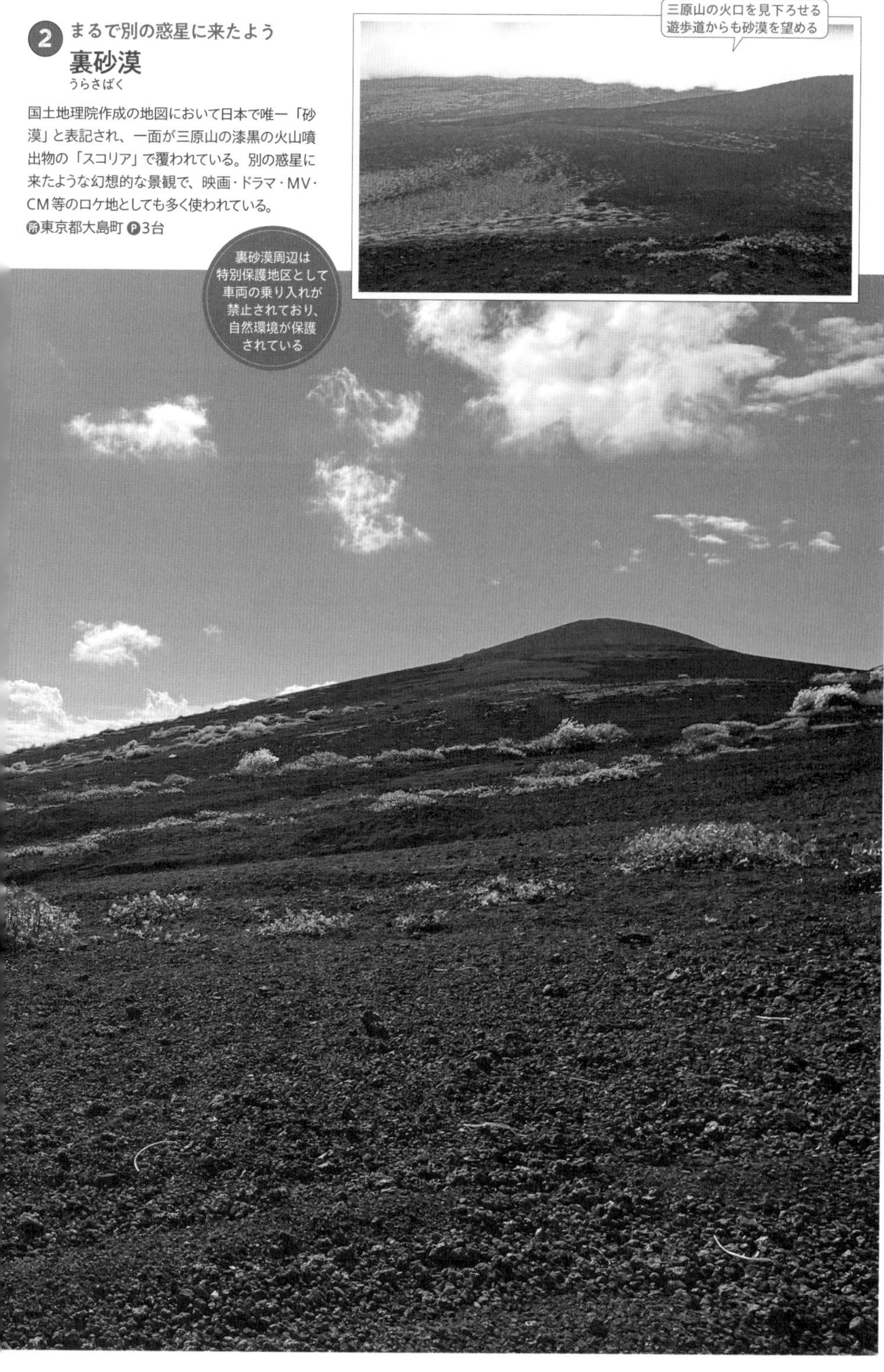

3 夕日が美しい約1kmの黒い砂浜

砂の浜

さのはま

火山灰や火山砂、砕けて細かくなった溶岩が沢を下って海岸まで運ばれ堆積した大島で一番長いビーチ。砂は三原山の玄武岩質の火山噴出物で珍しい黒い砂浜。ウミガメの産卵地としても知られ、サンセットビーチとしても人気。

所東京都大島町間伏 P10台

←砂遊びや磯遊びができるが、黒い砂は熱を吸収し夏に裸足で歩くと火傷しそうな熱さとなるため要注意

4 悠久なる時を感じる大断面

地層大切断面

ちそうだいせつだんめん

大島一周道路沿いに連なる高さ約24m、長さ約630mの圧倒的スケールの地層の断面。伊豆大島は現在も火山活動を続ける火山島で、太古より噴火を繰り返してきた結果、火山灰が地表の斜面に対して平行に堆積し、このような断面が形成。

所東京都大島町野増エンシュウアイノウ P3台

→約1万5000年の時が創造した巨大地層。世界で最も解明の進んだ火山といわれる伊豆大島の火山は地層切断面の分析による

名物グルメ

べっこう寿司

べっこうずし

伊豆諸島の郷土料理として知られるべっこう(魚の切り身)をのせた寿司。島とうがらし醤油につけた魚の切り身が、べっ甲色になるためそう呼ばれる。離島という環境のなかで考え出された保存食で、家庭や店によりそれぞれの味が代々受け継がれている。

5 独特の神楽を今に伝える

大宮神社

おおみやじんじゃ

波治加麻神社と同様、『延喜式神名帳』に記載されている「阿治古神社」と比定されている古社。スダジイ、イヌマキ、タブノキの巨木が群生し、昭和14年(1939)に「野増大宮神社のシイ樹叢」として東京都天然記念物に指定。

☎04992-2-3150 所東京都大島町野増大宮 P松原公園駐車場利用

祭礼では独特に形成され伝承された神楽を奉納

6 ゆるやかな海岸線で突出した岬
赤禿
あかっぱげ

大島の北西部は溶岩流による平坦地でゆるやかな海岸線。そのなか例外的に小高く突き出た「赤禿」と呼ばれる岬が目を引く。約3400年前、マグマが勢いよく噴き出し、火口の周りに急速に降り積もった噴出物で形成された。

所 東京都大島町元町
P なし

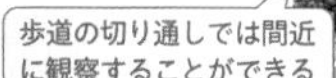
歩道の切り通しでは間近に観察することができる

↑火山の噴出物が高温のうちに空気に十分触れたため、酸化してこのような赤さび色に

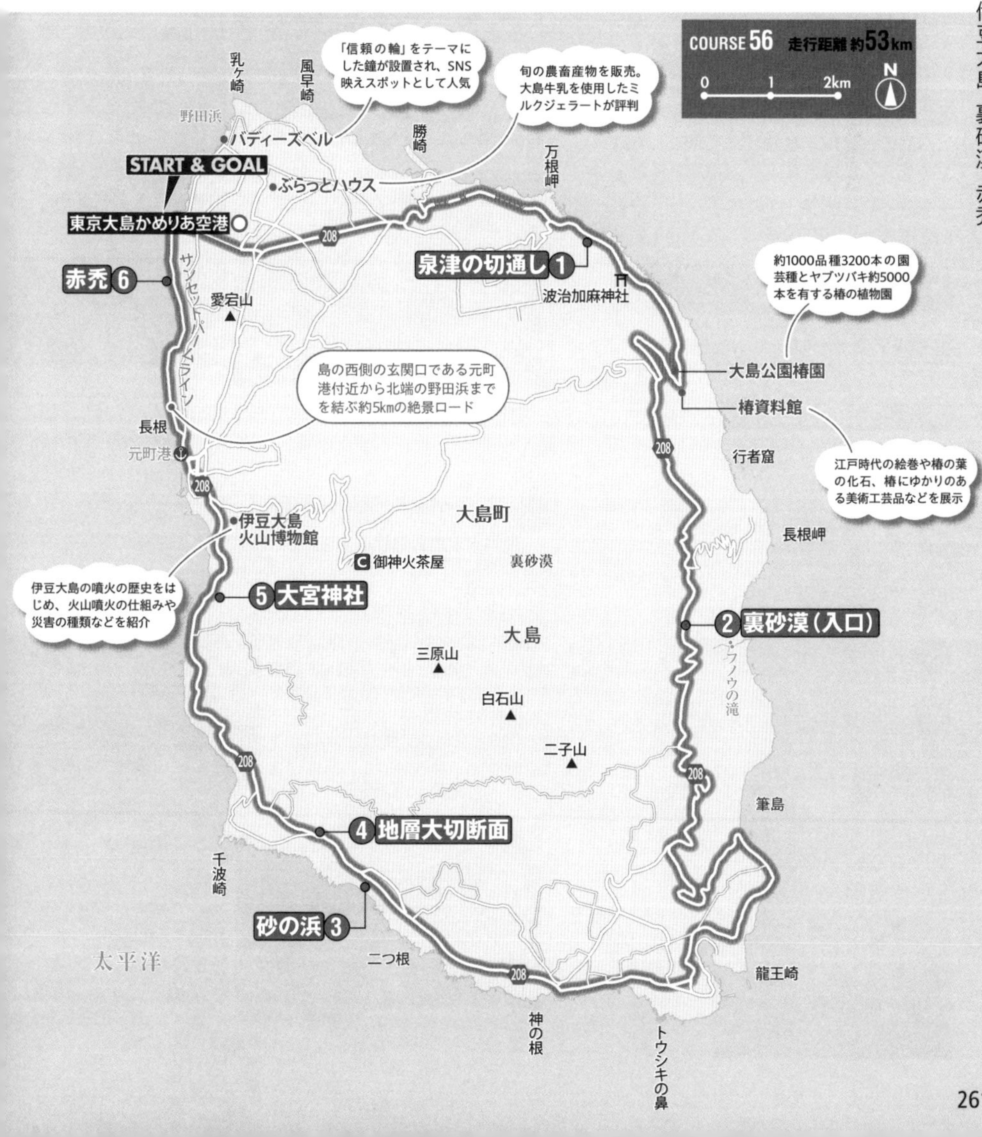

COURSE 56 走行距離 約53km

0 1 2km N

START & GOAL
東京大島かめりあ空港

1 泉津の切通し
2 裏砂漠（入口）
3 砂の浜
4 地層大切断面
5 大宮神社
6 赤禿

「信頼の輪」をテーマにした鐘が設置され、SNS映えスポットとして人気

旬の農畜産物を販売。大島牛乳を使用したミルクジェラートが評判

約1000品種3200本の園芸種とヤブツバキ約5000本を有する椿の植物園

江戸時代の絵巻や椿の葉の化石、椿にゆかりのある美術工芸品などを展示

島の西側の玄関口である元町港付近から北端の野田浜までを結ぶ約5kmの絶景ロード

伊豆大島の噴火の歴史をはじめ、火山噴火の仕組みや災害の種類などを紹介

乳ヶ崎
風早崎
野田浜
バディーズベル
勝崎
ぷらっとハウス
万根岬
208
波治加麻神社
愛宕山
サンセットパームライン
大島公園椿園
椿資料館
長根
元町港
行者窟
伊豆大島火山博物館
大島町
長根岬
御神火茶屋
裏砂漠
大島
フノウの滝
三原山
白石山
二子山
筆島
千波崎
太平洋
二つ根
龍王崎
神の根
トウシキの鼻

COURSE 57

気軽に絶景に浸りたいなら迷わず南房総を目指そう

千葉県

南房総・鋸山・大山千枚田

みなみぼうそう・のこぎりやま・おおやませんまいだ

都心からのお気軽絶景ドライブなら迷わず南房総へ。標高329mの低名山として四季を通して観光客が絶えない鋸山からスタートし、東京から一番近い棚田として知られる大山千枚田へ。房総半島の最南端の岬にたたずむ野島埼灯台、国の登録有形文化財に登録されている洲埼灯台を見学し、貴重な海浜植物などが自生する沖ノ島公園へ。原岡桟橋からの美しい夕景がゴールだ。

DRIVE COURSE 走行距離 約107km

START 富津館山道路・富津金谷IC

6km／国道127号

1 鋸山

18km／国道127号、県道34号

2 大山千枚田

40km／県道34号、国道410号、県道186・297号

3 野島埼灯台

18km／国道410号、県道257号

4 洲埼灯台

11km／県道257号

5 沖ノ島公園

11km／県道250号

6 原岡桟橋

3km／国道127号

GOAL 富津館山道路・富浦IC

INFORMATION

館山市観光協会 ☎0470-22-2000

南房総市観光協会 ☎0470-28-5307

山麓駅と山頂駅を約4分で結ぶ鋸山ロープウェー

1 地獄のぞきの超スリル絶景 鋸山

のこぎりやま

江戸時代から房州石の石切場で山肌や稜線がノコギリの刃のように見えるのが名の由来。山頂から南側斜面は日本寺の境内で、高さ約31mの日本最大の磨崖仏の大仏は壮観! 頂上付近には落差約100mの「地獄のぞき」という切り立った崖に突き出た展望台が。

☎0470-55-1103(日本寺) 所千葉県鋸南町 開9:00〜16:00(受付は〜15:00) 料拝観700円 P50台

展望台の地獄のぞきを横から見た光景。この迫力が人気でSNS映えの写真スポットになっている

採石場としての痕跡が絶景として随所に見られる

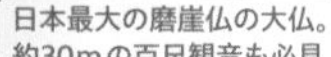

日本最大の磨崖仏の大仏。約30mの百尺観音も必見

2 懐かしい風景がここにある 大山千枚田

おおやませんまいだ

東京から一番近い棚田として知られ、3.2haに375枚の水田が階段状に並び、日本の原風景ともいえる素晴らしい田園風景に。保存会がオーナー制度を導入・活用し、都市農業者に農業体験の場を提供しながらこの美しい景観を保存している。

☎04-7099-9050(棚田倶楽部) 所千葉県鴨川市平塚540 P20台

収穫される長狭米は「日本の米づくり100選」にも選出された

「日本の棚田百選」と千葉県指定名勝に認定。日本で唯一、雨水のみで耕作を行っている

③ 開国時から海の安全を守る

野島埼灯台

のじまさきとうだい

全国に16しかない「のぼれる灯台」のひとつ。慶応2年(1866)にアメリカ、イギリス、フランス、オランダの4カ国と結んだ江戸条約により設けられたわが国初の洋式8灯台のひとつで、明治2年(1869)、日本で2番目に点灯した国の登録有形文化財。

☎0470-38-3231(野島埼灯台資料展示室「きらりん館」) 所千葉県南房総市白浜町白浜630 開9:00～16:30(土・日曜、祝日8:30～17:00) 10～2月9:00～16:00(土・日曜、祝日は8:30～) 休荒天時 料300円 P野島崎公園西・東駐車場利用

↑灯台資料展示室を併置。展望台からは東京湾へ向かう大型船などの往来が見られる

⬆美しい夕日も見逃せない

房総半島の南西端に位置
洲埼灯台
すのさきとうだい

塔内には入れないが、快晴時は眺望台から富士山や伊豆大島、三浦半島などの絶景が望める。大正8年(1919)に点灯開始以来、対岸の三浦半島にある剱埼灯台とともに、東京湾の入口を航行する船舶の安全を支えている。国登録有形文化財にも登録。

所千葉県館山市洲崎1043 P50台

高さ約14.75mの白亜の灯台で「恋人の聖地」にも認定

⬆サンゴの北限域で磯場が多く、干潮時には磯遊びができるほかシュノーケリングも人気

数多くの海浜植物が四季折々に見られる

5 歩いて渡れる自然の宝庫
沖ノ島公園
おきのしまこうえん

沖ノ島は周囲約1kmの小さな島で、以前は陸から500mも離れていたが、関東大震災などの隆起により陸続きとなった。海浜植物など約240種類ほどの植物が確認されている。

所千葉県館山市富士見 P400台

道の駅をPICK UP!!
海を見ながらゆったり過ごせる

●富浦ICから20km

ちくら・潮風王国
ちくら・しおかぜおうこく

海が見える道の駅。魚介類や干物などの海産物、落花生などを使った菓子など南房総の特産品を販売。レストラン、カフェ、芝生広場も併設。

☎0470-43-1811 所千葉県南房総市千倉町千田1051 営9:00～17:00 休水曜(1～3・8月は無休) P170台

⬆屋外には漁船のレプリカが展示

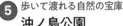

夕焼けに浮かび上がる富士山のシルエットは必見

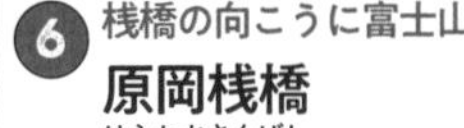

6 栈橋の向こうに富士山の影
原岡桟橋
はらおかさんばし

原岡海岸にある原岡桟橋は、全国でも数少ない木製の桟橋。ドラマなどのロケ地にもなっていてフォトジェニックスポットとして人気。快晴時には桟橋の向こうに富士山の姿が見られ、特に夕景が素晴らしい。

所千葉県南房総市富浦町原岡地先

P20台

⬅普段は釣客で賑わっているが、夕日を見たり、のんびり潮風を感じたり、ただ訪れるだけでもおすすめ

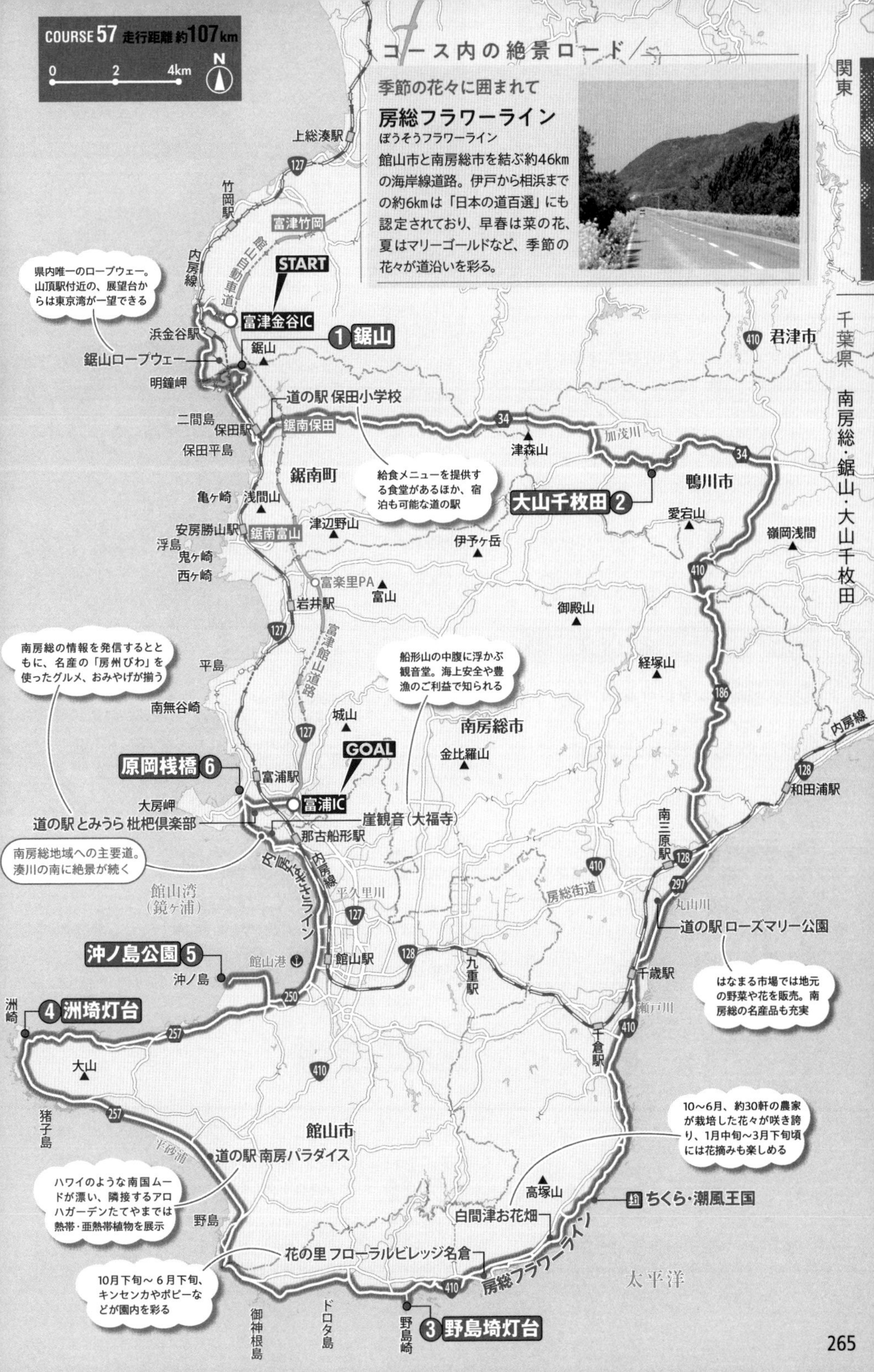

COURSE 57 走行距離 約107km
0 2 4km
N
コース内の絶景ロード
季節の花々に囲まれて
房総フラワーライン
ぼうそうフラワーライン
館山市と南房総市を結ぶ約46kmの海岸線道路。伊戸から相浜までの約6kmは「日本の道百選」にも認定されており、早春は菜の花、夏はマリーゴールドなど、季節の花々が道沿いを彩る。
上総湊駅
127
竹岡駅
富津竹岡
内房線
富津館山道路
県内唯一のロープウェー。山頂駅付近の、展望台からは東京湾が一望できる
START
富津金谷IC
1 鋸山
浜金谷駅
鋸山
鋸山ロープウェー
明鐘岬
410
君津市
道の駅 保田小学校
二間島
保田駅
鋸南保田
34
保田平島
津森山
加茂川
34
鋸南町
給食メニューを提供する食堂があるほか、宿泊も可能な道の駅
鴨川市
亀ヶ崎
浅間山
大山千枚田 2
安房勝山駅
鋸南富山
津辺野山
愛宕山
浮島
鬼ヶ崎
伊予ヶ岳
嶺岡浅間
西ヶ崎
富楽里PA
富山
410
岩井駅
御殿山
127
南房総の情報を発信するとともに、名産の「房州びわ」を使ったグルメ、おみやげが揃う
船形山の中腹に浮かぶ観音堂。海上安全や豊漁のご利益で知られる
平島
経塚山
186
南無谷崎
城山
南房総市
内房線
127
GOAL
金比羅山
原岡桟橋 6
富浦駅
128
大房岬
富浦IC
和田浦駅
道の駅とみうら 枇杷倶楽部
崖観音（大福寺）
南房総地域への主要道。湊川の南に絶景が続く
那古船形駅
内房なぎさライン
内房線
南三原駅
410
128
297
館山湾（鏡ヶ浦）
平久里川
房総街道
丸山川
127
道の駅 ローズマリー公園
沖ノ島公園 5
館山港
館山駅
128
九重駅
千歳駅
沖ノ島
はなまる市場では地元の野菜や花を販売。南房総の名産品も充実
洲崎
4 洲埼灯台
250
瀬戸川
257
410
千倉駅
大山
410
257
10〜6月、約30軒の農家が栽培した花々が咲き誇り、1月中旬〜3月下旬頃には花摘みも楽しめる
猪子島
館山市
平砂浦
道の駅 南房パラダイス
ハワイのような南国ムードが漂い、隣接するアロハガーデンたてやまでは熱帯・亜熱帯植物を展示
高塚山
ちくら・潮風王国
白間津お花畑
野島
花の里 フローラルビレッジ名倉
房総フラワーライン
10月下旬〜6月下旬、キンセンカやポピーなどが園内を彩る
太平洋
410
御神根島
ドロタ島
野島崎
3 野島埼灯台

COURSE 58

雲海から渓谷まで
房総半島の写真映えスポット

千葉県

鹿野山・養老渓谷

かのうざん・ようろうけいこく

日本一低い山並みの県として知られる千葉県で、上総丘陵の山並みが一望でき、雲海スポットとして知られる鹿野山九十九谷展望公園からスタート。房総スカイラインを南下し、神秘的な光が注目の清水渓流広場の濃溝の滝・亀岩の洞窟へ。観音橋がシンボルの養老渓谷では粟又の滝を中心にしたハイキングコースが人気。海岸線が複雑に入り組んだ鵜原理想郷では、海沿いの大自然が満喫できる。

DRIVE COURSE 走行距離 約103km

START 館山自動車道・君津IC

13km／房総スカイライン、県道163号

1 鹿野山九十九谷展望公園

16km／房総スカイライン、県道24号

2 清水渓流広場

19km／房総スカイライン、国道465号

3 観音橋（養老渓谷）

5km／県道81・178号

4 粟又の滝（養老渓谷）

18km／県道178号、国道128号

5 鵜原理想郷

32km／国道128号、県道82号、国道297号

GOAL 首都高中央連絡自動車道・市原鶴舞IC

INFORMATION

君津市観光協会 ☎0439-56-2115
市原市観光案内所 ☎0436-26-0066
大多喜町観光協会 ☎0470-80-1146
勝浦市観光協会 ☎0470-73-2500

1 朝日と雲海の絶景スポット

鹿野山九十九谷展望公園

かのうざんくじゅうくたにてんぼうこうえん

鹿野山の山頂にある自然公園。上総丘陵が幾重にも重なる風景を一望することができ、九十九谷と呼ばれる。日の出が美しく、特に秋から冬にかけて条件が揃った早朝に雲海が見られることがあり、幻想的な雰囲気が楽しめる。

所千葉県君津市鹿野山東天峪119-1 P10台

寄り道スポット

●君津ICから14km

マザー牧場

マザーぼくじょう

鹿野山に広がる広大な敷地で、動物とのふれあい、花畑、アトラクション、グルメなど家族連れに人気の牧場。

☎0439-37-3211 所千葉県富津市田倉940-3 開9:30～16:30土・日曜、祝日9:00～17:00 ※季節により変動あり 休不定休 料1500円 P4000台(1000円)

↑牛とのふれあいも楽しみだ

東山魁夷(ひがしやまかいい)の出世作『残照』はこの眺望をもとに描かれた。幽玄な景色に感動

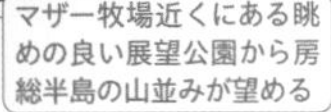

マザー牧場近くにある眺めの良い展望公園から房総半島の山並みが望める

2 ハート形に光る洞窟
清水渓流広場
しみずけいりゅうひろば

濃溝の滝・亀岩の洞窟は、洞窟の中に差し込む日の光が、ハートの形で川面を照らす幻想的な風景がSNSなどで話題に。公園内には遊歩道が整備され、初夏にはホタルが飛ぶ濃溝の滝や秋の紅葉など写真映えするスポットが多数。
所千葉県君津市笹1954 P26台

➲3月と9月にはハート形に光る写真が撮影できるとされているが、一部の区間は崩落の危険があるため立入禁止

⬆紅葉の時期やイベントの際には、ライトアップされる

3 朱色のアーチ橋

観音橋(養老渓谷)

かんのんばし(ようろうけいこく)

養老渓谷温泉街の入口にあり養老川に架かる朱色の2連の太鼓橋。温泉街のランドマーク的存在。この橋の先には、源頼朝公が再起を祈願したと伝わる出世観音が安置される立國寺がある。

所千葉県市原市戸面 Pなし

橋は二重のウェーブで勾配もある

4 滑るように流れ落ちる滝

粟又の滝(養老渓谷)

あわまたのたき(ようろうけいこく)

落差30m、長さ100mにわたってすべり台のようなゆるやかな岩肌を流れ落ちる房総一の名瀑布。夏には川辺で水遊びができるので家族連れに人気。遊歩道も整備されており、新緑・紅葉が美しいハイキングコースがある。

所千葉県大多喜町粟又 P37台(粟又の滝まで徒歩10分)

⬇ゴールデンウィークやホタルの時季、夏休み、紅葉時にはライトアップされ幻想的な景観が楽しめる

紅葉の見頃は遅く例年11月下旬から12月上旬

鵜原海岸など雄大な大海原を望める黄昏の丘

⬆奇岩や海食崖など太平洋の荒波に浸食された複雑な造形美が魅力

5 文人墨客が賛美した景勝地

鵜原理想郷

うばらりそうきょう

房総半島の外房、太平洋に突き出た明神岬一帯の名称で、2km余りにわたりリアス海岸を堪能できる。大正末期に別荘地として開発する計画のあった土地で、かつては文人や画家などが訪れた景勝地だった。ハイキングコースが整備されている。

所千葉県勝浦市鵜原 P10台

与謝野晶子が幾度も訪れて76首の歌を残している

コース内の絶景ロード

変化に富むドライブコース

房総スカイライン

ぼうそうスカイライン

千葉県君津市の国道127号との交差点から鴨川市にある国道128号との交差点まで約35.5kmの房総丘陵の中を突き抜ける適度なワインディングが楽しめるドライブコース。

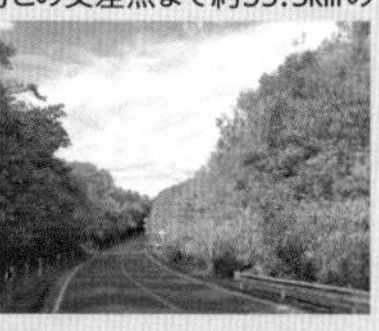

道の駅をPICK UP!!

たけのこと猪肉メニューが豊富

●市原鶴舞ICから17km

たけゆらの里おおたき

たけゆらのさとおおたき

たけのこの生産量関東一を誇る大多喜町の国道297号沿いにあり、地元の農産物や房総のおみやげを販売。食堂ではたけのこメニューや猪肉を使用したカレーや丼などのジビエメニューが味わえる。

☎0470-82-5566 所千葉県大多喜町石神855 営9:00～18:00(施設により異なる) 休無休 P102台

たけゆらの里 おおたき

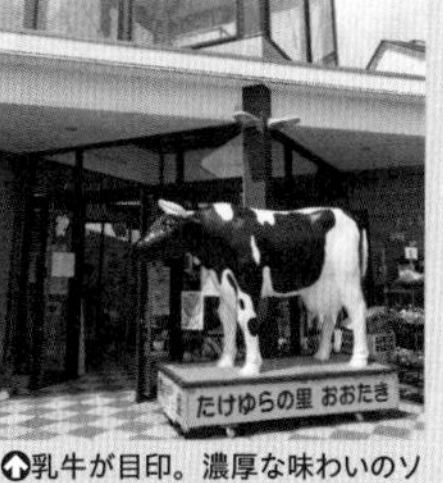

↑乳牛が目印。濃厚な味わいのソフトクリームも人気

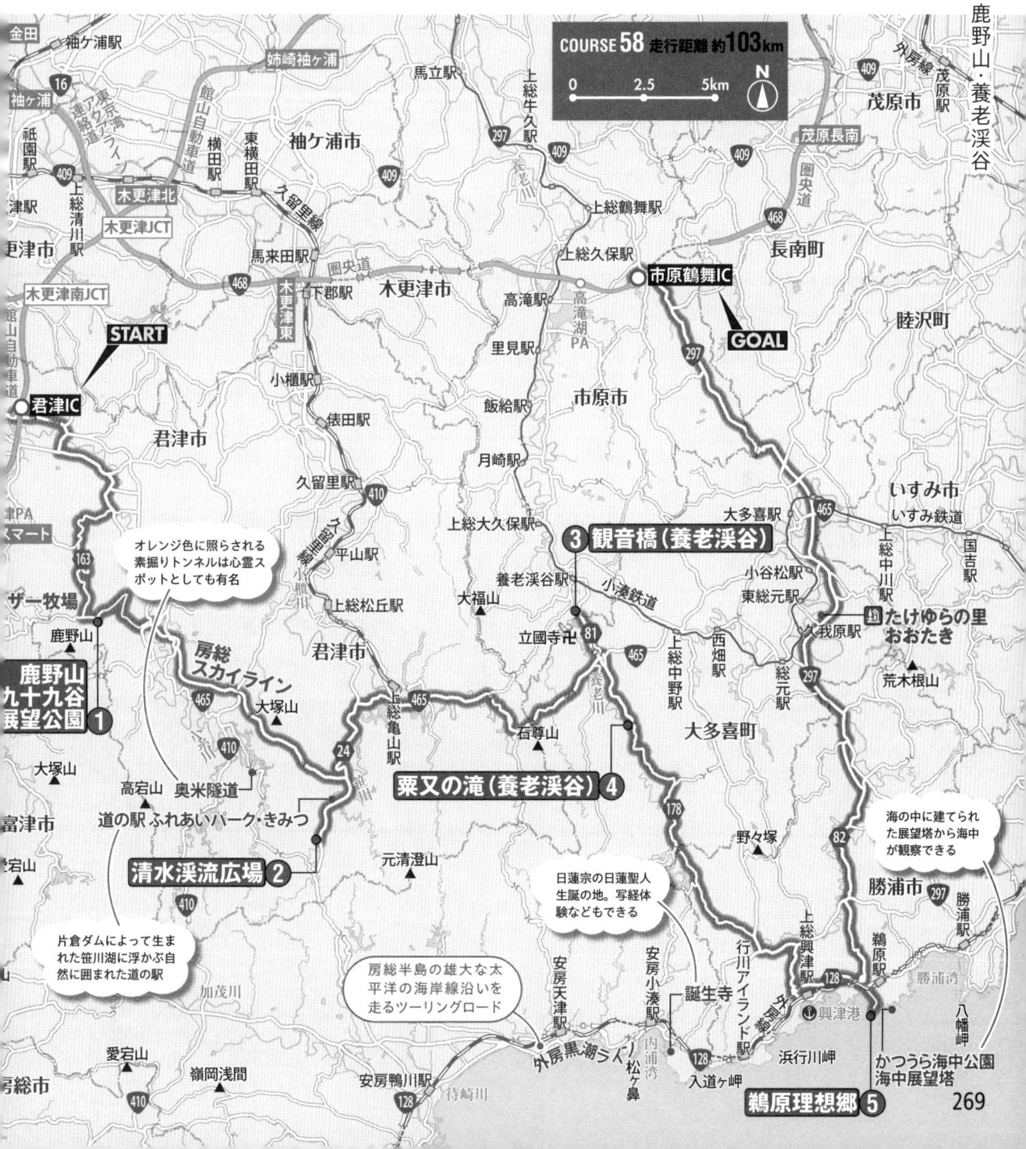

COURSE 58 走行距離 約103km
0 2.5 5km N
START
君津IC
GOAL
市原鶴舞IC
1 鹿野山九十九谷展望公園
2 清水渓流広場
3 観音橋(養老渓谷)
4 粟又の滝(養老渓谷)
5 鵜原理想郷
たけゆらの里おおたき
房総スカイライン
オレンジ色に照らされる素掘りトンネルは心霊スポットとしても有名
奥米隧道
道の駅 ふれあいパーク・きみつ
片倉ダムによって生まれた笹川湖に浮かぶ自然に囲まれた道の駅
房総半島の雄大な太平洋の海岸線沿いを走るツーリングロード
外房黒潮ライン
日蓮宗の日蓮聖人生誕の地。写経体験などもできる
誕生寺
海の中に建てられた展望塔から海中が観察できる
かつうら海中公園海中展望塔
袖ケ浦市
木更津市
君津市
市原市
長南町
睦沢町
いすみ市
大多喜町
勝浦市
茂原市
富津市
鴨川市
圏央道
館山自動車道
東京湾アクアライン連絡道
木更津北
木更津JCT
木更津南JCT
姉崎袖ケ浦
茂原長南
高滝湖PA
小湊鉄道
いすみ鉄道
久留里線
外房線
興津港
勝浦湾
鹿野山
高宕山
大塚山
石尊山
大福山
元清澄山
野々塚
荒木根山
愛宕山
嶺岡浅間
立國寺
八幡岬
浜行川岬
入道ケ岬
松ケ鼻
内浦湾
加茂川
待崎川
笹川
養老川
小櫃川

COURSE 59

大自然がつくり出す岩礁が続く雄大な海岸線を巡る

神奈川県

三浦半島・剱崎・城ケ島公園

みうらはんとう・つるぎざき・じょうがしまこうえん

横須賀の馬堀海岸ICから南下して逗子ICまで三浦半島をぐるりとまわるコース。東京湾に突き出た自然豊かな観音崎公園の海岸や森で遊び、四季折々の花が咲くくりはま花の国で癒やされたい。半島の最南端、剱崎や城ケ島公園は岩礁が自然の壮大さを見せる絶景ビューポイント。三崎マグロが味わえる三崎港から半島西岸へ。立石公園、長者ヶ崎では富士山を背景に相模湾に沈む夕日は見逃せない。

DRIVE COURSE 走行距離 約59km

START 横浜横須賀道路・馬堀海岸IC

3km／国道16号、県道209号

1 観音崎公園

9km／県道209・211号

2 くりはま花の国

14km／県道212号、国道134号、県道215号

3 剱崎

7km／県道215号

4 城ケ島公園

15km／県道26号、国道134号

5 立石公園

3km／国道134号

6 長者ヶ崎

8km／国道134号、県道311号

GOAL 横浜横須賀道路・逗子IC

INFORMATION

三浦市観光協会 ☎046-888-0588
横須賀市観光案内所 ☎046-822-8301
葉山町観光協会 ☎046-876-1111

1 海と森と遺構の公園

観音崎公園

かんのんざきこうえん

東京湾に突き出た岬に広がる照葉樹の森に囲まれた広大な公園。日本初の洋式灯台として建てられた観音埼灯台や東京湾を望む展望園地、横須賀美術館、レストラン、自然博物館、戦時中の砲台跡に戦没船員の碑など見どころが盛りだくさん。

☎046-843-8316 所神奈川県横須賀市鴨居4-1262 P279台

公園近くの海岸に延びる木製の「観音崎ボードウォーク」

↑観音崎公園の周囲の海岸は砂浜より岩礁が多く、磯遊びやピクニック、海水浴、釣りなど家族連れでも楽しめる

断崖絶壁の丘の上には剱埼灯台があり、「かながわの景勝50選」にも選ばれた絶景が広がる

⬆毎年ポピーまつり、コスモスまつりを開催。祭り最終日の「無料花摘み大会」が人気

2 100万本のポピーが揺れる くりはま花の国
くりはまはなのくに

春にはポピー、秋にはコスモスが100万本咲き誇り、そのほか菜の花、ネモフィラ、アジサイ、ひまわりなど四季折々の花が楽しめる。花畑のほか、ハーブ園での足湯や海を眺めながら食事が楽しめるガーデンレストランなどがある。

☎046-833-8282 所神奈川県横須賀市神明町1 開休施設により異なる 料無料 P427台

3 岩礁が広がる絶壁の岬 剱崎
つるぎざき

三浦半島の南東端にある岬。明治時代から浦賀水道・相模灘を照らす剱埼灯台がある。灯台下は奇岩が連なる岩礁が広がり、磯釣りの名所でもある。剱崎から西へ白波の立つ海を間近に「岩礁のみち」を歩くハイキングコースがある。

所神奈川県三浦市南下浦町松輪 P周辺駐車場利用

自然が生み出した美しい岩礁地形が見られる

④ 島に残る大自然の造形美
城ケ島公園
じょうがしまこうえん

三浦半島の最南端にある周囲約4kmの風光明媚な小島。とんがり屋根の安房埼灯台や城ヶ島灯台、房総半島から伊豆半島までが一望できる展望台、ウミウの生息地などがあり、海食洞穴の馬の背洞門など自然の雄大さに圧倒される。

所神奈川県三浦市三崎町城ヶ島 P207台

➡自然の芸術品といわれる馬の背洞門からのぞく太平洋は絶景

⑤ 富士山を眺望する夕日の名所
立石公園
たていしこうえん

秋谷海岸の波打ち際に立つ高さ12m、周囲30mほどの巨岩と「梵天の鼻」と呼ばれる松の木がある岩場に、遠く相模湾越しの富士山が眺められる景勝地。歌川広重『富士見百図初編』「相州三浦秋屋の里」にも描かれている。

所神奈川県横須賀市秋谷3-5 P県営立石駐車場利用

⬅海にそびえる巨岩と岩場に立つ松の木、そして富士山に夕日という絶景ショットが楽しめる

梵天の鼻へ歩く遊歩道散策や磯遊びもできる

⑥ 思わず車を停めたくなる絶景
長者ヶ崎
ちょうじゃがさき

相模湾に突き出た岬で、江の島、伊豆半島、富士山を望む景色は「かながわの景勝50選」に選ばれるほど。海水浴場は入り江になっているため波穏やかで、ファミリー層に人気。

所神奈川県葉山町下山口2051 P130台

⬇長者ヶ崎からの夕日は「長者ヶ崎の夕照」として三浦半島八景のひとつ

寄り道スポット

●逗子ICから17km

農産物直売所「すかなごっそ」
のうさんぶつちょくばいじょ「すかなごっそ」

よこ「すか」の地元農家が育てた新鮮野「菜(な)」の「ごちそう(ごっそ)」を直接販売する。三浦大根をはじめとする朝採れ野菜に葉山牛、横須賀海軍カレーなどがずらりと並ぶ。

☎046-856-8314 所神奈川県横須賀市長井1-15-15 営9:30〜18:00(11〜2月は〜17:00) 休水曜(祝日の場合は営業) P148台

⬆店内に季節のとれたて野菜がぎっしりと並ぶ
⬅葉山牛のさまざまな部位を販売している

寄り道スポット

●逗子ICから16km

長井海の手公園 ソレイユの丘

ながいうみのてこうえん ソレイユのおか

相模湾、富士山、湘南を望む岬に広がるエンタメパーク。高さ15mの大型アスレチックや全長300mのジップラインなどで雄大な自然を体感でき、四季折々の花が咲く園内では地元食材を使ったグルメも充実。

☎046-857-2500 所神奈川県横須賀市長井4丁目地内 開9:00〜18:00 12〜2月9:30〜17:00 休無休 料入園無料 P1700台(普通車1050円)

⬆園内では、四季折々の花々が咲き誇る

名物グルメ

三崎のマグロ

みさきのマグロ

三崎港は日本屈指のマグロ漁港であり、地元では新鮮な三崎マグロが食べられる店がたくさん並び、刺身、寿司、マグロ丼など多彩なマグロメニューが堪能できる。

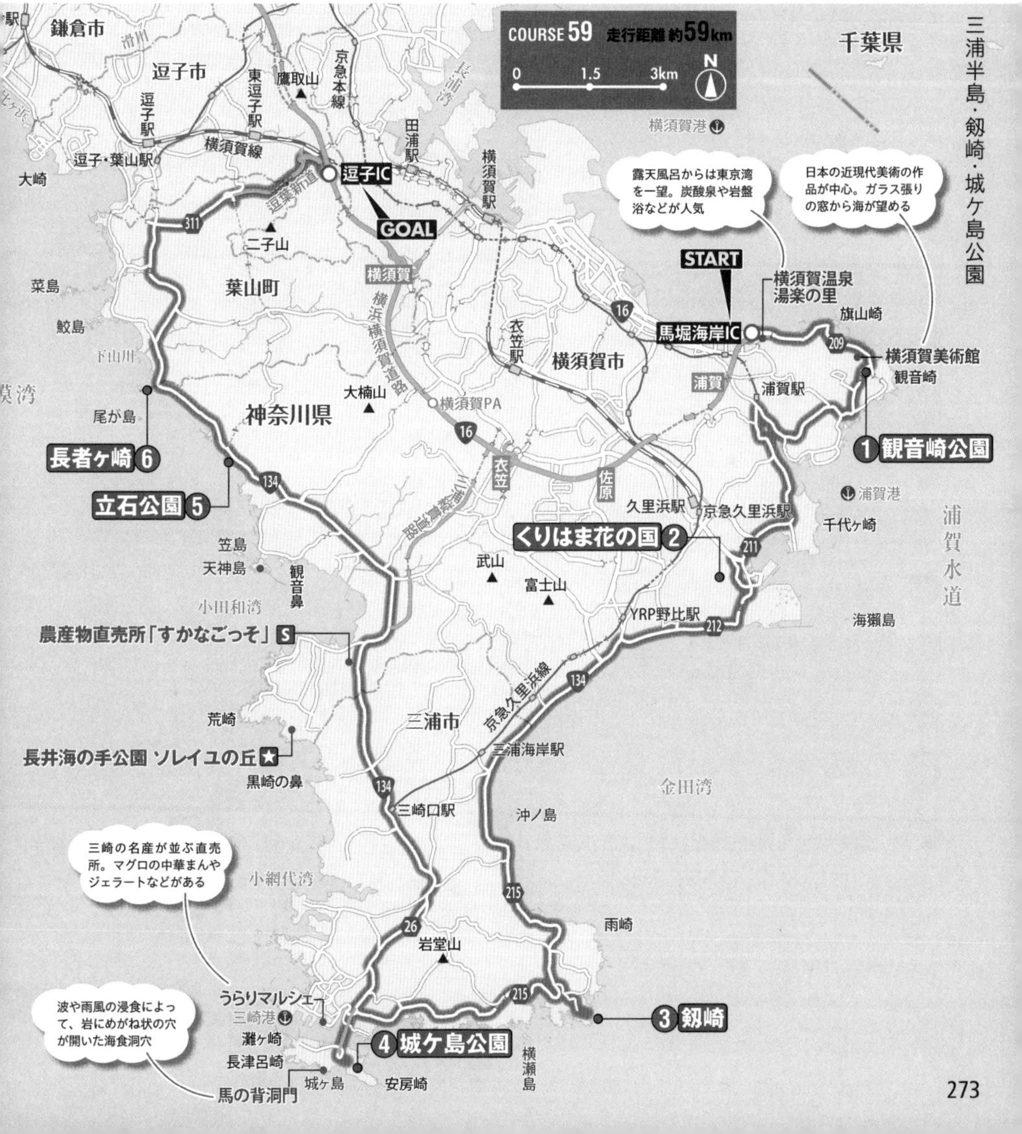

COURSE 59 走行距離 約59km

0 1.5 3km N

START 馬堀海岸IC

GOAL 逗子IC

1 観音崎公園

2 くりはま花の国

3 剱崎

4 城ケ島公園

5 立石公園

6 長者ヶ崎

S 農産物直売所「すかなごっそ」

★ 長井海の手公園 ソレイユの丘

露天風呂からは東京湾を一望。炭酸泉や岩盤浴などが人気 — 横須賀温泉 湯楽の里

日本の近現代美術の作品が中心。ガラス張りの窓から海が望める — 横須賀美術館

三崎の名産が並ぶ直売所。マグロの中華まんやジェラートなどがある — うらりマルシェ

波や雨風の浸食によって、岩にめがね状の穴が開いた海食洞穴 — 馬の背洞門

鎌倉市　逗子市　葉山町　横須賀市　神奈川県　三浦市　千葉県　鷹取山　二子山　大楠山　武山　富士山　岩堂山　逗子駅　東逗子駅　逗子・葉山駅　田浦駅　横須賀駅　衣笠駅　浦賀駅　久里浜駅　京急久里浜駅　YRP野比駅　三浦海岸駅　三崎口駅　京急本線　京急久里浜線　横須賀線　逗葉新道　横浜横須賀道路　三浦縦貫道路　横須賀PA　横須賀港　浦賀港　三崎港　浦賀水道　長浦湾　小田和湾　小網代湾　金田湾　旗山崎　観音崎　千代ヶ崎　海獺島　大崎　菜島　鮫島　尾が島　笠島　天神島　観音鼻　荒崎　黒崎の鼻　沖ノ島　雨崎　灘ヶ崎　長津呂崎　城ヶ島　安房崎　横瀬島　下山川　滑川

COURSE 60

富士山に砂浜、断崖、火山
雄大な景色を楽しむドライブ

神奈川県・静岡県

十国峠・伊豆高原・城ヶ崎海岸

じゅっこくとうげ・いずこうげん・じょうがさきかいがん

海、山の絶景を楽しむコース。大井松田ICから小田原を通り、まずは大観山、十国峠と、伊豆・箱根の絶景が楽しめるポイントへ。熱海から城ヶ崎海岸までは錦ヶ浦など海の絶景を堪能しつつ車を走らせて小室山、大室山と山頂から海と空、大地を見渡す火山に立ち寄ったら、修善寺へ向かう。すがすがしい竹林の小径を散策し、ゴールの沼津では絶品の魚介を楽しむのもおすすめ。

DRIVE COURSE 走行距離 約123km

START 東名高速道路・大井松田IC

29km／アネスト岩田ターンパイク箱根

1. 大観山

10km／県道20号

2. PANORAMA TERRACE 1059

10km／県道20・11号

3. 錦ヶ浦

26km／国道135号

4. 小室山リッジウォーク“MISORA”

10km／国道135号、県道109号

5. 城ヶ崎海岸

8km／県道109号、国道135号

6. 大室山

28km／県道111号、伊豆スカイライン、県道12号

7. 竹林の小径

2km

GOAL 修善寺道路・修善寺IC

INFORMATION

熱海市観光協会 ☎0557-85-2222
伊東市観光案内所 ☎0557-37-6105
伊豆市観光協会修善寺支部 ☎0558-72-2501

ターンパイク周辺の木材を使った「箱根のぶらんこ」。絶景をバックに撮影できるスポットとしても人気

2 十国峠山頂の絶景テラス

PANORAMA TERRACE 1059

パノラマテラスいちまるごーきゅー

十国峠とは伊豆や駿河、遠江など10の国が見えたことに由来。21世紀の今も眺望の素晴らしさは命名された頃のまま。山頂にはいろいろな形のデッキが置かれており、座ったり寝転んだりと自由な姿勢で絶景が楽しめる。

☎0557-83-6211（十国峠）所 静岡県函南町桑原1400-20 P 320台

麓と山頂を3分で結ぶケーブルカー。愛犬も乗車可能

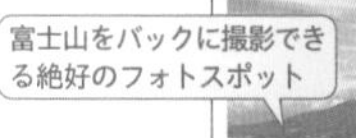
富士山をバックに撮影できる絶好のフォトスポット

① ぐるり360度の大絶景
大観山
たいかんざん

箱根と湯河原の境に位置する。アネスト岩田ターンパイク箱根、標高約1000mの高さの地点には展望台が置かれており、天気の良い日には富士山、芦ノ湖、駒ヶ岳、箱根外輪山はもちろん、南アルプスや大島まで一望できる。冬季、夜と朝の気温差が大きく風のない朝には雲海が見えることもある。

☎0465-23-0381(アネスト岩田ターンパイク箱根) 所神奈川県箱根町 P200台

朝焼け、夕焼けもきれい。赤富士が見えることも

↑多賀火山の噴火活動と、波の浸食によってつくられた名勝。源頼朝や加藤清正らの伝説も残る

③ まるで錦のように輝く磯
錦ヶ浦
にしきがうら

朝日が差すと5色に輝いて見えることからまるで錦のようだとこの名がつけられたという。約2kmにわたって続く崖の中ほどに位置しており、このあたりの崖の高さは約80m。波の間には兜岩や基盤岩、烏帽子岩、弁天岩などと名付けられた岩礁が並ぶ。

所静岡県熱海市熱海 Pなし

デッキ上のネットに座って絶景のなか、のんびりひと休み

テラスには甲斐国、武蔵国、信濃国など古い地名が書かれた矢印が置かれており、その昔、この峠から見えたという10の国の方向が示されている。カフェでの食事やスイーツもおすすめ

4 小室山山頂の遊歩道

小室山リッジウォーク“MISORA”

こむろやまリッジウォーク“ミソラ”

4月に咲く10万本のツツジのほか、冬の椿など花の名所としても知られる小室山。晴れた日には富士山、相模灘、伊豆諸島や天城連山、房総半島まで見渡せる山頂を囲むように木製の遊歩道が整備されており、海と空、絶景が楽しめる。

☎0557-45-1444 所静岡県伊東市川奈小室山1428 P280台

※リフトでは体重5kg未満の場合のみペットも可

山頂のカフェでドリンクを販売

屋外の展望スペースではペットの連れ込みもOK

⬆山頂へは、車を停めてリフトで向かう。ボードウォークの上からは遮るもののない絶景が楽しめる

黒船を打ち払うための砲台跡なども残る

5 海にそそり立つ絶壁の景勝地

城ヶ崎海岸

じょうがさきかいがん

およそ4000年の昔、大室山の噴火で流出した溶岩が冷え固まった絶壁の海岸。サスペンスドラマのロケ地としても知られる景勝地で、沿岸沿いに整備された全長約9kmのピクニカルコースの散策も楽しい。門脇埼灯台展望台からの眺望も素敵。

所静岡県伊東市富戸 P123台(伊東市門脇駐車場利用)

⬇海の上に架けられた全長48mの門脇吊り橋はスリル満点。もちろんこの橋からも絶景が楽しめる

⬇年に1回の山焼きのおかげで、山のきれいな緑が保たれている

6 緑色がきれいな丸い山

大室山

おおむろやま

お椀をふせたのような形の山で、伊東エリアのシンボルのひとつ。標高は580mで、山頂には丸い噴火口跡があり、その周囲を散策するお鉢巡りも人気。好天なら富士山や伊豆七島などが見える。毎年2月には山全体を焼く伝統の山焼きが行われ、多くの見物客で賑わう。

☎0557-51-0258(大室山登山リフト)

所静岡県伊東市池672-2 P500台

噴火口の中腹には浅間神社が祀られている

＼コース内の絶景ロード／

富士山や湖ビューを満喫

伊豆スカイライン

いずスカイライン

富士・箱根・伊豆国立公園地帯に延びる絶景ロード。伊豆半島を縦断するように延びる約40kmの道路では、富士山をはじめ、相模湾、駿河湾などの眺望を楽しみながらドライブが楽しめる。

7 竹林の真ん中でひと休み

竹林の小径

ちくりんのこみち

修善寺の中心を流れる桂川沿いに整備されているのがこの小径。竹林の中を行く石畳の遊歩道で全長は約300m。途中、ギャラリーやベンチ、甘味処も配されている。夜はライトアップされ、付近には朱の欄干が素敵な楓橋など人気の撮影スポットもある。

所静岡県伊豆市修善寺 Pなし

⬆小径のほぼ真ん中には円形の竹製ベンチが設置されている。竹林が風に揺れるサワサワという音に心が落ち着く

道の駅を PICK UP!!
食事、買い物、遊びまで充実
●大井松田ICから54km
伊東マリンタウン
いとうマリンタウン
伊東サンライズマリーナの眼前に建つ。飲食店やみやげ物店が充実しており、遊歩道や立ち寄り湯、愛犬と一緒に入れる足湯などの施設も人気。
0557-38-3811 静岡県伊東市湯川571-19
施設により異なる 無休(スパは不定休)
297台
人気は海鮮料理と地ビール
関東
神奈川県・静岡県
十国峠・伊豆高原・城ヶ崎海岸
大井松田IC
START
1 大観山
PANORAMA TERRACE 1059 2
3 錦ヶ浦
4 小室山リッジウォーク "MISORA"
5 城ヶ崎海岸
大室山 6
竹林の小径 7
修善寺IC
GOAL
波が穏やかで遊泳にもいい。夏休み期間中は海上花火大会も催される
熱海サンビーチ
熱海城
錦ヶ浦の山頂にある絶景の城。日本の城に関する資料館や浮世絵美術館も併設
来宮神社
ACAO FOREST
境内には国の天然記念物に指定された樹齢2000年以上の大楠がある
海に面した丘陵地にバラ、ハーブなど13のテーマの庭が広がる
熱海峠から天城高原を走るドライブウェイ。海や富士山など眺望抜群
伊豆の小江戸とも称される歴史ある温泉地。老舗の一流宿も多い
修禅寺
伊東マリンタウン
ジップラインなどのアトラクション、ドッグランやレストランを有する
伊豆ぐらんぱる公園
門脇埼灯台
伊豆スカイライン
箱根町
湯河原町
熱海市
伊東市
伊豆市
伊豆の国市
函南町
裾野市
小田原市
真鶴町
東伊豆町
静岡県
神奈川県
相模灘
COURSE 60 走行距離 約123km
0 3 6km
N

COURSE 61

富士山の美景を仰ぐ
今も昔も変わらぬ景勝地へ

静岡県

三保松原・日本平

みほのまつばら・にほんだいら

浮世絵師・歌川広重を魅了した薩埵峠からスタート。峠から駿河湾越しに姿を現す富士山は今も昔も変わらぬ雄大さを見せている。三保松原と富士山も万葉の時代から愛されてきた風景。日本平パークウェイを利用して日本平夢テラスへ。山頂には徳川家康ゆかりの久能山東照宮と日本平をつなぐロープウェイ駅があり、眼下に駿河湾、空気が澄んでいれば清水港越しに富士山が望める。

DRIVE COURSE 走行距離 約47km

START 東名高速道路・清水IC

9km／国道1号

1 薩埵峠

17km／国道1・149号、県道199号

2 三保松原

10km／県道199号、日本平パークウェイ

3 日本平夢テラス

日本平ロープウェイで5分

4 久能山東照宮

11km／日本平パークウェイ

GOAL 東名高速道路・日本平久能山スマートIC

INFORMATION

静岡県観光協会 ☎054-202-5595

薩埵峠から眺める夕景の富士山も見事

1 東海道五十三次の名所

薩埵峠

さったとうげ

かつては断崖絶壁が続く東海道の難所として知られ、歌川広重の『東海道五拾三次之内』の「由井」にも描かれている峠。現在では東海道本線、国道1号、東名高速道路が峠の麓で重なり、四季折々に変化する駿河湾と富士山の絶景が楽しめる。

所静岡県静岡市清水区由比西倉沢 P 7台

※2023年8月現在、斜面崩壊のため展望台へ続く道は通行止

薩埵峠に整備された展望台からは、今も広重が描いた浮世絵の富士山を見ることができる

2 海と松原と富士の共演

三保松原

みほのまつばら

世界文化遺産「富士山ー信仰の対象と芸術の源泉」の構成資産として登録された景勝地。富士山を望み、松林の緑と打ち寄せる白波、海の青さが織りなす風景は、さまざまな芸術作品の題材となり、歌川広重の『冨士三十六景』の「駿河三保之松原」や謡曲『羽衣』の舞台でもある。

所静岡県静岡市清水区三保 P 173台

三保半島の海岸線に沿って5kmにわたる推定3万本のクロマツが茂る

法隆寺の夢殿にヒントを得てデザインされた八角形の展望施設

静岡県産の檜を使用した階段や梁の木組みが特徴的

360度のパノラマが広がる展望回廊

3 日本平からのパノラマ展望
日本平夢テラス
にほんだいらゆめテラス

標高300mの丘陵地で、富士山をはじめ三保の松原、駿河湾、静岡市街地など360度の眺望を楽しめる展望施設。2階のラウンジ、3階の展望フロアと全方位がガラス張で1周約200mの展望回廊からの眺望も格別。夜景も楽しめる。

☎054-340-1172 所静岡県静岡市清水区草薙600-1 開9:00～17:00(土曜は～21:00)、展望回廊は24時間入場可能 休第2火曜(祝日の場合は翌平日) 料無料 P200台

社殿までのアクセスは日本平からのロープウェイか、徒歩で石段を上るかの2通り。途中、700段くらいから駿河湾の絶景が見渡せる

4 徳川家康が眠る天空の霊廟
久能山東照宮
くのうざんとうしょうぐう

徳川家康の遺言により遺体は久能山に埋葬され、家康を祀る最初の神社として建てられた。標高270mの久能山の山頂に建つ国宝の社殿は色彩豊かな彫刻で豪華絢爛。1159段の石段の参拝路は眼下の駿河湾を眺めながらのんびり上れる。

☎054-237-2438 所静岡県静岡市駿河区根古屋390 開9:00～17:00 休無休 料社殿500円、博物館400円 P日本平山頂駐車場利用

色鮮やかな総漆塗り社殿の壮麗な建築が見られる

コース内の絶景ロード

ハイライトは富士山の展望

日本平パークウェイ

にほんだいらパークウェイ

静岡市街から日本平山頂の日本平夢テラスへ続く道路。春は桜、夏は新緑、秋は紅葉など四季折々の自然が楽しめるほか、富士山をはじめ、清水港などを眺めながらのドライブが満喫できる。

名物グルメ

清水港のマグロ

しみずこうのマグロ

清水港は冷凍マグロの水揚げ量日本一を誇り、頭から尻尾まで天然マグロを気軽に食べられるお店が集まる。海鮮丼やマグロ丼をはじめ、刺身定食、天丼、かき揚げ丼などバラエティ豊か。

COURSE 61 走行距離 約47km

0 1 2km N

新清水JCT
清水いはら
由比PA
東海道新幹線
東名高速道路
新東名高速道路
伊佐布トンネル
1 薩埵峠
興津川
東海道本線
興津駅
静岡市
清水区
START
清水JCT
清水IC
静岡市
駿河区
清水港の歴史と港に関連した船の模型や港湾作業道具などを展示
清水港
清水駅
作者さくらももこさんの出身地でちびまる子ちゃんの世界を体験
真崎
ちびまる子ちゃんランド
新清水駅
駿河湾フェリー
富士山を眺めながら清水港と西伊豆土肥港を片道約70分の船旅
フェルケール博物館
静岡鉄道
草薙駅
次郎長生家
2 三保松原
毎年7月9日の「きよみずさんの花火」は静岡の夏祭りの先駆け
長沼駅
東海道本線
羽山清水寺
谷津山
日本平PA
3 日本平夢テラス
清水次郎長の生家。次郎長や子分の大政、小政の写真がある
日本平パークウェイ
東静岡駅
東海道新幹線
日本平動物園
有度山
日本平ロープウェイ
久能山
4 久能山東照宮
静岡駅
日本平久能山スマートIC
GOAL
駿河湾
東名高速道路
動物を間近で見られる猛獣館299やレッサーパンダ館が人気
静岡
安倍川
太平洋

COURSE 62

海と湖がつながる浜名湖
さまざまな角度から湖を望む

静岡県

浜名湖・中田島砂丘

はまなこ・なかたじまさきゅう

太平洋の海水が流入する汽水湖・浜名湖の周辺を巡る。湖の北部では果物をテーマにした農業公園はままつ フルーツパーク時之栖、神秘的な鍾乳洞の竜ヶ岩洞を訪れたい。湖沿いを反時計回りに進むと見えてくるのは、湖と赤いシンボルタワーが絶景の弁天島海浜公園。湖東岸に位置する浜名湖ガーデンパーク、湖上ロープウェイで行く大草山展望台での眺望を楽しんだら、風紋の美しい中田島砂丘で締めよう。

DRIVE COURSE 走行距離 約99km

START 新東名高速道路・浜松SAスマートIC

2km

1 はままつ フルーツパーク時之栖

12km／国道362号、県道303号

2 竜ヶ岩洞

37km／県道303・320号、国道362・301号

3 弁天島海浜公園

5km／県道323号

4 浜名湖ガーデンパーク

9km／県道323号

5 大草山展望台

23km／県道319・65号

6 中田島砂丘

11km／国道1号、県道65号

GOAL 東名高速道路・浜松IC

INFORMATION

舞阪町観光協会 ☎053-592-0757
浜松市観光インフォメーションセンター
☎053-452-1634

鳥居と夕日が美しい夕暮れどきの弁天島海浜公園

1 四季を通して果物が実る

はままつ フルーツパーク時之栖

はままつ フルーツパークときのすみか

イチゴやブドウといった定番からイチジクやアケビなど珍しいものまで年間約15種類のフルーツが実り、収穫が楽しめる。収穫したものは量り売りで購入できる。園内にはグランピングをはじめアクティビティが豊富。

☎053-428-5211 所静岡県浜松市北区都田町4263-1 開9:00～18:00(季節により異なる) 休無休 料730円 P800台

期間限定ウィンターイルミネーションの光のトンネル

←迫力満点の恐竜たちが集まる夢の恐竜ひろば

まるで恐竜の口の中のようなゴツゴツした鐘乳石が現れる

2 悠久の時が育む芸術品 竜ヶ岩洞
りゅうがしどう

総延長1046m、東海地方最大級の鍾乳洞。そのうち約400mが一般公開されている。なかでも落差30mの地底の大滝が見どころ。2億5000万年前の悠久の時が生んだ神秘的な世界を体感してみては。出口には資料館を併設する。

☎053-543-0108 所静岡県浜松市北区引佐町田畑193 開9:00～17:00 休無休 料1000円 P500台

↑夏涼しく冬暖かい鍾乳洞の中はマイナスイオンがたっぷり。ライティングされ神秘的な雰囲気

浜名湖を一望できる景観。ヤシの木が立ち並ぶ遊歩道は南国ムードが漂い海辺の散策が楽しめる

3 湖に沈む夕日を眺める 弁天島海浜公園
べんてんじまかいひんこうえん

海水浴ができる海浜公園として整備されている。赤い観光シンボルタワーが目印のレジャースポット。美しい夕景が見られる場所で、特に冬至の前後1カ月ほどは鳥居の彼方に沈む夕日が望める。

所静岡県浜松市西区舞阪町弁天島3775-2
P297台

4 ガーデンに咲く花と絶景
浜名湖ガーデンパーク
はまなこガーデンパーク

花を気軽に楽しめる緑豊かな都市公園。モネの自宅を模した庭園「花の美術館」などが観賞できる。展望塔から望む浜名湖の景観も見どころ。

☎053-488-1500 所静岡県浜松市西区村櫛町5475-1 開8:30～17:00(7・8月は～18:00) 休無休 料無料 P1800台

フランスのジヴェルニーの建物を模したモネの家

↑バラの大アーチを中心に左右に配した花壇が美しい花の美術館の「花の庭」

5 カリヨンの音が響く展望台
大草山展望台
おおくさやまてんぼうだい

浜名湖の湖畔にある標高113mの山頂にある展望台。浜名湖やかんざんじ温泉を眼下に、遠くは太平洋まで360度の絶景が眺められる。毎時00分にはオルゴールの原点であるカリヨン(組鐘)の音色が響き渡る。

☎053-487-2121 所静岡県浜松市西区舘山寺町1891 Pかんざんじロープウェイ駐車場利用

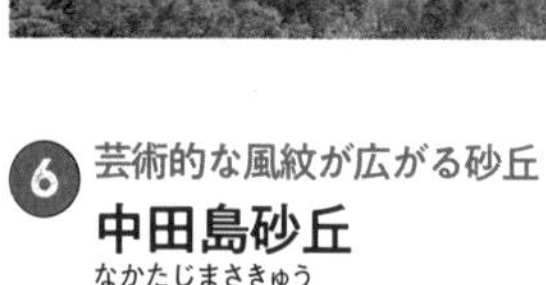
↓日本で唯一の湖上を渡るロープウェイ。全長723mで片道4分間の空中散歩

ロープウェイは浜名湖パルパルと大草山を結ぶ。10分間隔で運行している

6 芸術的な風紋が広がる砂丘
中田島砂丘
なかたじまさきゅう

東西4km、南北600mに広がる砂丘。海から吹く強い風と砂が織りなす風紋の造形はアートそのもの。水平線に沈む夕景も格別。夏には絶滅危惧種に指定されているアカウミガメが産卵のため上陸する。

所静岡県浜松市南区中田島町 P中田島海浜公園駐車場利用

→鳥取砂丘、九十九里浜と並ぶ日本三大砂丘のひとつ

最大の見どころは自然がつくり出す芸術・風紋

寄り道スポット

●浜松ICから24km

うなぎパイファクトリー

「うなぎパイ」といえば浜松のシンボル的なお菓子。うなぎパイファクトリーは、うなぎパイ製造工程の見学ができ、うなぎパイを使ったスイーツが味わえる。直営売店ではおみやげを豊富に揃える。

☎053-482-1765 所静岡県浜松市西区大久保町748-51 開10:00～17:30 休火・水曜 P30台

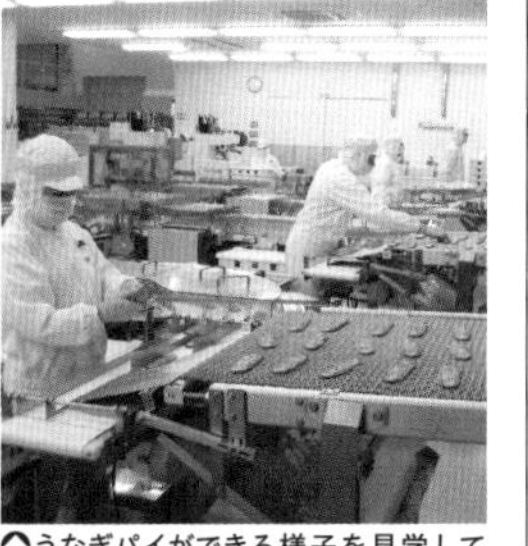

↑うなぎパイができる様子を見学してみよう

名物グルメ

浜松餃子

はままつぎょうざ

浜松のご当地グルメといえば浜松餃子。特徴はキャベツを中心としたあっさり味ながら玉ネギの甘味と豚肉のコクがあること。浜松市内には餃子専門店や居酒屋、持ち帰り専門店など提供する店が多数ある。

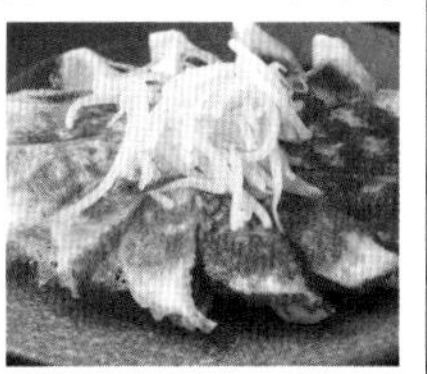

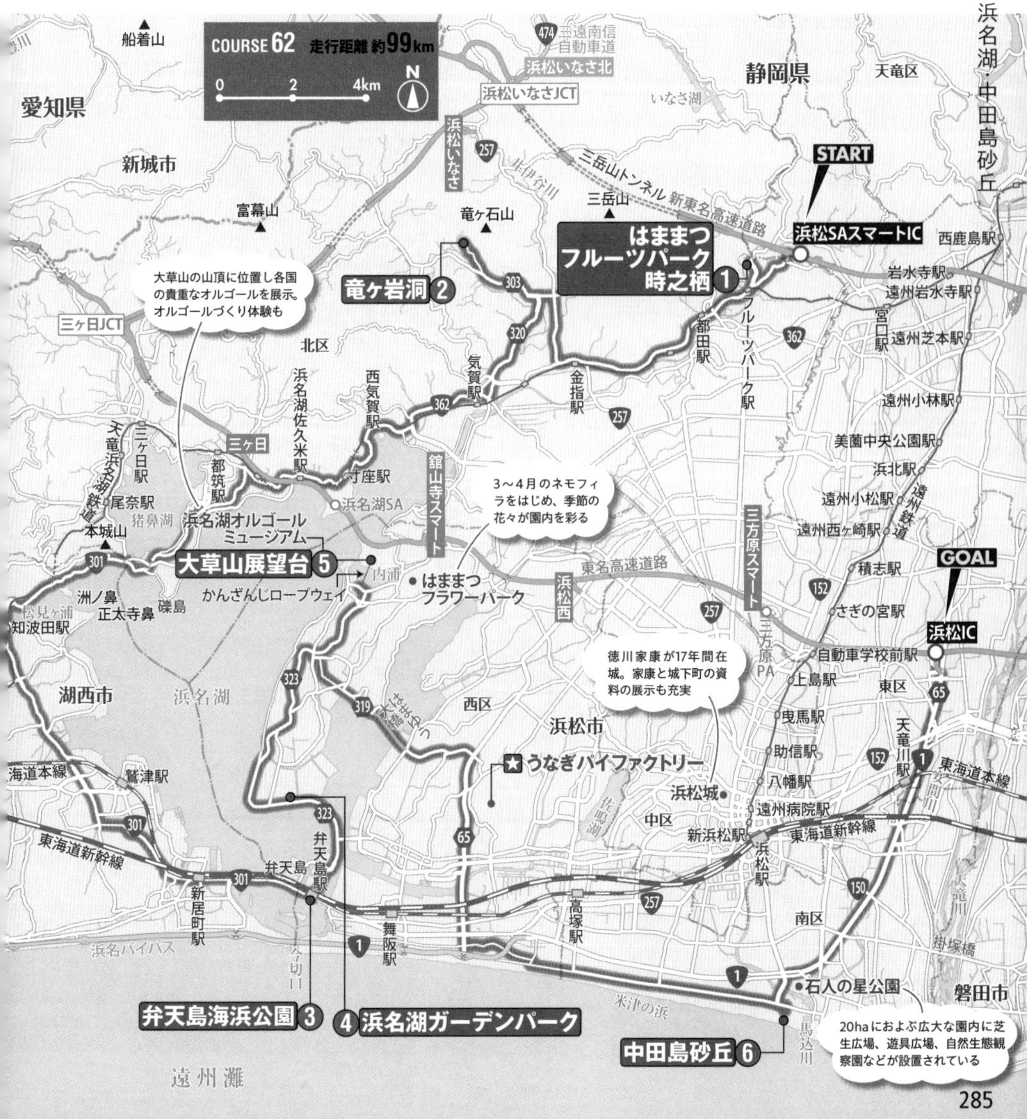

COURSE 62 走行距離 約99km
0 2 4km
N
START
浜松SAスマートIC
GOAL
浜松IC
はままつフルーツパーク時之栖 1
竜ヶ岩洞 2
弁天島海浜公園 3
4 浜名湖ガーデンパーク
大草山展望台 5
中田島砂丘 6
大草山の山頂に位置し各国の貴重なオルゴールを展示。オルゴールづくり体験も
3～4月のネモフィラをはじめ、季節の花々が園内を彩る
徳川家康が17年間在城。家康と城下町の資料の展示も充実
20haにおよぶ広大な園内に芝生広場、遊具広場、自然生態観察園などが設置されている
愛知県
静岡県
新城市
湖西市
浜松市
磐田市
北区
西区
中区
東区
南区
天竜区
船着山
富幕山
竜ヶ石山
三岳山
本城山
三岳山トンネル
新東名高速道路
東名高速道路
三遠南信自動車道
浜松いなさ北
浜松いなさJCT
浜松いなさ
三ヶ日JCT
三ヶ日
浜名湖SA
舘山寺スマート
浜松西
三方原スマート
三方原PA
浜名湖オルゴールミュージアム
かんざんじロープウェイ
はままつフラワーパーク
うなぎパイファクトリー
浜松城
石人の星公園
浜名湖
猪鼻湖
佐鳴湖
いなさ湖
遠州灘
米津の浜
浜名バイパス
今切口
弁天島
天竜浜名湖鉄道
遠州鉄道
東海道本線
東海道新幹線
浜松駅
新浜松駅
天竜川駅
舞阪駅
高塚駅
弁天島駅
新居町駅
鷲津駅
知波田駅
尾奈駅
三ヶ日駅
都筑駅
寸座駅
浜名湖佐久米駅
西気賀駅
気賀駅
金指駅
都田駅
フルーツパーク駅
西鹿島駅
岩水寺駅
遠州岩水寺駅
宮口駅
遠州芝本駅
遠州小林駅
美薗中央公園駅
浜北駅
遠州小松駅
遠州西ヶ崎駅
積志駅
さぎの宮駅
自動車学校前駅
上島駅
曳馬駅
助信駅
八幡駅
遠州病院駅
洲ノ鼻
正太寺鼻
礫島
内浦
はまなゆう大橋
井伊谷川
天竜川
馬込川
掛塚橋

COURSE 63

山あいに生まれた緑の人造湖と湖水を渡る鉄道の景色を堪能

静岡県

寸又峡·蓬莱橋·奥大井湖上駅

すまたきょう・ほうらいばし・おくおおいこじょうえき

寸又峡からまわるこのエリアのコースは、自然と、そのなかで営む人の暮らしが織りなす絵を楽しむ旅だ。寸又峡 夢のつり橋や奥大井湖上駅、井川湖では、山の中に生まれた美しい人造湖の、日差しに青く光る水面に息をのむ。世界一長い木造の蓬莱橋も同様だ。ダムや鉄橋、木橋など、自然と折り合って生きる人の暮らしが形となった絶景は、いとしく味わい深い。

DRIVE COURSE 走行距離 約157km

START 新東名高速道路·島田金谷IC

56km/国道473号、県道63号、国道362号

1 寸又峡 夢のつり橋

15km/県道77·388号

2 奥大井湖上駅

11km/県道388号

3 井川湖

67km/県道388号、国道362号、県道64号

4 蓬莱橋

8km/県道342号、国道473号

GOAL 新東名高速道路·島田金谷IC

INFORMATION

するが企画観光局 ✆054-251-5880
島田市観光協会 ✆0547-46-2844

大井川鐵道の昭和初期のSLが風情ある光景を描きだす

1 夢のような絶景を渡る橋 寸又峡 夢のつり橋

すまたきょう ゆめのつりばし

大間ダムに架かる橋で、周囲の自然とコバルトブルーの水面のコントラストの美しさはまさに絶景。紅葉時の赤と青の競演も必見だ。一帯は奥大井県立自然公園に指定され、「南アルプスユネスコエコパーク」の認定地域にも含まれている。

✆0547-59-1011(寸又峡美女づくりの湯観光事業協同組合) 所静岡県川根本町千頭
P寸又峡温泉駐車場利用 ※駐車場から徒歩40分

➲微粒子のみで底まで澄んだ水は光が差すと青く光る。神秘の水の上を歩く

「寸又峡プロムナードコース」は夢のつり橋を60〜80分で周遊し楽しめる

南アルプスあぷとライン(井川線)の鉄橋「奥大井レインボーブリッジ」の東側は線路と並行し遊歩道がある

2 湖に浮かぶような小さな駅

奥大井湖上駅

おくおおいこじょうえき

長島ダム建設で生まれた湖(接岨湖)に突き出た半島状の場所にある小さな駅。両脇には赤い鉄橋が架かる。周囲の自然と湖の青を縫って延びる赤い鉄橋と中間にある駅を車中から、あるいは下車して絵のような世界をゆっくり体感したい。

☎0547-45-4112(大鉄営業部) 所静岡県川根本町犬間 P17台

大井川本線千頭駅から南アルプスあぷとライン(井川線)で約1時間の絶景

③ 輝くエメラルドの湖水
井川湖
いかわこ

南アルプスの水が流れ込む周囲約10kmの人造湖。昭和32年(1957)、日本初の中空重力式発電所「井川ダム」の建設に伴って生まれたものだ。湖畔を巡るように設置された自然歩道からは、四季折々の景色や井川大仏の見学などが楽しめる。

所静岡県静岡市葵区井川西山沢 P30台

↑静岡市運営の定期観光船「井川湖渡船」(無料)は約1時間で湖を周遊(ダムの状況で運休の場合も)

10月中旬～11月下旬には紅葉の見頃を迎える

道の駅をPICK UP!!

大井川鐵道のSLを眺めアイスを堪能

●島田金谷ICから34km

フォーレなかかわね茶茗館
フォーレなかかわねちゃめいかん

川根茶をキーワードにしたテーマ館。茶室や日本庭園があり、落ち着いた雰囲気のなかで川根茶を楽しむことができる。藤城清治影絵コーナーも人気。

☎0547-56-2100 所静岡県川根本町水川71-1 営10:00～16:30(呈茶受付は～16:00) 休水曜、祝日の翌日 P35台

↑茶室でお茶を堪能できる

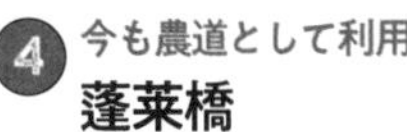

④ 今も農道として利用される橋
蓬莱橋
ほうらいばし

大井川に架かる橋で全長897.4m、「世界一の長さを誇る木造歩道橋」としてギネスに認定されている。「長い木=長生きの橋、897.4=厄なし」の語呂合わせから長寿と厄除けのパワースポットでもある。空気が澄んだ日は橋から富士山が望める。

所静岡県島田市南二丁目地先 P75台

↓昭和40年(1965)、増水被害を防ぐため橋脚をコンクリートに改築した

明治12年(1879)に完成した橋の通行幅は2.4m

COURSE 63 走行距離 約157km
1 寸又峡 夢のつり橋
2 奥大井湖上駅
3 井川湖
4 蓬莱橋
START & GOAL
島田金谷IC
寸又峡渓谷尾崎坂展望台
夢のつり橋が見下ろせる展望スポット。古いディーゼル機関車も展示されている
飛龍橋
寸又峡渓谷に架かる高さ100mのアーチ式鉄橋。秋の紅葉も美しい
三叉峡
名前は、大井川と寸又川、横沢という細い川、3つの川が合流することにちなむ
道の駅 奥大井音戯の郷
音と戯れることをテーマとした音戯の郷には、音戯シアターなどの設備が揃う
フォーレなかかわね茶茗館
SLの見える丘公園
大井川を渡るSLが眺められる展望スポット
名物グルメ
川根茶
かわねちゃ
大井川上流の川根本町周辺で伝統の「浅蒸し製法」を用いて生産されるブランド茶。良質の水や日照、湿度、一日の寒暖差などに恵まれ、さわやかな香りとバランスの良い味わいが特徴。
川根本町
浜松市 天竜区
静岡市 葵区
島田市
藤枝市
焼津市
掛川市
菊川市
牧之原市
吉田町
森町
駿河湾

郷土料理や創作料理、話題の料理など、関東のSA・PAでは多彩なグルメが楽しめる。

常磐自動車道
友部SA 下り
【手打ち蕎麦処 常陸庵】
郷のけんちんせいろ 1300円
冷水で締めたそばを野菜たっぷりの温かいけんちん汁と食す茨城の郷土料理。常陸秋そばも美味。

常磐自動車道
中郷SA 下り
【フードコート】
中郷ラーメン 950円
背脂の浮くスープにレモンと刻み玉ネギが添えられさっぱりした味に。縮れた太麺で旨みが増す。

東北自動車道
佐野SA 下り
【SANON】
ボンゴレ耳うどん 1200円
佐野市の郷土料理、もちもちの耳うどんをハマグリとトマトソースでボンゴレロッソ・パスタ風に。

東北自動車道
那須高原SA 上り
【テラスレストラン】
とちぎ霧降高原ハンバーグ 1450円
栃木のブランド牛「とちぎ霧降高原牛」を使ったまん丸のボール状ハンバーグ。肉の旨みがあふれ出す。

関越自動車道
上里SA 上り
【上州ぽ〜く亭】
赤城ポークロース溶岩焼き丼 1680円
溶岩(抗火石)グリラーで焼いたポークが丼をぐるりと囲み、インパクト抜群。自家製ソースも美味。

関越自動車道
赤城高原SA 上り
【高原採れたてダイニング トラットリアオゴッツォ】
高原野菜のオルトラーナ 1090円〜
菜園風という名のとおり、地元の旬の野菜がたっぷり使われ彩りも味も抜群。赤城の恵みが堪能できる。

上信越自動車道
横川SA 下り
【ご馳走処『福膳』】
上州麦豚わっぱ飯 ミニ蕎麦椀付 1760円
群馬県産麦豚バラ肉を炒め、蒸したわっぱ飯にトッピング。舞茸の風味が香るヘルシーメニュー。

東名高速道路
海老名SA 下り
【海鮮三崎港】
三崎セット 4408円
料理長厳選のマグロ・ホタテ・イクラ軍艦・穴子一本握りなどの寿司に、麺類と茶碗蒸しが付く。

東名高速道路
EXPASA足柄 下り
【足柄の森レストラン】
魯珈風プレート 1350円
ルーローハンとカレーのあいがけが特徴。ミシュランも認める東京の人気カレー店の看板メニュー。

甲信越

名峰と豊かな自然の共演を見る

新潟県
長野県
山梨県

COURSE 64

日本屈指の高原ハイウェイ
高原の大パノラマを巡る

長野県

ビーナスライン・車山高原・美ヶ原高原

ビーナスライン・くるまやまこうげん・うつくしがはらこうげん

高原を走り抜ける爽快なドライブルート、ビーナスラインの景観を堪能する旅。八ヶ岳北側にある北八ヶ岳ロープウェイで窓越しにアルプスの山々を望みながら片道7分の空中散歩。中間地点にあたる白樺湖で高原レジャー。高山植物観賞やトレッキングができる車山高原。ドライブのゴール地点、美ヶ原高原に広がる幻想的な景色。自然がつくり出した感動的な風景がどこまでも続く。

DRIVE COURSE 走行距離 約114km

START 中央自動車道・諏訪IC

24km／国道152号

1 北八ヶ岳ロープウェイ

14km／県道192・40号

2 白樺湖

5km／県道40号

3 車山高原

37km／県道194・460号

4 美ヶ原高原

34km／県道62号

GOAL 長野自動車道・松本IC

INFORMATION

ちの旅案内所 ☎0266-73-8550
松本市観光プロモーション課 ☎0263-34-3000

国の天然記念物に指定される八島ヶ原湿原。360種の高山植物が自生

1 雄大な三大アルプスを一望 北八ヶ岳ロープウェイ

きたやつがたけロープウェイ

北横岳と縞枯(しまがれ)山の間に架かる北八ヶ岳ロープウェイ。標高2237mの山頂までは、100人乗りのロープウェイで約7分の空中散歩。頂上には雄大な眺めが広がり、三大アルプスや御嶽山、乗鞍岳が一望できる。

☎0266-67-2009 所長野県茅野市北山 開8:40～16:40（季節により異なる）休無休（春・秋に点検休業あり）料往復2600円 P600台

真っ赤なロープウェイが目印。標高差466mを7分で駆け上がる。山岳風景を楽しむ空の旅

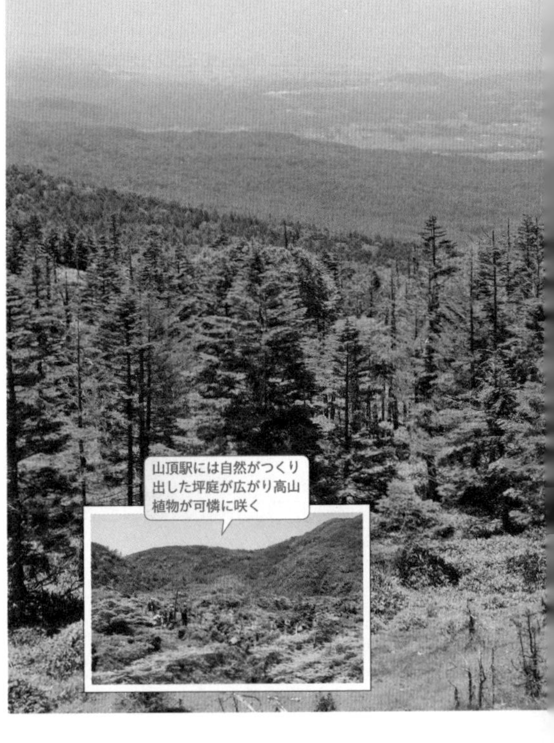

山頂駅には自然がつくり出した坪庭が広がり高山植物が可憐に咲く

コース内の絶景ロード

高原ドライブのメッカ

ビーナスライン

茅野市から白樺湖、車山高原、霧ヶ峰、美ヶ原高原まで88kmにおよぶドライブルート。森林地帯から高原へ季節ごとにさまざまな表情を見せるビーナスラインはまさに爽快のひと言に尽きる。

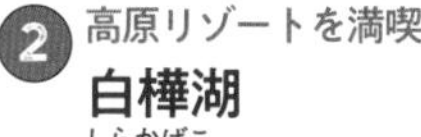

2 高原リゾートを満喫
白樺湖
しらかばこ

標高1400mにある白樺湖。白樺の木々に囲まれた周囲4kmの湖周辺にはホテルやショップ、美術館や遊園地などの施設が充実。遊歩道も整備され散策も楽しめる。

所 長野県茅野市北山白樺湖

P 周辺駐車場利用

➲グリーンシーズンの湖畔周辺は高原の花々に彩られる

↑主峰車山を中心とし、ビーナスラインに沿ってなだらかな起伏の続く美しい景色が広がる

360度のパノラマビューを楽しめる車山展望テラス(スカイテラス)

③ 自然がつくった神秘の地形
車山高原
くるまやまこうげん

スカイパノラマとスカイライナーを使って山頂へ

ビーナスラインのなかで最も美しい高原といわれる車山高原。霧ヶ峰の最高峰・標高1925mの車山山頂からは360度の大パノラマが広がる。八ヶ岳連峰や北・中央・南アルプスの山々も見渡せる。☎0266-68-2626(車山高原観光協会) 所長野県茅野市車山高原 P1200台

高原の中心に建つシンボル的存在の美しの塔

④ 日本一広い高原台地の高原美
美ヶ原高原
うつくしがはらこうげん

放牧の牛たちがのんびりと草を食み、高山植物が咲き誇る標高2000mに広がる美しい高原。北アルプス、南アルプス、富士山も見渡せる壮大な景色は「アルプスの展望台」と呼ばれる。散策やトレッキングも楽しめる。
所長野県松本市・上田市・長和町 P長和町営駐車場利用

↑美ヶ原牧場では400haの広大な草原に牛が放牧され、牧歌的な風景が広がる

道の駅をPICK UP!!

標高日本一の道の駅

●松本ICから34km
美ヶ原高原
うつくしがはらこうげん

標高2000mにある日本一標高の高い道の駅。北アルプスをはじめ信州の山々を一望できる展望テラスが人気。売店や展望レストランもありゆっくり休憩できる。
☎0268-86-2331 所長野県上田市武石上本入2085-70 営4月下旬～11月上旬 9:00～17:00 休期間中無休 P800台

↑野外彫刻がある美ヶ原高原美術館も隣接

COURSE 64 走行距離 約114km
0 3 6km
N
名物グルメ
山賊焼
さんぞくやき
にんにくの効いたタレに鶏の一枚肉を漬け込み、片栗粉をまぶしてカラッと揚げた、松本市や塩尻市を中心とする中信地方で親しまれている郷土料理。松本市内には山賊焼を提供する食堂や居酒屋が多い。
ヘラブナ釣りやワカサギ釣り、ボートなどが体験できるレジャースポット
美ヶ原高原のシンボルで、濃霧による遭難を防ぐために建てられた
高さ25m、幅10mの豊かな水量を誇る滝。紅葉シーズンがひときわ美しい
富士山やアルプスの山並みを360度のパノラマで楽しめる
茅野宿と中山道落合追分を結ぶ約35kmの街道
イングリッシュフルブレックファストも楽しめる、本格的な英国式庭園
茅野市の豊かな自然や歴史などを幅広く紹介。星空観望会などのイベントも開催
GOAL
松本IC
START
諏訪IC
美ヶ原高原 4
白樺湖 2
車山高原 3
北八ヶ岳ロープウェイ 1
美鈴湖
美しの塔
美ヶ原高原
霧鐘塔
蓼科大滝
蓼科高原 バラクラ イングリッシュ ガーデン
八ヶ岳総合博物館
ビーナスライン
大門街道
筑北村
青木村
松本市
長和町
塩尻市
岡谷市
下諏訪町
諏訪市
茅野市
辰野町
箕輪町
長野県
伊那市
富士見町
原村
南箕輪村
北杜市
山梨県
諏訪湖
諏訪湖SA
岡谷JCT
みどり湖PA
辰野PA
中央道原PA
梓川スマート
安曇野
塩尻北
塩尻
岡谷
伊北
伊那
諏訪南
小淵沢
まつもと空港
茅野駅
上諏訪駅
松本駅
北松本駅
島内駅
塩尻駅
下諏訪駅
岡谷駅
小淵沢駅
信濃境駅
富士見駅
すずらんの里駅
青柳駅
長野自動車道
中央自動車道
中央本線
篠ノ井線
大糸線
飯田線
小海線
十観山
夫神岳
大明神岳
武石峰
王ヶ鼻
茶臼山
物見石山
鷲ヶ峰
霧ヶ峰
車山
蓼科山
横岳
縞枯山
八ヶ岳
西岳
入笠山
不動峰

COURSE 65

アルプスと伊那谷・天龍峡 天空から見下ろす感動風景

長野県

陣馬形山・天龍峡・下栗の里

じんばがたやま・てんりゅうきょう・しもぐりのさと

南信州の山々で天空の風景を巡る旅。伊那谷や中央アルプス・南アルプスを、夜は天の川を望む中川村の陣馬形山、豊丘村で人気のフォトスポット福島てっぺん公園ではほうきに乗って写真撮影を楽しむのもいい。飯田市に向かい、天竜川の上に架かる天龍峡大橋から名勝 天龍峡の眺望を楽しみ、「日本のチロル」と称される下栗の里では、里の美しさを感じながらつづら坂を散策してみるのもおすすめ。

DRIVE COURSE 走行距離 約145km

START 中央自動車道・駒ヶ根IC

21km／県道49・210号

1 陣馬形山

28km／県道18号

2 福島てっぺん公園

18km／県道252・1号

3 名勝 天龍峡

42km／県道251号、国道152号

4 下栗の里

36km／国道152号、県道251号

GOAL 三遠南信自動車道 飯田上久堅・喬木富田IC

INFORMATION

中川村観光協会 ☎0265-96-0658
豊丘村観光協会 ☎0265-49-3395
天龍峡観光案内所 ☎0265-27-2946
遠山郷観光協会 ☎0260-34-1071

耐震性と造形美を備えた天龍峡大橋。車道の下がそらさんぽ天龍峡

1 山頂から望む伊那谷随一の絶景

陣馬形山

じんばがたやま

標高1445m、中川村のほぼ北端にある陣馬形山。山頂では南アルプスと中央アルプスの展望に加え、広大な伊那谷を見下ろす絶景が広がる。山頂への道路は12月から3月まで冬季閉鎖されるので注意。

所長野県中川村大草1636 P50台

神秘の自然現象、雲海は10月から2月の冷え切った早朝に発生しやすい

山頂のキャンプ場までは車道が整備されている。麓からのハイキングコースも人気

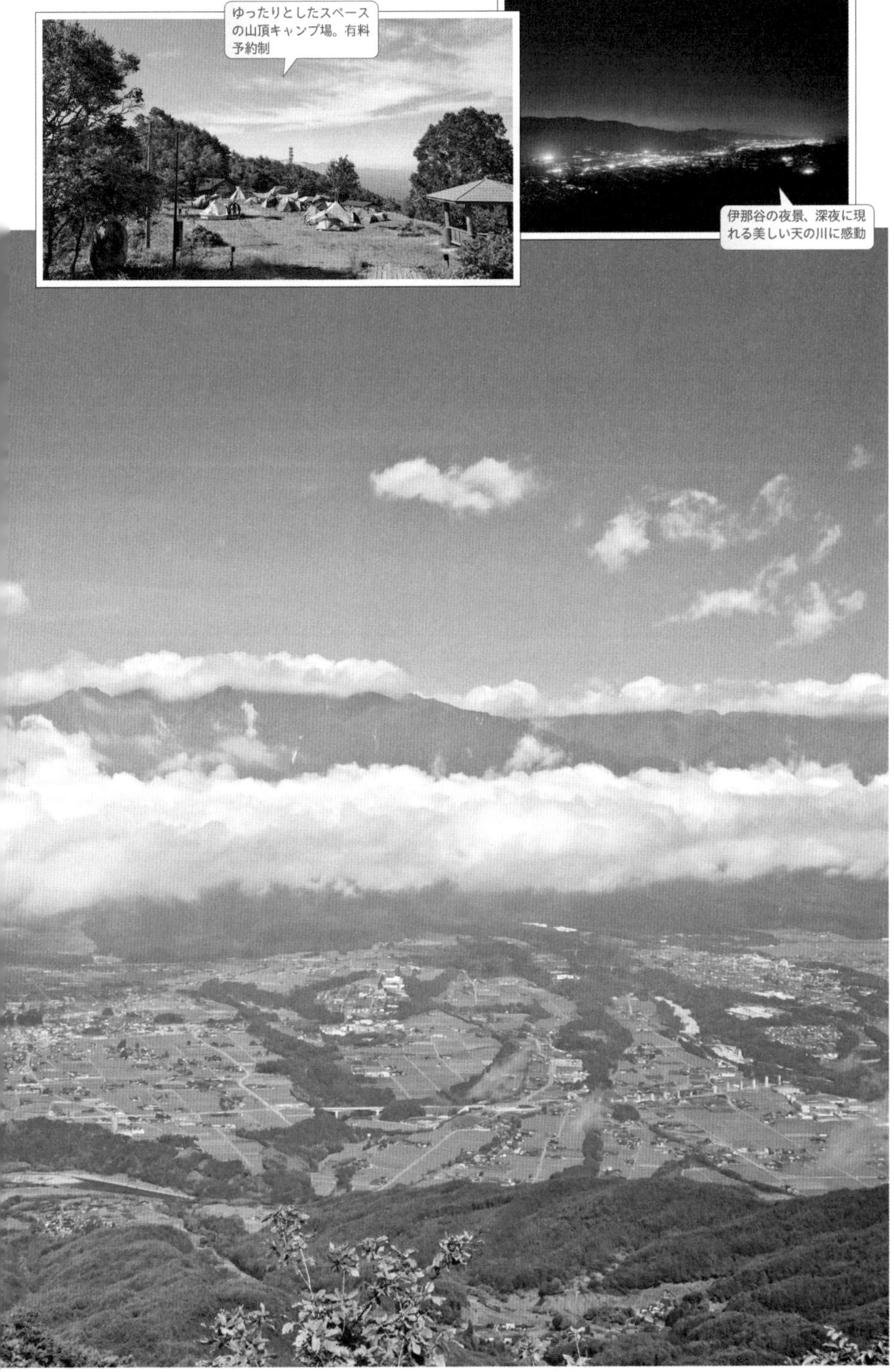
ゆったりとしたスペースの山頂キャンプ場。有料予約制
伊那谷の夜景、深夜に現れる美しい天の川に感動

2 伊那谷を一望する展望台
福島てっぺん公園
ふくじまてっぺんこうえん

伊那谷が一望できる公園。常設されているほうきとデッキブラシを使って空を飛んでいるような写真が撮影できるスポットが女性に人気。

所長野県豊丘村神稲 P10台

標高805mの展望台からは伊那谷の大パノラマが

ほうきにまたがりジャンプ！絶景をバックにフォトジェニックな一枚を

諏訪湖を水源とし伊那谷を流れる天竜川。渓谷の周囲には遊歩道も整備されている

3 水墨画のような峡谷美
名勝 天龍峡
めいしょう てんりゅうきょう

天竜川の浸食により形成された南北約2kmに及ぶ峡谷。奇岩が並ぶ断崖をアカマツやカエデなどの木々が周囲を彩る。春の桜や夏の新緑、秋の紅葉も美しい。

所長野県飯田市川路 P周辺駐車場利用

道の駅を PICK UP!!

そばの城の絶品そば

●飯田上久堅・喬木富田ICから13km

信濃路下條
しなのじしもじょう

下條村が誇るそばを楽しめる道の駅。食事処では村の特産品である親田辛味大根を薬味にしたそばが人気。うまいもの館では生そばや漬物などの特産品を販売。

☎0260-27-1151 所長野県下條村睦沢4331-5 営9:00～17:00 休無休 P35台

天下御免の天守閣がそびえるそばの城

展望台から絶景を望む。早朝には雲海の姿も

4 日本のチロル・天空の里
下栗の里
しもぐりのさと

標高800～1000mの急峻な傾斜地に集落が点在する下栗の里。3000m級の南アルプスの峰が間近に迫り「日本のチロル」と称されるほどの光景に驚かされる。

所長野県飯田市上村 P50台 ※駐車場から展望台まで徒歩20分

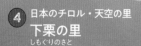

日本の原風景のような姿が残り、感動と懐かしさを感じる

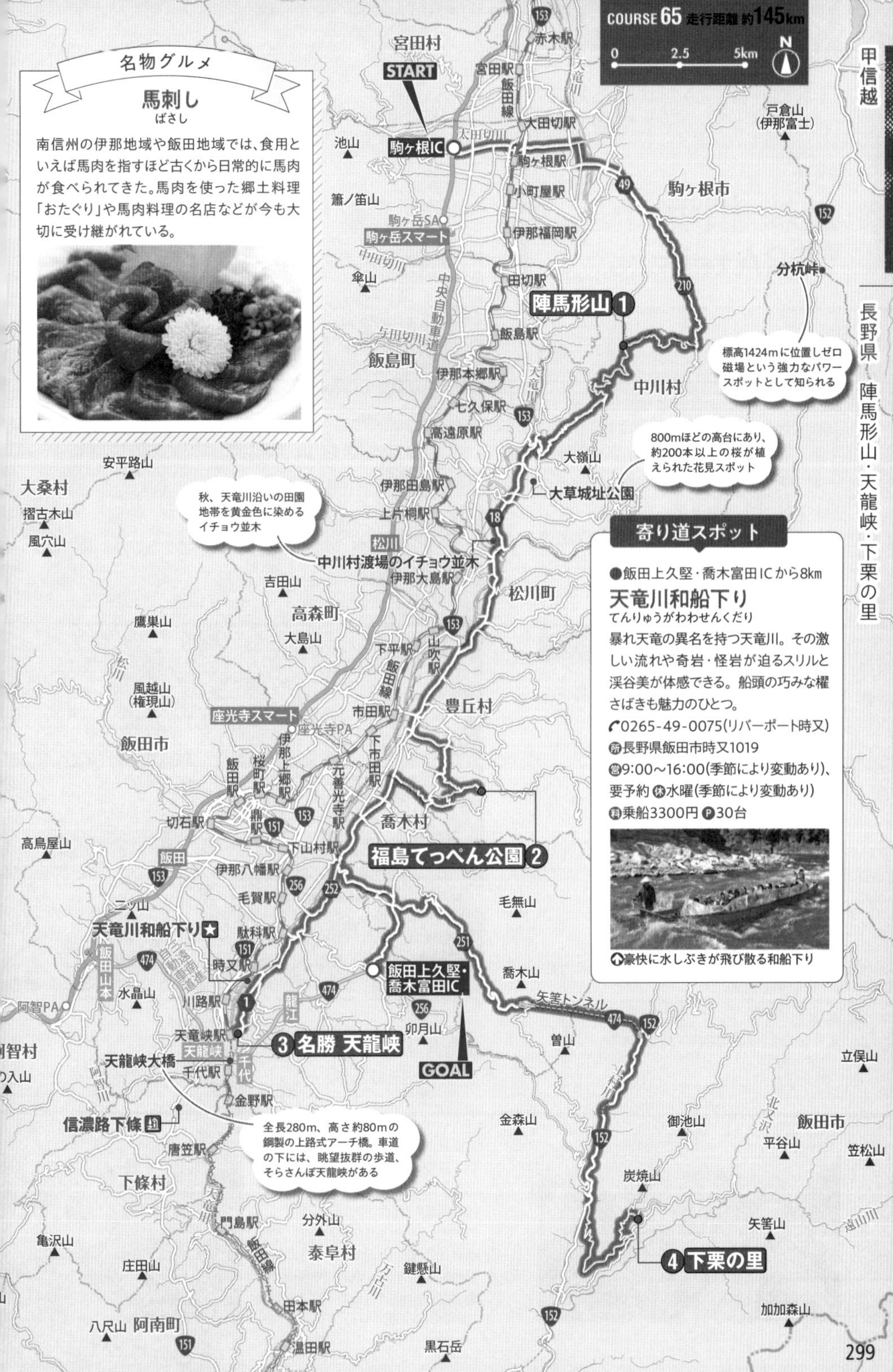

名物グルメ

馬刺し
ばさし

南信州の伊那地域や飯田地域では、食用といえば馬肉を指すほど古くから日常的に馬肉が食べられてきた。馬肉を使った郷土料理「おたぐり」や馬肉料理の名店などが今も大切に受け継がれている。

寄り道スポット

●飯田上久堅・喬木富田ICから8km

天竜川和船下り
てんりゅうがわわせんくだり

暴れ天竜の異名を持つ天竜川。その激しい流れや奇岩・怪岩が迫るスリルと渓谷美が体感できる。船頭の巧みな櫂さばきも魅力のひとつ。

☎0265-49-0075(リバーポート時又)
所 長野県飯田市時又1019
営 9:00～16:00(季節により変動あり)、要予約 休 水曜(季節により変動あり)
料 乗船3300円 P 30台

↑豪快に水しぶきが飛び散る和船下り

COURSE 66

日本で一番高いが集まる地で マウンテンビューを堪能

長野県

渋峠・横手山・SORA terrace

しぶとうげ・よこてやま・ソラ テラス

日本一標高が高い国道292号にある渋峠。リフトで上がれる日本一高い山・横手山ではスカイレーターとサマーリフトを利用して山頂へ。横手山2307満天ビューテラスからの壮大な風景を眺めたら日本一高いところにあるパン屋さんで絶品のパンを味わう。国道をドライブしながら、静かで美しい湖面が映える木戸池で散策や花散歩。SORA terraceでは幻想的な夕日と雲海を眺める素敵なひとときを。

DRIVE COURSE 走行距離 約109km

START 上信越自動車道・須坂長野東IC

44km／県道54・112号、国道292号

① 渋峠

2km／国道292号

② 横手山2307満天ビューテラス

7km／国道292号

③ 木戸池

31km／国道292・403号

④ SORA terrace

25km／国道403・292号

GOAL 上信越自動車道・豊田飯山IC

INFORMATION

志賀高原観光協会 ☎0269-34-2404

動く歩道スカイレーターとスカイリフトを使って横手山山頂へ

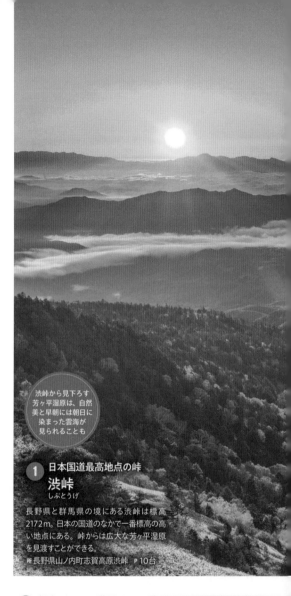

渋峠から見下ろす芳ヶ平湿原は、自然美と早朝には朝日に染まった雲海が見られることも

① 日本国道最高地点の峠 渋峠

しぶとうげ

長野県と群馬県の境にある渋峠は標高2172m。日本の国道のなかで一番標高の高い地点にある。峠からは広大な芳ヶ平湿原を見渡すことができる。

所長野県山ノ内町志賀高原渋峠 P10台

② 標高2307mの満天ビュー 横手山2307満天ビューテラス

よこてやま2307まんてんビューテラス

志賀高原横手山にある日本一標高の高い展望テラス。晴れた日は富士山、浅間山、北アルプスに加え天気の良い日は日本海まで見渡せる。

☎0269-34-2600 所長野県山ノ内町志賀高原横手山 開GW、6月上旬～10月8:45～16:00 休期間中無休 料スカイレーター・スカイリフト往復2000円 P50台

絶景を楽しんだら併設のクランペットカフェや隣接する日本一標高の高いパン屋さんへ

コース内の絶景ロード

国道最高地点を走る

志賀草津道路

しがくさつどうろ

渋峠をピークに草津温泉と志賀高原を結ぶ国道292号が志賀草津道路。雲海や山並みを見下ろす変化に富んだ山岳ドライブが楽しめる。11月から4月は冬期閉鎖となり、通行できない。

四季折々の自然を満喫できる遊歩道が整備されている

透明度の高い池に映る紅葉。見頃は10月中旬

3 志賀高原の彩りが映える池

木戸池

きどいけ

国道292号に面した、白樺やダケカンバの森に囲まれた志賀高原にある小さな池。笠ヶ岳をバックに高山植物や紅葉などが湖面に映る美しい表情を見せる。

所長野県山ノ内町平穏 P20台

夕日に照らされた雲海が眼下に広がる

ロープウェイで雲の上へ。約10分間の空中散歩

4 大感動！サンセットの雲海

SORA terrace

ソラ テラス

北志賀高原にある世界最大級166人乗りの竜王ロープウェイで標高1770mの山頂SORA terraceへ。天空の世界では、条件が揃えば目を奪われるほどの美しい雲海が広がる。

所長野県山ノ内町夜間瀬11700 開9:00～19:00 休HPで要確認 料竜王ロープウェイ往復2300円～ P1500台

道の駅を PICK UP!!
北信州のおいしいが集まる
●豊田飯山ICから16km
北信州やまのうち
きたしんしゅうやまのうち
湯田中渋温泉郷の郊外にあり緑の三角屋根がトレードマークの道の駅。地元の新鮮野菜や果物が買える農産物直売所や町内産のそば粉を自家製麺した二八そばが味わえる。
☎0269-31-1008 所長野県山ノ内町佐野393-2 営8:30～18:00 休無休(1月上旬～4月中旬は土・日・月曜、祝日のみ営業) P85台
↑国道292号沿いにある
名物グルメ
笹寿司
ささずし
長野県選択無形民俗文化財に認定された飯山の郷土料理。熊笹の上に酢飯を置き、ゼンマイ、シイタケなど季節の具をのせた寿司。笹の香りと素朴な味わいは北信州で味わえる。
飯盛山
竜王ロープウェイ
夜間瀬川
SORA terrace 4
竜王山
箕出山
焼額山
夜間瀬駅
中野市
美とロマンがテーマの美術館。設計は建築家・黒川紀章氏によるもの
五輪山
ニホンザルの保護を目的とする施設で、冬には温泉に浸かる野生ニホンザルが見られる
裏岩菅山
岩菅山
中野駅
湯田中駅
北信州やまのうち
志賀高原ロマン美術館
地獄谷野猿公苑
西館山
東館山
長野電鉄
横湯川
延徳駅
琵琶池
東館山頂駅
発哺温泉山麓駅
山ノ内町
潤満滝
潤満滝展望台
大沼池
赤石山
源泉かけ流しの褐色の湯をたたえる日帰り温泉。温度や成分の質、濃度から効能豊かな湯として名高い
木戸池 3
落差107m、志賀高原で最大の潤満滝が眺められる展望台
志賀山
渋池
高山村
ガラン沢川
2 横手山2307 満天ビューテラス
子安温泉
笠ヶ岳
中倉山
横手山頂ヒュッテ
1 渋峠
標高2307m、日本一高い場所にあるパン屋としても知られる
志賀草津道路
紫子萩山
七味温泉
五色温泉
常布の滝
万座山
黒湯山
万座温泉
高山村
白根山
湯釜
弓池
奈良山
長野県
御飯岳
本白根山
群馬県
嬬恋村
草津町
米子山
万座ハイウェー
万座・鹿沢口駅の市街地と万座温泉を結ぶ
土鍋山

COURSE 67

山岳の聖地をぐるりと巡る
北アルプス山麓の旅

長野県

大王わさび農場・中綱湖・白馬

だいおうわさびのうじょう・なかつなこ・はくば

日本の屋根・北アルプスに見守られてきたエリア。北アルプスからの湧水を利用した大王わさび農場で美しいわさび田や湧水を眺めて散策。春は菜の花と桜、秋にはそばの花が咲き誇る中山高原。春には湖面に映るオオヤマザクラの姿が美しい中綱湖。大出公園の日本の原風景に出会い、涼風そよぐ山頂テラスHAKUBA MOUNTAIN HARBORで標高1289mから望む北アルプスの絶景を体感しよう。

北アルプスの湧水を利用する農園には、日本の原風景を思わせる眺望が広がる

DRIVE COURSE 走行距離 約105km

START 長野自動車道・安曇野IC

5km／県道310号

1 大王わさび農場

28km／県道306・31号

2 中山高原

10km／県道31号、国道148号

3 中綱湖

14km／国道148号

4 大出公園

4km／国道148号

5 HAKUBA MOUNTAIN HARBOR

44km／国道148号

GOAL 北陸自動車道・糸魚川IC

INFORMATION

大町市観光協会 ☎0261-22-0190
白馬村観光局インフォメーション ☎0261-85-4210

北アルプス山麓で見られる秋の三段紅葉の風景

1 わさびグルメと場内散策

大王わさび農場

だいおうわさびのうじょう

名水百選にも選ばれている安曇野わさび田湧水群の水を生かした大王わさび農場。一日の湧水量が12万t、面積は15haという日本最大級の広さで、場内の散策も楽しめる。収穫されたわさびを使ったグルメはぜひ味わいたい。

☎0263-82-2118 所長野県安曇野市穂高3640 開8:00～17:00 12～2月9:00～16:00 休無休 料無料 P380台

広大な敷地に広がるいくつものわさび田と北アルプスの絶景と癒やしの空間

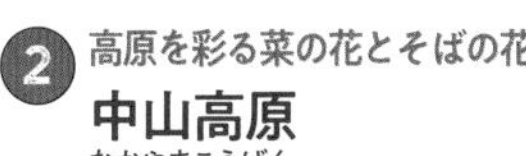

2 高原を彩る菜の花とそばの花
中山高原
なかやまこうげん

大町市美麻地区に広がる風光明媚な高原。雄大な北アルプスの山々を背景に、春には一本桜と黄色に染まる菜の花畑、8月末から9月上旬にはそばの花が咲き誇る。

☎0261-22-7601(菜の花ステーション)
所 長野県大町市美麻新行14890-1
P 30台

中山高原の秋は白い可憐な花が咲くそばの花で埋め尽くされる

➲残雪の北アルプスと青い空、菜の花＋桜の彩りあふれる色の共演

↑風がないだときには、鏡のように澄んだ湖面に美しい景色が映り込む中綱湖

③ 幻想的な水辺のシンメトリー
中綱湖
なかつなこ

大町市の北に位置する仁科三湖のなかでも一番小さく、静かにたたずむ湖面と木々の緑の美しさ、ヘラブナ釣りが楽しめる湖。春には西側の湖畔に自生するオオヤマザクラの淡いピンク色が湖面に映る。

所長野県大町市平 P40台

水鏡に映るオオヤマザクラは4月上旬から中旬にかけて見頃を迎える

④ 白馬村内一の絶景ポイント
大出公園
おおいでこうえん

青く透明な姫川の清流や茅葺き屋根の民家、大出の吊橋の奥に白馬の山々が雄大にそびえる白馬の風景を代表する場所。春は桜と渓谷、夏は新緑の白馬三山と、季節によって移り変わる絶景が楽しめる。

所長野県白馬村北城7157-1 Pあり

大出公園のシンボルともいえる大出の吊橋

↑4月下旬〜5月上旬に見頃を迎える桜と、冠雪の白馬三山の美しいコラボレーション

⑤ 北アルプスを一望する山頂テラス
HAKUBA MOUNTAIN HARBOR
ハクバ マウンテン ハーバー

「白馬マウンテンリゾート」内に位置する絶景テラス。ゴンドラで上がった山頂は、北アルプスが一望できる最高のロケーション。ニューヨーク発の人気ベーカリー「THE CITY BAKERY」の焼きたてパンやコーヒーなども楽しめる。

☎0261-72-2474(株式会社岩岳リゾート) 所長野県白馬村北城12056 開4月下旬〜11月中旬、12月中旬〜3月下旬8:30〜16:50(ゴンドラ下り最終) 休ゴンドラに準ずる 料ゴンドラ往復2400円 P900台

白馬岩岳の山頂、標高1289mから唐松沢氷河や北アルプスの山々が眺められる

COURSE 67 走行距離 約105km
0
5
10km
N
GOAL
糸魚川IC
道の駅を PICK UP!!
白馬観光の玄関口
●安曇野ICから44km
白馬
はくば
白馬観光の玄関口となる道の駅。白馬村のブランド豚「はくばの豚」を用いた丼やトンカツが人気。村内共通の温泉回数券やゴンドラチケットも入手できる。
☎0261-75-3880 所長野県白馬村神城21462-1 営9:00～18:00 休火曜(変動あり) Pあり
↑白馬のお得な情報がゲットできる
甲信越
長野県
大王わさび農場・中綱湖・白馬
ゴンドラリフトの中間駅付近に広がるアドベンチャー施設。多彩なアクティビティが体験できる
白馬つがいけWOW!
HAKUBA MOUNTAIN HARBOR 5
スノーピークランドステーション白馬
4 大出公園
店舗エリア、野遊びエリア、イベントエリアからなる体験型複合施設
中綱湖 3
2 中山高原
絵本画家・いわさきちひろと、世界の絵本画家の作品を展示
大町山岳博物館
北アルプスの自然や登山の歴史を中心に展示。館内から立山連峰を一望できる
安曇野ちひろ美術館
1 大王わさび農場
碌山美術館
東洋のロダンと称される彫刻家・荻原碌山の作品が揃う美術館
START
安曇野IC
名物グルメ
わさび
日本有数のわさびの生産地である安曇野。ツーンとした辛みと鼻を抜けるさわやかな香り、そのあとには甘さが広がるのが特徴。安曇野にはわさびグルメが味わえる店が点在する。
糸魚川市
新潟県
富山県
朝日町
黒部市
小谷村
白馬村
小川村
長野市
大町市
生坂村
松川村
安曇野市
筑北村
青木村
千曲市
坂城町
上田市
長和町
松本市
飯綱町
長野県
日本海
白馬
松本
更埴JCT
307

COURSE 68

懐かしい里山の風景と
城跡の歴史舞台を巡る

長野県

松代城跡・姨捨の棚田・上田城跡公園

まつしろじょうあと・おばすてのたなだ・うえだじょうせきこうえん

懐かしさ感じる里山の原風景と歴史ロマンあふれる城跡をたどる。川中島の戦いの武田方の拠点であり、松代藩真田家の居城であった松代城跡。2020年に日本遺産に認定された月の名所、姨捨の棚田。日本全国に名を馳せた真田氏の居城で、かつての城を感じさせる見どころが多数残る上田城跡公園。太古からこの地に人々の営みがあったとされる美しい稲倉の棚田。海野宿で歴史ある街並みを歩く。

DRIVE COURSE 走行距離 約66km

START 上信越自動車道・長野IC

2km／国道403号

1 松代城跡

15km／国道403号、県道77号

2 姨捨の棚田

21km／国道18号

3 上田城跡公園

9km／県道180号

4 稲倉の棚田

9km／県道4号

5 海野宿

10km／県道79号

GOAL 上信越自動車道・小諸IC

INFORMATION

千曲市農林課 ☎026-273-1111
稲倉の里農村交流館 ☎0268-75-4808
東御市観光情報ステーション ☎0268-62-7701

街道一帯が貴重な文化財となっている海野宿

1 武田信玄が築城した城の跡

松代城跡

まつしろじょうあと

武田信玄が川中島合戦の要衝として、山本勘助に造らせたのが松代城。長らく石垣を残すのみだったが、太鼓門や土塁の改修・復元を経て現在の姿になり、その姿は当時の様子を彷彿させる。

☎026-278-2801 所長野県長野市松代町松代44 開9:00〜17:00(冬期は〜16:30) 休無休 料無料 P50台

当時は海津城と呼ばれたが真田十万石の居城として松代城に改称

棚田のいたる場所から千曲川を中心とした善光寺平の夜景が見渡せる

2 時代を超えて愛される風景

姨捨の棚田

おばすてのたなだ

善光寺平を見下ろす山あいに段々と重なる1800もの小さな棚田が広がる様子は独特の美しさを醸す。古くから名月のスポットとして知られ、「日本の棚田百選」や国の名勝、重要文化的景観、日本遺産に選定。

所 長野県千曲市八幡 P 姨捨観光会館駐車場利用

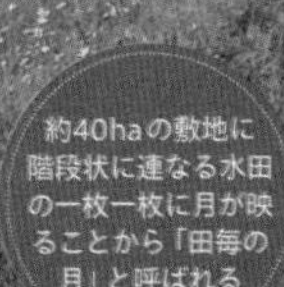

約40haの敷地に階段状に連なる水田の一枚一枚に月が映ることから「田毎の月」と呼ばれる

③ 徳川の軍勢を撃退した歴戦の名城
上田城跡公園
うえだじょうせきこうえん

真田昌幸が築城を開始した名城で、徳川の大軍を2度も退けた堅個な守りで知られる。往時のままの石垣、堀、西櫓をはじめ、復元された南櫓、北櫓、櫓門などが見られ、3つの櫓は内部の見学もできる。散策自由な公園として整備され、春には約1000本の桜が咲く。

☎0268-23-5408(上田市観光シティプロモーション課) 所長野県上田市二の丸3-2 開上田城櫓8:30～17:00 休水曜、祝日の翌日、冬期 料300円(上田市立博物館とのセット券500円) P224台

↑南櫓、北櫓、東虎口櫓門は内部の見学ができる(有料)

江戸時代から現存している唯一の建物である西櫓

COURSE 68 走行距離 約66km

原始から現代まで長野の歴史をたどる展示やナウマンゾウなどの実物大復元展示が充実

長野市 千曲市 麻績村 篠山 大林山 今井駅 篠ノ井駅 稲荷山駅 屋代駅 姨捨駅 姨捨スマート 姨捨SA 更埴 更埴JCT ●長野県立歴史館 ② 姨捨の棚田

④ 「日本の棚田百選」認定の棚田
稲倉の棚田
いなぐらのたなだ

谷間に寄り添うように連なる水田は、自然と共生してきた日本の心象風景。麓に広がる上田市街と美ヶ原高原や北アルプスを望む絶景が訪れる人を魅了する。

所長野県上田市殿城 P11台

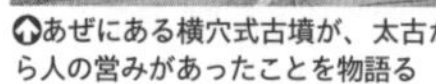

↑あぜにある横穴式古墳が、太古から人の営みがあったことを物語る

⑤ 北国街道の宿場
海野宿
うんのじゅく

江戸時代の旅籠づくりの建物と明治時代以降の養蚕が盛んな頃に建てられた養蚕づくりの建物が調和した伝統的な家並みが魅力。両側に立ち並ぶ格子戸の美しい家並みは往時の繁栄を思わせる。

所長野県東御市本海野 P89台(第1、第2駐車場)

→伝統的な家並みが現在まで保存されている海野宿

名物グルメ
おいだれ焼き鳥
おいだれやきとり
すりおろしにんにくが入った醤油ベースのタレを焼鳥にかけて食べる上田のご当地グルメ。上田地域の多くの店で提供され、店それぞれのこだわりの味が楽しめる。
道の駅をPICK UP!!
東御のランドマーク
●小諸ICから4km
雷電くるみの里
らいでんくるみのさと
江戸時代に活躍した伝説の力士・雷電為右衛門の故郷であることと信濃くるみの名産地であることから名付けられた。地元の味覚や特産品が満載。
☎0268-63-0963 所長野県東御市滋野乙4524-1 営7:00～18:00 休無休
P100台
↑雷電くるみの里は地域のランドマーク
START
長野IC
1 松代城跡
真田宝物館
旧松代藩主の真田家から寄贈された武具、調度品、書画などの文化財を収蔵
尼厳山
奇妙山
皆神山
長野盆地が一望できる展望台。かつて上杉謙信の本陣が置かれていた
鏡台山
オコウ山
刀匠の街として栄えた坂城町にある博物館。人間国宝だった宮入行平の作品が充実
鳩ヶ峯
坂城町鉄の展示館
坂城町
330品種2300株のバラが来場者を楽しませてくれる。見頃は5～6月
千曲川さかきPA
さかき千曲川バラ公園
大峯山
テクノさかき駅
上田城の城下町だった柳町。白い土塀、格子戸のある家などに当時の面影が残る
全長714.5m、古代ローマの水道橋を思わせる連続アーチ橋
上田城跡公園内にあり上田城と真田氏の歴史を学ぶことができる
太郎山トンネル
上田市
長野県
群馬県
角間山
浅間山
烏帽子岳
湯ノ丸山
4 稲倉の棚田
上田菅平
北国街道柳町
西上田駅
上田私立博物館
上田城跡公園 3
上田駅
上田ローマン橋
上田電鉄
大室山
東御市
海野宿 5
東部湯の丸
東部湯の丸SA
雷電くるみの里
小諸市
上信越自動車道
田中駅
しなの鉄道
滋野駅
小諸IC
GOAL
八重原トンネル
北陸新幹線
御牧原トンネル
小諸城址 懐古園
小諸駅
立科町
寄り道スポット
●小諸ICから3km
小諸城址 懐古園
こもろじょうし かいこえん
小諸城址を中心とした歴史ある公園。多くの文化施設が点在する。
☎0267-22-0296 所長野県小諸市丁311 開9:00～17:00 休無休(12月～3月中旬は水曜休園) 料300円(園内施設共通券500円) P213台
↑日本さくら名所100選に選出

COURSE 69

太古の歴史を伝える湖と
信仰息づく霊山の麓へ

長野県

野尻湖・大望峠・戸隠

のじりこ・だいぼうとうげ・とがくし

上信越自動車道信濃町ICから黒姫高原と妙高高原に囲まれた野尻湖へ向かう。リフトで標高1100mの**野尻湖テラス**に上がり、パノラマを堪能したら、日本有数の聖地・戸隠へ。奥社近くの**みどりが池**の静かな森を散策し、鬼無里(きなさ)方面へ**大望峠展望台**を目指す。鬼無里の雄大な景色を眺めたら、霧下そばを育む**戸隠展望苑**へ。そば畑を満喫し、そのあとは霊山・飯綱山麓にある**飯綱湖**の美しい水鏡を堪能する。

DRIVE COURSE 走行距離 約79km

START 上信越自動車道・信濃町IC
10km／国道18号、県道504号
1 野尻湖テラス
27km／県道504号、国道18号、県道36号
2 みどりが池
9km／県道36号
3 大望峠展望台
7km／県道36号
4 戸隠展望苑
5km／県道506号
5 飯綱湖
21km／国道406号、県道58号
GOAL 上信越自動車道・須坂長野東IC

INFORMATION

鬼無里観光振興会 ☎026-256-3188
戸隠観光協会 ☎026-254-2888
飯綱高原観光協会 ☎026-239-3185

春から秋は野尻湖の北西に浮かぶ琵琶島へも渡れる

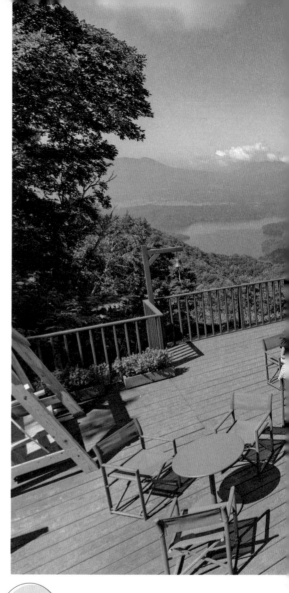

道の駅をPICK UP!!

ビュースポットに建つ施設

●信濃町ICから1km
しなの

国道18号沿いの、妙高戸隠国立公園内に建つ眺望抜群の道の駅。長野の農産物や特産品がずらりと並ぶ。
☎026-255-2900 所長野県信濃町柏原1260-4 営9:00～17:00(施設により異なる) 休水曜 P72台

↑信濃IC横でアクセスも便利

1 北信五岳のパノラマを満喫
野尻湖テラス
のじりこテラス

標高1100m、冬はスキー場で賑わうタングラム斑尾にある絶景テラス。リフトで片道10分の空中散歩の途中、7月はラベンダー、8月はユリの花畑も楽しめる。リフト山頂駅舎のラウンジも眺望抜群。

✆026-258-3511(タングラム斑尾) 所 長野県信濃町古海3575-8 開 4月29日～5月7日 7月中旬～11月上旬 9:00～16:00 休 期間中無休 料 1500円 P 1000台

野尻湖と妙高山、斑尾山、黒姫山、戸隠連峰、飯綱山など北信五岳が連なるパノラマは圧巻

2 戸隠山麓の美しい池
みどりが池
みどりがいけ

戸隠神社奥社の参道近くの戸隠森林植物園内にある、野鳥や風景カメラマンに人気のスポット。清涼な空気が漂う池の周囲には遊歩道も整備されている。

✆026-254-2200(八十二森のまなびや) 所 長野県長野市戸隠3510-35 P 戸隠森林植物園駐車場利用

③ 戸隠連峰と北アルプスを一望する
大望峠展望台
だいぼうとうげてんぼうだい

⬆戸隠連峰や北アルプス、鬼無里の大自然が広がる展望台からの眺め

長野県北西部の戸隠と鬼無里を結ぶ県道36号沿いにある標高1055m地点の峠。ベンチやあずま屋があり、ゆっくり景色を眺められる。

所長野県長野市鬼無里6644-1 P5台

④ 一面真っ白なそばの花畑が広がる
戸隠展望苑
とがくしてんぼうえん

⬆8月上旬ごろに満開を迎えるそばの花。畑を白く染め上げる

直径5～6㎜の可憐な花をつけるそば畑の白い絨毯があたり一帯に広がり、岩屏風のようにそびえる標高1904mの戸隠山を見渡せる展望所。

所長野県長野市戸隠豊岡 Pあり

⑤ 錦の紅葉を映す水鏡が印象的
飯綱湖
いいづなこ

飯綱高原西部にあり、池の周囲にはカエデやドウダンツツジ、カラマツの林が広がり、秋には赤や黄の鮮やかな紅葉が見られる。

所長野県長野市上ケ屋 Pなし

➡標高1917mの飯綱山のゆるやかな稜線も水鏡にくっきり

新潟県
妙高市
関川
佐渡山
裾花川
戸隠山
丸山
西岳
戸隠神社
戸隠流忍法資料館
忍者 からくり屋敷
みどりが池 2
500点の忍者道具を展示する資料館やゲーム感覚で楽しめるからくり屋敷がある
36
戸隠展望苑 4
3 大望峠展望台
砂鉢山
荒倉山
新倉山
裾花川
406

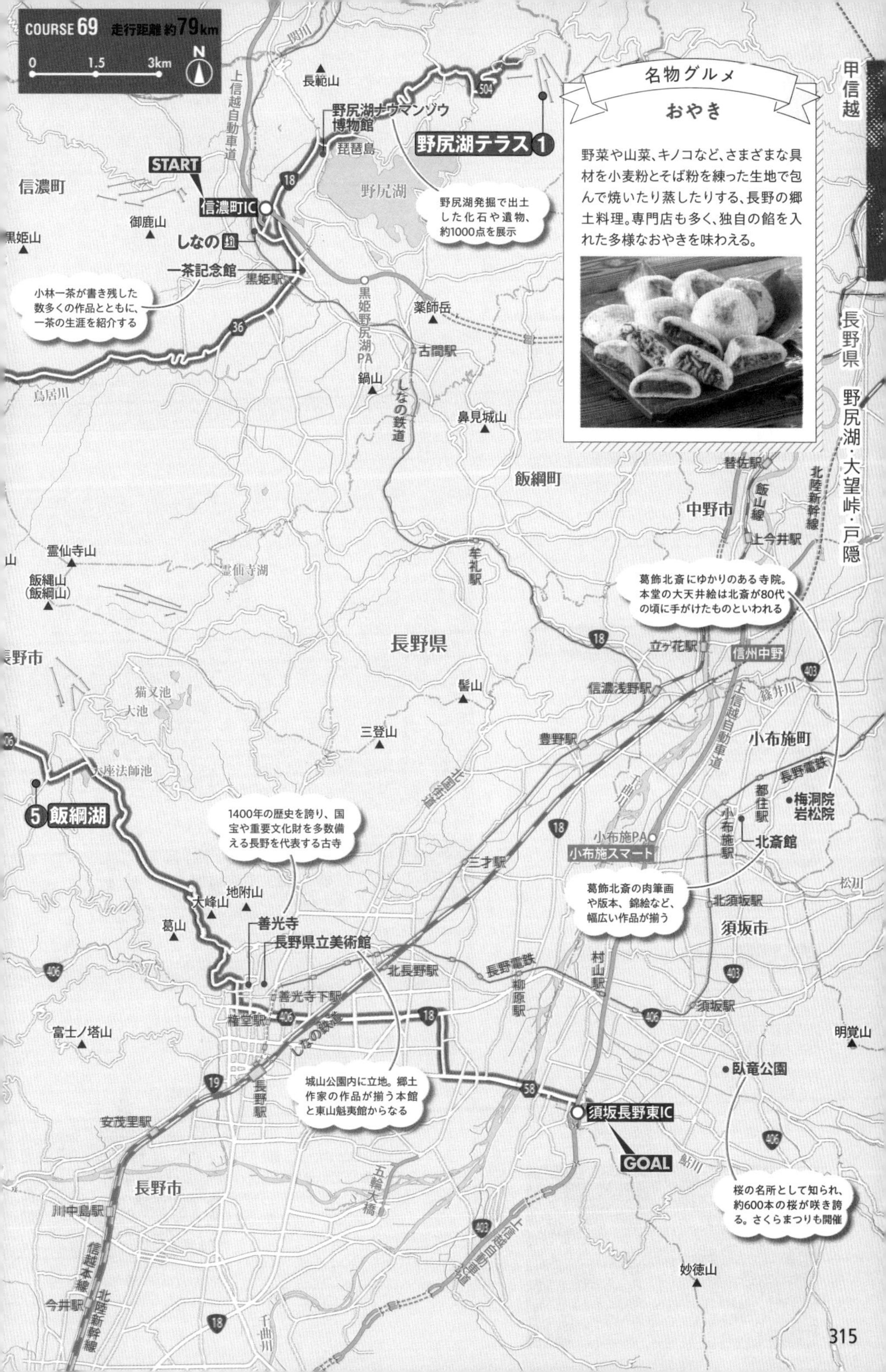
COURSE 69 走行距離 約79km
0 1.5 3km
N
名物グルメ
おやき
野菜や山菜、キノコなど、さまざまな具材を小麦粉とそば粉を練った生地で包んで焼いたり蒸したりする、長野の郷土料理。専門店も多く、独自の餡を入れた多様なおやきを味わえる。
甲信越
長野県 野尻湖・大望峠・戸隠
START
信濃町IC
GOAL
須坂長野東IC
野尻湖テラス 1
5 飯綱湖
野尻湖ナウマンゾウ博物館
野尻湖発掘で出土した化石や遺物、約1000点を展示
しなの
一茶記念館
小林一茶が書き残した数多くの作品とともに、一茶の生涯を紹介する
善光寺
1400年の歴史を誇り、国宝や重要文化財を多数備える長野を代表する古寺
長野県立美術館
城山公園内に立地。郷土作家の作品が揃う本館と東山魁夷館からなる
梅洞院岩松院
葛飾北斎にゆかりのある寺院。本堂の大天井絵は北斎が80代の頃に手がけたものといわれる
北斎館
葛飾北斎の肉筆画や版本、錦絵など、幅広い作品が揃う
臥竜公園
桜の名所として知られ、約600本の桜が咲き誇る。さくらまつりも開催
信濃町
飯綱町
長野県
中野市
小布施町
須坂市
長野市
野尻湖
琵琶島
長範山
黒姫山
御鹿山
黒姫駅
黒姫野尻湖PA
薬師岳
古間駅
鍋山
しなの鉄道
鼻見城山
霊仙寺山
霊仙寺湖
飯縄山（飯綱山）
牟礼駅
猫又池
大池
大座法師池
髻山
三登山
替佐駅
飯山線
北陸新幹線
上今井駅
立ヶ花駅
信州中野
信濃浅野駅
豊野駅
上信越自動車道
小布施PA
小布施スマート
長野電鉄
都住駅
小布施駅
三才駅
北須坂駅
大峰山
地附山
葛山
北長野駅
柳原駅
村山駅
須坂駅
善光寺下駅
権堂駅
長野駅
富士ノ塔山
安茂里駅
川中島駅
信越本線
今井駅
五輪大橋
千曲川
鮎川
松川
篠井川
明覚山
妙徳山
鳥居川
北国街道
504
18
36
406
403
19
58

COURSE 70

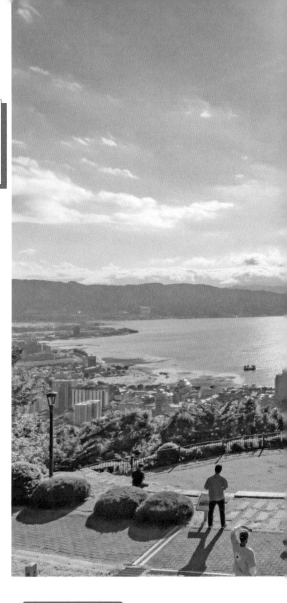

高原で出会う絶景の数々!!
信州ドライブ、白眉のコース

長野県

諏訪湖・御射鹿池・白駒の池

すわこ・みしゃかいけ・しらこまのいけ

岡谷市を出発し、諏訪湖を経由して茅野市からメルヘン街道へ入り、八千穂高原を目指す。途中、大自然がつくり出した感動的な美しさに出会える**御射鹿池**を堪能し、**白駒の池**、**白樺群生地**などに立ち寄りながら、さわやかな高原を駆け抜ける。諏訪湖周辺では市街地や湖が一望できる**立石公園**で絶景を楽しみたい。諏訪大社下社秋宮に参拝し、当地の名物ウナギ料理を堪能するのもおすすめ。

DRIVE COURSE 走行距離 約74km

START 長野自動車道・岡谷IC

13km／国道20号、県道40号

1 立石公園

24km／国道20・152号、県道191号

2 御射鹿池

15km／県道191号、国道299号

3 白駒の池 苔の森

10km／国道299号

4 白樺群生地

12km／国道299号

GOAL 中部横断自動車道・八千穂高原IC

INFORMATION

諏訪市都市計画課 ☎0266-52-4141
諏訪市観光案内所 ☎0266-58-0120
ちの旅案内所 ☎0266-73-8550
佐久穂町観光協会 ☎0267-86-1553

毎年8月には全国有数規模の諏訪湖祭湖上花火大会も

寄り道スポット

●岡谷ICから5km

諏訪大社 下社 秋宮

すわたいしゃ しもしゃ あきみや

全国にある諏訪神社の総本社。諏訪湖南の上社と北側の下社に分かれ、それぞれ2つの宮を持つ。下社秋宮は交通の要衝に鎮座。幣拝殿、神楽殿などの国重要文化財がある。

☎0266-27-8035 所長野県下諏訪町上久保5828 開休料参拝自由 P200台

↑青銅製の大きな狛犬がある神楽殿

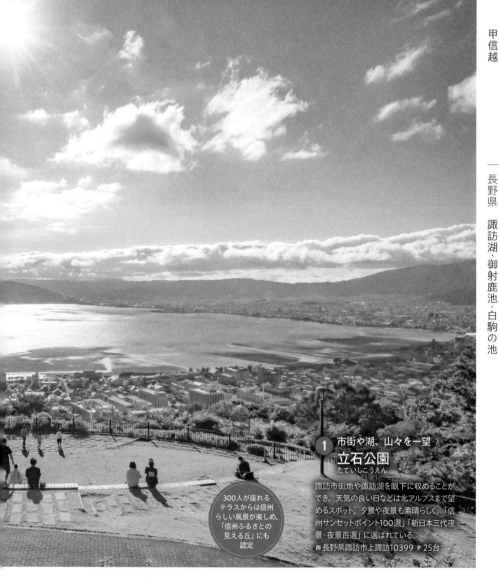

300人が座れるテラスからは信州らしい風景が楽しめ、「信州ふるさとの見える丘」にも認定

1 市街や湖、山々を一望
立石公園
たていしこうえん

諏訪市街地や諏訪湖を眼下に収めることができ、天気の良い日などは北アルプスまで望めるスポット。夕景や夜景も素晴らしく、「信州サンセットポイント100選」「新日本三代夜景・夜景百選」に選ばれている。

所 長野県諏訪市上諏訪10399　P 25台

2 名画のモチーフ
御射鹿池
みしゃかいけ

標高1500mの山中にあり、日本を代表する画家・東山魁夷の名画『緑響く』のモチーフになったスポット。水面に映り込むカラマツを主体とした森の風景が、四季折々、感動的な美しさを見せ、観光客や写真家を魅了している。

所 長野県茅野市豊平奥蓼科
P 30台

➲夏は一帯が深い緑に染め上げられ、神々しいほど

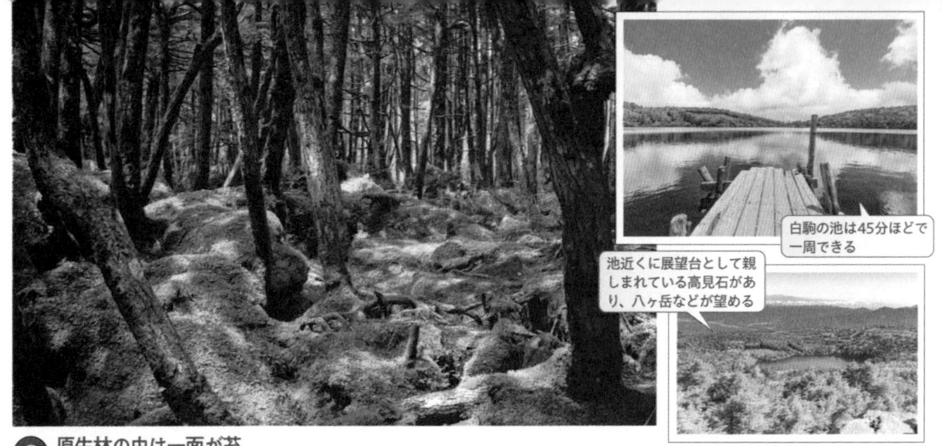

白駒の池は45分ほどで一周できる

池近くに展望台として親しまれている高見石があり、八ヶ岳などが望める

3 原生林の中は一面が苔
白駒の池 苔の森
しらこまのいけ こけのもり

標高2100m以上の高地にあり、この高さにある天然湖では日本最大。池までは樹齢100年を超える原生林の中を通るが、520種類もの苔が地面一面を覆っており、その光景は神秘的。「日本の貴重なコケの森」にも選定されている。

☎090-1423-2725(北八ヶ岳苔の会・青苔荘) 所長野県佐久穂町・小海町 開休料散策自由 P180台(11月中旬〜4月中旬は閉鎖)

コース内の絶景ロード

日本有数の高地を走る
メルヘン街道
メルヘンかいどう

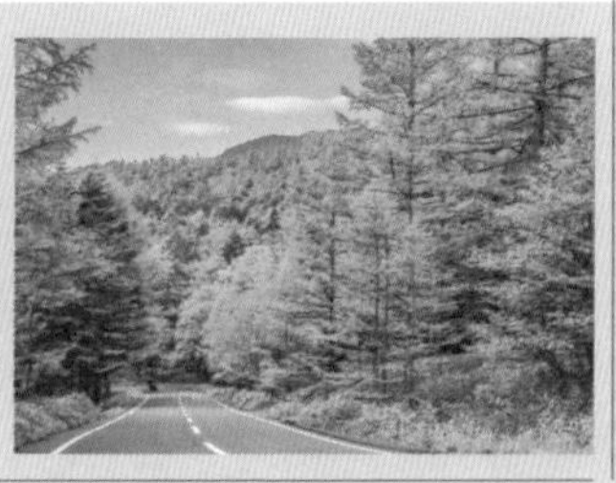

茅野市の蓼科高原から佐久穂町の八千穂高原へ至る国道299号は美しい景観が楽しめ、メルヘン街道と呼ばれる。途中、標高2127mにある麦草峠を通り、国道では日本で2番目に高い所を走る。

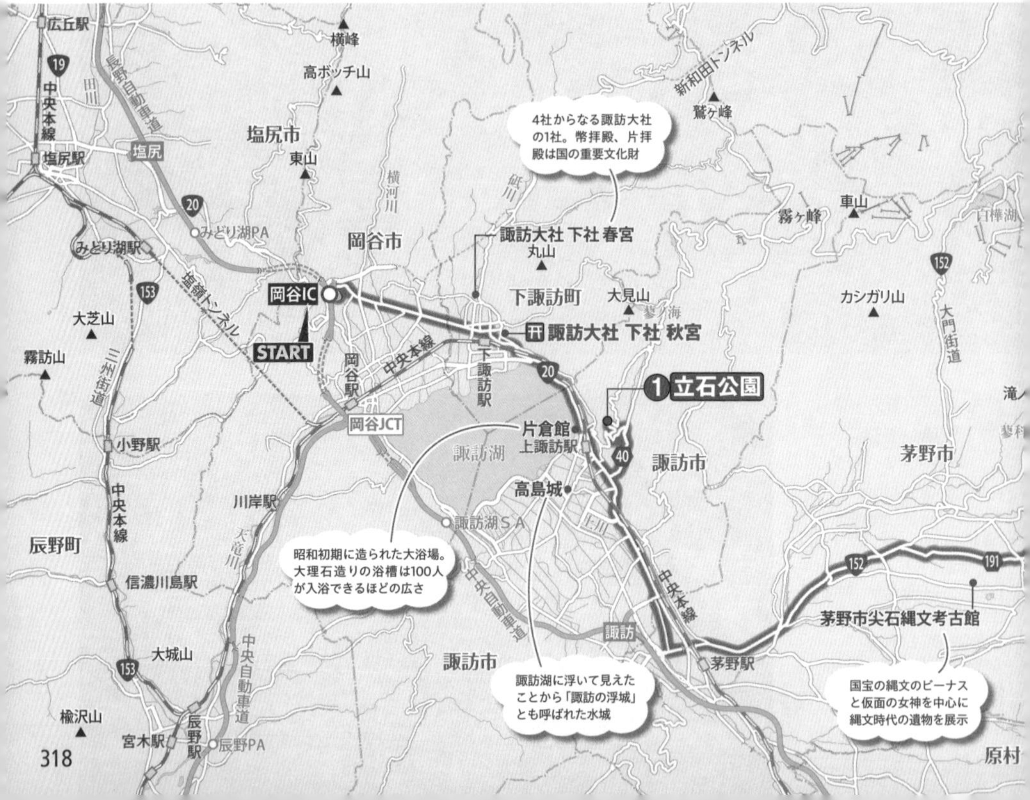

広丘駅
横峰
高ボッチ山
長野自動車道
中央本線
新和田トンネル
鷲ヶ峰
4社からなる諏訪大社の1社。幣拝殿、片拝殿は国の重要文化財
塩尻市
塩尻駅
塩尻
東山
横河川
砥川
霧ヶ峰
車山
白樺湖
みどり湖PA
みどり湖駅
岡谷市
諏訪大社 下社 春宮
丸山
塩嶺トンネル
岡谷IC
START
下諏訪町
大見山
大芝山
カシガリ山
大門街道
諏訪大社 下社 秋宮
霧訪山
三州街道
岡谷駅
中央本線
下諏訪駅
1 立石公園
岡谷JCT
片倉館
上諏訪駅
諏訪湖
諏訪市
小野駅
茅野市
高島城
川岸駅
天竜川
諏訪湖SA
上川
辰野町
昭和初期に造られた大浴場。大理石造りの浴槽は100人が入浴できるほどの広さ
中央自動車道
中央本線
信濃川島駅
茅野市尖石縄文考古館
諏訪
大城山
諏訪市
茅野駅
諏訪湖に浮いて見えたことから「諏訪の浮城」とも呼ばれた水城
国宝の縄文のビーナスと仮面の女神を中心に縄文時代の遺物を展示
榛沢山
宮木駅
辰野駅
辰野PA
原村

④ 50万本の美しさに息をのむ

白樺群生地
しらかばぐんせいち

北八ヶ岳の東にある八千穂高原には50万本の白樺が林を形づくり、日本一といわれる美しさを見せる。ヤマツツジをはじめ、多様なツツジの群生地としても知られ、白樺とのコントラストが素晴らしい。

所長野県佐久穂町八郡
P花木園駐車場利用

白樺のさわやかな緑を背景にツツジが鮮やか。初夏には見頃を迎える

COURSE 70 走行距離 約74km

0 2 4km N

GOAL
八千穂高原IC

標高1900m以上の高さから南アルプス、北アルプスを望む展望台

日向木場展望台

メルヘン街道

4 白樺群生地

八千穂高原自然園

白樺林が続く白の小径をはじめ、広大な園内に3つの散策ルートが設けられている

麦草峠

3 白駒の池 苔の森

2 御射鹿池

標高2000m以上に立地。白駒池を眼下に眺められる

鍋鎗山 八千穂駅 佐久穂町 高岩駅 茂来山 馬流駅 小海線 小海駅 阿登久良山 小海町 北相木村 双子池 横岳 八柱山 雨池 縞枯山 山麓駅 山頂駅 茶臼山 丸山 高見石 中山 明治湯 渋の湯 稲子湯 峰の松目 硫黄岳 横岳 赤岳鉱泉 八ヶ岳 阿弥陀岳 赤岳 石堂川 抜井川 千曲川 大月川 湯川 鳴岩川 中部横断自動車道

名物グルメ
ウナギ

天然ウナギの名産地として有名な諏訪湖はウナギ屋の数も多く、値段も手頃。東西食文化が交差する地であるため、さばき方や焼き方が関東風、関西風、両者が融合したものと、店によって楽しめる。

COURSE 71

富士五湖の2つの湖を周遊
多様な富士山が楽しめる

山梨県

河口湖·大石公園·鳴沢氷穴

かわぐちこ・おおいしこうえん・なるさわひょうけつ

富士五湖の河口湖と西湖を巡る旅。河口湖ICをスタートし、富士山を左正面に見て河口湖大橋を渡って河口浅間神社へ。徒歩約30分で富士山 遥拝所だ。鳥居の彼方に見える富士山は荘厳。大石公園では湖畔の花とともに富士山を遠望。西湖いやしの里 根場では茅葺き屋根と富士山。ハーブ庭園 旅日記 富士河口湖庭園のふじさんデッキからはその雄姿が堪能できる。湖を巡り、さまざまな富士山を楽しもう。

DRIVE COURSE 走行距離 約42km

START 中央自動車道·河口湖IC
8km/国道139号、県道707号
1 富士山 遥拝所
5km/県道21号
2 大石公園
11km/県道21号
3 西湖いやしの里 根場
6km/県道21号、国道139号
4 鳴沢氷穴
10km/国道139号
5 ハーブ庭園 旅日記 富士河口湖庭園
2km/国道139号
GOAL 中央自動車道·河口湖IC

INFORMATION

河口湖観光協会 ☎0555-72-6700

河口湖北岸のビュースポット。春は菜の花が咲き誇る

1 彼方に富士山を仰ぐ遥拝所

富士山 遥拝所

ふじさん ようはいじょ

富士山をご神体として、聖なる姿を遠くから拝めるように山中に建てられた鳥居。真正面に富士山を望む天空の遥拝所だ。敷地内には多くの桜の苗木が植樹されている。麓の河口浅間神社を参拝して駐車場に停め、徒歩で行くのがおすすめ。

所山梨県富士河口湖町河口1119-2 開9:00～16:00 休荒天の日 料100円(協力金) P6台

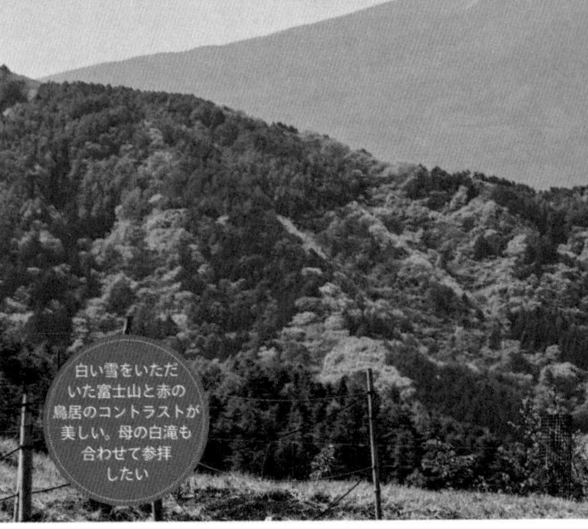

白い雪をいただいた富士山と赤の鳥居のコントラストが美しい。母の白滝も合わせて参拝したい

コース内の絶景ロード

富士山を望む湖畔の道

湖北ビューライン

こほくビューライン

河口湖と西湖の北岸を走る県道21号約16kmのドライブコース。沿道には河口湖ハーブフェスティバルの会場になる大石公園など観光スポットが点在する。

2 ラベンダー越しに見る富士山

大石公園

おおいしこうえん

河口湖の北岸にあり、ラベンダーの咲き誇る公園として知られ、河口湖ハーブフェスティバルのメイン会場となる。園内にはグルメ、ショップ、体験ができる河口湖自然生活館がある。

☎0555-76-8230(河口湖自然生活館)
所山梨県富士河口湖町大石 開9:00～17:45(冬期は～17:15)、園内自由
休無休 料無料 P50台

夏から秋にかけて紅葉したコキアが公園を彩る

❻6月下旬~7月中旬にはラベンダーが湖畔を紫に染め、地場産農産物も販売される

③ 茅葺き屋根が並ぶ西湖畔の里
西湖いやしの里根場
さいこいやしのさとねんば

根場は西湖畔に茅葺き屋根が点在し、日本の原風景が残る安らぎに満ちた村。穏やかな時がゆったりと流れる四季の美しい風景を眺めながら往時の暮らしに思いを馳せよう。

☎0555-20-4677 所山梨県富士河口湖町西湖根場2710 開9:00〜17:00 12〜2月9:30〜16:30 休無休 料500円 P120台

↑かつてこの地にあった茅葺き屋根の家20棟を復元。昔懐かしい風景に心が和む

④ 青木ヶ原に眠る神秘的な氷の空間
鳴沢氷穴
なるさわひょうけつ

青木ヶ原樹海の東入口にある竪穴環状型の空洞で天然記念物。総延長は約150m。貞観6年(864)の貞観大噴火の際に溶岩が噴出してできた。内部は年中氷に覆われた神秘的な空間だ。

☎0555-85-2301 所山梨県鳴沢村8533 開9:00〜17:00(季節により異なる) 休無休 料350円 P120台

↑環状型の洞窟を1周すると、洞窟内のさまざまな形状が見学できる

道の駅を PICK UP!!

富士の裾野に抱かれて

●河口湖ICから9km

なるさわ

目の前に富士山を望む開放感あふれる道の駅。青木ヶ原を一望できる展望台があり、物産館にはおいしい富士の恵みがいっぱい。鳴沢村の郷土料理が味わえる軽食堂もある。

☎0555-85-3900 所山梨県鳴沢村8532-63 営9:00〜18:00 休無休 P319台

↑富士山の湧き水を汲める水場もある

5 富士山麓に広がるハーブ庭園

ハーブ庭園 旅日記 富士河口湖庭園

ハーブていえん たびにっき
ふじかわぐちこていえん

富士山麓、河口湖からもほど近い場所に広がるハーブ庭園では、約200種類のハーブや四季折々の美しい花たちが訪れる人々を温かく迎えてくれる。ナチュラルなコスメやハーブグッズ、山梨の特産品であるワインや印伝なども販売。

☎0555-83-3715 所山梨県富士河口湖町船津1996 開9:00〜18:00 休無休 料無料 P300台

↑富士山が美しく見える高さ13mの展望台。富士山や河口湖、ハーブ園が一望できる

COURSE 71 走行距離 約42km

0 1 2km N

名物グルメ ほうとう

山梨のソウルフード「ほうとう」は、平打ち麺にカボチャやキノコ、芋類、季節の野菜、肉などを加えて味噌仕立てで煮込む。戦国時代には武田信玄が陣中食にしていたとも伝えられ栄養満点だ。

1 富士山 遥拝所
河口浅間神社
母の白滝
富士見橋 展望台
展望デッキから富士山の眺望が楽しめる。駐車スペースも備える

大石公園 2
富士大石ハナテラス
大石公園に隣接。四季の花と富士山を眺めながら買い物や食事を満喫できる

西湖いやしの里 根場 3
西湖 野鳥の森公園
約60種類の野鳥が生息。周辺の動物動物の写真を展示するコーナーも

4 鳴沢氷穴
富岳風穴
総延長201m、高さ8.7mの溶岩洞穴。ひんやりとした洞窟内は幻想的な世界

ハーブ庭園 旅日記 富士河口湖庭園 5
山梨県立富士山世界遺産センター
富士山にまつわる多彩な文化や噴火史などを紹介するほか、富士山を眺められるレストランも備える

START & GOAL
河口湖IC
河口湖駅
富士急ハイランド駅
富士山駅
下吉田駅
富士吉田
なるさわ
湖北ビューライン
新御坂トンネル
新倉河口湖トンネル
河口湖天上山公園
中央自動車道
富士急行
東富士五湖道路
旧鎌倉往還
船津口登山道
吉田口登山道
富士スバルライン
笛吹市
西桂町
富士河口湖町
鳴沢村
富士吉田市
忍野村
河口湖
西湖
御坂山
三ッ峠山
霜山
節刀ヶ岳
鬼ヶ岳
毛無山
王岳
足和田山
紅葉台
大室山
長尾山
片蓋山
弓射塚
小倉山

COURSE 72

霊峰が間近にそびえる地で
花と水景、眺望を巡る

山梨県・静岡県

山中湖・忍野八海・誓いの丘公園

やまなかこ・おしのはっかい・ちかいのおかこうえん

河口湖ICを出て訪れる忍野八海では、富士信仰の趣が残る湧水池のたたずまいに浸りたい。付近には花のテーマパークともいえる山中湖花の都公園がある。四季を通じて花と富士山の共演が楽しめる名所だ。山中湖親水公園やビューポイント、山中湖パノラマ台では、雄大な富士山と湖の超自然的なパワーを体感しよう。最後に、誓いの丘公園で夕暮れの富士山の雄大さに誓いを立ててみたい。

DRIVE COURSE 走行距離 約59km

START 中央自動車道・河口湖IC
12km／国道413号
1 忍野八海
4km
2 山中湖花の都公園
3km／県道729号
3 山中湖親水公園
7km／県道729号
4 山中湖パノラマ台
20km／県道730・147・365号
5 誓いの丘公園
13km／県道365・78号
GOAL 東名高速道路・御殿場IC

INFORMATION

忍野村観光案内所 ☎0555-84-4221
山中湖観光協会 ☎0555-62-3100

水陸両用バス「山中湖のカバ」で陸と海の自然を体感！

1 心洗われる神秘的な湧水群

忍野八海

おしのはっかい

天然記念物の忍野八海は、忍野村に点在する大小8つの湧水池の総称。富士山の伏流水を水源とし、古くは富士山信仰の道者の禊ぎの場でもあった。富士山を背景に絵のような水景を描き、世界遺産富士山の構成資産の一部として認定されている。

所山梨県忍野村忍草
P周辺駐車場利用

冬は冠雪の富士山に茅葺き屋根に積もる雪、湧水池とのコラボが美しい

例年4月中旬から開花し5月に見頃を迎えるネモフィラ

古くから富士山信仰の霊場だった土地柄。自然のなかの池や賑やかな場所の池までさまざま

2 富士山麓の高原にある花の公園

山中湖花の都公園

やまなかこはなのみやここうえん

無料の花畑のほか、有料で楽しめる全天候型温室フローラルドームふらららがある

標高1000mの山中湖畔にある公園。30万㎡の園内では、「花畑・農園エリア」で四季を通じ多彩な花が楽しめる。雄大な富士山と花々の共演が描く非日常的な景色を堪能したい。貸自転車でサイクリングし広大な園内をまわることもできる。

☎0555-62-5587 所山梨県山中湖村山中1650 開8:30～17:30（季節により変動あり）休12月1日～3月15日の火曜(祝日の場合は開園) 料入園600円(時期により異なる)、花畑は無料 P220台

③ 湖越しの絶景を楽しむ
山中湖親水公園
やまなかこしんすいこうえん

山中湖北岸にある公園で、眼前に富士山がそびえる圧巻の姿を眺望できる。11月中旬と2月初旬は、富士山と湖面に映る「逆さ富士」に夕日が沈む「ダブルダイヤモンド富士」が見られる。

所山梨県山中湖村平野3222 Ⓟ80台

毎年、白鳥が飛来し冬を越す「白鳥の湖」

雄大な富士山の眺めだけでも必見だが、頂上に日が沈むダイヤモンド富士や湖面に映る逆さ富士も絶景

④ 想像を超える雄大な富士山
山中湖パノラマ台
やまなかこパノラマだい

眼下に青く輝く山中湖、その先にそびえる富士山が一望できる絶景スポット。天候が良ければ南アルプスまで見渡せるビューポイントだ。一帯が赤く染まる夕暮れどきは、幻想的なひとときを体験できる。

所山梨県山中湖村平野 Ⓟ10台

秋にはススキ野原が夕日に赤く輝きさらに神秘的

5 誓いのモニュメントも設置

誓いの丘公園

ちかいのおかこうえん

足柄峠近くの高台で「富士山展望日本一」を誇る地にある展望公園。ここに立つと富士山に向かって誓いたくなるという雰囲気からこの名がついた。富士山の形状に合わせたあずま屋は隈研吾氏の事務所の設計によるもの。

所 静岡県湖山町竹之下3660-59 P 20台

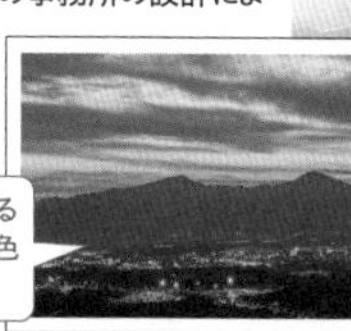

夕暮れどき、目前に迫る富士山と空が金色や緋色に染まる幻想的な瞬間

富士河口湖町
西桂町
三つ峠駅
霜山
河口湖
新倉河口湖トンネル
寿駅
富士急行線
中央自動車道
桂川
富士吉田西桂スマート
河口湖駅
河口湖IC
START
富士吉田
下吉田駅
富士山駅
富士急ハイランド駅
船津口登山道
富士吉田市
高い透明度を誇る富士の湧水を使った淡水魚専門の水族館
山梨県立富士湧水の里 水族館 森の中の水族館
1 忍野八海
小倉山
都留市
忍野村
石割山
道志村
菰釣山
吉田口登山道
旧鎌倉往還
東富士五湖道路
2 山中湖花の都公園
道の駅 富士吉田
3 山中湖親水公園
神奈川県
山北町
富士山を間近に望む道の駅。夏～秋には名産のブドウや桃を販売
山中湖
山中諏訪神社
平野の浜
山中湖村
4 山中湖パノラマ台
富士スバルライン
丸山
豊玉姫命を祭神とし、9月4～6日に行われる安産祭りで名高い神社
山中湖のカバ
籠坂トンネル
不老山
富士山を一望できるスポットで、風がない日は逆さ富士が見られる
富士山
小富士
白山岳
剣ケ峯
山中湖をクルージングしながら、湖上からのパノラマが楽しめる水陸両用バス
須走口登山道
須走
小山町
駿河小山駅
鮎沢PA
富士宮口登山道
宝永山
御殿場口登山道
ふじおやま
東名高速道路
富士市
約290の有名ブランドが揃い、国内有数の規模を誇るアウトレット
足柄駅
誓いの丘公園 5
新御殿場
足柄峠
赤塚
静岡県
御殿場市
足柄スマート
足柄SA
御殿場プレミアム・アウトレット
御殿場駅
南足柄市
東臼塚
御殿場IC
鐘子山
南富士エバーグリーンライン
御殿場線
新東名高速道路
南御殿場駅
GOAL
金時山
箱根町
COURSE 72 走行距離 約59km
0 2 4km
N

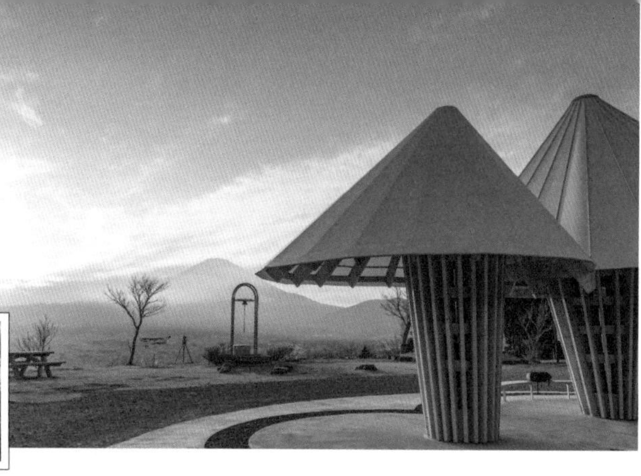

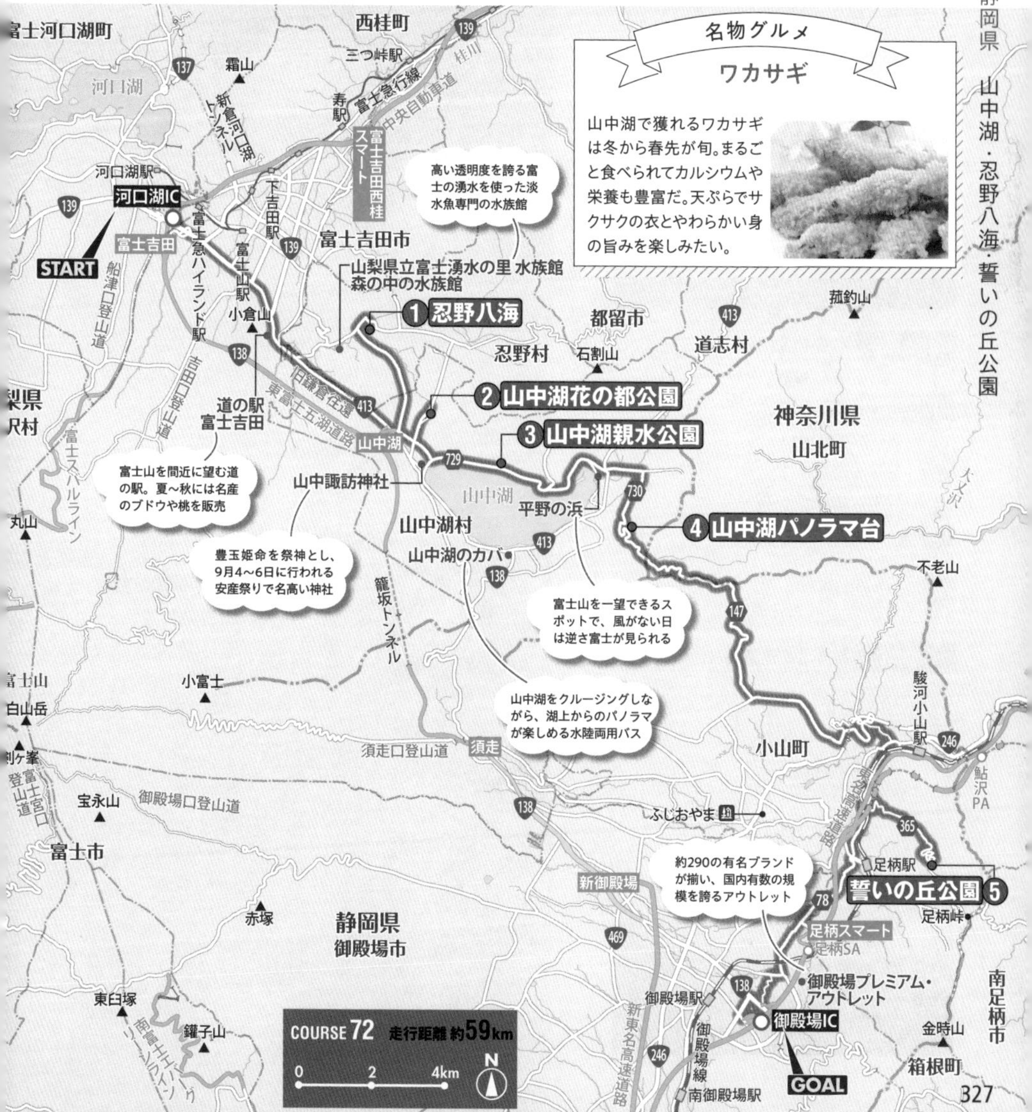

名物グルメ

ワカサギ

山中湖で獲れるワカサギは冬から春先が旬。まるごと食べられてカルシウムや栄養も豊富だ。天ぷらでサクサクの衣とやわらかい身の旨みを楽しみたい。

COURSE 73

日本の心、富士山頂を中心に
山麓の話題の絶景を巡る

山梨県・静岡県

中ノ倉峠・白糸の滝・大淵笹場

なかのくらとうげ・しらいとのたき・おおぶちささば

富士山頂を中心にして山麓の絶景スポットをドライブ。まずは「子抱き富士」といわれ、富士五湖一美しい景観といわれる精進湖畔の他手合浜へ。次に本栖湖に映る逆さ富士の景観が素晴らしく、お札の絵柄にもなった中ノ倉峠を訪ねる。湾曲した岩壁に数百条の富士山の湧水が白糸のように流れ落ちる白糸の滝で癒やされ、ゴールは、富士山と茶畑のコントラスト絶景が素晴らしい大淵笹場。

DRIVE COURSE 走行距離 約113km

START 中央自動車道・河口湖IC
18km／国道139号
1 他手合浜
9km／国道139・300号
2 中ノ倉峠
23km／国道300・139号
3 白糸の滝
19km／県道72号
4 大淵笹場
44km／県道180・152号
GOAL 新東名高速道路・新御殿場IC

INFORMATION

身延町観光課 ☎0556-62-1116
富士河口湖町観光課 ☎0555-72-3168
富士山観光交流ビューロー ☎0545-64-3776

中ノ倉峠は富士山の裾野からの日の出絶景の名所としても人気

コース内の絶景ロード

沿道には地元グルメも

富士パノラマライン

ふじパノラマライン

山梨県山中湖村から静岡県富士宮市を通る国道138・139号は「富士パノラマライン」と呼ばれ、富士山を望みながらドライブできる。特に朝霧高原あたりから見える富士山の美しさは圧巻。

1 大室山を抱く親子富士

他手合浜

たてごうはま

精進湖北岸にある他手合浜から見た富士山は手前の大室山を抱いているように見え「子抱き富士」といわれる。富士五湖のなかで一番小さく閑静な精進湖には神秘的な雰囲気が漂う。

所山梨県富士河口湖町精進483

P50台

➲有名な海外旅行家が「東洋のスイス」と称した景観

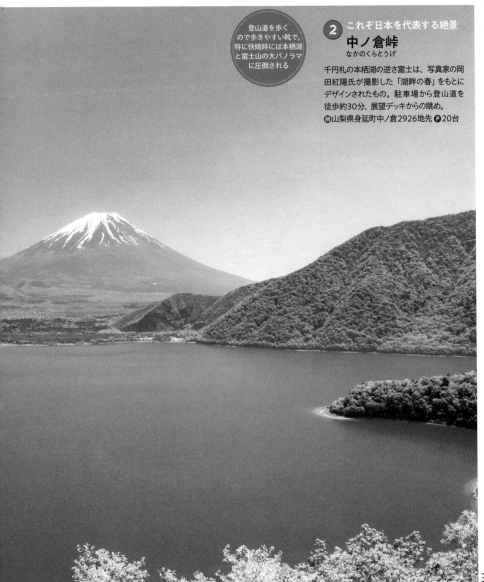

登山道を歩くので歩きやすい靴で。特に快晴時には本栖湖と富士山の大パノラマに圧倒される

2 これぞ日本を代表する絶景

中ノ倉峠

なかのくらとうげ

千円札の本栖湖の逆さ富士は、写真家の岡田紅陽氏が撮影した「湖畔の春」をもとにデザインされたもの。駐車場から登山道を徒歩約30分、展望デッキからの眺め。

所山梨県身延町中ノ倉2926地先 P20台

3 湧水が白糸のように流れ落ちる

白糸の滝

しらいとのたき

湾曲した絶壁から白い絹糸のような数百の滝が流れ落ちる、高さ約20m、幅約150mの名瀑。女性的な美しさ、滝による冷気、清流が醸し出す音に心身が癒やされる。

所静岡県富士宮市上井出273-1 P105台

↑富士山の雪解け水が新富士火山層と古富士火山層の境の絶壁から噴き出している

道の駅をPICK UP!!

人気の絶景道の駅

●河口湖ICから25km

朝霧高原

あさぎりこうげん

朝霧高原にあり富士山の絶景が見られる。レストランやみやげ物売店、季節限定アイスなどを販売するアイスクリーム工房ほか、新鮮野菜を販売する売店もある。

☎0544-52-2230 所静岡県富士宮市根原492-14 営8:00～17:00 休無休 P150台

↑牛舎をイメージした牧歌的な建物

4 富士山と茶畑がつくり出す美観

大淵笹場

おおぶちささば

視界いっぱいに広がる富士山と山頂に向かって連なる段々茶畑が織りなす景観に息をのむ。年間5000人を超える写真愛好家が訪れるこの貴重な景観は、4軒の茶農家によって保全されてきた。

所静岡県富士市大淵1445 P27台

毎年5月3日開催の「おおぶちお茶まつり」。茶娘の茶摘み風景が見られる

稀有な電線の入らない茶園越しの富士山撮影ポイントとして多くのメディアやカメラマンも訪れる

COURSE 73 走行距離 約113km
0 2.5 5km N
名物グルメ
鶏もつ煮
とりもつに
甲府発祥ソウルフードで山梨県ご当地グルメとして話題。鳥のレバー、砂肝、ハツ、キンカン、ヒモなどを甘い醤油のタレで煮詰めたもので、香ばしく甘じょっぱい味付けで酒にもご飯にも合うと評判。
甲信越
山梨県・静岡県 中ノ倉峠・白糸の滝・大淵笹場
START
河口湖IC
富士吉田
GOAL
新御殿場IC
手合浜 1
中ノ倉峠
糸の滝 3
4 大淵笹場
富士パノラマライン
富士山スカイライン
富士山五合目まで延びる全長30kmの有料道路
4月中旬～5月下旬頃、約50万株の芝桜が園内を鮮やかに彩る
眼下には富士五湖を望む、山梨県側の富士山へのゲートウェイ
花と鳥がテーマの遊べるテーマパーク。バードショーも開催する
遊園地やキャンプ場、レストランなど、多彩な設備が揃う
奇石・宝石・化石・鉱石と、世界中から集めた珍しい石を展示する
天空シアターでは、立体と大型のスクリーンで富士山の知識が深められる
本栖湖リゾート
朝霧高原
富士花鳥園
朝霧高原 もちや
奇石博物館
富士スバルライン 五合目
富士山
富士山樹空の森
笛吹市
富士河口湖町
鳴沢村
富士吉田市
忍野村
山梨県
山中湖村
小山町
御殿場市
静岡県
富士宮市
富士市
コース内の絶景ロード
無料で富士山五合目へ
富士山スカイライン
ふじさんスカイライン
富士山スカイラインは富士山の南麓側を東西に結ぶ通行料金無料の山岳道路。富士スバルラインは有料道路だが、富士山スカイラインを使えば無料で五合目(富士宮口五合目)まで行ける。

COURSE 74

季節によって表情を変える
木と水と田園が織りなす景色

新潟県

清津峡渓谷トンネル・美人林・池ケ原はさ木

きよつきょうけいこくトンネル・びじんばやし・いけがはらはさぎ

新潟県の豪雪エリアは山と海、のどかな田園風景が生み出す絶景の宝庫。床に渓谷の水が張られ、壁面が鏡になったトンネルに渓谷美が映る清津峡渓谷トンネル。樹齢100年ほどのブナのすらりとした立ち姿が美しい美人林、四季折々、朝昼晩とさまざまな表情を見せてくれる越後松代棚田群 星峠の棚田と田園にポツンとたたずむ池ケ原はさ木。季節によって表情を変える美しい風景も見逃せない。

Ma Yansong / MAD Architects,
"Tunnel of Light"
(Echigo-Tsumari Art Field)

DRIVE COURSE 走行距離 約94km

START 関越自動車道・塩沢石打IC
12km/国道353号
1 清津峡渓谷トンネル
24km/国道353号
2 美人林
13km/国道353・403号
3 越後松代棚田群 星峠の棚田
40km/国道403・253号、県道49号
4 池ケ原はさ木
5km/県道517号
GOAL 関越自動車道・越後川口IC

INFORMATION

十日町市観光協会 ☎025-757-3345
小千谷観光協会 ☎0258-83-3512

朝焼けが光る越後松代棚田群
星峠の棚田の夜明けの風景

2 凛とした姿が美しい木立 美人林

びじんばやし

松之山、松口集落の北丘陵一面に広がる樹齢約100年のブナ林。幹がまっすぐ伸びた美しい立ち姿から美人林といわれ、紅葉の時期はさらに輝きを増す。

所 新潟県十日町市松之山松口1712-2付近 P 30台

11月初旬から中旬にかけて
見頃を迎える美人林の紅葉

清津峡のフォトスポット。トンネル内部がミラー状になった最奥にあるパノラマステーション

1 アートと自然の渓谷美
清津峡渓谷トンネル

きよつきょうけいこくトンネル

日本三大峡谷に数えられる渓谷にある全長750mの歩行者専用トンネル。途中には見晴し所が3カ所あり、最奥のパノラマステーションでは水盤に峡谷の景色が映り込むフォトジェニックな光景が広がる。

☎025-763-4800 所新潟県十日町市小出 開8:30～17:00 休無休(繁忙期は事前予約制の場合あり、冬期は降雪状況による休業あり) 料見学1000円 P155台

マイナスイオンたっぷり。森林浴が楽しめる空間は、たくさんの野鳥が生息地としている

③ 魚の鱗のように広がる棚田

越後松代棚田群 星峠の棚田

えちごまつだいたなだぐん ほしとうげのたなだ

山の斜面に大小約200枚もの水田が広がり「つなぐ棚田遺産」に認定される星峠の棚田。雲海が発生し、水鏡が輝くシーズンには、その美しい姿を眺めようと多くの観光客やカメラマンが訪れる。

所新潟県十日町市峠 P10台

美しい里山と棚田の風景。秋は稲が穂をつけ一面黄金色に染まる

季節や時間帯によってさまざまな絶景が見られる

④ 豪雪の田園地帯に力強くたたずむ

池ケ原はさ木

いけがはらはさぎ

「はさ木」とは刈った稲を干すための木。小千谷市池ケ原の田園地帯の中央に、十数本のはさ木が立つ。その堂々たる立ち姿は美しく、テレビコマーシャルでも使用された。

所新潟県小千谷市池ケ原 Pなし

道の駅を PICK UP!!

駅併設町の玄関口

●越後川口ICから32km

まつだいふるさと会館

まつだいふるさとかいかん

ほくほく線のまつだい駅が併設されている道の駅。いろりコーナー、食事処、ショッピングセンターをはじめ、資料展示コーナーや多目的ホールも完備。

☎025-597-3442 所新潟県十日町市松代3816 営8:30〜17:00 休無休 P116台

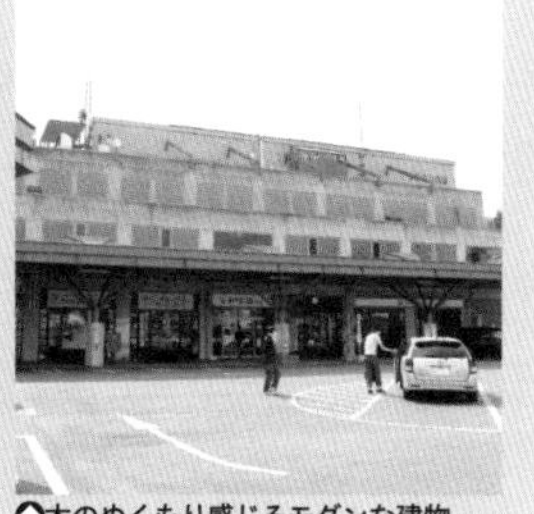

↑木のぬくもり感じるモダンな建物

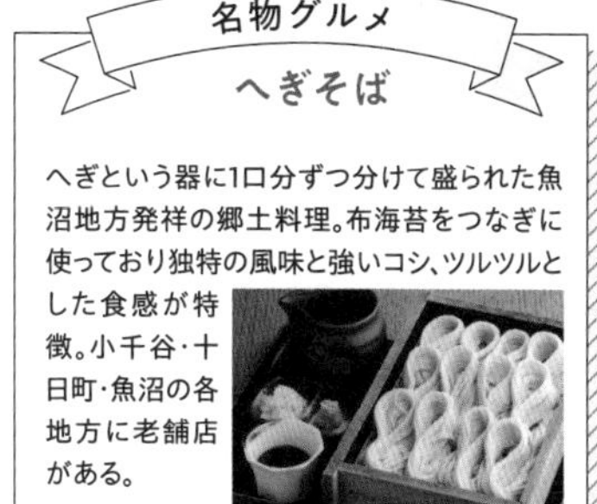

名物グルメ

へぎそば

へぎという器に1口分ずつ分けて盛られた魚沼地方発祥の郷土料理。布海苔をつなぎに使っており独特の風味と強いコシ、ツルツルとした食感が特徴。小千谷・十日町・魚沼の各地方に老舗店がある。

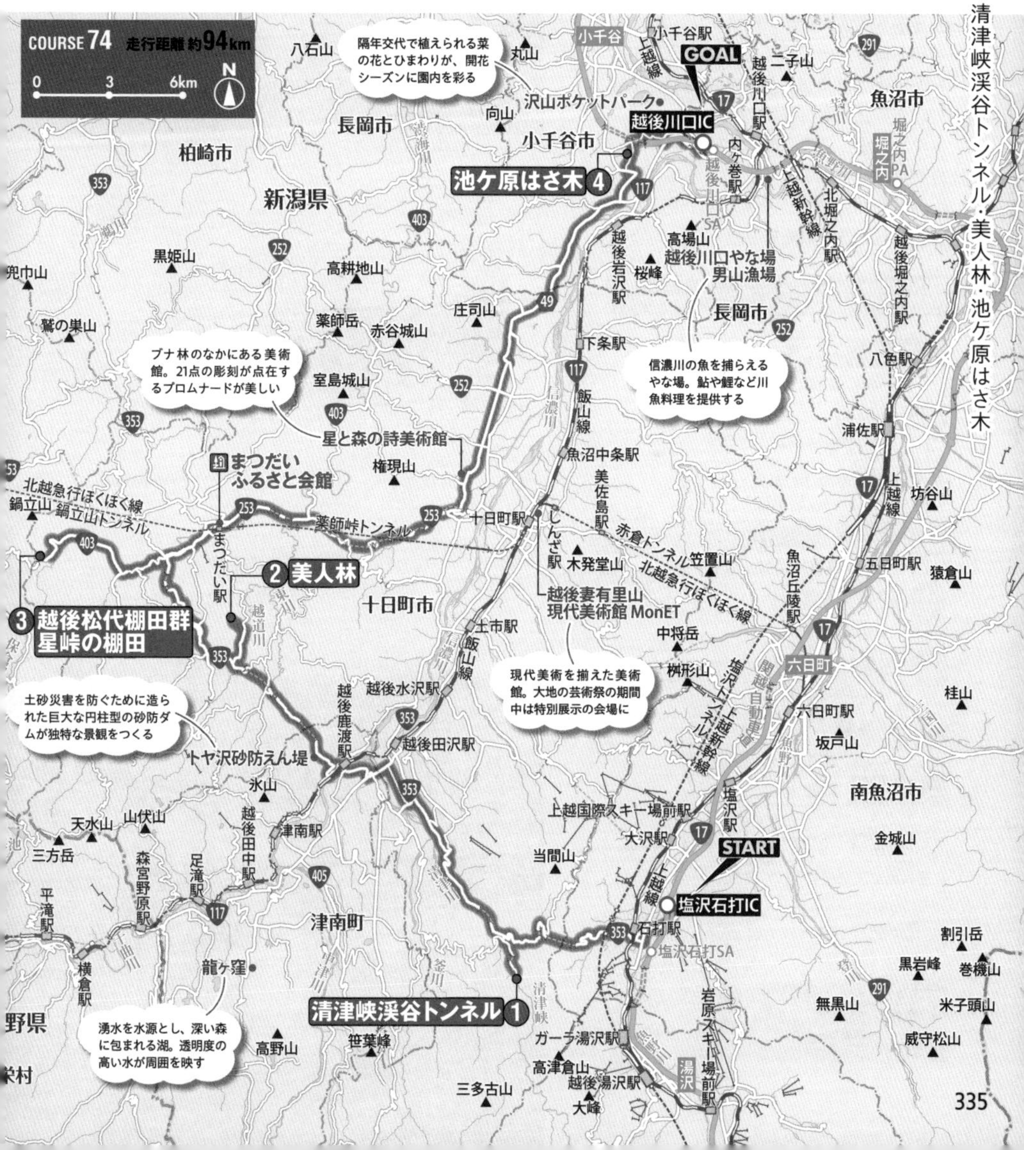

COURSE 74 走行距離 約94km
0 3 6km
N
GOAL
越後川口IC
START
塩沢石打IC
① 清津峡渓谷トンネル
② 美人林
③ 越後松代棚田群 星峠の棚田
④ 池ケ原はさ木
まつだいふるさと会館
隔年交代で植えられる菜の花とひまわりが、開花シーズンに園内を彩る
沢山ポケットパーク
ブナ林のなかにある美術館。21点の彫刻が点在するプロムナードが美しい
星と森の詩美術館
信濃川の魚を捕らえるやな場。鮎や鯉など川魚料理を提供する
越後川口やな場 男山漁場
現代美術を揃えた美術館。大地の芸術祭の期間中は特別展示の会場に
越後妻有里山現代美術館 MonET
土砂災害を防ぐために造られた巨大な円柱型の砂防ダムが独特な景観をつくる
トヤ沢砂防えん堤
湧水を水源とし、深い森に包まれる湖。透明度の高い水が周囲を映す
龍ケ窪
長岡市
小千谷市
柏崎市
新潟県
魚沼市
十日町市
南魚沼市
津南町
北越急行ほくほく線
上越線
飯山線
上越新幹線
関越自動車道
薬師峠トンネル
鍋立山トンネル
赤倉トンネル
塩沢トンネル
越後川口SA
堀之内PA
塩沢石打SA
小千谷駅
越後川口駅
十日町駅
まつだい駅
六日町駅
石打駅
越後湯沢駅
八石山
丸山
向山
二子山
黒姫山
高柄地山
薬師岳
赤谷城山
室島城山
庄司山
権現山
高場山
桜峰
坊谷山
猿倉山
中将岳
桝形山
桂山
坂戸山
金城山
当間山
氷山
天水山
山伏山
三方岳
高野山
笹葉峰
三多古山
高津倉山
大峰
割引岳
黒岩峰
巻機山
無黒山
米子頭山
威守松山

COURSE 75

全島がジオパークの佐渡島で
自然の驚異と歴史にふれる

新潟県

佐渡島・宿根木・万畳敷

さどがしま・しゅくねぎ・まんじょうじき

日本海側最大の離島で、自然が生んだ絶景と人の歴史が生んだ絶景を巡る。ミシュラングリーンガイドジャポンで2ツ星獲得の巨岩、大野亀を皮切りに、尖閣湾揚島遊園では奇岩の絶景を楽しむ。次いで北沢浮遊選鉱場跡のアニメのような異世界を体験し、島の南端に位置する矢島・経島では浮世絵のような景色を満喫。宿根木集落で港町の歴史にふれたあとは万畳敷で自然の幻想美を堪能したい。

DRIVE COURSE 走行距離 約176km

START 両津港
36km/県道45号
1 大野亀
39km/県道45号
2 尖閣湾揚島遊園
8km/県道45・31号
3 北沢浮遊選鉱場跡
41km/県道31・45号、国道350号
4 矢島・経島
2km/県道45号
5 宿根木集落
6km/県道45号
6 万畳敷
44km/国道350号、県道65号
GOAL 両津港

INFORMATION

佐渡観光交流機構 ☎0259-27-5000

両津港は明治時代以降から栄えた港町で、今も飲食店が多く集まる

1 海に突き出た亀の形の巨岩 大野亀

おおのがめ

圧巻の景色を描く一枚岩は標高167m。ミシュランの旅行ガイドで「寄り道の価値あり」と評価された絶景だ。周辺はトビシマカンゾウの群生地で、初夏の開花時には一帯が黄色に染まる。

所新潟県佐渡市願 P20台

↑例年6月の第2日曜は「佐渡カンゾウ祭り」が開催。花と岩の共演に多くの人が訪れる

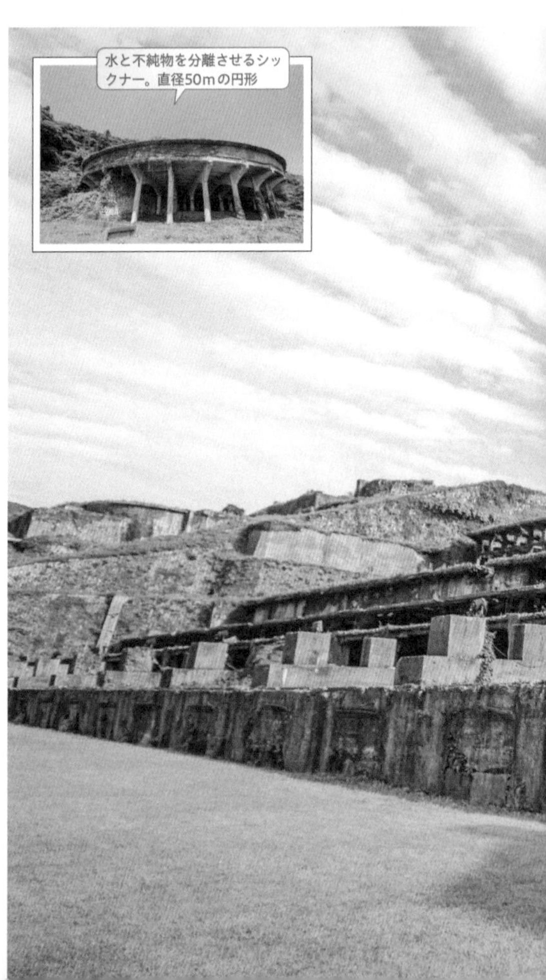

水と不純物を分離させるシックナー。直径50mの円形

2 佐渡屈指の景勝地

尖閣湾揚島遊園

せんかくわんあげしまゆうえん

5つの小湾内に30m級の尖塔状の断崖や奇岩が連なっている。一帯は海中公園となっていて、揚島遊園の展望台から全景が一望できるほか、「海中透視船」(有料)で湾内巡りと海中の様子が楽しめる。

☎0259-75-2311(尖閣湾揚島観光) 所新潟県佐渡市北狄1561 開8:30～17:30(季節により異なる) 休無休 料入園500円、海中透視船15分1400円 P150台

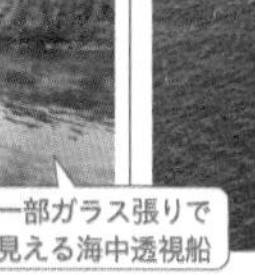

船底が一部ガラス張りで海中が見える海中透視船

↑「全国渚百選」にも指定されている絶景。「あげしま海のでじたる館」や軽食堂もある

3 近代化の遺産、東洋一の選鉱場

北沢浮遊選鉱場跡

きたざわふゆうせんこうばあと

採掘された鉱石から金銀を採取する浮遊選鉱法を日本で最初に実用化させた施設で、東洋一と謳われた。発電所などの施設群(国の史跡)が今も残る。ツタに覆われた廃墟はアニメなどに登場する風景を思わせ、異世界観に圧倒される。

☎0259-74-2389(ゴールデン佐渡) 所新潟県佐渡市相川北沢町3 開休料散策自由 P10台

ライトアップが開催される期間もあり、より幻想的な光景が楽しめる。施設内にはカフェも

両島を結ぶ赤い太鼓橋が浮世絵のような風景を描く

たらい舟はサザエなどを獲るため作られた。観光用のたらい舟で景色を楽しみたい

④ 伝説を偲んで島を巡る

矢島・経島

やじま・きょうじま

源頼政が使った矢の産地、矢島と、日蓮の高弟子が読経したという経島。穏やかな入り江に浮かぶ2つの島を赤い太鼓橋がつなぐ。絵のような景色のなかを、たらい舟で渡る体験が楽しめる。

所新潟県佐渡市小木 P10台 ※たらい舟体験は11〜3月休業

⑤ 北前船の時代の息吹を体感

宿根木集落

しゅくねぎしゅうらく

江戸時代、北前船の寄港地として発展した集落の町並みが今も残る。国の重要伝統的建造物群保存地区で、船大工の技術が結集した家が並ぶ。当時の人々の暮らしと歴史を感じながら散策してみたい。

所新潟県佐渡市宿根木 料集落見学は町並保全協力費100円(内部見学は清九郎家400円、金子家300円、三角家300円) P公共駐車場利用

↑狭い路地の形状に合わせた三角家で宿根木を象徴する家屋。内部も一部が三角で船大工の工夫の跡が見られる

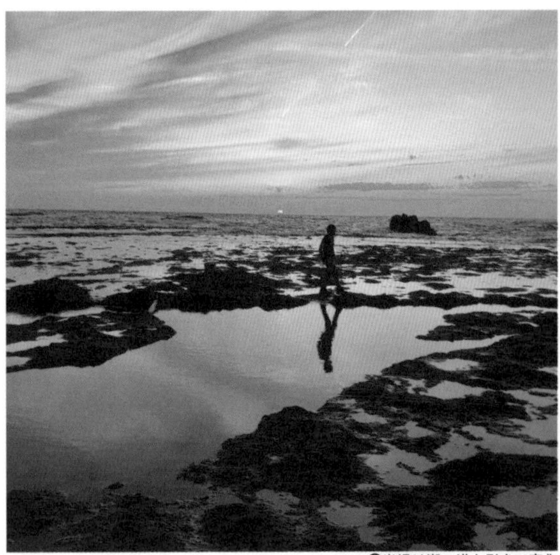

↑岩場は潮の満ち引きで変化し、日本のウユニ塩湖とも呼ばれる県内屈指の絶景スポット

⑥ 空を映す幻想的な水鏡の世界

万畳敷

まんじょうじき

地震で海底が盛り上がりできた平地(隆起波食台)が広がる。岩のり採集にも適した場所で、沢崎集落では板のり関連の産業が発展した。風が穏やかな日は平地に薄く水が張った状態になり、非日常的な水鏡の世界が楽しめる。

所新潟県佐渡市沢崎 Pなし

寄り道スポット

●両津港から44km

太鼓体験
たいこたいけん

佐渡を拠点に国内外で活躍する太鼓芸能集団「鼓童」による体験プログラム。太鼓の楽しさを実感できるゲームなどを行う。

☎0259-58-7285(佐渡観光交流機構) 所新潟県佐渡市小木金田新田150-3(集合場所:たたこう館) 開9:00～、11:00～、13:30～、15:30～の1日4回、所要1時間10分、3日前までに要予約 休月曜ほか不定休 料2700円 P25台

道の駅をPICK UP!!

船でアクセスの駅

●両津港から0.4km

あいぽーと佐渡
あいぽーとさど

船でしか行けない道の駅は東日本で唯一。佐渡島の表玄関、両津港から徒歩5分にある観光交流と情報発信の拠点施設。建物の海側がガラス張りで港が一望でき、出入りする船が眺められる。

☎0259-67-7633 所新潟県佐渡市両津夷384-11 営8:30～17:30 休無休 P15台

↑屋上広場から日本海の眺めが楽しめる

COURSE 75 走行距離 約176km

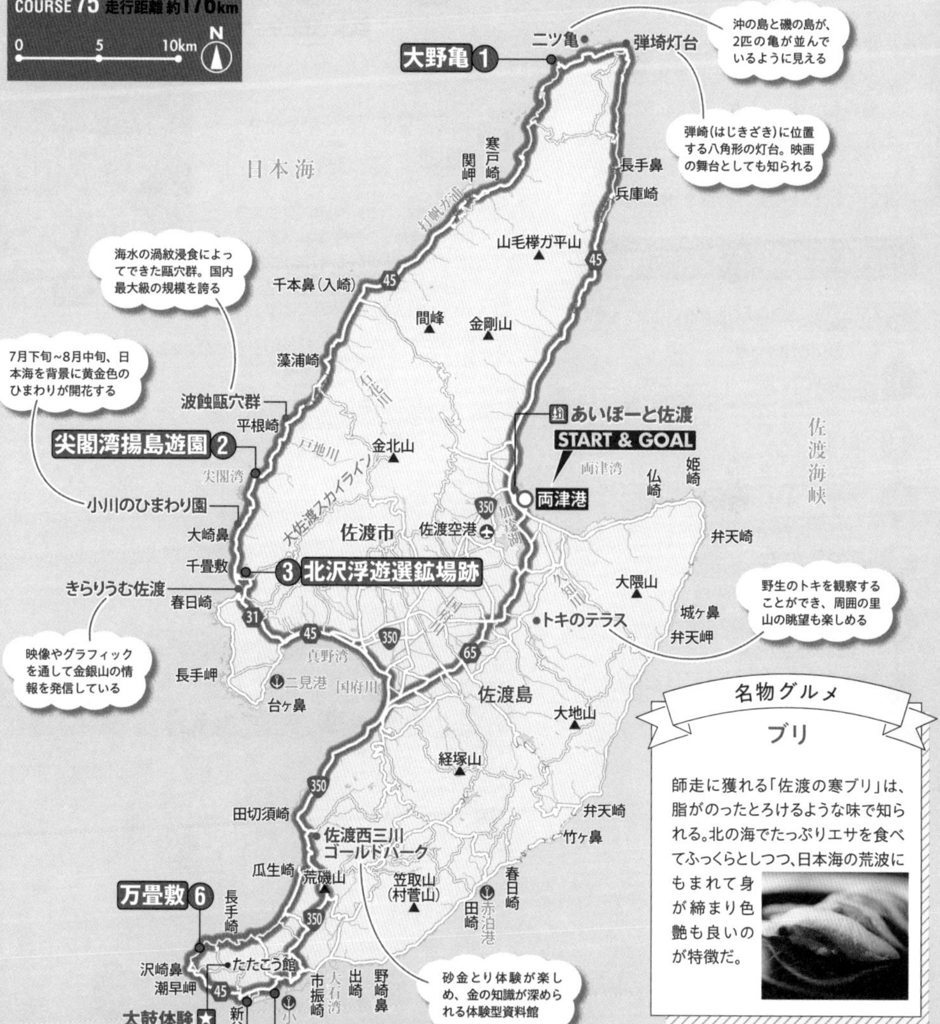

0 5 10km N

大野亀 1
二ツ亀
弾埼灯台
沖の島と磯の島が、2匹の亀が並んでいるように見える
弾崎(はじきざき)に位置する八角形の灯台。映画の舞台としても知られる
日本海
寒戸崎
関岬
長手鼻
兵庫崎
打越ガ浦
山毛欅ガ平山
海水の渦紋浸食によってできた甌穴群。国内最大級の規模を誇る
千本鼻(入崎)
間峰
金剛山
7月下旬～8月中旬、日本海を背景に黄金色のひまわりが開花する
藻浦崎
波蝕甌穴群
平根崎
尖閣湾揚島遊園 2
尖閣湾
あいぽーと佐渡
START & GOAL
金北山
戸地川
大佐渡スカイライン
石名川
両津湾
佐渡海峡
姫崎
仏崎
両津港
小川のひまわり園
大崎鼻
佐渡市
佐渡空港
加茂湖
弁天崎
千畳敷
3 北沢浮遊選鉱場跡
きらりうむ佐渡
春日崎
大隈山
久知川
国府川
野生のトキを観察することができ、周囲の里山の眺望も楽しめる
トキのテラス
城ヶ鼻
弁天岬
真野湾
映像やグラフィックを通して金銀山の情報を発信している
長手岬
二見港
国府川
台ヶ鼻
佐渡島
大地山
経塚山
田切須崎
弁天崎
竹ヶ鼻
佐渡西三川ゴールドパーク
瓜生崎
荒磯山
笠取山(村菅山)
春日崎
万畳敷 6
長手崎
田崎
赤泊港
沢崎鼻
たたこう館
潮早岬
出崎
野崎鼻
市振崎
大石湾
砂金とり体験が楽しめ、金の知識が深められる体験型資料館
太鼓体験
新谷岬
小木港
宿根木集落 5
4 矢島・経島

名物グルメ

ブリ

師走に獲れる「佐渡の寒ブリ」は、脂がのったとろけるような味で知られる。北の海でたっぷりエサを食べてふっくらとしつつ、日本海の荒波にもまれて身が締まり色艶も良いのが特徴だ。

COURSE 76

自然と人の暮らしが育んだ日本海と新潟独特の景観美

新潟県

笹川流れ・瓢湖・夏井のはざ木

ささがわながれ・ひょうこ・なついのはざき

隠れた絶景が点在する新潟の日本海沿いを走行。澄み切った碧い海が美しく、日本屈指の透明度を誇る笹川流れで奇岩や岩礁が織りなす絶景を見たあとは、白鳥の渡来地として全国的に有名な瓢湖へ。農道の両側に約1000本のはさ木が立ち並ぶ満願寺はざ木並木や、遠く佐渡島まで望める角田岬灯台を通り、ラストは、美しい「日本の村景観百選(農村景観百選)」に選定されている夏井のはざ木に向かう。

DRIVE COURSE 走行距離 約167km

START 日本海東北自動車道・村上瀬波温泉IC

23km／国道345号

1 笹川流れ

75km／国道345・113号

2 瓢湖

11km／国道460号

3 満願寺はさ木並木

32km／県道46号

4 角田岬灯台

14km／国道402・460号

5 夏井のはざ木

12km／国道289号

GOAL 北陸自動車道・三条燕IC

INFORMATION

村上市山北支所 ☎0254-77-3115
新潟市秋葉区地域総務課 ☎0250-25-5671
新潟市西蒲区産業観光課 ☎0256-72-8454

餌付けの「こーい、こーい」の声に白鳥が集まる

1 これぞ日本海!!的絶景に会う
笹川流れ
ささがわながれ

日本海の荒波の浸食によりできた奇岩・岩礁・洞窟などがつくり出した豪壮な景観。遊覧船からの眺めもおすすめで、眼鏡岩、恐竜岩などの奇岩による雄大な造形美を眼前で楽しめる。約40分間の船旅でカモメの餌付けも体験できる。

所新潟県村上市寒川～浜新保 Ⓟあり(海水浴場開設時は協力金の支払いあり)

約11km続く海岸で国指定の名勝および天然記念物に指定。海岸の中心、眼鏡岩海岸には展望台もある

ロマンティックな夕景に出会いたい

2 湖面に響く「こーい」の声
瓢湖
ひょうこ

昭和29年(1954)、日本で初めて野生の白鳥の餌付けに成功し、のちに国の天然記念物に指定。11月下旬のピーク時には5000羽を超える白鳥が見られることも。シーズン中毎日9・11・15時に「白鳥おじさん」による餌付けが行われる。

☎0250-62-2690(瓢湖管理事務局) 所新潟県阿賀野市水原 Ⓟ300台

↓白鳥はロシアのシベリアから飛来し、毎年10月上旬に第1陣が訪れ、3月下旬ごろまでここで羽を休める

夏になれば湖面一面に蓮の花が咲く

道の駅を PICK UP!!

物産館やレストランなど施設充実

●村上瀬波温泉ICから21km

笹川流れ
ささがわながれ

夕日の名所で日本海に面しており、施設から浜辺に下りることができる専用の橋「サンセットブリッジ」とJR桑川駅が併設されている。

☎0254-79-2017 所新潟県村上市桑川891-1 営9:00～18:00 休最終水曜(季節により異なる) P48台

↑1階にはカフェコーナーを併設

東西に延びる農道沿いに約1kmにわたってはさ木並木が一直線に続く風景は、新潟市有形民俗文化財に指定

❸ 新潟特有の美しい農村景観
満願寺はさ木並木
まんがんじはさぎなみき

はさ(稲架)木は、タモ木やハンノキを植えて稲の乾燥に利用した新潟県特有のもの。ここの並木は、昭和18年(1943)から20年(1945)にかけて水田約250を区画整理したときに関係農家が協力して各水田のはさ木を農道沿道へ移植した。

所新潟県新潟市秋葉区満願寺 Ⓟなし

❹ 断崖絶壁にぽつんとたたずむ
角田岬灯台
かくだみさきとうだい

角田浜にある角田山の尾根がせり出した崖の上にたたずむ灯台で、広大なオーシャンビューが人気。両脇が切り立った断崖絶壁になっているため迫力も満点。快晴時には沖合いの佐渡島を望むことができる。足元には「判官舟かくし」と呼ばれる洞穴がある。

所新潟県新潟市西蒲区角田浜 Ⓟ1300台

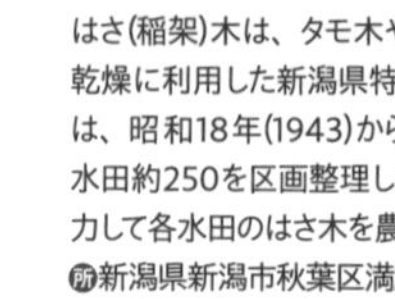

角田山山頂からの景色。山頂まで90分以上かかるので時間には余裕を

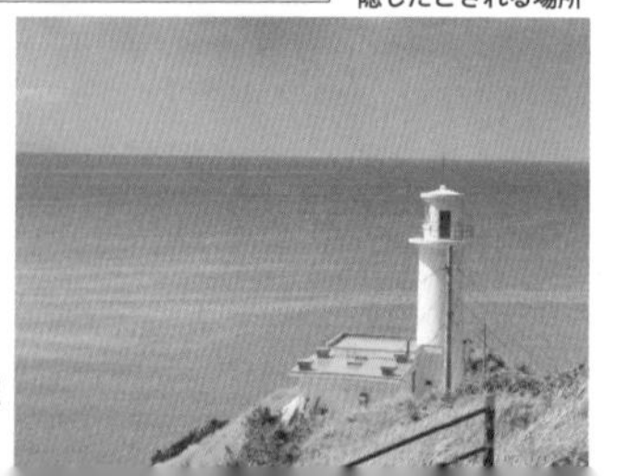

↓日本海と白い砂浜が広がる絶景。判官舟かくしは源頼朝に追われた義経が舟を隠したとされる場所

道の駅をPICK UP!!

この駅こそ「道の駅発祥の地」

●村上瀬波温泉ICから40km

豊栄
とよさか

国内初の一般道パーキングエリアで、軽食堂では新潟米のおいしいおにぎりをはじめ40品以上のメニューが揃う。入場無料のダチョウファームが隣接。

☎025-388-2700 所新潟県新潟市北区木崎切尾山3644-乙 営情報館9:00〜17:00、売店・食堂7:00〜19:00(12〜2月は〜17:00) 休無休 Ⓟ118台

↑特産品の販売コーナーもあり

❺ 故郷を愛する人々が保全
夏井のはざ木
なついのはざき

稲穂乾燥の機械化が進んだことでめっきり姿を消してしまったはざ木。夏井には約600本のはざ木が保存されており、「まるで金屏風のように美しい」といわれる米どころ越後平野ならではの懐かしい原風景を今に伝えている。

所新潟県新潟市西蒲区夏井 Ⓟ15台

↓地区住民と岩室温泉観光協会がはざ木を保存し、農作業体験イベントを毎年行っている

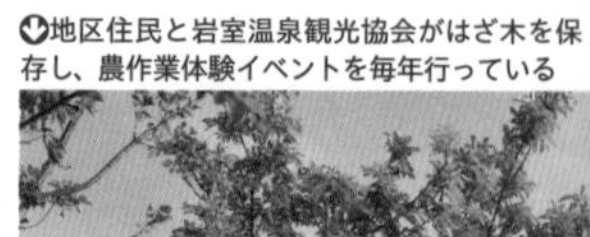

雪の中にはざ木が立ち並ぶ冬景色も独特の風情がある

COURSE 76 走行距離 約167km
0 5 10km N
名物グルメ
村上牛と村上鮭
むらかみぎゅうとむらかみじゃけ
村上市・関川村・胎内市で飼育された格付等級A-4・B-4以上のものを「村上牛」といい、品質や味には定評がある。「鮭のまち」として知られる村上市では鮭の調理法は100種類を超えるといわれる。
コース内の絶景ロード
断崖沿いをゆく約14kmの道のり
越後七浦シーサイドライン
えちごななうらシーサイドライン
国道402号のうち長岡市寺泊野積から新潟市西蒲区角田浜(角田岬)までの区間。佐渡島や日本海の夕日、立岩(写真)をはじめとした奇岩など、多彩な景観が満喫できる。
START
村上瀬波温泉IC
笹川流れ 1
笹川流れ
2 瓢湖
3 満願寺はさ木並木
田岬灯台 4
5 夏井のはざ木
GOAL
三条燕IC
「神が天の石船に乗って訪れた」との伝説をもつ磐舟郡総鎮守
石船神社
樹齢150年で幹回り1.6m以上の大藤がある大地主の旧大邸宅を公開
豪農の館 北方文化博物館
3～6月頃までイチゴ狩りができ、田んぼでは田植えや稲刈り体験を開催
そら野テラス
農産物の収穫体験や、牛の搾乳や羊・ヤギとのふれあい体験が人気
新潟市アグリパーク
しろね大凧だけではなく珍しい凧を集めた世界最大級の凧の資料館
しろね大凧と歴史の館
広大なガラス温室のほか屋外売場には季節の花約4万鉢が販売
道の駅 花夢里にいつ
弥彦山の標高は東京スカイツリーと同じ634mで、多くの登山客で賑わう
日本海
粟島
粟島漁港
粟島浦村
豊栄
新潟市
新発田市
胎内市
村上市
聖籠町
弥彦村
燕市
五泉市
加茂市
三条市
阿賀町
新潟県
甲信越
新潟県 笹川流れ・瓢湖・夏井のはざ木

COURSE 77

雲海の滝、海の駅、夕景
多彩な絶景を求めて疾走

新潟県

枝折峠・青海川駅

しおりとうげ・おうみがわえき

高山地帯を境に福島県と新潟県を結ぶ国道352号を走る山と海をつなぐコース。スタートは、雲海が滝のように山肌を流れ落ちる滝雲が見られる標高1065mの枝折峠。雪の塊がダム湖に浮かび、まるで流氷のような景色を見ることができる破間川ダムの雪流れの絶景を堪能したあとは、「日本一海から近い駅」といわれる青海川駅まで走り抜けて日本海に沈む夕日を眺めよう。

DRIVE COURSE 走行距離 約166km

START 関越自動車道・小出IC

25km／国道352号

1 枝折峠

53km／国道352号、県道70号、国道252号

2 破間川ダム

85km／国道252・17・291号、県道73号

3 青海川駅

3km／国道8号

GOAL 北陸自動車道・米山IC

INFORMATION

魚沼市観光協会 ☎025-792-7300
柏崎市産業振興部商業観光課
☎0257-21-2334

越後駒ヶ岳の稜線を枝折峠へ向かう登山道

1 自然がつくり出す雲海の滝 枝折峠

しおりとうげ

早朝は奥只見・銀山平で発生した霧が雲海となり山の稜線を越え、まるで滝のように流れ落ちる滝雲が見られる。道路脇から手軽に滝雲を眺められるのがうれしい。秋には紅葉が、晩秋からは2000m級の山々の雪化粧が見られることも。

所 新潟県魚沼市灰の又～銀山平 P 50台

滝雲の発生は春から秋の晴れた日の早朝。前日からの気温差が大きく適度な風があるのが好条件

新潟県　枝折峠・青海川駅

⬆雪流れは例年4月上旬～中旬頃見られるが、その年の気象状況によって前後することも。少雪の場合は発生しないこともある

② 豪雪地帯のダム独特の絶景
破間川ダム
あぶるまがわダム

冬季、雪が4m近くも積もる破間川ダム。春の雪解けが始まると、周辺の山々からの大量の雪解け水が一気に流入。ダムの雪が解けるよりも早く水位が上がるため、雪の塊が水面に浮かび上がり、まるで流氷のような絶景を繰り広げる。

所新潟県魚沼市大白川 P50台

夜間撮影すれば神秘的な光景が撮れる

道の駅をPICK UP!!

人気のサウナも完備

●米山ICから39km

ちぢみの里おぢや
ちぢみのさとおぢや

小千谷市にある日帰り温泉を併設した道の駅。とろりとした泉質の温泉と、名物の小千谷そばが楽しめる。売店では、魚沼産コシヒカリや地酒、そばなどを販売。

☎0258-81-1717 所新潟県小千谷市ひ生甲1670-1 営10:00～21:00(食堂は11:00～20:30、LO20:00) 休水曜 P120台

⬆天ざるそば1480円。地元の名店のそばを使用している

⬆市街地を一望できる展望露天風呂

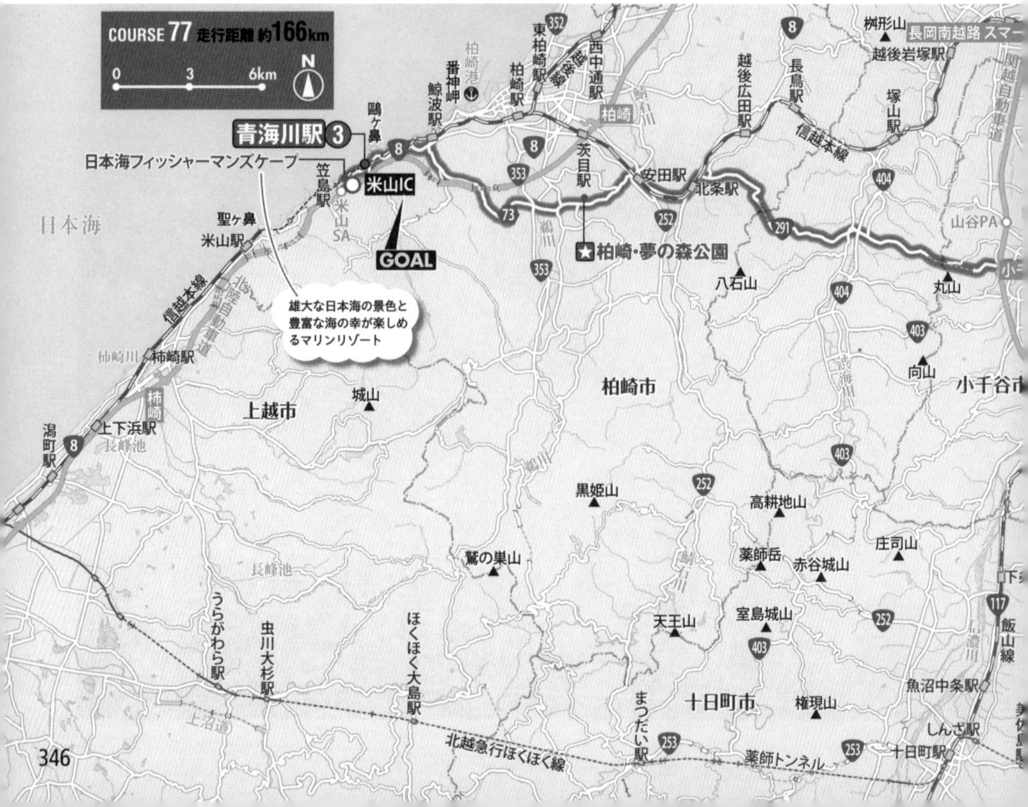

COURSE 77 走行距離 約166km

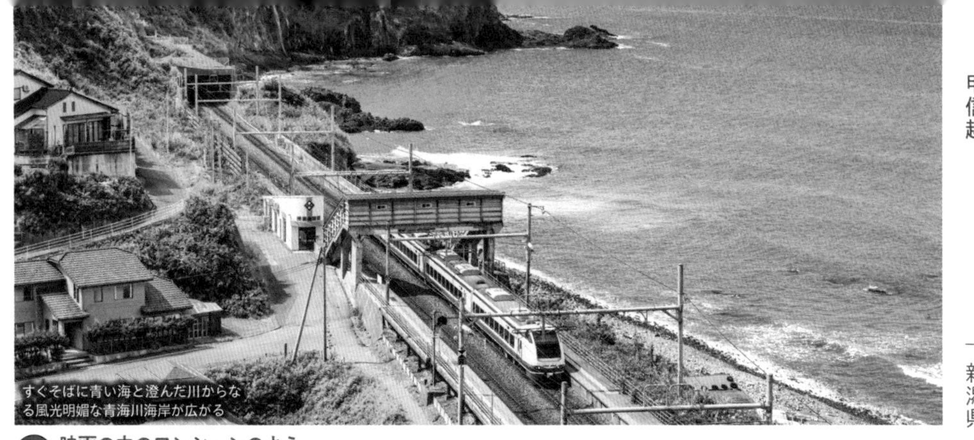

すぐそばに青い海と澄んだ川からなる風光明媚な青海川海岸が広がる

3 映画の中のワンシーンのよう

青海川駅

おうみがわえき

「徒歩0分の景勝地」で海に最も近い駅。ホームが海水浴場の狭い浜に接していて、日本海の白波がホームにも届きそう。ドラマや映画のロケ地として使われたこともあり、聖地巡礼する観光客の姿も。日本海に日が沈む夕景も素晴らしい。周囲の崖の上から駅や日本海を見下ろすこともできる。

所新潟県柏崎市青海川858 Pなし

寄り道スポット

●米山ICから13km

柏崎・夢の森公園

かしわざき・ゆめのもりこうえん

森や水辺、原っぱなどの豊かな里山環境を有する面積約30haの自然公園。ピクニックやソリ遊びなど一年を通して野遊びが楽しめる。

☎0257-23-5214 所新潟県柏崎市軽井川4544-1 開9:30～16:30 休火曜(祝日の場合は翌日) P120台

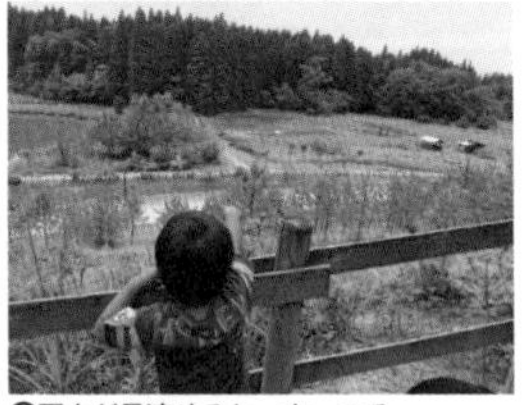

↑園内が見渡せるヤッホーの丘

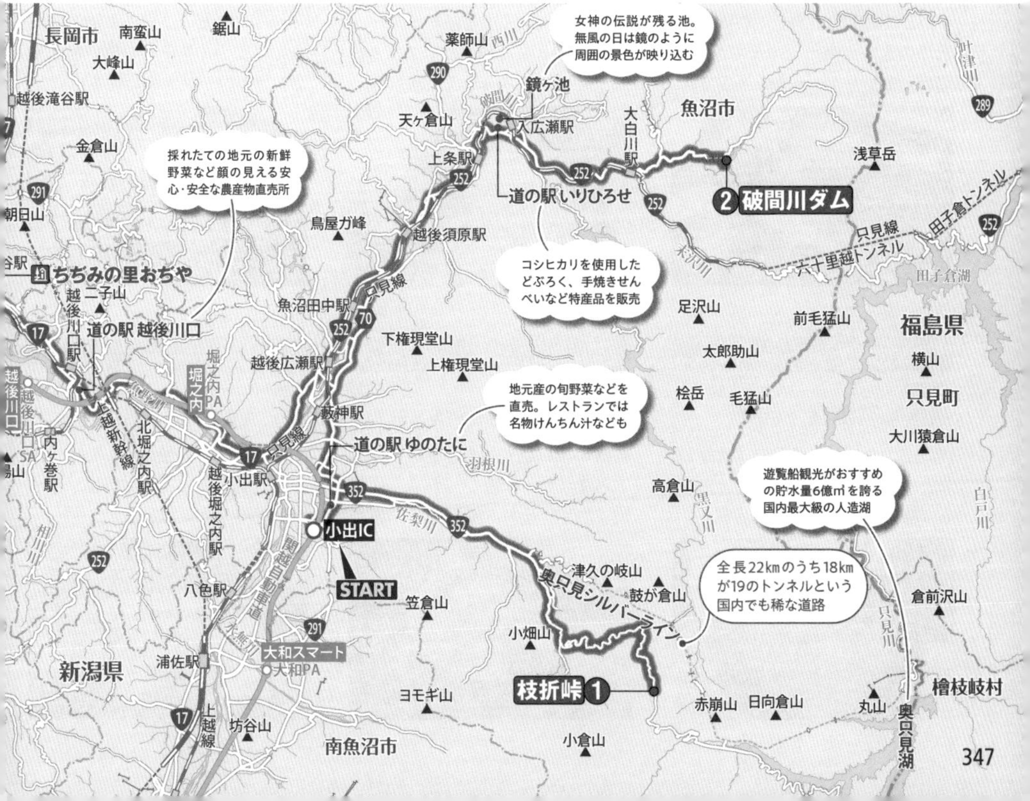

長岡市
南蛮山
鋸山
薬師山
西川
大峰山
女神の伝説が残る池。無風の日は鏡のように周囲の景色が映り込む
鏡ヶ池
越後滝谷駅
天ヶ倉山
入広瀬駅
魚沼市
大白川駅
金倉山
上条駅
浅草岳
採れたての地元の新鮮野菜など顔の見える安心・安全な農産物直売所
道の駅 いりひろせ
2 破間川ダム
朝日山
鳥屋ガ峰
越後須原駅
只見線
田子倉トンネル
六十里越トンネル
田子倉湖
ちぢみの里おぢや
二子山
コシヒカリを使用したどぶろく、手焼きせんべいなど特産品を販売
魚沼田中駅
足沢山
前毛猛山
福島県
道の駅 越後川口
下権現堂山
太郎助山
横山
越後広瀬駅
上権現堂山
堀之内PA
地元産の旬野菜などを直売。レストランでは名物けんちん汁なども
桧岳
毛猛山
只見町
藪神駅
上越新幹線
北堀之内駅
道の駅 ゆのたに
大川猿倉山
羽根川
小出駅
越後堀之内駅
遊覧船観光がおすすめの貯水量6億㎥を誇る国内最大級の人造湖
高倉山
黒又川
佐梨川
小出IC
START
関越自動車道
津久の岐山
全長22kmのうち18kmが19のトンネルという国内でも稀な道路
八色駅
鼓が倉山
奥只見シルバーライン
倉前沢山
笠倉山
小畑山
大和スマート
浦佐駅
大和PA
新潟県
枝折峠 1
ヨモギ山
赤崩山
日向倉山
丸山
檜枝岐村
坊谷山
小倉山
南魚沼市
奥只見湖
上越線

ご当地グルメや自慢の食材、郷土料理などが勢揃い。SA・PAで各地の食文化を堪能。

長野自動車道
梓川SA 下り
【レストランあづみ野】
信州サーモン丼 1750円
「信州サーモン」を贅沢に使ったご当地丼。凝縮した旨みと、きめ細かい肉の舌ざわりがまさに絶品。

長野自動車道
姨捨SA 下り
【レストラン】
信州長芋かき揚げ丼 1380円
信州産の長芋を使った豪快な丼。かき揚げに入ったサイコロ状の長芋のサクサク食感が絶妙だ。

中央自動車道
諏訪湖SA 下り
【湖彩】
さくら丼 1450円
同SAの名物メニュー。信州の食文化「馬刺し」をのせた丼。旨みを引き立てる秘伝の自家製ダレと。

中央自動車道
EXPASA談合坂 下り
【ごはんどころ　談合坂定食亭】
うな重 2500円
テレビでも紹介されたEXPASA談合坂の大人気商品。ウナギが二重にのってボリュームもたっぷり。

中央自動車道
釈迦堂PA 下り
【スナックコーナー】
シャカリキレッド 950円
汗が止まらなくなる激辛系ラーメン。旨みと辛みのバランスがとれた一杯で、1辛～3辛まで選べる。

中央自動車道
双葉SA 下り
【富士山テラス】
甲州ワインビーフステーキ重 1600円
甲州ワインビーフのモモ肉を使ったオリジナルステーキ重。自家製オニオンソースとの相性も抜群だ。

北陸自動車道
米山SA 下り
【福浦】
鯛飯鯛茶漬け 1500円
焼鯛を入れて炊き上げた「鯛めし」に、鯛の切身と薬味をのせて風味豊かな出汁をかけた柏崎名物。

関越自動車道
越後川口SA 下り
【たかべん】
あねさわっぱ飯 1600円
茶飯の上に鮭とイクラをのせた新潟名物「わっぱ飯」。同SAで長年愛されている大人気のメニュー。

磐越自動車道
阿賀野川SA 上り
【フードコート】
越乃黄金豚カツ丼（味噌汁付き）1000円
新潟県産「越乃黄金豚」を揚げたてで丼に。ジューシーでボリュームも満点の人気第1位メニュー。

索引

道の駅

STAFF

編集制作 Editors
(株)K&Bパブリッシャーズ

取材・執筆 Writers
高橋靖乃　嶋嵜圭子
好地理恵　篠原史紀(地球デザイン)
I&M(岩下宗利／西澤典子)　松島頼子
ノイ工房　成沢拓司　堀井美智子
メニィデイズ(間々田正行／熊本真理子)
グレアトーン

本文・表紙デザイン Cover & Editorial Design
(株)K&Bパブリッシャーズ

表紙写真 Cover Photo
栃木県・日光

地図制作 Maps
トラベラ・ドットネット(株)

写真協力 Photographs
関係諸施設
関係各市町村観光課・観光協会
PIXTA

総合プロデューサー Total Producer
河村季里

TAC出版担当 Producer
君塚太

TAC出版海外版権担当 Copyright Export
野崎博和

エグゼクティブ・プロデューサー
Executive Producer
猪野樹

旅コンテンツ完全セレクション
息をのむ 絶景ドライブ 東日本

2023年9月18日　初版　第1刷発行

著　　者　TAC出版編集部
発 行 者　多 田 敏 男
発 行 所　TAC株式会社　出版事業部
　　　　　(TAC出版)

〒101-8383 東京都千代田区神田三崎町3-2-18
電話　03(5276)9492(営業)
FAX　03(5276)9674
https://shuppan.tac-school.co.jp

印　　刷　株式会社　光邦
製　　本　東京美術紙工協業組合

ISBN978-4-300-10569-6 C0326
N.D.C.291

本書に掲載した地図の作成に当たっては，国土地理院発行の数値地図（国土基本情報）電子国土基本図（地図情報），数値地図（国土基本情報）電子国土基本図（地名情報）及び数値地図（国土基本情報20万）を調整しました。